백석총회 설립 45주년 기념

한국교회사

백석총회 설립 45주년 기념
한국교회사

초판 1쇄 발행 2023년 9월 9일
2쇄 발행 2023년 12월 1일

발 행 인 | 장종현
집 필 인 | 임원택, 용환규
펴 낸 이 | 대한예수교장로회총회(백석)

백석총회 45년사 편찬위원회
위원장: 임원택
위   원: 용환규, 박찬호, 유선명, 이상호, 강현선

펴 낸 곳 | 기독교연합신문사(도서출판 UCN)
등록번호 | 제21-347호
등록일자 | 1992년 6월 28일
주   소 | 서울시 서초구 남부순환로 2221 5층
전   화 | (02) 585-2754
팩   스 | (02) 585-6684
이 메 일 | ucndesign@naver.com

디자인&인쇄 | 기독교연합신문사 출판국

ISBN | 978-89-6006-939-8 93230

백석총회 설립 45주년 기념

한국교회사

백석총회 45년사 편찬위원회 편

도서
출판

한국교회사
백석총회 설립 45주년 기념

"옛날을 기억하라 역대의 연대를 생각하라 네 아버지에게 물으라 그가 네게 설명할 것이요 네 어른들에게 물으라 그들이 네게 말하리로다"(신 32:7).

우리 백석총회가 걸어온 지난 45년의 발자취를 한국교회 역사 속에서 새롭게 조명하여 「한국교회사: 백석총회 설립 45주년 기념」을 발간하게 된 것을 진심으로 감사드립니다. 지난 45년간 크신 은혜와 섭리 가운데 우리 백석총회를 생명의 길로 인도하시고 부흥시켜주신 여호와 하나님께 모든 감사와 영광을 돌립니다.

백석총회 설립 45주년, 뒤를 돌아보면 한량없는 하나님의 은혜에 어찌 감사해야 할지 모르겠습니다. 이 귀한 일을 시작하신 분도 하나님이시요, 이끄신 분도 하나님이시며, 앞으로도 우리를 이끌어 주실 분은 오직 하나님이심을 깨닫는 소중한 시간이었습니다. 모든 순간순간이 하나님의 철저한 계획과 섭리였음을 고백하지 않을 수 없습니다.

　우리 백석총회의 시작은 하나님의 뜻이라면 절대로 계산하지 않고 무조건 순종하겠다는 겨자씨 같은 믿음에서 비롯되었습니다. 하나님이 함께, 너와 내가 함께, 이웃과 함께하는 총회를 설립하여 한국교회 선교 초기 나라와 민족의 소망이었던 영광스러운 한국교회의 모습을 회복하고 싶었습니다. 예수 그리스도의 생명의 복음만이 그 일을 가능케 하는 원동력이라 믿고, 어려운 현실에서도 복음 전파자로서 소명을 잃지 않고 살아가는 사람들을 목회자로 배출해야겠다는 꿈을 가지고 시작한 것입니다.

　한국교회 선교 초기 미국과 호주, 캐나다에서 각각 파송을 받은 선교사님들은 모든 기득권을 내려놓고 어려운 현실 속에서도 조선에 하나의 장로교회를 세워주셨습니다. 혹독한 일제 강점기와 동족상잔의 6·25 한국전쟁이라는 모진 시련 속에서도 분열하지 않았던 한국장로교회는 1950년대에 일제 청산과 교회 재건, 그리고 교리와 신학의 차이를 이유로 나뉘기 시작했습니다. 하나님 앞에서 먼저 우리의 죄를 회개하고 서로를 용납하여 하나 됨을 지켰어야 할 한국장로교회는 교리와 신학의 차이를 내세워 분열하였지만, 그 이면에는 인간의 이기심과 탐욕, 명예욕이 자리하고 있었습니다. 평양장로회신학교의 정통성을 그대로 이어받은 신학교를 설립하겠다면서 신학교와 각 총회를 대표하는 신학자와 목회자를 중심으로 분열에 분열을 거듭한 것입니다. 1970년대에 들어서면서 한국교회는 성장지상주의에 함몰되어 복음의 순수성마저 상실하고 분열과 세속화라는 큰 문제에 봉착하게 되었습니다. 그때 하나님께서 우리를 불러 주신 것입니다. 가진 것도 없고, 배운 것도 부족하고, 능력도 없지만 오직 하나님의 뜻을 이루기 위해 앞만 보고 나아가라고 우리들을 불러주신 것입니다.

백석총회는 이 땅에 총회가 없어서 설립한 총회가 아닙니다. 반드시 감당해야 할 사명이 있기에 하나님께서 세워주신 총회입니다. 우리 백석총회는 사도들로부터 계승된 건전한 전통과 16세기 종교개혁자들에 의해 확립된 개혁주의를 바탕으로 순수한 복음전파의 사명을 감당할 목회자를 배출하기 위해 1976년 11월 1일 설립된 대한복음신학교를 기반으로 시작되었습니다. 하나님 나라 확장이라는 뜻에 동역하는 초교파적인 역군을 만들겠다는 목표로 성경적 기독교 구현과 역사적 개혁주의를 실현하기 위해 배출된 사역자들이 뜻을 모아 무릎 꿇고 기도하면서, 1978년 9월 11일 '대한예수교장로회 복음총회'라는 이름으로 출발한 것입니다. 오직 성경만이 유일하고 완전한 하나님의 계시이며 우리의 신앙과 삶의 유일한 표준임을 고백하는 교단 선언문을 발표하면서 출발한 우리 총회는 오늘에 이르기까지 나라와 민족, 그리고 세계를 품고 예수 그리스도의 생명의 복음을 전하겠다는 투철한 사명감을 가지고 진력해 왔습니다. 한국교회 분열과 세속화의 문제를 가슴 아파하며, 성령이 하나 되게 하신 것을 힘써 지키라는 말씀에 순종하여 수차례 교단 통합을 성공적으로 완수하면서 한국교회 연합과 일치의 마중물이 되기 위해 헌신해 왔으며, 현재 개혁주의생명신학을 바탕으로 민족과 세계를 살리기 위해 개혁주의생명신학 7대 실천운동에 앞장서고 있습니다.

우리 백석총회는 꿈이 있습니다. 분열된 교회를 하나 되게 하는 것입니다. '거룩한 하나의 장로교회'라는 꿈과 비전은 현실적으로 불가능하다고 말합니다. 하지만 분열의 책임을 서로에게 돌리면서 남의 탓만 해서는 한국교회는 희망도 없고 미래도 없습니다. 어둡고 공허했던 우리나라에 순교를 하겠다는 결단으로 복음 전파만을 위해 희생했던 선교사님들의 숭고한 희생 정신과 서로의 기득권을 내려놓고 하나의 장로교회를 설립했던 십자가와 부활의 신앙을 본받으면 다시 하나 될 수 있다고 생각합니다. 그러기 위해서는 먼저 우리 백석총회가 분열 문제를 해결하기 위해 주님께서 그러셨던 것처럼 아무런 조건 없이 희생하고 헌신해야 할 것입니다. 한국교회 연합과 일치를 위해 우리 백석총회는 마중물이 되어야 합니다. 그동안 우리가 어떤 마음으로 작은 교단들과 통합을 지속적으로 이어왔는지 이번에 출간된 「한국교회사」에 고스란히 담겨 있습니다. 교세의 현저한 차이에도 불구하고 왜 아무런 조건이 없이 교단 통합을 했는지, 총회 명칭까지 포기하면서까지 왜 그 어려운 통합을 완수하려 했는지 살펴볼 수 있을 것입니다.

하지만 이런 모든 일들이 인간적인 자랑을 하기 위한 것은 아닙니다. 앞으로도 이런 초심을 잃지 않고 희생하고 봉사하며 한국교회 연합과 일치에 힘써 주기를 바라는 마음 간절합니다. 우리 총회가 한국교회 연합과 일치를 위해 다른 교단이 할 수 없는 일을 감당하려 할 때마다 함께 사랑과 관심을 가지고 협조해준 모든 총회 산하 9,725개 교회와 200만 성도들에게 진심으로 감사와 함께 격려의 인사를 드립니다.

2023년 9월 11일은 우리 총회설립 45주년이 되는 날입니다. 그 날짜에 맞춰 「한국교회사」를 편찬한 것은 여기에 안주하지 말고, 다음세대들과 함께 믿음으로 백석총회의 50년, 100년을 이어가라는 깊은 의미가 담겨 있습니다.

'개혁주의생명신학으로 민족과 세계를 살리다'라는 총회설립45

주년의 슬로건은 우리 총회의 비전과 사명을 선명하게 담아내고 있습니다. 우리 총회가 한국교회와 세계교회를 변화시키는 데 중추적인 역할을 감당하고, 더 나아가 종교개혁의 거룩한 불씨를 되살려 죽어가는 교회에 예수 그리스도의 생명을 불어넣는 영적생명운동에 크게 쓰임 받기를 간절히 소망합니다.

16세기 종교개혁자들이 사도들로부터 계승되어온 건전한 전통을 우리에게 유산으로 물려준 것처럼, 우리도 개혁주의생명신학의 가장 중요한 정신인 '신학은 학문이 아니라 예수 그리스도의 생명의 복음이다'라는 믿음 아래 신앙운동, 신학회복운동, 회개용서운동, 영적생명운동, 하나님나라운동, 나눔운동, 기도성령운동을 실천할 때 한국교회는 회복될 수 있다는 확고한 의지를 다음세대들에게 신앙 유산으로 승계하여 우리 모든 백석인들이 '예수 그리스도가 내 안에, 내가 예수 그리스도 안에 사는 삶'을 실현할 수 있도록 해야 할 것입니다.

특별히 역사 편찬을 위해서 많은 분들이 수고하고 참여하신 것으로 알고 있습니다. 백석총회 설립 45주년 기념대회 준비위원장으로 많은 수고를 해주신 양병희 증경총회장님께 감사드리고, 특별히 역사를 정리하여 집필해주신 역사편찬본부 본부장 임원택 교수님, 총무 용환규 교수님, 위원으로 수고해 주신 박찬호 교수님,

유선명 교수님, 편집 간사를 맡아 주신 강현선 박사님, 실무간사를 맡아 주신 총회 사무국장 이상호 목사님께 진심으로 감사드립니다.

오직 하나님의 영광을 위해 더욱 믿음으로 전진하는 '백석, 예수 생명의 공동체'가 되기를 소망하며, 다시 한 번 지난 45년 동안 크신 은혜와 섭리로 함께하신 하나님께 모든 영광을 돌립니다.

"이는 만물이 주에게서 나오고 주로 말미암고 주에게로 돌아감이라 그에게 영광이 세세에 있을지어다 아멘"(롬 11:36).

장 종 현 목사
설립자·총회장

권두언

백석총회 45년사와
한국교회사

두 해 전 백석총회 설립 45주년 준비위원회가 조직되었을 때 역사편찬본부에 맡겨진 과제는 백석총회 45년사 편찬이었습니다. 그래서 '백석총회 45년사 편찬위원회'가 만들어졌고 우리 총회 45년 역사를 정리하기 시작했습니다.

먼저 우리가 가진 자료가 무엇인지 살펴보았습니다. 백석총회 역사를 기술한 책은 「총회 25년사」뿐이었습니다. 초기부터 2000년대 초까지 백석총회 역사를 담고 있는 소중한 기록이었지만, 한국 장로교회 전체와 백석총회의 관련성을 살펴보지 않은 점과 총회 촬요 중 주요한 내용을 정리한 것이 주된 내용인 점에서 아쉬움이 있었습니다. 한국장로교회사 속에서 백석총회의 역사적 위치와 존재 의미를 충분히 드러내려면 1978년 설립부터 지금까지 백석총회 역사를 기술하는 것 이상이 필요했습니다. 우리 백석총회는 예수 그리스도의 몸인 교회의 지체이며, 138년 역사를 가진 한국장로교회의 일부이기 때문입니다.

또 다른 고민이 있었습니다. 백석대학교 신학대학원과 신학교육원, 그리고 기독교학부에서 신학생들에게 한국교회사를 가르칠 때 사용할 우리 총회 역사책이 필요했습니다. 안타깝게도, 여럿으로 나뉜 한국장로교회에는 총회들이 참 많습니다. 원래 하나였고, 또 하나여야 할 총회가 여럿이다 보니 그 구분을 위해 '교단'이라는 말이 자리를 잡았습니다. 그런데 지금까지 우리가 서점에서 만날 수 있는 '한국교회사' 중에 백석총회의 역사를 기술하고 있는 책은 없었습니다. 138년 전 언더우드 선교사 입국 전후를 살피거나 한국장로교회 독노회와 총회가 설립된 과정을 살필 때, 그리고 일제강점기 한국교회의 수난을 살필 때는 아쉬운 부분이 적습니다. 하지만 1950년대 한국장로교회 분열을 살필 때부터는 장로교 각 교단의 역사로 들어가고 맙니다. 한국장로교회가 나뉜 것은 안타깝고 아픈 일이지만, 그렇게 나뉜 교단들, 특히 역사가 오랜 장로교단들이 자기 교단 중심의 한국교회사를 가지고 있는 것은 당연한 일일 것입니다. 한국장로교회가 지금 당장 하나가 될 수 있다면 더 바랄 것이 없겠지만, 그런 일이 일어나지 않는 상황에서 각 교단이 자신들의 미래를 맡길 다음세대에게 자신들 고유의 입장이 반영된 한국교회사를 가르치는 것은 당연하기 때문입니다. 우리 백석총회가 아쉬웠던 것은 지금까지 우리에게는 그런 한국교회사 책이 없었다는 사실입니다.

그래서 백석총회 45년사 편찬위원회는 우리에게 맡겨진 임무를 넘어 좀 더 나아가기로 했습니다. 이번에 총회역사를 살피면서 우리 백석총회의 「한국교회사」를 쓰기로 했습니다. 책을 두 부분으로 나누어, 전반부에서는 백석총회 전사(前史)를, 후반부에서는 백석총회 45년사를 기술했습니다. 둘로 나누지 말고 하나로 엮어 기술하는 것이 더 낫지 않을까 물을 수도 있을 것입니다. 하지만 그렇게 하려면 시간이 너무 부족했습니다. 백석총회 전사 기술은 기존 역사책들을 활용할 수 있겠지만, 백석총회 45년사를 1970년대 이후 한국교회사 역사 전반과 버무려 기술하려면 훨씬 오랜 숙고가 필요합니다. 그래서 한국교회사 특히 한국장로교회사 전반을 살핀 제1부와 달리 제2부에서는 백석총회 45년 역사에 집중했습니다. 제2부에서 백석총회 45년사에 집중한 것은 다음에 백석총회 역사를 기술해야 할 이들에게는 한국교회사 전반과 버무려 기술해야 한다는 숙제를 남긴 셈입니다. 하지만 제2부에서 기존 한국교회사에 아예 빠져있던 백석총회 역사를 집중해 다룬 것은 앞으로 나올 한국교회사들이 반드시 그 일부로 다루어야 할 자료를 제공했다는 점에서 백석총회 45년사 편찬위원회에 주어진 기대에 그나마 부응했다고 자평해 봅니다.

신학생들을 위한 교재로 만들기 위해 주제들 중심으로 기술하다보니 비슷한 시기에 일어난 다른 많은 일들을 다루지 못한 경우가 많습니다. 독자들께서는 이 점을 양해해 주시길 부탁드립니다.

「한국교회사: 백석총회 설립 45주년 기념」이 나올 수 있었던 것은 많은 분들이 기도해주시고 격려해주셨기에 가능했습니다. 집필이 끝나도록 기다려주시며 격려해주신 설립자 장종현 총회장님께 감사드립니다. 귀한 제자들을 만날 수 있도록 가르침의 장을 주셨고 부족함이 많음에도 항상 사랑으로 격려해주심에 감사드립니다. 45주년 기념사업으로 우리 총회 역사가 정리되어야 한다는 일념으로 촉구도 하시고 격려도 해주신 설립 45주년 준비위원회 위원장 양병희 목사님께도 감사드립니다. 우리 총회 역사가 정리되길 기다리며 기도해주신 모든 분께 감사드립니다.

백석총회 45년사 편찬위원회에서 함께 힘을 모아주신 분들에게 감사드립니다. 총회 역사 편찬에 대해 처음부터 같이 계획하고 제

1부 백석총회 전사를 집필해주신 용환규 목사님께 감사드립니다. 최종 원고를 읽으며 글의 흐름을 다듬어주시고 내용 보완에 도움을 주신 박찬호 목사님과 유선명 목사님께 감사드립니다. 총회 관련 자료를 정리해 주신 이상호 목사님께 감사드립니다. 강현선 목사님은 집필을 위한 자료 수집으로 큰 도움을 주셨기에 감사드립니다. 45주년 기념대회 전에 이 책이 나오도록 편집과정을 책임져주신 김진화 목사님께 감사드립니다.

앞서 말씀드린 대로, 「한국교회사: 백석총회 설립 45주년 기념」은 다음에 이 일을 맡아줄 이들에게 숙제를 남긴 채 이 세상에 나올 것입니다. 이런 한계가 있지만, 「한국교회사: 백석총회 설립 45주년 기념」이 먼저는 백석총회에서 지금까지 함께 달려온 동역자들에게 감사의 근거가 되길 바랍니다. 지나온 날들을 돌아볼 때 우리에게 베푸신 하나님 은혜에 감사할 수밖에 없고, 이제 한국교회를 하나 되게 하는 일에 우리를 써 주심에 또한 감사하게 됩니다. 아울러 처음 바람대로, 우리 총회 역사를 공부하고 목회 현장으로 나아갈 신학도들에게는 이 책이 온고지신 할 수 있는 자료가 되어 여러분들이 "개혁주의생명신학으로 민족과 세계를 살리는" 귀한 사역에 기꺼이 동참하도록 부르는 초청장이 되길 바랍니다.

부족한 저희를 예수 그리스도의 교회와 하나님 나라 확장을 위해 일꾼으로 써주심에 감사드리며 하나님 아버지께 영광 돌립니다. "오직 하나님께 영광."

임 원 택 목사

백석총회 45년사 편찬위원장

약어표

「총회 25년사」   대한예수교장로회총회 역사편찬위원회.
「대한예수교장로회(합동정통) 총회역사
(1978-2002)」. 서울: 총회출판위원회, 2005.

「백석학원 30년사」   학교법인 백석대학교 역사편찬위원회.「학
교법인 백석대학교 30년사」. 천안: 학교법
인 백석대학교 역사편찬위원회, 2007.

「백석학원 40년사」   백석학원 40년사 편찬위원회.「백석학원
40년사」. 서울: 백석학원 40년사 편찬위원
회, 2016.

목차

제1부

백석총회 전사

白石總會 前史

제1장

백석총회 설립 45주년 기념 「한국교회사」

대한예수교장로회 백석총회(이하 백석총회) 설립 45주년을 맞이하여 지난 45년간 하나님께서 함께하신 역사를 정리하게 된 것은 참으로 감사한 일이다. 앞서 출간된 백석총회 역사로는 「총회 25년사」가 있다. 초기부터 2000년대 초까지 백석총회 역사를 담고 있는 소중한 기록이다. 하지만 한국장로교회 전체와 백석총회의 관련성을 살펴보지 않은 점과 총회 촬요 중 주요한 내용을 정리한 것이 주된 내용인 점에서 아쉬움이 있다. 1978년 9월 11일에 설립된 대한예수교장로회 복음총회를 시작으로 오늘에 이르기까지 총회 역사만을 정리한다면 한국장로교회사 속에서 백석총회 설립의 역사적 특이성을 이해하고 역사적 위치를 정립하기에는 분명히 한계가 있을 것이다. 대한예수교장로회 백석총회는 예수 그리스도의 몸인 교회의 지체이며, 138년 역사를 가진 한국장로교회의 일부이기 때문이다.

　선교사들의 열정과 헌신으로 시작된 한국장로교회 역사를 전체적으로 기술하는 것은 역사와 전통을 자랑하는 장로교단들이 이미 서술한 것을 다시 한 번 정리하고 반복하려는데 목적이 있는 것이 아니다. 선교사들이 설립하려고 했던 하나의 장로교회가 연합의 정신을 잃어버리고 사분오열되어 세속화된 원인을 역사에서 찾아 회개하고, 다시 예수 그리스도의 생명의 복음으로 거룩한 하나의 교회를 세우겠다는 일념과 사명으로 백석총회가 설립되었다는 역사적 의미를 발견하기 위해서이다. 수많은 교단이 있는데 왜 총회를 설립할 수밖에 없었는지 그 시대적 상황을 이해하고, 현재 추구하고 있는 연합과 일치의 노력이 성경적으로 적절한 것인지를 확인하기 위해서는 반드시 역사를 살펴보아야 하기 때문이다. 이번 역사를 정리하면서 큰 틀의 기준을 가지고 교회사를 서술하였다. 첫째, 세계교회사 속에 나타난 신학의 흐름이 한국교회에 미친 영향을 생각할 수 있어야 한다. 이것은 초대교회에서 시작된 복음이 어떻게 중세를 거쳐 종교개혁을 지나 부흥주의의 물결과 함께 한국교회까지 이르게 되었는지 전체적인 틀 속에서 이해할 수 있을 때 가능하다. 둘째, 현재의 한국교회 위치를 세계교회사와 관련하여 이해할 수 있어야 한다. 한국교회가 물려받은 믿음의 유산이 어떻게 갱신되어 고백 되었으며 세계교회가 함께 고백하는 신앙과 어떤 연속성이 있는지 끊임없이 점검해야 한다. 이번 총회 역사의 정리가 그리스도의 몸 된 교회를 회복하여 하나님 나라 확장에 기여하기 위해서는 개혁주의 전통을 존중하는 가운데 성경이 가르치는 바람직한 교회를 지향하고 있는지를 역사적으로 확인할 필요가 있다. 이를 위해 먼저 사건이나 인물 중심보다 복음의 확장과 교회 설립, 그리고 교회의 신앙고백을 중심으로 서술하였다. 특별히 1976년 11월 1일 대한복음신학교와 대한복음선교회를 중심으로 출발하여 1978년 대한예수교장로회 복음총회를 설립하게 된 목적과 배경을 면밀히 살필 것이다. 또한 각 시대의 상황에서 교회가 교회의 본질과 사명에 충실했는지의 여부도 확인할 것이다.

현재 우리나라에는 「한국교회사」라는 명칭을 붙인 많은 책이 있지만 자신들이 속한 교단의 역사를 중심으로 기술한 것이 대부분이다. 결국 총회에서 발간한 「한국교회사」는 '교단의 역사'라는 말이다. '한국교회사'라고 말할 때 이 말을 '한국에서의 교회 역사'라는 의미로 사용하고 있는 것이다. 이 말 속에는 '한국,' '교회,' '역사'라는 3가지 개념이 포함되어 있다. 그래서 '한국교회사'는 한국이라는 민족적, 역사적, 문화적 특수성이 있는 삶의 터전에, 예루살렘에서 시작되어 세계에 곳곳에 세워진 예수 그리스도의 교회가 어떻게 한국에 세워지고, 그 교회를 통해 어떻게 하나님의 구원

역사가 이루어졌는지를 살피는 것이다.[1]

'한국교회'라고 말할 때 그 교회가 한국이라는 특수한 역사적, 문화적 현실이 부여하는 일면을 분명히 가지고 있지만, 그럼에도 근본적으로 한국교회는 한국의 독창적인 교회가 아니라 예루살렘에서 확산 되어 오랜 서양의 기독교 전통과 그 유산을 계승하는 보편교회의 일부라는 점을 인정해야 한다.[2] 다음으로, 한국교회에서 '한국'이라는 고유성만을 지나치게 강조하는 수용사적인 관점을 강조할 경우 '한국적인 교회'라는 역사 기술과 민족이라는 자긍심을 고취시키고 교회 성장의 주체로서 역동적인 역사를 기술할 수 있지만 기독교 전통이나 유산에 대하여 무관심하게 되어 교회가 가진 세계교회적 보편성을 상실할 수 있다.[3]

'교회사'는 그리스도의 교회에 대한 역사적인 관심 뿐 아니라 현재의 교회에 대한 지대한 관심을 담고 있다.[4] 특별히 전통적인 개신교의 입장에서 볼 때, 하나님의 말씀과 교회 전통의 긴장 관계를 적절히 취급하는 것이 교회사의 과제라고 할 수 있다. 우리의

---

1) 이상규, 『한국교회의 역사와 신학』(서울: 생명의 양식, 2014), 15.
2) 한국기독교역사학회, 『한국 기독교의 역사 Ⅲ』(서울: 한국기독교역사연구소, 2014), 4.
3) 이상규, 『한국교회의 역사와 신학』, 17; 김영재, "한국 교회의 문제점과 그 쇄신에 대한 제언," 김영한 편, 『한국 기독교와 기독 지성인』(서울: 풍만, 1987), 24.
4) 김영재, 『한국교회사』(수원: 합신대학원출판부, 2019), 29.

신앙과 경건생활을 요구하는 하나님의 말씀을 통한 하나님의 계시라는 수직선과 역사적으로 기독교인들의 증거라는 수평선 간의 긴장 관계에서 성립하는 것이다. 교회사는 우리 인간과 예수 그리스도 안에 나타난 하나님의 계시와의 관계에서 성립되는 것이므로, 때로는 부담스럽기도 하고, 또 유익을 주기도 하는 상호작용을 하면서 성립한다.[5]

다른 한 예로, 한국교회사를 서술하면서도 많은 교회사가들이 개신교 선교 이전의 한국 가톨릭교회의 역사를 개신교 선교의 전 역사로 취급하는 경우가 있다.[6] 이런 경우 가톨릭교회와 이를 뒤따르는 개신교 교회사는 선교사(宣敎史)로서 연결된 교회사로 다루어진 것이지 신학으로서의 교회사로 연결된 교회의 역사로 기술되었다고는 말할 수 없다. 왜냐하면 한국의 가톨릭교회와 개신교회는 각기 분리된 상태의 종교로 한국에 전래 되었으며 한국의 역사에서는 아무런 교회사적인 관련성이 없기 때문이다.[7]

종교개혁으로 인한 두 교회의 분립은 서양의 역사에서 일어난

5) 김영재, 「한국교회사」, 31.
6) 박용규, 「한국기독교회사. 1-2」 (서울: 한국기독교사연구소, 2016); 최재건, 「한국교회사론」 (서울: CLC: 기독교문서선교회, 2018); 김명구, 「한국 기독교사: 복음주의자의 시각으로 보는 한국의 기독교 역사. 1, 1945년까지」 (서울: 예영커뮤니케이션, 2018).
7) 김영재, 「한국교회사」, 32.

것이지 한국의 역사에서 일어난 것이 아닌데도 불구하고 대부분의 교회사가들이 개신교 선교 이전의 가톨릭 선교 역사부분을 먼저 씀으로써 서양의 교회사 책의 형식을 취하는 것은 한국교회사에 대한 독립된 체계가 부족한 것을 보여주는 부분이다.[8] 교회의 역사를 살필 때 목회 현장에서의 교회가 어떤 과정을 통해서 현재의 역사에 자리하고 있는지를 이해하고 한국교회가 지켜온 건전한 전통을 계승하도록 하려면 한국교회사에 대한 독립된 체계를 확립하는 것이 시급한 과제라고 생각된다.

한국교회사를 기록할 때 교회 전통을 고려해야 한다는 말은, 한국에 처음 온 선교사들의 신앙유형이 어떤 것이었는지 알아야 하고, 나아가서는 서양에서 온 개신교가 신학적, 역사적으로 어떻게 발전해 왔는지 물어야 한다는 뜻이다. 흔히들 한국에 온 초기 선교사들은 청교도적 경건주의 신앙을 전수하여 한국교회 형성의 기틀을 마련하였다고 말한다.[9] 이 말 속에 우리가 귀중한 가치로 여기는 '청교도적 경건주의'는 과연 무엇이며[10] 그것을 어떤 형태로 이해하고 받아들이는지에 따라서 교회가 취하는 자세는 상당히 달라진다. 단지 선교사들에게 전수 받은 신앙을 보수하는 것이 아니

---

8) 김영재, 「한국교회사」, 32.
9) 김영재, 「한국교회사」, 34.
10) 주도홍, 「개혁교회 경건주의」 (서울: 대서, 2011), 16-25. 역사의 큰 틀에서 본다면 청교도와 경건주의 모두 신앙의 사변화를 막고 성경중심의 신앙으로 돌아가려는 실천적 신앙운동이었다는 점에서 의미가 있다.

라 과연 그 신앙이 성경에 비추어 보아 바른 것인지를 점검할 필요가 있다는 말이다. 그렇지 않으면 선교사들이 전수한 신학에 대한 태도에 따라서 입장이 나뉘게 된다.

일부 한국 장로교 신학자들은 한국에 온 초기 선교사들의 신앙을 '청교도적 칼빈주의'라며 그것이 아무것도 침범할 수 없는 한국 장로교회의 표준적인 신학이므로 한국장로교회가 이를 교회 전통으로 고수해야 한다고 주장한다. 그런데 이와같이 초기 선교사들을 한국 교회의 사도로 지나치게 이상화하면 본의 아니게 교회 전통의 연속성을 훼손하는 결과를 낳게 된다.[11] 한국에 온 초기 선교사들은 사도들이 전한 그리스도의 복음을 믿는 그리스도 교회의 지체로서의 신자요, 더 엄밀히 말하면 개혁주의 교회의 한 특정한 교파를 대표하는 선교사일 뿐이다.[12] 오히려 초기 장로교 선교사들의 역사적 전통이 성경적 기독교와 실천적 신앙에 기초하고 있는 것에 주목하여[13] 한국장로교회 전통은 초대 선교사의 신앙뿐만 아니라 개혁주의 역사적 발전에서 찾아야 한다. 종교개혁자들의 숭고한 신앙 및 더 거슬러 올라가 사도들의 순수한 신앙과 전통 안에서 찾아야 할 것이다.

---

11) 김영재, 「한국교회사」, 34.
12) 민경배, 「한국 민족교회 형성사론」 (서울: 연세대학교 출판부, 2008), 155.
13) 이영식, 「한국장로교회와 민족운동」 (서울: 한국기독교사연구소, 2019), 67-69.

한국 신학의 수립은 신학으로서 한국 교회사의 필연적인 과제다. 이런 점에서 총회 설립자인 장종현 목사에 의해 주창되고 백석총회의 정체성으로 정립된 개혁주의생명신학은 상당한 의미가 있다. 그런데 한국 신학은 '한국적임을 앞세우는 신학'이 아니라 '한국인의 교회가 그리스도를 믿고 높이며 고백하는 신학'을 의미하는 것이어야 한다. 그러므로 한국 교회사의 과제는 모든 다른 분야의 신학과 마찬가지로 성경을 규범으로 삼되 교회와 성경 이해를 포함하는 신학을 그 전통에 비추어 평가하며, 또한 그것을 한국의 역사적, 문화적, 사회적인 상황에 비추어 고찰함으로써 한국의 교회와 신학이 지향해야 할 방향을 제시해야 한다.[14] 한국이라는 역사 현실을 인정하면서도 기독교 복음의 보편성을 중시하는 '한국적 교회'와 '한국에서의 교회'의 조화로운 균형이 이루어질 때 한국교회는 사도들로부터 계승되어온 건전한 신앙의 바탕 위에 성경적 교회로 든든히 세워질 수 있기 때문이다.[15] 따라서 총회 설립 45주년을 맞이하여 기록한 「한국교회사」는 개혁주의생명신학사관의 관점, 종교개혁의 관점, '복음의 확장'과 '교회의 설립' 관점을 중심으로 기술되었음을 미리 밝힌다.

---

14) 김영재, 「한국교회사」, 38.
15) 이상규, 「한국교회의 역사와 신학」, 17.

개혁주의생명신학사관으로 조명한 '한국교회사'

한국교회사를 세계교회사의 보편성에 기초한 역사로 인식하기 위해서 중요한 것은 교회에 대한 올바른 역사관을 정립하는 것이다. 일반적으로 교회의 사관을 크게 분류한다면, '로마 가톨릭 교회사관,' '신령파 교회사관,' '개혁신학 교회사관'으로 나눌 수 있다. 로마 가톨릭의 교회사관은 신비적 예수 그리스도의 몸과 역사적인 교회를 동일시함으로 교회의 권위, 즉 사제의 권위를 강조하여 교회와 교회사를 하나님의 말씀인 성경과 수직적인 관계에서는 살피지 않고 수평적으로만 본다. 반대로 신령파 교회사관은 교회와 예수 그리스도 안에 있는 계시의 역사성의 상관관계를 영적으로 해석하여 성경을 주관적으로 이해하며 교리 없는 기독교를 주장한다. 우리가 속해 있는 개혁신학 교회사관은 계시의 말씀과 교회의 역사와 전통을 양자 간의 긴장 관계에서 이해하려 한다. 건전한 전통에 대한 분별은 계시의 말씀인 성경에 근거해야 하며 성경의 주관적인 이해를 피하기 위해서 교회의 역사와 전통의 도움을 받는 것이다. 큰 틀에서 보면 백석총회는 '개혁신학 교회사관'을 따르고 있다. 그런데 한국교회 역사를 기술하는 역사가들은 좀 더 세분화된 형태로 한국교회 역사를 서술하였다.

지금까지 '한국교회사'를 서술한 방식들을 보면 '누가 교회 성장의 주체였는가?'하는 물음이 주된 관심이었으며, 사관에 따라 그

해석이 달랐다. 한국 교회에 복음을 전파한 선교사들의 입장에서는 선교사관(宣敎史觀)으로, 복음을 받아들인 사람들의 입장에서는 민족 교회사관, 민중 교회사관을 비롯한 수용사관(受用史觀)으로 해석하게 된다. 또 다른 흐름으로는 실증적인 사료를 중심으로 객관적인 관점에서 접근하는 실증주의 교회사관도 존재한다.[16] 역사는 어떤 사관을 가지고 있는가에 따라 사실(事實)에 대한 이해가 달라진다. 왜냐하면 기록된 역사인 사실(史實)을 보는 관점 또한 달라지기 때문이다. 이상규 교수는 역사의 현실을 분별케 해주는 지렛대 역할로서의 사관의 중요성을 논했다. 이러한 생각은 지렛대가 잘못되거나 없으면 선행연구에 대한 사대(事大)와 추수(追隨)가 불가피해지고 그 현상이 바로 한국교회사의 한계였다는 통렬한 지적으로 이어졌다.[17] 기존의 한국교회사를 서술한 여러 사관은 한국교회사의 확립에 기여한 여러 유익에도 불구하고 미흡한 점이 존재한다.

백낙준 박사로 대표되는 선교사관은 한국교회사를 선교의 역사로 정의한다.[18] "교회의 철두철미한 사명은 복음선포다. 기독교

---

16) 이상규, "한국교회사 연구의 반성: 한국교회사 연구와 편찬에 관한 서론적 고찰," 「성경과 신학」 28 (2000): 160; 박용규, "한국교회사 서술 방법에 대한 소고," 「역사신학 논총」 1 (1999): 358.

17) 이상규, "한국교회사 연구의 반성: 한국교회사 연구와 편찬에 관한 서론적 고찰," 130.

18) 백낙준, 「한국개신교사 1832-1910」 (서울: 연세대출판부, 1973). 2. "한국 개신교전래기에 선교자측에서 능동적으로 선교를 선행한 사실에 치중하여

사는 자초지종에 선교사로 일관되어 왔다. 이런 입장에서 볼 때에 우리 한국 개신교회사도 선교사가 되어야 한다.”[19]

그러나 세계교회 선교사의 일부분으로 한국교회사를 바라보면 복음이 전해지고 교회가 이 땅에 세워진 이후 교회 공동체 안에서 선교와 관계없이 일어나는 한국인 성도의 삶과 신앙, 시대적 문제에 대해서 소홀해지기 마련이다. 박용규 교수는 한국교회사에서 오히려 한국교회가 역사의 주체가 아닌 역사의 대상으로 전도되었다는 점이 선교사관의 한계라고 못 박으면서 민족과 지역을 초월하여 확장되어가는 교회의 역사에 초점을 맞추었다. 즉, 기독교의 보편성과 특수성이 전제될 때 한국교회가 복음의 수용과정에서 갖고 있는 갈등과 번민과 고통도 객관적으로 이해될 수 있게 된다고 본 것이다.[20] 반면 한국교회의 주체성과 독립성, 특수성을 강조하는 민족사관은 한국교회의 국가와 사회에 대한 책임 의식과 사명 의식을 일깨워주었다고 평가하면서도 기독교라는 보편성은 평가 절하 되고 한국 민족의 특수성이 부각 되어 교회와 민족의 동일 의식을 추론하게 되는 위험성이 있다고 경계했다. 따라서 민족교회라는 개념의 분명한 정립이 요구된다.[21]

차편에서 다루는 초기 전래사를 선교사로 서술하기로 한다.”
19) 백낙준, 「한국개신교사 1832–1910」, 5.
20) 박용규, “한국교회사 서술 방법에 대한 소고,” 356.
21) 박용규, “한국교회사 서술 방법에 대한 소고,” 357–358.

여러 학자들의 공동 집필로 이루어진 한국기독교역사연구소의 「한국 기독교의 역사Ⅰ·Ⅱ·Ⅲ」은 민족사라는 큰 틀에서 실증적이고 과학적인 방법으로 역사를 객관적으로 기술하려는 의도를 담고 있다. 한국기독교역사학회는 3권의 머리말에서 다음과 같이 밝혔다.

> 역사를 바라보는 이 책의 관점은 … 한국 기독교의 역사를 좁은 의미의 '교회사'로 한정시키지 않고, 한국의 역사뿐 아니라 세계 교회사의 맥락에서 살펴보는 데 유의하였다. 무엇보다 한국교회가 복음의 진리를 해방 이후의 역사 속에서 어떻게 실천했는지 살펴보았다. 이 과정에서 집필자들은 기독교인으로서 한국교회에 대해 가지는 애정과 역사가의 사명을 혼동하지 않기 위해 노력했다.[22]

이들의 실증주의 교회사관에 대해서 이상규 교수는 신앙고백으로부터 자유한 교회사 편찬은 교회사를 '한 사회에서의 종교현상으로' 인식하여 문화사로 볼 위험이 있고 결국 신학적 주관을 갖지 못한다고 비평했다.[23] 또한 박용규 교수는 "하나님의 신적 개입을 거부하는 실증주의 방법으로 교회라는 신앙 공동체의 역사를 추론

---

22) 한국기독교역사학회, 「한국 기독교의 역사 Ⅲ」, 4.
23) 이상규, "한국교회사 연구의 반성: 한국교회사 연구와 편찬에 관한 서론적 고찰," 160.

한다는 시도"가 품고 있는 그 태생적인 한계를 지적하였다.[24]

　　이런 점에서 역사적 사건의 주체가 되었던 사람들 중심으로 사관을 정립하는 것은 객관적인 서술을 어렵게 만들 수 있다. 반면에 신앙고백이나 하나님의 신적 개입을 배제하는 실증주의적 서술도 교회사를 알맹이 빠진 껍데기로 전락시킬 위험이 있다. 그러므로 사람이 주체가 아니라 복음 자체가 강조되는 신학, 개인의 구원과 함께 교회 공동체의 신앙고백이 강조되는 신학이 요청되는 것이다. 교회사란 그 시대의 교회가 무엇을 믿어 왔던가에 대한 역사, 곧 '신앙고백의 역사'라 말할 수 있다. 신앙고백은 하나님의 말씀에 대한 인간의 응답으로 신앙에 대한 실제적인 표현이기도 하다.[25] 그래서 이상규 교수는 교회사와 신앙고백의 관계를 "역사가 국경분쟁의 와중에서 토지문서라면 (한국)교회사는 교회에 주어진 사명을 지키기 위해 어떻게 응답해 왔던가를 보여주는 신앙고백적 문서이어야 한다"[26]고 정의하면서 김영재 교수의 「한국교회사」를 신앙고백적 기록이라고 평가한 바 있다.[27]

---

24) 박용규, "한국교회사 서술 방법에 대한 소고." 358.
25) 장호광, "개혁주의 신조의 현대적 의의와 적용: 웨스트민스터 신앙고백서의 성경관을 중심으로," 「한국개혁신학」 40 (2013): 90.
26) 이상규, "한국교회사 연구의 반성: 한국교회사 연구와 편찬에 관한 서론적 고찰." 172.
27) 이상규, "한국교회사 연구의 반성: 한국교회사 연구와 편찬에 관한 서론적 고찰." 160. "그의 교회사에는 신학적 전통 혹은 지평에서 한국교회사를 기술하고 있어 그의 한국교회사는 한국교회가 무엇을 믿어왔던가를 보여주는 신앙고백적 기록이라고 할 수 있다."

한국교회사는 한국에서의 그리스도인들이 무엇을 믿어왔고 결국 하나님의 말씀에 대해서 어떻게 반응하고 응답해 왔는지에 대한 역사적 기록이라고도 말할 수 있다. 이것을 신앙고백에 기초한 사관이라는 점에서 '신앙고백사관'이며, 백석학원과 총회의 신학적 근간인 '개혁주의생명신학사관'이라고 명명할 수 있다. 예수 그리스도를 중심으로 복음을 강조하는 개혁주의생명신학은 종교개혁자들이 강조했던 영속적인 신앙원리인 '5대 솔라'의 기초 위에, 그것을 어떻게 삶으로 실천할 것인지에 대한 '개혁주의생명신학 7대 실천운동'을 펼쳐가고 있다는 점에서 '신앙고백'에 기초한 교회역사를 진행하고 있기 때문이다.

교회와 신앙고백의 상관관계는 '참된 교회가 어떻게 세워지는가?'에 대한 고민에 있다. 하나님의 백성이며 그리스도의 몸인 교회는 무엇보다 그리스도를 주로 고백하는 신앙고백 공동체(the community of faith)이다. 예수 그리스도께서는 베드로가 "주는 그리스도시요, 살아 계신 하나님의 아들이시니이다!"(마16:16)라고 고백하였을 때, "내가 이 반석 위에 내 교회를 세우리니"(마16:18)라고 말씀하셨다. 이것은 교회가 참된 신앙의 고백 위에 세워졌고, 계속적으로 그 신앙의 고백 위에 서있어야 함을 의미한다. 따라서 참된 신앙의 고백이 없는 교회는 교회일 수 없고 또한 교회로 존

립할 수 없다. [28]

교회는 자신이 선포하고 가르치고 행해야 할 신앙의 내용을 스스로 제정하지 않는다. 교회는 성경에 기초한 사도적 신앙을 믿음의 유산으로 물려받는다. 믿음의 유산은 하나님의 말씀인 성경에 근거하여 시대마다 자기 자신의 참된 신앙의 고백으로 갱신되고 고백 되어져야만 한다. 교회는 과거의 신앙 유산을 그대로 보존만 하는 것이 아니라 자신의 세대는 물론 다음 세대의 사람들에게 올바르고 적합하게 가르치고 전달함으로써 신앙의 계대를 계속 해야할 사명을 가지고 있다. 만약 그렇게 하지 못할 경우 하나님의 말씀을 떠나 '하나님을 알지 못하는 세대'가 곧 일어나게 될 것이다. [29]

지상에 존재하는 교회는 완전할 수 있는가? 신앙고백이 시대적 상황에 맞게 변천되고 발전한다는 전제는 지상의 교회가 완전할 수 없다는 것을 말한다. 그럼에도 불구하고 여전히 그리스도의 몸인 교회는 사도 시대의 신앙고백을 시작으로 성경적인 신앙고백을 유지하고 발전시키며 성장해왔다. 많은 이단들과의 싸움은 어떤 교회가 하나님이 원하시는 진정한 성경적 교회인가를 고민하게 했

---

28) 김은수, 「개혁주의 신앙의 기초 2」(서울: SFC, 2010), 166-167.
29) 김은수, 「개혁주의 신앙의 기초 2」, 167.

다. 이는 결국 성경에서 비롯된 신앙고백이 교회를 유지하는 힘이요, 교회를 하나로 묶는 원천임을 보여준다. 결국 참된 교회의 속성인 단일성, 거룩성, 보편성, 사도성은 하나님께서 허락하신 특별 계시인 성경을 바르게 이해하는 것에 그치지 않고 올바른 신앙고백을 통한 삶의 실천으로 이어질 때 분명해진다.

이번 백석총회 설립 45주년을 기념하여 「한국교회사」를 '개혁주의생명신학사관'에 기초하여 기록하고자 하는 것은, 한국의 특수한 역사와 문화 속에서 선교사들을 통해 받게 된 복음이 한국의 사회와 정치적 환경에 어떤 영향을 주었는지, 복음이 어떤 경로를 통해서 확산되었는지, 세계 교회가 보편적으로 고백하고 있는 신앙과 어떤 연속성을 갖고 있는지에 대하여 끊임없이 대화해야 하기 때문이다.

종교개혁 관점에서 새롭게 조명해야 할 '한국교회사'

우리는 앞에서 개혁주의생명신학의 관점에 따라 역사를 서술하는 것을 '개혁주의생명신학사관'이라고 정의했다. 개혁주의생명신학은 새로운 신학이 아니다. 개혁주의생명신학은 교회와 세상을 말씀에 비추어 그릇된 것은 바로 잡고 올바른 것은 계승하는 개혁주의신학을 따른다.[30] 그럼에도 불구하고 개혁신학 교회사관과 개혁주의생명신학의 교회사관에는 약간의 차이가 있다. 개혁주의생명신학은 하나님의 말씀인 성경을 완전한 계시로 믿고 그 말씀에 어떻게 응답하는지에 따라 삶의 방향이 달라지기에 교회 역사를 서술하기 위해서는 그 시대의 교회가 무엇을 믿어왔던 가에 대한 신앙고백의 역사를 반드시 서술해야 한다는 차원에서 '신앙고백사관'이라고 했다.

개혁주의신학을 하는 사람들은 대부분 종교개혁자들의 신앙을 계승한다고 말한다. 그러나 종교개혁자들의 신학은 조직적이고 체계적인 방향에서 수립되었기보다는 당시 시대의 상황에 성경적 입장을 변증적으로 제시하려는 과정에서 수립되었다고 볼 수 있다. 중세교회의 타락과 부패에 맞서 신앙의 원리들을 성경에서 발견하고 확장시킨 것은 두말할 나위가 없지만, 그들의 신앙과 신학이 신학 전반을 아우르는 신학이 되기에는 부족했던 것이 사실이다.

종교개혁 시기에 종교개혁자들은 성경에 기초한 '구원론'과 '교회론'을 정립하기에 급급하였으며, 신학의 방향성을 제시하기는 했지만 체계적인 모습을 갖추지는 못했다. 비로소 신학의 구조적인 방향을 갖춘 것은 '개신교 정통주의'에 이르러서였다. 로마 가

---

30) 장종현, 「개혁주의생명신학 선언문」 (천안: 백석정신아카데미, 2017), 17.

톨릭과의 논쟁에 따른 개신교의 논리적 근거의 제시, 개신교 신학대학의 발전에 따른 신학체계 수립의 요청, 초대교회 이후의 보편적인 교회 전통과 종교개혁자들의 견해를 조화시킬 필요성은 개신교 정통주의 확립에 기여하였다. 초기 정통주의는 주석, 전통, 그리고 고백적 종합 사이의 견지에서 신학의 조직과 정의의 문제와 지속적으로 씨름해야만 했다.[31] 이를 통해 여러 지역의 종교개혁 교회들은 종교개혁 시기부터 17세기 중엽에 이르기까지 바른 신앙을 정립하기 위한 많은 신앙고백서를 내놓았다.[32] 개신교 정통주의는 종교개혁의 열정을 학문이라는 범주에 가둬 생명력을 약화시켰다는 아쉬운 부분이 있음에도 불구하고, 오늘날 우리가 개혁주의신학이라는 이름으로 존립할 수 있는 골격과 근간을 만들었다는 부분에서 기여한 바가 크다. 그러나 신학이 사변화 되고 교회가 여러 교단과 교파를 형성하여 분리 되는 문제들도 발생했다. 성경보다 신학을 앞세운 결과이며, 교회를 살리는 신학을 하지 못했기 때문이다.

개혁주의생명신학은 철저하게 종교개혁신학을 따른다. 종교개혁의 '5대 솔라'를 현 시대적인 언어로 새롭게 담아내어 2017년 종교개혁 500주년을 기념하여 「개혁주의생명신학 선언문」을 발표한

---

31) 이은선, "제네바 아카데미와 개혁파 정통주의," 「한국개혁신학」 7 (2000): 319-320.
32) 김영재, 「교회와 신앙고백」 (수원: 합동신학대학원출판부, 2002), 12.

것은 개혁주의생명신학이 시대적 요청에 대한 응답이며, 종교개혁의 정신이 영속적인 가치를 가지고 있음을 재확인했다는 점에서 의미가 크다.[33]

특별히 종교개혁자들이 강조했던 '5대 솔라'에 대한 재해석은 주목할 만하다. 선언문 해설집에서는 '5대 솔라'의 5개 강조점에 부제를 각각 선정하여, 종교개혁자들의 외침이 현재 어떤 의미로 한국교회에 적용되어야 하는 지를 새롭게 조명하였다. '오직 성경: 성경을 통해 말씀하시는 성령,' '오직 그리스도: 십자가와 부활의 삶,' '오직 믿음: 순종하는 믿음과 기도,' '오직 은혜: 용서와 화해의 복음,' '오직 하나님께 영광: 희생과 봉사의 삶'이 그 내용이다.[34]

한국교회의 문제를 지적하는 많은 사람들이 있지만 그것에 대한 실제적인 해결책을 제시하는 사람은 거의 없다. 하지만 개혁주의생명신학은 다르다. 개혁주의신학이 가장 좋은 신학의 체계임에도 그것을 실천할 수 없는 것은 예수 그리스도가 내 안에, 내가 그리스도 안에 없기 때문이라고 강조한다. 그리고 그것을 실천하기 위해 7대 실천운동이 삶 속에서 구현되어야 한다고 말하고 있다.

---

33) 장종현, 「개혁주의생명신학 선언문」, 14-27. 대한예수교장로회 정기총회가 있었던 2017년 9월 14일에 총회 석상에서 교회선언으로 채택되었다.
34) 장종현, 「개혁주의생명신학 선언문」, 4-5.

그 내용을 '5대 솔라'의 부제들이 고스란히 담고 있는 것이다.

개혁주의생명신학은 가장 바람직한 교회상을 '성경적 교회'로 제시하면서, '오직 성경'이라는 종교개혁의 원리를 '성경을 통해서 말씀하시는 성령'이라는 시대적인 언어로 풀어낸다. 성경의 영감으로 기록된 성경이 이성과 자율의 시대를 지나오면서 영감된 성경의 권위가 부정되고, 계시로서의 권위를 상실한 것에서 한국교회 문제의 근본 원인을 찾고 있다. 성경에 기초한 교회가 성령의 역사로 말미암아 부흥하는 교회가 되기 위해서는 '성경과 성령의 관계'에 대한 새로운 시각이 요구된다는 점을 강조한 것이다.

또한 '오직 그리스도'가 우리의 유일한 구원자이며 우리 신앙과 삶의 모범이라는 점을 강조하면서 십자가와 부활의 신앙에 기초한 삶을 살아가야 한다는 것을 제시하고 있다. 신앙과 삶이 이원화되고, 결국 경건의 모양은 있으나 경건의 능력을 상실한 교회와 그리스도인들에게 십자가로 돌아갈 것을 강조하고 있는 것이다. 이처럼 '5대 솔라'를 현재의 언어로 풀어내어 실제 생활 가운데 마음으로 믿고 순종하도록 종교개혁의 신학을 새롭게 풀어내고 있는 것은 개혁주의생명신학이 가진 큰 장점이라 할 수 있다.

개혁주의생명신학은 한국교회의 가장 큰 문제로 지적되는 '세속화'와 '분열'의 문제를 극복할 수 있는 방안 또한 종교개혁의 신학원리에 있다고 생각한다. 개혁주의생명신학이 종교개혁의 신학을 계승하는 것 역시 그 바탕에는 바람직한 교회로서 '거룩한 하나의 교회'가 있다.

한국 교회는 복음이 들어온 이후로 분열의 역사가 깊다. 한국교회의 분열에 대한 시각은 여러 방면에서 다각도로 진행되고 있지만, 결론적으로 분열의 역사에도 불구하고 한국교회가 성장할 수 있었던 것은 전적인 하나님의 은혜이다. 한국 교회의 분열을 이해하기 위해서는 그 배경을 이해해야 한다. 한국 교회 분열의 배경으로 지목되는 것들은 다음과 같다. 첫째, 종교 개혁을 직접 경험하지 못한 한국 교회의 역사, 둘째, 교파적인 형태로 설립된 미국과 유럽의 교회들이 각자가 속한 국가와 선교부의 입장에 따라 선교에 착수한 상황, 마지막으로 선교의 효과를 높이기 위해 채택한 '교계예양'(敎界禮讓, comity agreements)[35]이라는 선교지 분할 협정, 이 모든 것이 한국 교회의 분열을 이해하기 위한 배경이 된다.

하나의 민족교회에 대한 선교 본부들의 미온적 태도와 한국에 온 선교사들 내의 입장 차이는 한국 개신교 초기 교회연합 운동이

---

35) 민경배, 「한국기독교회사: 한국 민족교회 형성과정사」 (서울: 연세대학교 대학출판문화원, 2017), 197; 박용규, 「한국기독교회사1」, 600. 교계예양은 한 선교지역에 선교 사업을 하는 기관이 여럿이기 때문에 노력을 중복하거나 필요 없는 경쟁을 하지 않도록 "연합적으로 분할하는" 초교파적 선교 협력 정책이다.

실패할 수밖에 없는 중요 요인이 되었다. 감리교와 장로교 선교사들 중에는 서로가 공동의 사업을 위해서는 협력할 수 있지만 기구적인 연합은 바람직하지 않다는 의견을 가지고 있는 사람들이 있었다. 자신의 교파적 입장을 완전히 포기하지 못했기 때문이다.[36] 각 선교부와 선교사들 사이에 복음 전도의 현장에서 여러 충돌이 일어나자 선교지 분할 정책이라는 선교지 중복으로 인한 혼란과 갈등을 해소하기 위한 조처가 이루어졌다. 이는 선교를 위한 인적, 물적 자원을 최대한 효율적으로 사용하면서 전국을 빠짐없이 복음화시키기 위한 전략의 일환이었다.[37] 그러나 시간이 흐르면서 각 선교부의 교파적 입장에 따라 한국에 설립된 교회들도 영향을 받게 되면서 분열의 요인 중 하나로 자리 잡게 되었다.

이상규 교수가 말하는 미국교회가 한국교회에 끼친 영향도 한국 교회 분열의 역사를 이해하는 단초로 주목해 볼 필요가 있다.

필자는 미국교회가 한국교회에 끼친 영향을 3가지로 말한 바 있는데, 첫째는 성경에 대한 문자적인 강조, 곧 비블리시즘 (Biblicism)이다. 이것은 단순한 성경주의라고 할 수 있는데, 성경에 기초하여 윤리적인 엄격성은 강조되었으나 성경이해나 해

---

36) 박경수, "한국 개신교 초기 교회연합 운동의 유산," 「장로교회와 신학」 8 (2011): 211-212.
37) 박경수, "한국 개신교 초기 교회연합 운동의 유산," 214.

석에 있어서 교리나 신학적 전통을 중시하지 않는 입장이다. 바로 이런 이유 때문에 신조나 신앙고백, 그리고 성례전에 대해 무관심했다. 이것이 미국교회가 준 두 번째 영향이다. 미국의 교회는 과거 유럽의 개혁교회와는 달리 신앙고백 때문에 로마 가톨릭과 대결하거나 신학적인 토론을 한 경험이 없다. 성례전의 문제는 종교개혁자들에게 중요한 문제였으나 미국교회는 이런 문제로 로마교와 대결한 일이 없다. 바로 이런 미국교회적 특성이 한국에도 그대로 이식되어 한국교회도 신조나 성례전에 대해 깊이 고려하지 않았다. 이런 성격이 한국교회 설교에도 그대로 반영되었다. 세 번째 특성은 부흥주의(revivalism)라고 할 수 있다. 초기 내한 선교사들은 대각성운동 이후 특히 영국에서 일어난 부흥운동의 결과로 일어난 복음주의의 영향을 받았기 때문이라고 볼 수 있다. 부흥주의는 감성적 측면이 강조되고 개인적 신앙을 강조하는 경향이 있다. 따라서 이런 미국교회적 특성들이 한국교회에 영향을 끼쳤다고 볼 수 있다.[38]

윤리적 엄격성은 강조되나 성경 이해와 해석에 교리와 신학적 전통을 중요시하지 않는 성경에 대한 문자적 강조, 신조와 신앙고백, 성례전에 대한 무관심, 감성적이고 개인적 신앙을 강조하는 부흥주의는 그 자체가 심각한 위험을 내포하고 있지는 않다. 그러

---

38) 이상규, 「한국교회의 역사와 신학」, 21.

나 세계 교회에 대한 배경지식과 신학적 뿌리가 없는 한국 교회에
서는 이러한 특성들이 다소 기형적인 모습으로 표출되었다. 2천여
년 동안 형성된 교리와 신학적 전통에 대한 몰이해는 자신들이 받
아들인 선교사들의 가르침에 대한 맹목적 수용으로 이어지거나 배
척으로 나타났으며, 이러한 면에서 신조나 신앙고백, 성례전도 그
의미보다는 '우리'와 다른 무리를 구분하는 화석화된 예식으로 전
락되기도 하였다. 청교도적 경건주의와 부흥주의의 영향 아래 있
던 미국의 선교사들을 통해 청교도적 경건주의와 부흥주의의 특성
들이 한국교회에 이식된 것이다.

경건주의는 성경의 가르침을 편견 없이 배우고 따랐으나 교회
의 역사적 전통을 중시하지 않았고 교회의 공동의 신앙고백을 소
홀히 하였다. 이러한 경건주의의 특징에 대해 김영재 교수가 "경
건과 성경에 대한 믿음을 강조하고 신앙의 열정은 가졌으나 교회
의 공동 고백을 소홀히 하므로 성경을 이해함에 있어서 합리성과
보편타당성을 잃어버리고 성경을 주관적으로 그리고 문자적으로
이해함으로써 편협하고 독선적인 신앙으로 기우는 경향을 보인다"
고[39] 소개한 말을 주의해서 살필 필요가 있다. 더불어 "개혁주의
교회의 전통에 대한 인식부족과 성례의 효력에 대한 신학적 무지
가 성례에 대한 무관심을 불러일으킨 것"으로 평가한 강경림 교수

---

39) 김영재, 「교회와 신앙고백」, 12.

의 견해도 눈길을 끈다.[40] 성례의 목적과 본질을 개혁주의적 입장에서 밝히는 일의 중요성을 논하면서 그는 유난히 한국교회에 분열이 많은 이유가 교회의 하나 됨을 체험할 수 있는 길인 성찬이 소외되었기 때문이라고 주장하였다.[41]

감성적 측면과 개인적 신앙의 강조는 그 자체가 교회와 신앙에 선한 영향력을 미침에도 불구하고 그 균형을 잃어, 교회가 감당해야 할 시대적 소명 앞에서 한국 교회의 운신의 폭을 좁히기도 하였다. 이렇듯 교회의 역사와 교리에 대한 제한된 이해와 관점은 각자가 받아들이고 이해한 범위 안에서 "자기의 소견대로" 바르게 믿고자 하는 노력으로 이어졌으며 시간이 갈수록 분열이 심화되면서 고착화되었다.

선교사들에게 물려받은 신앙을 정통이라 여기고 마치 그것을 성경의 진리인 것처럼 여겨 배타적인 태도를 유지해 온 보수주의, 기독교를 외세로 보는 대중들을 의식한 나머지 선교사들보다는 한국인들이 주체가 되기를 소망했던 급진적인 진보주의, 이 모두가 하나님을 자기의 소견대로 바르게 믿고자 했던 신앙 선배들의 다른 이름이라고 생각한다.

---

40) 강경림, "한국교회의 성례 의식(意識)에 대한 유감," 「신학지평」 10 (1999): 42.
41) 강경림, "한국교회의 성례 의식(意識)에 대한 유감," 51.

초기 선교사들과 한국 교회는 교파를 초월하여 협력하고 전도하고 공동으로 집회도 열면서 함께 부흥을 경험했다. 이런 일들이 가능했던 것은 교파를 초월하여 오직 말씀대로 살려고 했기 때문이다. 한국에 하나의 교회가 세워지고 한국적인 교회로 자립할 수 있기를 원했던 선교사들의 배려와, 민족의 어려움을 극복하고자 하는 신앙 선배들의 노력이 그리스도 안에서 아름다운 열매로 나타난 것이다.

자신의 기득권을 내려놓지 않기 위해 성경보다 신학을 앞세우고, 교리나 신념을 하나님의 말씀보다 더 중요하게 생각한다면 분명 진정한 개혁주의는 아니다. 성경 말씀에 비추어 보아 잘못된 것이 있다면 언제든지 회개하고 돌아서는 것, 그것이 바로 진정한 개혁주의다. 물려받은 신앙의 유산이 아무리 귀한 것이라 해도 그것을 성경보다 우위에 두는 것은 중세 로마 가톨릭이 범했던 오류를 재연하는 것이다. 이런 상황에서 종교개혁의 신학을 계승한 개혁주의생명신학 관점에서 한국교회를 살펴보는 것은 상당히 의미 있는 일이다.

'복음의 확장'과 '교회의 설립' 관점에서
서술해야 할 '한국교회사'

'한국교회사'는 일반적으로 선교의 역사를 중심으로 서술 되어 왔기에, 최초 기독교의 접촉을 중심으로 교회사를 서술하고 있다. 기독교의 접촉을 중심으로 서술하다보니 자연스레 가톨릭의 역사를 서술하게 되고, 경교 전래 가능성을 비롯한 여러 가지 타종교와의 혼합 경향성에 대한 가설들을 설명하는데 많은 지면을 할애하고 있다.[42]

개혁주의생명신학은 교회를 살리는 신학을 지향한다. 신학의 참된 목적은 그리스도의 몸된 교회를 회복하여 하나님의 나라 확장에 기여하는 것이다. 개혁주의생명신학사관에 입각한 한국교회사 서술은 이 땅에서의 복음의 확장과 교회의 설립을 중심으로 이루어져야 한다. 복음의 능력과 예수 그리스도의 생명은 바로 복음이 어떻게 확산되고 교회가 세워지는가를 살펴볼 때 잘 드러나기 때문이다. 또한 복음이 전파된 이래로 각 시대마다 성경적 교회의 본질과 사역이 어떻게 드러나고 있는지 확인해야 한다. 이를 위해

---

42) 김영재, 「한국교회사」, 41-53; 김인수, 「(섭리사관의 입장에서 본) 한국교회의 역사」 (서울: 쿰란출판사, 2017), 14-19; 민경배, 「한국 민족교회 형성사론」, 27-31; 박용규, 「한국기독교회사. 1-2」 78-87; 정서영, 「한국교회사」 (고양: 해븐, 2017), 17-21.

성경적 교회의 구현, 성경적 예배의 구현, 교회의 본질과 사역, 참된 교회의 사명 등의 각 시대별 교회이해와 시간에 따른 변화양상을 따라가 볼 필요가 있다.

성경적 교회의 본질과 사역이 역사적 교회에 표출된 것을 확인하는 지표는 여러 가지가 있을 수 있겠으나 참된 교회의 5가지 사명이 구현되는가에 초점을 맞추어 역사를 서술하였다. 시작부터 신자들의 모임으로 간주된 교회의 역사적 실체는 공동체로서 존재했다.[43] 역사적 실체로 이 땅에 존재하는 한 교회는 불완전할 수밖에 없다. 그런 면에서 바빙크(Herman Bavinck)는 인간의 모든 조직체는 혼란의 와해를 막기 위해, 또는 그 조직이 본래 목적을 정당하게 지향하기 위해 지켜야 하는 규정들이 반드시 있어야 하며 교회 역시 인간 사회의 일반적인 원리에 종속될 수밖에 없음을 직시했다.[44] 그럼에도 불구하고 교회는 세상의 일반적인 조직과 다르게 하나님의 말씀에 근거하여 규정되고 조직되어야 한다. 교회는 반드시 수행해야 할 거룩하고 막중한 소명을 따라 세워졌고 하나님은 교회가 그 사명을 수행할 수 있게 도우시며 그리스도의 몸을 세우시고 성도들을 온전케 하신다. 그 뜻을 따라 교회가 성도들

---

43) Louis Berkhof, 「조직신학 개론」, 박희석 역 (고양: 크리스챤다이제스트, 2008), 251. 교회는 유기체로서, 신자들의 공동체로서 그들의 공동생활과 신앙고백, 연합하여 세상을 대적하는 것으로 식별된다.
44) Herman Bavinck, 「개혁교의학 개요」, 원광연 역 (고양: 크리스챤다이제스트, 2004), 659-660.

의 모임으로서 받은 소명을 감당해야 할 사명을 정리하면 다음과
같다.

첫째, 교회는 언약공동체로서 하나님에 대한 '예배의 사명'이 있
다. 하나님의 백성으로 부름을 받은 교회는 하나님을 섬기기 위한
언약공동체로서 존재한다. 언약공동체로서 감당해야 할 본질적인
사명은 바로 삼위일체 하나님에 대한 예배이다. 이 예배는 단순히
제사 행위를 의미한다기보다는 삶으로서의 예배, 곧 삶을 통해서
하나님께 영광을 돌리는 섬김을 의미한다. 예배는 언약백성들이
회집한 공적예배를 말하기도 하지만, 또한 그것을 넘어 백성들의
전체 삶의 영역으로 확장된다.

둘째, 교회는 신앙공동체로서 '신앙교육과 경건의 훈련'의 사명
을 가진다. 교회는 그리스도를 구주로 고백하는 신앙공동체이며,
동일한 믿음을 고백하는 신앙고백 공동체이다. 사도들의 신앙고
백 위에 세워진 교회는 계속해서 말씀과 신앙고백 위에 서있어야
한다. 교회는 자신이 선포하고 가르치고 행해야 할 신앙의 내용
을 그 스스로 창조한 것이 아니라, 성경에 기초한 사도적 신앙을
믿음의 유산으로 물려받았다. 이 믿음의 유산은 시대 시대마다 세
대를 이어가며 하나님의 말씀인 성경에 근거하여 자기 자신의 참
된 신앙고백으로 새롭게 갱신되고 고백되어야만 한다. 다음 세대
의 사람들에게 올바르고 적합하게 가르치고 전달함으로써 신앙의

계대를 계속해 이어가야 할 사명은 교회가 오랜 시간 동안 이어져 오며 확장되는 근거가 된다.[45]

셋째, 교회는 교제공동체로서 '사귐과 교제'의 사명이 있다. 교회는 그리스도인들의 참된 신앙고백을 통해서 그때그때마다 일어나는 '신앙적 사건'임과 동시에, 성령의 '교제' 안에 있는 참된 교제와 사귐의 공동체이다. 성례전적인 사귐은 반드시 구체적인 삶의 영역에서 교제와 사귐으로 나타나야 한다. 성령으로 말미암아 그리스도와 연합된 그의 몸으로서의 교회는 오직 교제와 사귐의 공동체이다. 어느 시대를 막론하고 하나님을 영화롭게 하는 교회의 본질은 바로 아가페 사랑이다. 아가페 사랑은 성령의 선물이되 반드시 교회의 삶 속에서 실현되어야 할 실제적인 사명이다(고전 12:18-27).

넷째, 교회는 봉사공동체로서 '섬김과 봉사'의 사명이 있다. 교회는 한 성령께서 주시는 다양한 은사들을 따라 서로 함께 섬기는 은사공동체로, 그리스도의 몸된 교회의 유익을 위해 하나님께서 주신 은사와 직분에 따라 서로가 서로에게 섬기고 봉사해야 할 책임과 의무가 있다. 모든 은사는 서로를 세우는 상호간의 사랑의

---

45) 용환규, "한국교회 정체성 회복을 위한 목회패러다임의 전환," 「복음과 실천신학」 35 (2015): 240.

사귐과 섬김의 관계로 존재해야만 한다. 성령의 은사를 주시는 목적은 궁극적으로 성도로 하여금 하나님을 영화롭게 하는 삶을 살 수 있도록 하는 것인데, 구체적으로는 하나님의 말씀을 통하여 신자들의 믿음을 굳건히 하고, 또한 그 말씀을 효과적으로 증거하고 가르치게 하며, 교회 안에서 이루어지는 모든 사역들을 통하여 주님의 몸을 더 잘 섬기며 하나님의 나라를 땅 끝까지 확장하기 위한 것이다.

마지막으로 교회는 선교공동체로서 '복음증거'의 사명이 있다. 아브라함의 선택과 언약에서 계시된 이방나라들을 위한 하나님의 특별한 선교계획에 의해 아브라함은 축복의 수혜자인 동시에 그러한 축복의 중개자가 되었다. 이 세상과의 관계에서 교회가 수행해야 할 가장 중요한 사명이 바로 '복음증거'의 사역, 곧 전도와 선교이다. 이와 같이 교회는 그 시작으로부터 복음증거의 사명을 가진 전도와 선교공동체이다. 선교의 궁극적인 기초와 근거는 바로 창조자와 구속자로서의 하나님의 절대적인 주권과 구속의 의지 자체 안에 있다.

한국교회에서 이 5가지 사명이 시대마다 수행되었는가를 가장 잘 보여주는 것이 바로 신앙고백이다. 신앙을 고백하는 사람은 그 신앙고백이 담아내고 있는 내용과 근거와 형성과정을 설명할 수 있어야 한다. 종교개혁 이후 교회의 이름으로 공포된 신앙고백은 성도들의 신앙과 생활의 제 2규준이 되었으며 하나님의 말씀으로 바르게 돌아가는 일에 중요한 이정표 역할을 하였다.[46] 그러므로 개혁주의생명신학 관점에 입각하여 한국교회가 어디에 가치를 두고 어떤 신앙을 고백하고, 전하고, 실천했는지 시간의 흐름에 따라 한국교회사를 정리할 것이다.

---

46) 용환규, "한국교회 정체성 회복을 위한 목회패러다임의 전환," 241-242.

제2장
한국선교의 선구자들

중국을 통한 한국선교 시도

지금까지 한국교회사의 첫머리를 어떤 사건, 어떤 인물로 시작하는가는 보통 복음의 전달자와 수용자 중 누구에게 중심을 두었느냐에 달려 있었다. 한국에 복음을 전파한 선교사들로 시작하는 선교사관과 복음을 받아들인 사람들로 시작하는 민족 교회사관, 민중 교회사관을 비롯한 수용사관은 결국 주체가 되었던 사람들 중심으로 기술되기 때문에 한쪽으로 치우쳐 객관적인 서술이 어렵다는 한계가 있고 하나님의 신적 개입을 거부하는 실증사관은 한국장로교회의 시작이 되는 복음 전파와 교회의 설립을 사람의 일로 제한할 수 있다는 우려가 있다. 복음이 전파되고 교회가 세워지는 과정에 대해 우리가 던져야 할 질문은 "주체가 누구인가?"보다 "복음이 '어떤 상황'과 '어떤 방법'을 통해 전해졌으며 '어떤 열매'를 맺었는가?"라고 할 수 있다. 복음 전파와 교회를 세우고 보존하는 일은 하나님의 일이기 때문이다. 복음을 전하는 목적은 결국 교회를 세우기 위함이다. 복음을 받아들인 한 사람의 믿음은 그 사람을 구원에 이르게 하며, 구원받은 성도들이 같은 신앙을 고백하며 모인 신앙공동체는 교회를 세우게 된다. 복음이 전해지고 교회가 세워지는 일은 하나님의 구원 계획이 성취되는 시간, "하나님의 때"에 복음을 전하는 사람과 성경을 통해 이루어진다.

한국교회사에서 최초의 개신교 선교사와 최초의 개신교 순교자라 불리는 두 명의 선교사가 있다. 이들은 몇 권의 한문 성경과 전도 책자를 전달하며 한국 땅에 복음을 전하고자 했지만, 복음을 전하려는 그러한 의지에도 불구하고 한국에 교회를 세우는 일에 직접적인 영향을 주지 못했다. 그러나 복음의 접촉은 시간이 흐르면서 한국에 세워질 교회에 점층적인 영향을 미쳤다. 선교사들에게 닫혀 있던 한반도의 밖, 만주와 일본에서 성경을 번역하고 한국인들에게 성경을 전달하는 사역을 감당한 선교사들과 한국인 번역자들, 한국인 권서(勸書, colporteur)들을 통해 준비되고 형성된 복음의 영향력은 1884년 선교사들의 입국과 본격적인 선교활동을 통해 열매로 나타나게 되었다.

1832년과 1866년, 30여 년의 터울을 두고 한국을 방문한 두 명의 선교사 귀츨라프(Karl F. A. Gützlaff, 1803-1851)와 토마스(Robert J. Thomas, 1839-1866)를 통한 복음의 접촉은 한국에 복음이 전해지고 교회가 세워지는 과정 가운데 나타난 하나님의 때, 하나님의 계획이 성취되고 하나님의 영이 역사하는 시간에 대한 이해를 돕는다. 이들은 서구의 선교가 제국주의와 긴밀히 연결되어 있던 시기, 상업적·군사적 제국주의 팽창의 첨병 역할을 하는 상선을 타고 선교사의 입국과 전도를 거부하는 조선에 도착했다. 당시 조선의 상황은 이들의 선교를 받아들이기 쉽지 않은 상태였다. 1801년 300여 명의 천주교인이 순교한 신유박해 이후 1839년 기해박해, 1846년 병오박해, 1866년 병인박해로 이어지는 60여 년의 대규모 천주교 박해는 천주교와 개신교를 뚜렷이 구분하는 서구인들과 달리 둘을 구분하지 못하던 조선인들에게 복음을 쉽게 받아들일 수 없게 하는 장벽 역할을 하였다. 또한 정부의 외국과의 통상 및 수교 거부 역시 복음 전파에 걸림돌이 되었다.

귀츨라프

1803년 7월 8일 독일 프로이센 제국 퓌리츠(Pyritz)에서 태어난 귀츨라프는 독일 할레의 경건주의 가풍에서 성장했다. 18세인 1821년 7월 왕립장학생으로 베를린선교신학교에 입학하였고 1823년 선교사가 되기 위해 네덜란드선교회(The Netherlands Mission Society)의 선교사 모집에 지원했다. 독일에는 선교사를 파송할만한 선교회가 없어 당시 선교사가 되려면 네덜란드선교회나 영국의 런던선교회(London Missionary Society)에 소속되어야 했기 때문이다. 그는 1823년 6월 네덜란드 로테르담에 도착하여 선교사 훈련과 현장실습을 마친 후 23세 되던 해인 1826년 7월 20일 안수를 받고 선교사로 임직하였다. 같은 해 9월 인도네시아 수마트라 지역의 바탁 부족 선교사로 파송되었으나 현지 사정으로 인해 1827년 1월 수마트라 지역이 아닌 자바섬에 도착하게 되었는데 귀츨라프는 이곳에서 그의 선교 인생의 전환점을 맞이하였다. 자바섬의 바타비아(현 자카르타)에서 런던선교회 소속 자바 선교본부의 책임자 메드허스트(W. Medhurst)를 만나 그의 선교사역을 도우며 중국인과 교류하고 중국의 언어와 풍습을 익히며 화교를 대상으로 선교를 시작하게 된 것이다.[47]

수마트라, 자바, 빈탄섬, 말라카, 싱가포르, 태국을 순회하며 흩어져 있는 화교들에게 복음을 전하는 동안 중국선교에 대한 그의 의지는 점차 굳어졌으나 네덜란드선교회는 중국선교에 큰 관심이 없었다. 1827년 4월에 네덜란드선교회의 지회에 속하는 바타비아 선교회 결성을 허용받은 후, 귀츨라프는 선교본부의 지시를 받지 않고 선교지를 이탈하여 싱가포르 선교 탐사를 감행했다. 중국선교에 뜻이 없는 네덜란드선교회와 결별을 결심한 귀츨라프는 싱가

---

47) 조해룡, "한국 최초 방문 선교사 칼 귀츨라프(Karl F. Gützlaff)의 선교 사상과 조선 선교 연구," 「복음과 선교」 45 (2019): 189-191.

포르에서 런던선교회 소속의 야곱 톰린(Jacob Tomlin) 선교사를 만나 함께 1828년 8월 23일 방콕에 도착한 후 성경을 태국어로 번역하면서 선교활동을 이어가다가 1829년 결국 네덜란드선교회를 탈퇴하였다. 자비량으로 중국선교에 뛰어든 귀츨라프는 1831년 마카오에 도착한 후 마카오를 중심으로 6개월간 중국 연안에서 전도 여행을 시작했다. 전도 여행을 계속해나가던 중 그의 탁월한 언어 능력으로 인해 중국과 동아시아 지역에 새 시장을 개척하려는 영국 동인도회사 소속의 '로드앰허스트'(Lord Amherst)호의 통역과 선의(船醫)를 제안 받게 되었다. 선교회에 소속되지 않은 개인으로 선교활동을 이어가는 것은 어려운 일이었고 제국주의 팽창에 대한 거부감이 없었던 귀츨라프는 선교를 지속하기 위한 방법으로 로드앰허스트호의 일을 받아들였다.[48] 아편과 영국의 공산품을 밀무역하면서 동시에 중국 연안의 항구와 군사시설을 살피며 지형을 측량하는 군사적 정탐선이었던 로드앰허스트호는 1832년 2월 광동을 출발하여 중국 해안을 따라 북상했다. 같은 해 7월 17일 황해도 서해안 장산곶에 도착하여 서해안을 따라 남하하다가 7월 25일 충청도 태안 고대도에 정박한 로드앰허스트호는 약 한 달 가량을 머물다 떠났다. 조선 국왕에게 통상 요청 편지와 선물을 보내고 8

---

48) 오현기, "귀츨라프 선교사와 로드 애머스트호(Lord Amherst): 역사적 고증과 선교사적 의미에 대한 연구,"「대학과 선교」 23 (2012): 160. 귀츨라프는 "모든 수단과 모든 방법으로" 선교한다는 선교방법론에 입각하여 선교활동을 이어갔다.

월 12일 통상이 거절되어 떠나기까지의 기간 동안 귀츨라프는 한문 성경과 전도 책자를 나눠주며 복음을 전했다.

로버트 토마스

1839년 9월 웨일즈의 회중교회 목사의 아들로 태어나 런던 대학교 뉴 칼리지에서 공부한 토마스는 1863년 6월 4일 하노버에서 목사안수를 받았다. 1863년 8월 부인 캐롤라인 고드페리(Caroline Godfery)와 함께 런던선교회 파송선교사로 중국 상하이에 도착한 토마스는 다음 해 3월 24일 유산으로 인해 몸이 약해진 부인이 사망하는 불행을 겪었다. 더군다나 런던선교회의 상하이 선교부 책임자인 윌리엄 무어헤드(William Muirhead)와의 불화와 갈등은 그가 런던선교회와 결별하게 되는 계기가 되었다.

1864년 12월 8일 산동성 지푸(芝罘) 소재의 중국 황립해상세관의 통역으로 취직한 토마스에게 다시 선교의 길을 열어준 것은 스코틀랜드성서공회(National Bible Society of Scotland) 지푸 주재원이었던 선교사 알렉산더 윌리엄슨(Alexander Williamson, 1829-1890)이었다. 여전히 선교사의 꿈을 품고 있었지만 무어헤드가 있는 런던선교회에 복직할 수 없었던 토마스는 선교사의 직함을 내려놓은 이후에도 북경 북쪽의 러시아 선교구역을 다녀오거나 중국인을 대상으로 한 성경 연구반을 인도하고 주일예배를 인도하는 목회 활동을 이어가고 있었는데 윌리엄슨의 소개로 조선인 천주교인 두

사람을 만나고 한국에 복음을 전하는 일에 관심을 갖게 되었다.[49]

1865년 9월 스코틀랜드성서공회 권서의 자격으로 지부를 출발하여, 동승한 조선인 천주교인의 도움을 받아 9월 13일 황해도 해안으로 추정되는 서해안에 도착한 토마스는 황해, 평안 양도에 걸쳐 두 달 반 동안 한국어를 배우면서 가져간 한문 성경을 배포했다.[50] 권서는 당시 성서공회의 직원으로서, 성경(단권 성경과 소위 쪽복음)을 가지고 가서 복음을 전하면서 일종의 외판 행상으로 성경을 판매하였는데 실질적으로 현장에서 성경을 배포하면서 복음을 전하는 전도자의 역할을 담당하고 있었다.[51] 한국의 초기 장로교회 선교사들이 회중교회에서 목사 안수를 받은 토마스를 장로교 선교사로 여긴 이유도 토마스가 스코틀랜드성서공회의 소속으로 두 차례 한국을 방문하였기 때문이다.[52]

토마스는 베이징에 도착한 이후 1866년 런던선교회 선교사 신분이 회복되었으며 베이징이 새로운 선교지가 되었음을 알게 되었다. 그러나 1865년부터 1866년 4월까지 베이징에 체재하던 조선 동지사 수행원을 통해 자신이 서해안에서 배포한 한문 성경이 평양에서 읽혀지고 있다는 소식을 듣고, 그것과 같은 마태복음을 하

---

49) 민경배, 「교회와 민족」(서울: 연세대학교 출판부, 2007), 59-60.
50) 민경배, 「교회와 민족」, 59.
51) 소기천, "초기 한국교회의 권서인 소요한 장로,"「성경원문연구」 10 (2002): 110.
52) 이은선, "1920년대까지 R. J. 토마스 선교사의 사역에 대한 인식 형성과정 고찰,"「장신논단」 48/4 (2016): 183.

나 구해달라는 요청을 받게 됨에 따라[53] 배포된 성경의 영향력과 조선에서의 선교 가능성에 주목하였다. 토마스는 다시 조선으로 향할 기회를 찾게 되었는데 병인박해로 자국 선교사가 처형당한 이유로 함대를 파견하기로 한 베이징의 프랑스 대사로부터 통역으로 함께 가 달라는 요청을 받게 되었다. 런던선교회는 중국 선교사업의 정식 확장이 있을 때까지 조선에 대한 선교를 시작할 생각이 없었고, 자국 선교사의 죽음을 빌미로 침공하려는 프랑스 함대에 동승하는 것에도 반대하였으나 토마스는 프랑스 대사의 제안을 받아들여 출항지인 지푸로 향했다. 그러나 프랑스 함대가 베트남에서 발생한 소요 진압을 위해 그를 기다리지 않고 급하게 출항하는 바람에 조선행이 무산되고 말았다. 실망한 토마스에게 조선을 방문할 또 다른 기회가 찾아왔다. 바로 새로운 시장을 개척하려는 미국의 상선 제너럴셔먼호(General Sherman)의 통역관 제의를 받은 것이다.

1866년 8월 토마스는 무장상선인 제너럴셔먼호 동승을 결정했으며 윌리엄슨은 토마스의 두 번째 조선 방문에도 역시 전도용 책자와 한문 성경을 공급했다. 1866년 8월 지푸를 떠나 백령도에 거쳐 다시 대동강 입구에 도착한 제너럴셔먼호는 통상을 거절하는 조선 정부를 무시하고 평양을 향해 올라오며 무력충돌을 일으켰다. 결국 1866년 9월 2일 배는 좌초되어 불타고 탑승한 모든 선원

---

53) 민경배, 「교회와 민족」, 62–63.

이 죽임을 당하면서 토마스도 함께 사망하였다. 토마스의 죽음은 리델 신부에 의해 1866년 11월 초 베이징에 전해졌는데 윌리엄슨도 1867년 고려문(高麗門)과 만주의 여러 지역을 방문하여 수소문함으로써 이를 확인하였다.[54] 토마스가 죽기 전 성경책을 전달했다고 전해지나 그가 선교사 신분이 아니라 무장상선의 선원으로 왔기 때문에 선교사나 순교자로 볼 수 없다는 시각도 있어 '순교자 토마스 선교사'에 대한 평가에는 적지 않은 온도 차가 존재한다. 그러나 그와 관련하여 다음의 두 가지 사실은 분명하다. 첫째, 스코틀랜드성서공회의 윌리엄슨을 통해 전해진 토마스의 순교 소식이 한국 선교에 대한 관심으로 이어져 로스와 매킨타이어의 한글 성경 번역에 디딤돌 역할을 하게 되었다는 점과 둘째, 1884년 이후 입국한 초기 선교사들은 토마스를 선교사로 인식하여 한국에서의 개신교 선교의 출발로 여기고 그의 죽음을 순교로 인정하는 모습을 보였다는 점이다.[55]

---

54) 이은선, "1920년대까지 R. J. 토마스 선교사의 사역에 대한 인식 형성과정 고찰," 172.

55) 박용규, "로버트 토마스(Robert J. Thomas) 선교사, 역사적 평가,"「신학지남」83/3 (2016): 126-128.

선교 이전의 성경 번역과 복음전파

선교사들이 한반도 영토로 들어와 선교를 시작하기 10여 년 전부터 하나님께서는 만주와 일본을 통하여 한민족의 선교를 준비하고 계셨다. 중국과 만주를 중심으로 북방 선교가 준비되었다면, 남방 선교는 일본과 미국을 중심으로 이루어졌다. 그러나 놀랍게도 한반도 전체를 향해 이루어진 선교의 사전 준비 단계는 남방과 북방 모두 성경 번역을 통해서 이루어지고 있었다. 이는 한반도 선교의 핵심이 성경 번역을 통한 순수 복음 전파였다는 점과 성경을 통한 신앙 전수가 자발적 신앙공동체의 형성으로 이어졌음을 가늠케 하는 대목이다.

알렉산더 윌리엄슨

1829년 12월 5일 스코틀랜드 폴커크(Falkirk)에서 태어난 윌리엄슨은 중국선교를 위해 글래스고 대학에서 인문학과 신학을 공부하고 1855년 런던선교회 소속으로 중국 상하이에 파송되었다. 그러나 선교사역에 몰두하면서 2년 만에 과로와 말라리아로 건강이 악화되어 1857년 스코틀랜드로 귀국한 윌리엄슨은 병에서 회복되자 다시 중국으로 돌아가 선교를 이어가고자 하였으나 런던선교회의 허락을 받지 못했다. 중국으로 갈 길을 찾던 그는 1863년 12월 새로 조직된 스코틀랜드성서공회의 첫 중국선교사로 다시 중국에 들어갈 수 있었다. 상하이를 거쳐 1864년 1월 산동성 지푸에 도착한 윌리엄슨은 지푸에 스코틀랜드성서공회 문서선교의 발판을 마련하고 북중국 지역과 동북부의 만주, 내몽고까지 성경 보급과 전도에 힘썼다. 그는 지푸에서 만나는 선교사들에게 산동 지역의 농민들이 많이 이주한 만주 지역 선교에 대한 권유를 하기도하고, 스코틀랜드 선교사들이 중국의 북부지방과 만주에서 활동할 수 있는 토대를 마련하기도 하였는데 1871년부터 스코틀랜드성서공회 선교사에 겸하여 스코틀랜드 연합장로교회의 산동선교부 책임선교사로도 활동하며 1872년 존 로스(John Ross, 1842-1915)와 존 매킨타이어(John MacIntyre, 1837-1905)가 만주 우장(牛莊)에 만주지역 선교지부를 설립하는 일을 도왔다.

윌리엄슨은 조선에 대한 선교에도 관심이 컸는데, 그의 활동 중심지인 지푸는 한반도에서 가장 가까운 항구였기 때문에 황해를 건너오는 조선인들을 간혹 만날 수 있었고, 만주 선교를 하면서도 조선인들을 많이 접할 수 있었기 때문이다. 이러한 관심은 다른 선교사들이 조선선교에 관심을 가질 수 있도록 소개하고, 배포할 성경을 지원하고, 성경 번역을 지원하는 일로 이어졌다. 그는 지푸에서 통역으로 일하던 토마스에게 조선인 천주교인들을 소개하고 스코틀랜드성서공회의 권서로 한국에 갈 수 있도록 지원하기도 하였다. 토마스의 두 번째 한국행에도 스코틀랜드성서공회의 파견원 자격과 성경을 지원하였고 제너럴셔먼호 사건 후 행방불명된 토마스의 행적을 추적하여 만주의 여러 지역을 방문하고 토마스의 순교 사실을 알리는 역할도 하였다.

윌리엄슨은 한글 성경 번역에도 적지 않은 영향을 미쳤다. 1872년 스코틀랜드 연합장로교회 해외선교부의 선교사로 파송되어 지푸에 도착한 로스에게 윌리엄슨은 만주 지역의 선교를 권유하면서 토마스의 순교 사실을 전하고 만주와 한반도의 조선인들을 대상으로 복음을 전할 것을 권했다.[56] 1882년 로스의 한글 성경 번역본을 출판할 때 최초의 재정지원도 스코틀랜드성서공회가 시작했으며, 이렇게 출판된 한글 성경을 1883년 11월부터 12월까지 약 6주간 제물포와 서울을 방문한 중국내지선교회(China Inland Mission) 소속의 의료선교사 아더 다우드웨이트(Arthur Douthwaite, 1848-1899)를 통해 배포하기도 하였다. 이때 다우드웨이트는 윌리엄슨의 요청으로 스코틀랜드성서공회의 임시 권서로 임명된 상태였다.[57]

존 로스와 존 매킨타이어

영국교회는 1914년 이전까지만 해도 미국교회보다 더 많은 해외선교사를 파송했다. 1870년 당시 만주 지역에는 영국과 스코틀랜드에서 파송 받은 선교사들이 많이 있었다. 이때는 조선과 수호조약이 맺어지기 이전이었기에 한반도에 진출할 수 없었다. 조선

56) 옥성득, "로스와 한국 개신교: 1882년 출간된 로스본 첫 한글 복음서를 중심으로," 「한국기독교와 역사」 57 (2022): 12.
57) 옥성득, "로스와 한국 개신교: 1882년 출간된 로스본 첫 한글 복음서를 중심으로," 25-26.

선교를 위한 성경 번역은 존 로스(John Ross, 1842–1915)에 의해 시작되었다. 존 로스는 1872년 8월 그의 매제가 된 존 매킨타이어(John McIntyre) 선교사에 이어 산둥반도에서 선교사역을 시작했다.

1872년부터 1910년까지 스코틀랜드연합장로교회 해외 선교부 만주선교회 선교사로 봉사한 존 로스는 1842년 7월 6일 북스코틀랜드의 라리키(Rarichie)에서 출생했다. 그는 에든버러에 있는 연합장로교회의 신학교를 졸업 후 하이랜드와 동스코틀랜드 도서 지역에서 목회하다가 1868년부터 선교에 관심을 가지게 되었고 1872년 8월 23일 스코틀랜드 연합장로교회 해외선교부의 중국 선교사로 산동성 지푸에 도착했다.[58] 윌리엄슨의 권유로 만주 지역의 선교에 나서면서 1872년 10월 만주의 개항장인 우장에서 한문과 중국어를 배웠다. 윌리엄슨에게 토마스의 순교와 조선선교에 대한 이야기를 전해 들은 로스는 1874년 10월 9일 고려문을 방문함으로써 조선선교에 대한 관심을 드러내었다. 고려문은 평안도 의주에서 48km 떨어져 있는 중국의 관문으로 청과 조선의 무역이 허락된 유일한 장소였다. 이 방문에서 눈에 띄는 결과를 얻지는 못했으나 이 때 로스는 한 의주 상인에게 한문 신약성경과 「훈아진언」(訓兒眞言)을 건넸고, 이 상인이 후에 로스의 성경 번역을 도운 백홍준의 아버지였다. 그가 가져간 신약성경과 전도 책자를 백홍준

---

58) 옥성득, "로스와 한국 개신교: 1882년 출간된 로스본 첫 한글 복음서를 중심으로," 11-12.

과 그의 친구들이 보게 되면서 그들에게 복음이 전해지게 되었다.

로스는 본격적으로 한글과 한국어를 배우고자 1876년 4월 말 고려문에 두 번째로 방문하였다. 고려문에서 조선인들에게 한글을 배우며 한국어를 가르칠 어학 교사와 번역을 도울 조사(助師, helper)[59]를 구하다 이응찬을 고용한 그는 조선의 언어와 역사를 연구하며 한글로 성경을 번역하는 일이야말로 한국의 복음화를 위해 반드시 필요한 일이라는 확신을 갖게 되었다. 결국 이 일을 위해 존 매킨타이어 선교사와 함께 한문 성경 「신약전서문리」를 저본(底本)으로 삼아 번역하기 시작했다. 이 때 평안도 의주 출신의 네 명의 조선인 세례 교인도 이 일에 참여했는데 이로 인해 평안도 사투리가 많이 사용되었다.

1879년 한글로 사복음서가 모두 초벌 번역되었다. 1881년부터 서상륜과 동생 서경조도 로스에게 세례를 받고 한글 성경 번역에 동참했다. 스코틀랜드성서공회의 지원을 받아 1882년 3월 만주 선양(瀋陽)에서 한지에 51쪽의 쪽복음으로 「예수셩교누가복음젼셔」를 출판했고, 같은 해 5월에 「예수셩교요안내복음젼셔」 3천 부

---

59) 총회설립 100주년 기념 총회 100주년사 발간위원회, 「대한예수교장로회총회 100주년사」 (서울: 대한예수교장로회총회, 2013), 65-66. 조사는 본래 선교사들의 개인 조수들이었으나 시간이 지나면서 선교사들의 선교지역을 함께 돌보는 동역자의 역할까지 감당하였다. 조사는 평소 자신이 맡은 교회들을 돌보면서 그 지역을 맡은 선교사들에게 교회 형편을 보고하고 선교사가 그 지역교회들을 순방할 때 동행하였다. 보통 조사가 맡은 몇몇 교회들이 연대하여 사례금을 지급하였고, 재직 기간은 그들에게 사례금을 지급하는 교회에 의해 결정되었다.

를 간행했다. 1882년 9월부터는 주로 영국성서공회(The British and Foreign Bible Society)로부터 재정지원을 받아 번역작업을 이어갔으며 1883년에 「예수셩교셩셔누가복음뎨쟈힝젹」과 수정본 「예수셩교셩셔요안내복음」이 발행되었다.[60] 1883년 판부터 평안도 사투리에서 서울말 채택이 늘어났으며 1884년에는 「예수셩교젼셔말코복음」과 「예수셩교젼셔맛대복음」이 각각 5천 부 출간되고 1887년 신약성경 전체가 「예수셩교젼셔」로 간행되었다.

첫 낱권 복음서 「예수셩교누가복음젼셔」 (1882)는 로스가 만주 지역의 조선인들을 위한 목회 활동에 직접적으로 참여하게 되는 계기가 되었다. 더불어 번역된 한글 성경을 조선인들에게 배포하는 것에도 힘을 기울였다. 그는 1882년 초 자신에게 세례를 받은 식자공 김청송을 권서로 삼아 서간도 지역의 조선인들에게 성경을 배포하였다. 또한 한국에서의 한글 성경 보급에도 탄력이 붙었다. 1882년 후반부터 로스의 한글 성경 번역에 재정지원을 한 영국성서공회가 로스역본 한글 성경의 출판과 보급을 주도하게 되면서[61] 10월에는 서상륜이 영국성서공회의 권서로 고용되어 압록강 이남으로 활동 지역을 넓히고 1883년에는 서울에까지 그 활동반경을 확장하게 되었다. 초기의 권서 중에는 서상륜 외에도 압록강 북쪽

---

60) 박형신, "존 로스와 스코틀랜드 연합장로교회 해외선교부의 한국선교에 대한 갈등," 「한국기독교와 역사」 46 (2017): 40.
61) 옥성득, "로스와 한국 개신교: 1882년 출간된 로스본 첫 한글 복음서를 중심으로," 26.

에서 활동한 김청송과 의주와 평양 및 평안도에서 활동한 백홍준, 이응찬, 유진천 등이 있었다. 로스는 한반도 북쪽에서의 성경 배포로 만족하지 않고 누가복음과 요한복음 각 1천 부를 영국성서공회의 일본 주재 총무인 톰슨에게 보내 영국성서공회의 권서들을 통해 부산과 대구 지역에서 한글 성경을 배포함으로써 선교사가 아직 들어가지 못한 땅에 더 많은 사람들이 성경을 읽을 수 있도록 노력했다.[62]

한글 성경 번역과 출간, 배포를 통해 이루어진 선교는 각지에서 많은 열매를 맺었다. 로스는 1887년 9월 27일 서울 정동의 언더우드 자택에서 이루어진 '정동교회'(새문안교회) 설립 예배에 참여했는데, 한국 최초의 조직교회인 정동교회의 14명의 세례교인 중 13명이 로스의 권서였던 서상륜과 백홍준의 전도로 회심한 사람들이었다. 또한 1890년 여름, 맥킨타이어 선교사와 제임스 와일리(James Wylie) 선교사는 간도지방 전도 여행에서 이미 성경을 통해 회심한 많은 조선인들에게 세례를 베풀었다.[63]

이수정

임오군란의 혼란 속에서 명성황후의 목숨을 지키는 데 공헌한

---

62) 박형신, "존 로스와 스코틀랜드 연합장로교회 해외선교부의 한국선교에 대한 갈등," 39.
63) 박형신, "존 로스와 스코틀랜드 연합장로교회 해외선교부의 한국선교에 대한 갈등," 48.

이수정(李樹廷, 1842-1886)은 수신사 박영효의 비공식 수행원으로 1882년 9월 19일 제물포를 떠나 9월 29일 요코하마에 도착하였다. 도쿄에서 일본의 기독교인 농학자 츠다센(津田仙)에게 한문 신약성경을 선물로 받아 복음을 접하게 된 이수정은 3개월 후 수신사 일행이 귀국한 후에도 일본에 남아 성경 연구를 하며 미국 북장로회 선교사 조지 녹스(George W. Knox, 1853-1912)에게 세례 문답 교육을 받고 1883년 4월 29일 로게츠쵸교회의 야스카와 토오루(安川亨) 목사에게 세례를 받았다. 그는 세례를 받은 후에도 성경 연구를 계속하면서 조선인 유학생들에게 복음을 전하기 시작해 여러 명을 전도하고 세례까지 받게 하였으며, 1883년 6월 24일에는 주일학교를 개설하는 등 조선인에게 복음을 전하는 일에 힘을 기울였다.

이수정은 일본에 머물러 있으면서 조국에 복음을 전하는 일이 시급하다고 여겼다. 왜냐하면 당시 일본교회에서 조선선교론이 거론되는 상황이었기 때문이다. 그는 일본교회가 조선에 선교하는 것에 대해 강력히 반대하고 미국으로부터 선교사 파견이 직접 이뤄지기를 원했다.[64] 일본을 통해 복음이 전해지면 조선인들이 복음을 받아들이는 일이 어려워질 것이라 우려한 그는 세례 문답 때에 이미 미국 북장로회 소속의 녹스 선교사에게 조선으로의 선교

---

64) 이만열, "이수정의 성경번역과 한국교회사의 의미," 「한국기독교와 역사」 43 (2015): 8-9.

사 파송을 강력하게 요청한 바 있었고 녹스는 이를 본국에 전달했었다.[65] 또한 이수정은 1883년 7월과 12월 두 번에 걸쳐 미국에 선교사 파송을 요청하는 편지를 보냈는데 이 편지는 미국성서공회(American Bible Society) 일본지부 총무 헨리 루미스(Henry Loomis, 1839-1920) 선교사에 의해 영문으로 번역되어 1884년 초 미국 선교잡지에 소개되기도 하였다. 이러한 시기에 미국성서공회의 루미스는 성경을 한글로 번역하는 일이 한국에 복음을 전하는 일에 도움이 되므로 성경 번역을 하는 것이 어떻겠냐는 제안을 이수정에게 건넸다.[66]

성경 번역을 제안받은 이수정은 먼저 한문 성경에 조선 지식층에서 널리 사용하던 '이두식(吏讀式) 토(吐)'를 다는 방식의 '현토한한 신약성경'을 제작하기 시작했다. 그는 작업에 착수한 지 두 달만인 6월 21일경 신약 전체의 번역을 완료하였다. 이 번역본은 1883년 11월 24일 인쇄에 들어가 1884년 8월까지 「신약성서마태전」을 시작으로 「신약성서마가전」, 「신약성서로가전」, 「신약성서약한전」, 「신약성서사도행전」의 순서로 총 5권의 '현토한한 성경'을 각 1천 부씩 출판했다.

비슷한 시기에 만주에서 번역되고 출판된 로스 역 한글 성경은 주로 민중 층을 중심으로 배포되었고 이수정 역 '현토한한 성경'은

---

65) G. W. Knox, "Affairs in Corea," *The Foreign Missionary* (June 1883), 17.
66) 이만열, "이수정의 성경번역과 한국교회사의 의미," 9.

선교사들의 입국 이후 1880년대 후반기에 국내 식자층에 주로 배포되었다. 초기 한국교회의 글을 배운 양반들과 식자층은 한문 성경에 대한 선호도가 높았고 이런 현실을 반영하여 '현토한한 성경' 이후로도 국한문 혼용 성경의 간행으로 이어졌다. '현토한한 성경' 번역 이후 이수정은 1883년 6월부터 마가복음의 한글 번역에 돌입하였다. 1882년에 간행된 로스의 「예수셩교누가복음젼셔」와 「예수셩교요안내복음젼셔」를 모두 읽어본 이수정은 1884년 4월 번역을 완료한 마가복음을 번역할 때 1883년에 간행된 로스역 「예수셩교성셔누가복음데쟈힝젹」을 참고하면서 "한불자전의 도움을 받고 한문 성경에 기초를 둔 것으로 그 문체는 좋은 한국어가 못 된다"라고 평가하기도 하였다.[67] 양반의 관점에서 볼 때 평안도 사투리가 섞인 서민들의 말로 번역된 로스 역이 만족스럽지 못했던 것으로 보인다. 이미 출판되어 조선으로 배포가 시작된 로스 역 한글 성경으로 인해 마가복음의 인쇄를 서두르지 않고 있을 때 1884년 미국의 각 교단에서 한국으로 선교사를 보내기로 했다는 소식이 전해졌다. 이윽고 1885년 1월에 미국 북장로회의 언더우드가, 2월에 감리교의 아펜젤러가 일본에 도착함에 따라 1885년 2월 서둘러 「신약전서 마가복음셔언해」 6천 부를 인쇄함으로써 언더우드와 아펜젤러가 한국에 입국할 때 이수정이 번역한 마가복음을 가지고 들어가는 일이 가능하게 되었다.

---

67) 이만열, "이수정의 성경번역과 한국교회사의 의미," 13.

제3장

조선에 세워진
하나의 장로교회

선교사들의 입국

　1882년 5월 22일 체결한 조미수호통상조약과 1883년 11월 26일 체결한 조영수호통상조약 이후 선교사들이 조선에 들어와 상주하는 것이 가능하게 되었다. 직접적인 기독교 선교는 여전히 허락되지 않았으나 선교사들에게 조선 땅에 상주하며 교육과 의료사업을 통해 복음을 전할 기회가 열린 것이다. 그러나 선교사들이 들어오기 전 만주 지역과 일본에서 번역된 한글 성경이 권서들을 통해 국내에 유입되면서 선교사들의 입국보다 먼저 성경을 통해 복음이 전해졌다. 복음을 위해 많은 선구적 구도자들과 선교사들의 수고와 헌신이 있었지만 사람을 변화시키고 영적 생명을 살리는 일은 오직 성경만으로 가능했음을 생각하게 하는 대목이다. 1882년 만주 지역에서 출판된 로스 역 한글 성경은 1882년 말부터 압록강 이북 지역을 시작으로 하여 1883년에는 본격적으로 압록강 이남으로 배포되기 시작했고, 부산을 통해 남쪽 지역으로도 활발히 배포되었다. 1884년 전후해서 일본에서 출판된 이수정이 번역한 '현토한한 성경'도 식자층에게 배포되었다. 이렇게 국내에 유입된 성경을 통해 말씀을 읽고 신앙을 갖게 된 사람들이 나타나기 시작하고 초기적 형태의 신앙공동체들이 형성되는 가운데 이들에게 말씀을 바르게 가르쳐 지키게 할 영적인 지도자가 시급하였다.

이러한 필요에 응답하여 가장 먼저 한국선교를 시작한 선교부는 미국 북장로회였다. 이수정의 선교사 파송 요청으로 한국선교를 구체적으로 검토하던 미국 북장로회의 해외선교본부는 의료선교사의 파송을 결정했고 알렌(Horace N. Allen, 1858-1932)이 1884년 9월 20일 제물포에 도착했다.[68] 그러나 미국 공사관의 공의(公醫) 자격으로 입국한 알렌은 1885년 4월 광혜원(제중원)이 설립될 때까지 실질적인 복음 전도를 하지 않았다.[69] 1885년 4월 2일 목사선교사로 처음 한국에 발을 디딘 언더우드(Horace G. Underwood,

---

68) 총회설립 100주년 기념 총회 100주년사 발간위원회, 「대한예수교장로회총회 100주년사」, 49.
69) 박경수, "초기 한국 개신교 부흥운동과 교회연합운동," 「장신논단」 26 (2006): 131. 알렌은 직접선교가 아닌 간접선교의 방식을 따랐다.

1859-1916) 역시 미국 북장로회 소속이었다. 뒤를 이어 호주 빅토리아 장로회 선교회의 헨리 데이비스(J. Henry Davis, 1856-1890)와 누이 메리 데이비스(Mary T. Davis)가 1889년 10월 5일에 서울에 도착했다. 비록 입국한지 6개월도 채 되지 않아 헨리 데이비스의 갑작스런 죽음으로 호주 빅토리아 장로회의 한국선교가 중단될 위기에 놓였지만 1891년 10월에 맥케이(J. H. MacKay) 목사 부부, 멘지스(B. Menzies), 포오셋(M. Fawcett), 페리(J. Perry)가 부산에 도착하면서 호주 장로회의 본격적인 한국선교가 이루어졌다. 1892년 2월 7일 미국 남장로회는 루이스 테이트(L. B. Tate, 최의덕)와 그의 여동생 메티 테이트(M. Tate), 윌리엄 레이놀즈(W. D. Reynolds, 이눌서)와 그의 아내 펫시 볼링(P. Bolling), 윌리엄 전킨(W. M. Junkin, 전위렴)과 그의 아내 매리 리번 (Mary Leyburn), 리니 데이비스(L. Davis) 등 7인의 선발대를 파송함으로 한국 선교를 시작했다. 1890년을 전후하여 토론토대학교와 YMCA 등의 지원으로 어떤 교단적인 배경 없이 파송된 선교사들을 통해 이루어지던 캐나다의 선교는 1895년 6월 윌리엄 맥켄지(William J. McKenzie)가 사망하면서 새로운 전기를 맞았다. 그가 사역하던 소래교회 교인들의 "후임 선교사를 보내 달라"는 호소문이 캐나다 장로회로 전달되면서 1898년 캐나다 장로회의 한국선교가 본격적으로 시작된 것이다. 그리하여 1898년 9월 7일에 로버트 그리어슨(Robert Grierson, M. D., 구례선) 부부, 던컨 맥래(Duncan M. McRae), 윌리엄 푸트(William R. Foote, 부두일) 부부가 입국했다.

이렇게 각 선교부의 선교사들이 속속히 입국하는 가운데 직접적인 선교가 허락되지 않은 열악한 환경 속에서 선교사들은 국법이 허용하는 의료사업과 교육사업에 종사하며 선교활동을 펼칠 수밖에 없었다. 그러므로 초기 선교사들의 활동은 의료사업, 교육사업, 문서선교사업 등 복음을 전파하기 위한 여러 가지 수단과 도구들을 통해 폭넓게 이루어졌다. 그럼에도 불구하고 장로교 선교사들의 최우선적인 목표는 복음을 전하고 교회를 세우는 것에 있었고 다행히도 전도 활동이 밖으로 드러나지 않는 경우 대부분 묵인되었기 때문에 선교사들은 복음을 전하는 사역을 서서히 확대해 나갈 수 있었다.[70]

이런 움직임 속에서 1886년 7월 18일 국내 최초의 조선인 수세자 노춘경이 언더우드의 집례로 세례를 받았고 6개월 후인 1887년 1월 23일 서경조, 정공빈, 최명오가 언더우드에게 세례를 받았다. 같은 해 9월 27일 정동에 있는 언더우드 사택의 사랑방에서 정동교회(새문안교회)의 설립예배가 드려졌다. 14명의 조선인 세례교인이 2명의 장로를 장립한 한국 최초의 조직교회 설립이었다. 서울에서 시작된 선교사들의 복음 전도는 순회 여행을 통해 다른 지역으로 확산되었다. 선교사들이 가지 못하는 지역에도 권서(勸書)와 매서인(賣書人)들이 쪽복음을 들고 복음을 전했다. 이렇게 전

---

70) 김홍만, "한국장로교회의 신학적 뿌리에 대한 논쟁들,"「개혁논총」22 (2012): 199. 초기 선교사들의 진정한 관심은 한국의 복음화에 있었다.

해진 복음을 받아들인 사람들의 세례는 주로 선교사들의 순회 여행을 통해 이루어졌다. 언더우드는 1887년 10월 말 북쪽 지방으로 떠난 순회 여행에서 소래에서 4명에게 세례를 베풀었고 이듬해 4월에도 소래 지방을 방문하여 6명에게 세례를 주었다. 이러한 과정을 거쳐 1888년 말에는 장로교 세례교인이 65명에 이르게 되었다.

조선에 선교를 위해 들어온 초기 선교사들은 교단과 교리적 차이에도 불구하고 복음을 전하고 교회를 세우는 것이 최우선적인 목표였다. 그러므로 성도들이 증가하게 되고 실질적인 목회 현장에서 예기치 못하던 새로운 문제들이 나타나게 되자 이를 해결하기 위한 다양한 방안을 협력하여 모색하였다. 그중 하나가 성경 번역이었다. 정확한 번역과 표준용어 사용과 같은 몇 가지 중요한 문제로 인해 새로운 번역 성경의 필요성이 대두되었다. 또한 구약 성경의 번역도 필요했다. 이러한 이유로 언더우드와 아펜젤러가 함께 이수정 역 마가복음을 1887년 개정해 출판하였고 좀 더 체계적인 성경 번역을 위해 1887년 2월 언더우드와 아펜젤러를 중심으로 장로교와 감리교가 함께 상임성서번역위원회를 결성하게 되었다.

장로교 내에서도 1889년 호주 빅토리아 장로회 소속 선교사의 도착을 시작으로 미국 남장로회(1892)와 캐나다 장로회(1898)의 선교사들이 입국하면서 조선 안에서 여러 장로회 선교부들이 공존하며 동시 선교에 나서게 되었지만 무엇보다 복음을 위한 협력이 우선되었다. 이것을 가장 잘 보여주는 것이 바로 연합공의회이다. 조선에서 선교를 시작한 각기 다른 소속의 장로교 선교사들은 조선인 장로교 성도들이 늘어나고 장로교회가 세워지면서 장로교회의 근거가 되는 치리회의 필요성이 표면화되기 이전, 이미 단순한 선교 협력을 넘어 연합을 선택하고 이를 위해 연합공의회를 구성함으로써 하나의 장로교회를 세우기 위한 틀을 마련하였다.[71] 훗날 백석총회가 오직 복음 전파라는 사명으로 모인 초교파적 목회자들과 연합하여 대한복음선교회를 설립하고 대한복음신학교의 기초를 다져 대한복음총회를 설립할 수 있었던 것도 초기 선교사들의 연합공의회와 같은 틀에서 이해할 수 있다.

초기 선교사들의 활동과 연합운동

초기 장로교 선교사들의 최우선적인 목표는 복음을 전하고 교회를 세우는 것에 있었다. 이를 위해 복음을 위한 선교사 개인의 헌신을 넘어 다른 선교회와의 연합과 일치를 위한 양보와 희생도 감수하는 모습을 보였다.

---

71) 박경수, "한국장로교회가 회복해야 할 장로교의 유산들," 「기독교사상」 645 (2012): 34.

(1) 장로교공의회

장로교회는 목사와 장로로 구성된 치리회(당회, 노회, 대회, 총회)를 통해 교회의 제반 현안들을 치리한다. 장로교 선교사들은 이제 갓 복음을 접하고 교회가 세워지기 시작하여 조직교회조차 찾아보기 힘든 상황의 조선 장로교회를 위해 노회가 조직되기까지 조선에 세워진 장로교회를 치리할 상회 기관으로 장로교(선교사)공의회를 조직하였다.[72]

① 장로교미슌연합공의회(1889-1890)

1889년 10월 5일 호주 빅토리아 장로회의 선교사가 조선에 도착하면서 먼저 조선에서 선교를 시작한 미국 북장로회와 협력과 조율을 위한 기구가 요구됨에 따라 1889년 10월 31일 북장로회의 존 헤론(John W. Heron, 1856-1890)을 회장으로 하고 호주 빅토리아 장로회의 헨리 데이비스를 서기로 하여 '장로교미슌연합공의회'(The United Council of Presbyterian Missions)가 조직되었다. 한 달에 한 번 정도 모임을 가졌는데 순회 전도에 나섰던 호주 빅토리아 장로회의 헨리 데이비스가 1890년 4월 5일 천연두와 폐렴으로 사망하고 메리 데이비스도 호주로 돌아가게 되면서 해체되었다.

---

72) 임희국, "한국장로교회 분열에 대한 재조명; 한국장로교회의 분열의 역사," 「장로교회와 신학」 8 (2011): 40.

② 장로교 정치를 쓰는 선교공의회(1893-1900)

1892년 2월 7일 미국 남장로회 선교부 소속의 7명의 선교사가 조선에 도착하였다. 남북장로회 선교사들은 서울 빈튼(Charles Cadwallader Vinton, 1856-1936) 선교사의 집에서 북장로회 선교사 8명과 남장로회 선교사 3명으로 구성된 '장로교 정치를 쓰는 선교 공의회'(The Council of Missions holding Presbyterian Form of Government)를 조직하였다. 이는 장로교회의 신경과 규칙을 갖춘 완전한 기구의 형태의 치리회로 노회를 예비하는 공의회로 시작하였다. 이 선교공의회는 1891년 10월 부산에 도착한 5명의 호주 장로회 선교사들과 1898년에 입국한 캐나다 장로회 소속 선교사들이 합류하면서 네 장로교회 선교회의 연합기관으로 자리 잡게 되었다.

개혁 신앙과 장로교 정치를 사용하는 단일한 교회를 세우는 것을 목표로 조직된 이 공의회를 통해 선교사들은 선교에 관한 일들을 의논하고 서로 친목을 나누었다.[73] 선교사들의 치리권은 각 선교회에 있었으므로 선교공의회는 각 선교회에는 치리권이 없고 권고권만 있었으며, 소속 선교사들이 관할하는 전국의 교회에 대해서는 전권으로 치리하는 상회가 되었다. 관할하는 지역이 넓었으므로 '평양공의회위원회'와 '경성공의회위원회'라는 일종의 대리회

---

73) 곽안련 편, 「장로교회사전휘집(長老敎會史典彙集)」 (조선야소교서회, 1918; 영인본, 복음말씀사, 1983), 15-16.

를 통해 전국을 관할했다.

③ 조선예수교장로회공의회(1901-1906)

조선 장로교회와 세례받은 교인 수가 증가하고 장로들이 세워지면서 선교공의회는 조선인들을 공의회에 받아들이면서 조직을 확장할 필요를 느꼈다.[74] 이에 1901년 선교사 25명, 조선인 장로 3명, 조사 6명으로 공의회의 조직을 확장하며 '조선예수교장로회공의회'(1901–1906)로 명칭을 변경하였다. 조직을 확장하고 조선인을 공의회 안에 포함시킨 이유는 조선 장로교회의 자립을 준비하기 위해서였다. 장로교회가 세워지기 위해서는 반드시 치리회가 필요하고 선교사와 선교사가 소속된 선교회로부터 독립하여 조선인만의 치리회가 조직되어야 한다고 여겼기 때문이다.

선교사들은 1901년 '조선자유장로회'를 설립하기로 하고 공의회에서 조선자유장로회설립방침의정위원을 선정하였다. 1902년에는 그 위원 보고를 토대로 최고등회로서의 전국합노회(全國合老會)의 조직을 결의하여 노회에서 쓸 헌법과 각양 세칙을 준비토록 하는 한편, 각 선교회는 본국 선교본부에 독(립)노회 설립 허락을 요청했다. 이 요청에 대해 미국 북장로회와 남장로회는 너무 이른 시기라 여겨 보류하였는데 그 이유는 조선인 성도들이 준비가 안

---

74) 임희국, "한국장로교회 분열에 대한 재조명: 한국장로교회의 분열의 역사," 40–41.

된 상태에서 선교회로부터 독립하여 치리회를 조직할 경우, 그 미숙함으로 인해 오히려 선교사들이 교권을 장악하거나 교회 성장에 방해가 될지 모른다고 우려했기 때문이다. 반면에 선교사들은 독립된 노회가 없으면 목사후보생들이 목사 안수를 받을 때 외국의 노회 소속으로 각기 다른 선교회에서 안수를 받게 되어 조선의 장로교회가 분열하게 될 위험성이 크다고 우려하였다. 그러므로 선교사들은 목사후보생이 목사안수를 받기 전에 각 선교부에서 독립한 조선 장로교회의 노회가 조직되어야 한다고 생각한 것이다. 결국 1905년 공의회는 "1907년에 조선야소교장로회를 조직"하기로 가결하였다.

조선예수교장로회공의회는 선교사들의 '영어공의회'(English Session)와 조선인들도 참여한 '한국어를 사용하는 공의회'(Korean Session)로 구성된 '합동공의회'의 성격을 띠었다. 치리권은 선교사들의 '영어공의회'에만 주어졌고 '한국어를 사용하는 공의회'는 선교사들과 조선인 총대들의 친목, 교회 일을 처리하는 규칙과 처리하는 실습, 다양한 주제의 토론회를 가졌는데 치리회라기보다 자치를 준비하는 조선인 교회지도자의 학습을 위한 교육적 성격이 강했던 것으로 보인다.

치리권을 갖는 '영어공의회'의 하부조직도 장로교회가 성장함에 따라 확장되었다. 지역마다 교회들이 세워지기 시작하면서 '전라공의회위원회'(1901), '경상공의회위원회'(1901), '함경공의회위원회'(1902)가 추가되었다. 각 '공의회위원회'는 해당 지방을 나누어

'당회위원회'를 구성하고 세례후보자 심사, 성례 계획, 권징 시행, 장로선거 준비 등의 당회 기능을 수행하게 하였으며 1904년 헌법과 규칙에 따라 '소회'(小會, Presbyterian Committee)로 재편되었다. 소회는 비조직교회를 돌보고 조직교회를 감독하였으며, 목사후보자를 시취하여 양성하는 한편 장로와 집사의 선출을 허락하고 임직예정자에 대해 6개월간 신앙교육과 경건 훈련을 시켜서 임직하도록 하는 권한이 있었다. 1900년부터 장로선거제가 시행하였는데 이처럼 모든 위원회와 공의회, 소회의 주된 역할이 말씀의 순수한 선포와 성례의 신실한 시행, 권징의 적절한 시행을 통해 장로교회 전통에 입각한 자립교회 준비를 위한 과정이었다.

조선예수교장로회공의회는 곧 설립될 노회 이관 작업을 위해 1906년 '잔무처리규칙 제정위원회'를 조직하고 노회 총대는 목사와 장로만 참석하며, 총대에게 발언권과 투표권을 부여하기로 결정했다. 1907년 독노회가 설립되기 전 마지막으로 열린 공의회에서는 향후 모든 치리권을 노회로 이관하는 것으로 그 역할을 마무리하였다.

1907년 독노회가 조직되기까지 조선예수교장로회공의회는 선교사들의 선교를 위한 협력과 조정 기구, 조선 장로교회의 치리회, 조선인 교회 지도자들의 훈련기관의 기능을 담당했다.[75]

---

75) 박경수, "초기 한국 개신교 부흥운동과 교회연합운동," 133-134.

(2) 선교정책

선교사들은 조선인이 직접 복음을 전하고 스스로 교회를 세워 가기를 원했다. 이를 위해 네비우스 선교 방법을 도입하였으며 교육을 통해 성도 개개인의 의식개혁을 꾀하고 동시에 의료선교와 문서선교를 통해 복음으로 문화와 사회를 변화시키고자 하였다. 그러나 한편으로는 기독교 문명의 우세와 그 합리성에 기대하고 위태로운 조국을 위한 애국의 실현 통로로서 기독교를 수용하려는 일단의 한국인과 점차 한국에 대한 식민지 지배를 공고히 하려는 일본의 행보 속에서 교회와 신앙의 순수성을 유지하고 선교에 지장이 생기지 않도록 균형을 잡아야 했고, 이러한 노력의 일환으로 정교분리 원칙을 세웠다.

① 네비우스 선교방법

1890년 6월 미 북장로회 소속 중국선교사 존 네비우스(John Nevius, 1829-1893)가 서울을 방문하여 북장로회 선교사 7명과 2주간 동안 모임을 가졌다. 한국의 초기 미 북장로회 선교사들은 대부분 신학교를 졸업하고 바로 선교 현장으로 나온 선교미경험자들이었기 때문에 중국에서 30년 이상 사역한 네비우스의 경험과 조언에 많은 관심을 가졌다. 네비우스는 경제적으로 자립하고 독립적이고 진취적인 토착교회를 세우는 효과적인 '새 방법'을 소개했고 미 북장로회 선교사들은 이를 토대로 1891년 1월 네비우스 선교정책을 채택했다.[76] 네비우스 선교방법의 자진전도, 자력운영, 자주치리의 3자 원리, 즉 자치(自治, Self-Government), 자립(自立 Self-Support), 자전(自傳 Self-Propagation)을 적용한 정책들을 통해 장로교 선교사들은 강력한 자립성, 광범위한 순회선교, 토착화, 성경에 대한 강조를 특징으로 하는 조선의 장로교 선교 방향을 설정하였고 이는 이후 장로교공의회의 선교정책으로 정착하였다. 토착민의 육성을 중시한 네비우스 선교방법을 채택하면서 몇 가지 핵심적인 원칙을 첨가하여 확대하였는데, 주 전도 대상을 상류층이 아니라 하류층으로 선정함으로써 복음 전파뿐만 아니라 계몽과 의식개혁을 비롯한 성도들의 자립, 자급을 위한 교육을 통해 문화와 사회 전반의 변화를 불러왔다. 무엇보다도 네비우스 선교정책을 통해 한국장로교회는 성경중심의 신앙생활의 틀을 마련할 수 있었다. 선교사들은 조선인 지도자를 양성하기 위한 교육선교에 힘을 기울였으며, 조선인이 직접 전도하게 하기 위해 성경공부를 통해 훈련시켰다. 이 정책들은 한글 성경의 번역과 한글의 보급을 앞당겼다. 모든 신자들은 일종의 신앙교육 프로그램이었던 조직적인 성경공부에 참여해야 했고 이 성경중심 선교정책의 구체적 실천방안은 사경회와 주일학교였다.[77]

---

76) 곽안련, 「한국교회와 네비우스선교정책」, 박용규 역 (서울: 대한기독교서회, 1994).
77) 임경근, 「한국교회사 걷기」 (서울: 두란노서원, 2021), 193.

② 선교지 분할정책

선교지 분할정책은 '교계예양'이라고도 하는데 한 선교지역에 선교 사업을 하는 기관이 여럿이기 때문에 노력을 중복하거나 필요 없는 경쟁을 하지 않도록 "연합적으로 분할하는" 초교파적 선교 협력 정책을 의미한다. 선교지 분할정책은 재정의 낭비와 마찰을 줄였다는 점에서 선교의 효율을 높였는데 각 선교부들이 자신들의 이익보다 효과적인 선교를 최우선으로 여긴 것과 먼저 선교를 시작한 미 북장로회와 감리교의 양보로 이 정책의 실현이 가능했다. 처음 한국에 도착한 미 북장로회와 감리교는 1888년 3월 9일 선교구역 조정을 위해 만남을 가진 이후로 몇 번의 조율을 시도했으나 서로의 입장을 확인하는 선에서 머물러 있었다. 그러나 호주 빅토리아 장로회(1889년)와 미 남장로회(1892년)의 입국으로 새롭게 선교구역을 조정할 필요가 있었고 1892년 1월 미 북장로회와 감리교는 선교구역 분할을 위한 위원회를 발족하여 8개 항의 협정을 체결하고 이를 다듬는 개정 작업에 들어갔다. 그 결과 1893년 2월 3일 7개 항으로 확정된 선교지 분할협정에 따라 미 북장로회는 호주 빅토리아 장로회에 부산 지역을, 미 남장로회에는 전라도와 충청남도를 양도했으며 1898년 가을에 캐나다 장로회가 입국하자 함경도 지역을 양도하였다. 이후로도 선교지 분할조정은 지속적으로 이루어졌고 1914년에 미 북장로회가 선교 공유지역인 경상남도를 호주 장로회에 완전히 이양함에 따라 한국 전역에서 선교구역 분할조정이 최종 마무리되었다. 서울, 평양, 원산 등 세

도시 지역은 두 개 이상의 선교부가 공동으로 선교하고, 나머지 지방은 대체로 중복을 피하여 분할하였는데 감리교를 제외한 다른 교파들은 이에 동참하지 않고 자유롭게 선교하였다. 장로교회의 선교지는 남장로회의 전라도, 충청남도 일부, 제주도, 호주 장로회의 경상남도, 울릉도, 북장로회의 낙동강 북부의 충북지역 일부와 경상북도 및 황해도와 평안도, 캐나다 장로회의 함경도와 북간도 지역이다.[78]

선교사들은 담당하는 선교구역을 순회전도하며 선교기지를 중심으로 교회를 설립하고, 기독교학교와 병원을 세우면서 선교를 이어갔다. 북장로회 선교사 게일(James S. Gale, 1863-1937)과 마포삼열(Samuel Austin Moffett, 1864-1939)은 1893년 평양을 중심으로 적극적으로 선교에 나섰고 평양에 널다리골교회와 여러 교회들이 세워지고, 숭실학교, 숭의학교, 장로회신학교를 개교하였으며, 제중병원을 설립하였다. 1899년 대구에 선교지부를 설치한 배위량(William Martyn Baird, 1862-1931)은 계성학교와 신명학교, 제중원을 세웠다. 호주 빅토리아 장로회는 1891년 부산진에서 일신여학교와 상애원을, 1905년 진주에서 광림학교, 시원여학교, 배돈병원을, 1911년 마산에 창신학교와 의신여학교를 세웠다. 전라도지역의 미 남장로회 선교사들은 1895년 전주에서 전주교회를 세우고

---

78) 임경근, 「한국교회사 걷기」, 119-120; 박경수, "초기 한국 개신교 부흥운동과 교회연합운동," 147-148.

신흥학교, 기전여학교를 개교하였으며 예수병원을 설립하였다.[79] 군산(1896), 목포(1898), 광주(1904), 순천(1912) 지역에도 선교지부와 교회, 학교, 병원이 건설되었다. 가장 늦게 한국에 들어온 캐나다 장로회는 1898년 이후 원산과 함흥, 회령, 용정에 선교지부를 설치하고 교회와 학교, 병원을 설립하였다. 이들은 복음을 전하며 교회를 세우면서 동시에 학교와 병원을 세움으로써 한국의 문화와 생활 전반에 막대한 영향을 미쳤다. 그러나 교계예양은 선교지에 각 교단의 신학적 성격을 따라 각기 다른 신학을 심어주어 시간이 지남에 따라 이데올로기화하는 폐단으로 이어지기도 하고, 이러한 차이가 지방색을 강화시켜 1930년대 이후 지방색에 따른 교권 대립의 원인, 그리고 해방 후 교회분열의 원인 중 하나로 대두되면서 그 단점이 드러나게 되었다.

③ 정교분리원칙

조선예수교장로회공의회가 1901년 발표한 "교회와 정부 사이에 교제할 몇 가지 조건"은 기독교인 개인의 정치운동은 가능하나 교회가 정치운동의 장이 될 수 없고, 개인들의 정치행동은 교회와는 무관하다는 것을 천명하였다. 결의문은 성경을 기초로 로마서 13:1-7, 디모데전서 2:1-2, 베드로전서 2:13-17, 마태복음

---

79) 김영재, 「한국교회사」, 102.

22:15-21, 17:24-27, 요한복음 18:36을 제시하였다.[80] 이 결의문은 정치적 문제들로부터 교회의 순수성을 지키고 복음을 전하는 일에 생길 수 있는 문제들을 미연에 방지하려는 목적을 가지고 있었다. 1906년 미국 북장로회 선교협의회의 정치문제 불간여 정책도 같은 맥락에서 결정되었다. 그러나 교회의 구성원인 성도는 교회의 성도인 동시에 국가의 국민으로 존재하기 때문에 역사적 교회는 국가와 완전히 분리될 수 없고, 이러한 현실로 인해 교회는 여러 가지 진통을 겪을 수밖에 없었다.[81] 실제로 이 결의문에서 교회의 비정치화는 밝혔으나 종교의 자유 항목을 언급하지 못했다는 점은 아쉬움으로 남는다. 이러한 논리에 근거해서 훗날 일본이 신사는 종교가 아니고 국민적 의무라는 억지 논리를 사용하였고, 현재까지도 국가의 종교 간섭 항목은 배제한 채, 종교의 정치참여만을 금지하는 것으로 관철 시키려는 사람들이 국가와 교회 관계 설정의 근거로 악용하고 있기 때문이다.

평양장로회신학교 설립

조선인이 직접 전도하고 교회를 세우기 위해서는 무엇보다도

---

80) 총회100년사 발간위원회 편, 『미래로 열린 100년의 기억』 (서울: 한국장로교출판사, 2015), 52-54.
81) 용환규, "삼일운동과 기독교학교의 역할," 『백석신학저널』 36 (2019): 116.

조선인 교역자를 세우는 일이 우선되어야 했다. 1890년 6월 네비우스와의 만남 이후 언더우드는 1887년부터 시행했던 주일 성경 공부 외에 장차 한국교회의 지도자를 양성할 목적으로 1890년부터 1개월간의 '신학반'을 운영하기 시작했다. 성경공부와 사경회를 통해 조선인 성도들의 교육이 지속적으로 이어지고 교회의 성장도 꾸준히 이어지자 조선인 교역자를 위한 체계적인 신학교육을 담당할 신학교의 설립이 요구되었다. 1900년 마포삼열은 미 북장로회 선교본부에 신학교 설립의 허락을 요청했고 미 북장로회는 이를 허락하고 마포삼열에게 위임하였다. 1901년 평양을 신학교를 설립할 장소로 결정하고 신학위원을 구성한 장로회공의회는 평양공의회의 책임자였던 마포삼열의 집에서 평양 장대현교회의 시무장로인 김종섭과 방기창 두 사람을 목사 후보생으로 선정하여 교육하기 시작했다.[82] 마포삼열이 초대교장이 되었고 신학위원들은 조사들을 위한 신학예비반 수업과정도 준비하였다. 1902년에는 양전백, 길선주, 이기풍, 송인서가 입학하였다. 1903년 공의회는 조사들을 위한 3년의 예비과정, 신학교육을 위한 5년의 과정을 채택하였는데 신학생들은 농한기에 주로 성경 중심 과목들을 3개월 집중교육을 받는 방식으로 5년 동안 3개월씩 공부했다. 1904년에는 타지역 학생들도 평양에서 교육받는 것이 허락되어 각 지역

---

82) 전준봉, "한국장로교 신학교의 신학과 교육 평양신학교를 중심으로," 「개혁논총」 29 (2014): 219-220.

에서 추천을 받은 지원자들 중 15명이 입학하였다. 1905년이 되어
서야 학교 이름을 '평양신학교'라고 짓고 조선에서 선교를 하는 네
장로회의 연합선교회가 만든 신학교였기 때문에 영어 이름으로는
'유니온신학교(The Union Theological Seminary)'라고 명명하였다.[83]
1906년 3개 학급에 학생수 50명으로 성장한 평양신학교는 1907년
6월 20일 7명의 신학생 길선주, 양전백, 서경조, 한석진, 송린서,
방기창, 이기풍을 첫 졸업생으로 배출하였다. 평양신학교는 1907
년 9월 17일 최초의 독노회를 조직하고 평양신학교 졸업생 7명에
게 목사 안수를 주면서 '대한(조선)장로회신학교'라는 명칭으로 공
식출범하게 되었다.[84]

　　이눌서는 1896년에 한인 교역자 양성에서 유의해야 할 점을 다
음과 같이 말한다.

---

83) 임경근, 「한국교회사 걷기」, 195; 옥성득, 「한반도 대부흥: 사진으로 보는
　　한국교회, 1900-1910」(서울: 홍성사, 2009), 196.

84) 변창욱, "평양 장로회신학교 초기 역사(1901-1922)—신학교 명칭(校名)
　　의 변경과정을 중심으로," 「장신논단」 53/2 (2021): 158-161. 4개 장로
　　회선교부의 연합사역으로 시작된 '신학반'은 1907년 6월 '대한장로회신학
　　교'(1907)로 잠시 불리다가, 1907년 9월 독노회 창설과 함께 '조선장로회신
　　학교'가 정식명칭이 되었다. 1910년 한일병합 조약 이후 일본은 '대한'에서
　　'조선'으로 변경을 본격적으로 강요하였다. 그러나 1907년 7월 24일 일본에
　　의해 체결된 불평등조약인 '정미7조약'으로 대한제국에 대한 본격적 내정간
　　섭이 시작되었고, 대한제국을 인정하지 않고 대한제국과 한국인들을 비하
　　하는 의도에서 '조선'이라는 국호를 강요한 일본의 영향이 평양장로회신학
　　교의 명칭에도 반영된 것으로 보인다.

• 주의할점

1. 특정인을 교역자로 양성할 생각이 있어도 오랫동안 그에게 알리지 말 것.

2. 가능하면 외국 자금을 가지고 그를 설교자나 전도인으로 채용하지 말 것.

3. 선교사업의 초기 단계에는 그를 교육시키기 위해 미국에 보내지 말 것.

• 적극적인 점

1. 높은 경지의 영적인 체험을 하도록 그를 향상시킬 것. 무엇보다 성령의 사람이 되기를 추구하게 할 것.

2. 그에게 하나님의 말씀과 기독교의 기본사실과 진리를 철저하게 통달하게 할 것.

3. 청년 목사지원자를 예수 그리스도의 좋은 군사로서 고난을 견딜 수 있도록 훈련시킬 것.

4. 한국 기독교인들이 교양과 현대 문명에 대해 향상함에 따라 한국인 교역자의 목회수준을 높일 것. 그의 교육은 일반인들의 존경과 권위를 얻을 수 있도록 평균보다 충분히 높게 할 것이며, 너무 지나쳐서 시기심이나 이탈감을 가지지 않도록 할 것.[85]

---

85) W. D. Reynolds, "The Native Ministry," *The Korean Repository* (May, 1896): 200-201; 총회100년사 발간위원회 편, 「미래로 열린 100년의 기

초기 선교사들이 교역자 수준을 낮게 잡아서 한국교회의 발전에 큰 장애를 가져왔다고 말하는 사람들이 있다. 이러한 판단은 한국적인 것을 추구하고 서양화 되거나 돈에 팔리는 사람이 되지 않으며 성령의 사람으로서 고난을 견디는 경건한 목회자로 양성하려고 했던 선교사들의 숭고한 신앙을 오해하는 것이다. 미국에서 교육 받지 못하도록 한 것은 선교사업의 초기 단계에 진정으로 필요한 사람은 학문성을 갖춘 지성인이 아니라 나라와 민족을 사랑하고 복음을 위해 생명까지도 바칠 수 있는 사명자였기 때문이다. 세상의 지식에 탐닉하여 다른 사람으로부터 신앙이 아니라 교육 역량과 학력만으로 존경과 권위를 받지 않도록 한 것은 예수 그리스도의 인격과 신앙을 통해 하나님의 말씀과 기독교 진리를 선포하는 것이 참된 목회자의 자질이라는 것을 보여주고 싶었던 것이다. 이러한 방침이 초기 한국교회가 부흥하고 성장하는데 가장 큰 기여를 했음에도 불구하고 근대교육을 받은 젊은 세대들에게 감화를 주지 못해 교회 성장의 방해 요인이 되었다고 하는 것은 선교사에 대한 부정적인 반감을 드러내려는 것에 불과하다. 성령에 대한 강조와 영적인 체험을 강조했던 선교사들의 노력이 한국교회 대부흥의 토대가 되었음은 자명한 사실이다. 신학이 발달할수록 교회가 문을 닫고, 지식은 넘쳐나는데 교회가 생명력을 잃어버린 현재의 상황에서 "신학은 학문이 아니라 예수 그리스도의 생명의

억」, 45에서 재인용.

복음이다"라고 외치며 기도성령운동을 통해 영적 지도자로서 목회자의 재소명을 확인해야 한다는 백석총회의 개혁주의생명신학이 시대적으로 요구되고 있는 이유이기도 하다.[86]

1907년 조선예수교장로회 독노회 조직

1901년 장로회공의회에서 조선자유장로교회 설립을 결의한 이후로 노회 설립을 준비하면서 노회 조직에 필요한 법제적 준비와 함께 한국인 교회 지도자들을 세우기 위한 신학교육과 치리실습을 병행한 선교사들의 노력은 1907년 독노회의 설립으로 이어졌다. 독노회 설립은 선교회로부터 독립하여 자치권과 권징의 권한을 갖는 한국장로교회의 탄생이라는 점에서 매우 중요하다. 또한 이때 선택된 헌법과 신경은 이후 한국장로교회 헌법의 뿌리가 되었다. 공의회는 조선자유장로교회 설립을 준비하면서 1901년에 만국장로회헌법(萬國長老會憲法) 번역위원을 택하여 장로회 헌법들을 번역하고, 이듬해에 조선자유장로교회설립방침의정위원의 보고를 따라 헌법준비위원을 선택하여 공의회에서 먼저 채용했다가 노회 때 제의할 헌법을 준비하였다. 그리고 각국 모교회로부터 노회 설립

---

86) 용환규, "대한예수교장로회 백석총회의 신앙고백 연구," 헌정논문집 편집위원회 편, 「개혁주의생명신학 교회를 살리다」, 전2권 (서울: 기독교연합신문사, 2023), 1:1028.

의 허락을 다 받은 1905년에 이르러 공의회는 신경위원회를 구성하였다. 신경 채용을 결의할 때 행한 위원 보고를 보면 새로운 신경을 작성하지 않고 서구의 전통적인 신경과 선교지에서 쓰고 있는 신경을 비교해 한국 형편에 맞는 것을 택하여 선정하였음을 알수 있는데 이는 서구의 기독교 세계관과 역사성이 반영되어 있는 기존의 신경들에 대하여 선교지에서 그대로 도입하는 것에 대한 문제가 이미 선교사들에게 인식되어 있었기 때문이다. 기존의 신앙고백이 작성된 서구의 교회들과 비교하면 동양의 교회들은 국가관부터 시작하여 기본적인 사고의 틀 자체가 너무 많은 차이를 지니고 있었다. 또한 당시 활발한 선교활동과 교파를 넘어선 복음주의에 바탕을 둔 부흥운동에 의해 기존 신앙고백의 한계가 드러났고 선교지 복음 전파를 위해 각 신앙고백의 당면한 문제들에 대한 개정들이 이루어지면서 기존의 신앙고백의 보존보다는 선교지에 적합한 신앙고백의 필요성이 대두되었다. 그러한 이유로 여러 가지 상황에서 당시 한국의 상황과 유사한 점을 가지고 있었던 인도의「12신조」가 한국장로교회 독노회의 신경으로 채택되었다.[87]

1907년 9월 17일 '독노회(獨老會),' 곧 '대한예수교장로회 노회'(이하 독노회로 표기)가 평양 장대현교회에서 설립되었다. 1907년 9월 17일부터 19일까지 3일간에 걸쳐서 개최된 노회의 개회예

---

87) 임원택, "대한예수교 장로회의 12신조,"「기독신학저널」 13 (2007): 134-136; 용환규,「한국장로교회와 신앙고백」(서울: 대서, 2013), 152-156.

배에서 배유지(Eugene Bell, 1868-1925) 선교사는 선교를 통해 탄생한 한국장로교회는 선교하는 교회가 되어야 함을 "증인"이라는 제목의 설교로 선포하였다. 첫날 임원선거와 7명의 신학교 졸업생의 목사 안수식이 거행되고 18일과 19일은 오전, 오후 두 차례씩 회의가 진행되었다. 참석한 총대는 한국인 장로 36명, 선교사 33명, 찬성 위원 9명으로 총 78명이었다.[88] 독노회 산하에 지역별로 경기충청, 평북, 평남, 황해, 전라, 경상, 함경 등 7개의 대리회가 조직되어 각 지방 교회들을 관할하였다. 1907년 당시에 7개 대리회에 속한 교회는 경기충청대리회에 50개, 평남대리회에 89개, 평북대리회에 160개, 황해대리회에 47개, 전라대리회에 127개, 경상대리회에 186개, 함경대리회에 78개였다.

노회가 진행되는 동안 주요 안건들이 다루어졌는데 신임 목사 중에 이기풍 목사를 제주도 선교사로 파송하는 등 신임 목사들의 사역지가 확정되었고 한국인 목사들의 손으로 작성된 독노회의 '서문(序文)'이 발표되었다. 독노회의 조직 직후 만국장로교회 연합공의회에 한국교회가 조직되었음을 통지하고 회원으로 등록함으로써 한국장로교회는 독립을 확고히 하고 세계개혁교회의 일원이 되었다.

독노회의 설립은 한국장로교회의 역사에 있어서 이 땅에 명실상부한 장로회주의가 확립되었다는 공식적인 선포라는 점에서 큰

---

88) 총회100년사 발간위원회 편, 「미래로 열린 100년의 기억」, 64.

의미가 있다. 또한 한국장로교회가 각 선교회의 장로교회들로부터 '독립한'(independent)다는 의미에서 선교사적 의미를 갖는다. 선교사들이 한국에 각국의 선교회에 예속되지 않는 '이 땅의 하나의 장로교회'를 세우고자 한 의지가 실현된 것이다. 그러나 한국인 목회자들의 목회경험과 신학적 토대가 부족한 상태의 한국장로교회는 스스로 자체적 총회를 세울만한 역량을 아직 갖추지 못한 상태였기 때문에 정치적 자치 역시 제한적일 수밖에 없었다. 그러므로 독노회 기간 동안 한국장로교회는 홀로 설 준비가 미흡한 어린 선교지교회가 감당할 수 있을 정도의 단순한 직제와 치리제도를 통해 정식으로 출범할 총회가 조직되기까지의 과도기적 형태로 유지되었으며 자생의 기반이 마련되었다는 것에 의의를 두어야 했다.

조선예수교장로회의 「12신조」 채택

백석총회는 설립 초기부터 교단선언문을 작성하여 출발하였으며, 교단간의 연합 혹은 시대적 필요에 따라 신앙고백을 작성하여 채택한 역사를 가지고 있다. 그럼에도 불구하고 한국장로교회의 유산이라 할 수 있는 독노회 「12신조」와 「웨스트민스터 신앙고백」을 신앙의 표준으로 인정하고 고백해왔다. 이런 차원에서 한국장로교회의 최초 신앙고백이라 할 수 있는 「12신조」 채택의 의미와 과정을 이해하는 것은 역사적 유산을 승계한다는 차원에서 의미 있는 일이라 할 수 있다.

신앙고백 채택의 시대적 배경

19세기 중엽에서 20세기 초까지는 사회·정치적으로 제국주의의 식민지 정책이 그 맹위를 떨치던 시기이다. 그 시기는 교회 역사상 매우 폭발적인 부흥 운동이 일어났던 시기이며, 세계적으로 교회의 선교활동이 활발했던 시기이기도 하다.[89] 특히 활발한 선교활동과 복음주의에 바탕을 둔 교파를 넘어선 부흥 운동은 다른 어떤 원인보다 현저하게 기존 신앙고백의 한계를 인식하는 계기가 되었다. 이는 선교사들에게 선교지의 복음 전도에 있어서 큰 고민거리가 아닐 수 없었다. 많은 경우 선교지(宣敎地)는 식민지였고 신학의 불모지이며, 성경적 세계관이 존재하지 않는 곳이었다. 그러므로 토양이 다른 선교지에서 기존의 신앙고백이 자연스럽게 받아들여지기는 힘든 일이었다. 그러므로 선교지에서의 복음 전파를 위해 각 신앙고백의 당면한 문제들에 대한 개정들이 이루어졌다. 기존 신앙고백의 보존보다 선교지에 적합한 신앙고백의 필요성이

---

89) 제국주의와 선교와의 상관관계에 대해서는 여러 가지 의견이 제시되고 있다. 이것은 선교국과 피선교국의 관계에 따라 다양성을 띠므로, 반드시 제국주의의 팽창과 선교 활동이 일치했다고 말하기는 힘들다. 그러나 대부분 기독교 국가였던 세계열강의 식민지 건설과 함께 식민지에 복음이 전파되는 것은 흔한 일이었다. 반면, 한국의 경우 비기독교 국가인 일본에 의해 제국주의의 피해를 보았으므로 오히려 서구의 선교사들이 일본의 제국주의에 대항하는 양상을 보여주었다. 김경빈, "19세기 서구 기독교 선교에 있어서 국가적인 사업과 복음 전파 사이의 혼동," 「신학논단」 27 (1999): 207-232.

대두되었기 때문이다.[90]

　구한말의 정치적 혼란과 어려움 가운데 복음을 전파하는 선교
사들에게 있어서 식민 통치자인 일본과 국권을 상실한 대한제국
의 국민들 양쪽을 자극하지 않는 것은, 복음의 순수성을 유지하고
복음을 전파하기 위해 매우 중요한 일이었을 것이다. 일본 정부와
조선총독부의 입장에서 보았을 때 기독교의 발전과 선교사들의 활
동 상황은 매우 예민한 사항이었다. 그러므로 복음 전도와 교회의
운영에서 정치적인 면들이 배제되는 것이 자연스럽게 요구되었을
것이다.[91]

　여기서 주목할 만한 것은 일본의 침략 야욕이 노골화되고 청일
전쟁(1894-1895)과 러일전쟁(1904-1905)으로 국토가 유린당하는 등
민족이 수난을 당하는 그 고난의 시대에 역설적으로 한국교회는
크게 성장하였다는 점이다. 복음은 고난 속에서 위로를 구하는 이
들에게 복된 소식으로 그들의 심령을 위로하였으며, 신앙의 불모
지에서 성령의 역사는 불꽃처럼 타올랐다.

　그러나 이렇게 폭발적으로 성장한 이면에는 신앙적인 이유 말
고도 다른 요인이 존재하고 있었다. 당시 한국이 처해있던 특이한

---

90) 대한예수교장로회, 「예수교쟝로회대한로회회록」 (경성: 예수교쟝로회,
　　1908), 4, 서문; 곽안련 편, 「장로교회사전휘집(長老敎會史典彙集)」, 82;
　　박용규, "개혁주의 역사 신학적 입장에서 본 12신조," 「신학지남」 76/1
　　(2009): 81-139.
91) 김영재, 「한국교회사」, 189.

상황에서 그 요인을 찾아볼 수 있다. 대체적으로 당시 아시아의 거의 모든 나라에서 기독교 선교사는 식민 통치의 앞잡이로 인식되었기 때문에 기독교인이 되는 것 자체가 반민족적인 행위로 간주되었다. 그러나 한국의 경우는 이와 다른 양상을 보인 것이다.[92] 예를 들어보자면, 인도네시아가 기독교 국가였던 네덜란드로부터 300여 년간 지배를 받을 때 민족주의가 두 가지 성격으로 나타났었다. 그 하나는 반외자(外資) 운동이었고, 다른 하나는 반기독교 운동이었다. 이처럼 기독교 국가의 식민 통치를 받았던 나라에서 기독교 신자가 된다는 것은 반민족적 행위로 충분히 오인 받을 수 있다.[93] 그러나 한국의 상황은 달랐다. 기독교는 새로운 문물을 받아들여 나라의 힘을 기를 수 있는 수단이었고, 일본의 침략에 대해 외국의 도움을 받을 수 있는 교두보로서 정치적 수단으로 인식되기도 했다. 그러므로 순수하게 복음으로 회심하여 교인이 되는 사람들 외에도 다른 목적을 위해 입교하는 자들이 존재하였다.[94]

---

92) 이상규, 「부산-경남 지역 기독교의 연원을 추적한 부산 지방 기독교 전래사」 (서울: 글마당, 2001), 123-124.

93) 이상규, 「부산-경남 지역 기독교의 연원을 추적한 부산 지방 기독교 전래사」, 123-124.

94) 최병헌 목사는 입교한 이들 가운데 본질엔 뜻이 없고 사사롭게 기독교 사업이나 구국 운동만을 빙자해서 나선 이들에 대한 불만을 대한매일신보와 황성신문에서 토로했다. "야소교리난 목이서학이불취(目以西學而不取)고 단취서인지병(但取西人之兵)과 여기계(與機械)야 설전화여힐학(設電話與詰學)니 차(此)는 불무기본이취기말(不務其本而取其末)이라 기가성취문명재(豈可成就文明哉)아"「대한매일신보」, 잡보(雜報) (1906) 10월 9일자; 민경배, 「교회와 민족」, 117에서 재인용. "개천도불한(蓋天道不限) 령방국진리(令邦國眞理) 가통발중외(可通發中外) 서양지천(西洋之天) 즉동양지천(卽

당시 상황을 살펴보면 이 시기에 한국에서 복음을 전하던 선교사들은 크게 두 가지 문제에 당면했다. 하나는 일본 정부와 총독부의 방해와 견제를 최대한 피하는 문제이고, 다른 하나는 사상적·정치적으로 교회를 이용하고자 하는 이들로부터 복음의 순수성을 지키는 문제였다.

한국장로교회는 아직 많은 문제를 안고 있었다. 독노회가 조직되어 자생의 기반은 마련하였으나 스스로 자체적인 총회를 세울만한 역량은 갖추지 못한 상태였다. 더군다나 선교사들이 전한 복음은 담백하고 순수하게 구원의 기쁜 소식을 전하는데 그 목적이 있었기 때문에 체계적이고 신학적인 깊이와 풍부함을 갖춘 전통적인 개혁신학의 영향보다 신학적 기반이 약한 복음주의의 영향 아래 있었다. 그래서 독노회 설립과 함께 조선의 시대적 상황을 아우르는 조선 장로교회 신앙고백의 필요성이 대두되었지만 그 필요를 채울 수 있는 제반 사항들이 아직 갖추어지지 않은 상태에 놓여있었다. 교회가 일본의 탄압을 받았기 때문에 선교사들은 조선총독부와의 마찰을 피하려고 했다. 그러므로 선교사들은 정치, 사회, 문화, 전통에 관심을 가지게 하거나 신학적인 안목을 가지도록 교육하는 일은 기대할 수 없었다. 특히 선교 초창기의 큰 관심은 '회개'와 '그리스도인이 되게 하는 일'이었기 때문에 '그리스도인으로

東洋之天) 이천하시동일(以天下視同一)" 「황성신문」, 기서(奇書), 광무7년 (1903) 12월 22일자; 민경배, 「교회와 민족」, 117에서 재인용.

서 어떻게 살 것인지'에 대한 관심은 이차적인 것이었으므로 신학 교육이 더욱 어려웠다.

전반적인 신학과 기독교 문화에 대한 관심은 세월이 흘러 신학 지식이 축적되고 전통이 수립될 때 기대할 수 있다. 조선은 이제 막 복음의 씨앗이 뿌려지고 싹이 나는 상황에서 폭발적인 양적 성장을 이루었다. 그러나 시대적·신학적 배경은 이를 뒷받침하지 못하였다. 그러므로 조선의 시대적 상황을 아우르면서 세계의 성도들이 함께 고백하는 전통과 보편성을 갖춘 신앙고백이 바로 형성되어 고백되어진다는 것은 요원한 일이 아닐 수 없었다.

「12신조」의 채택 과정과 인도장로교회의 「12신조」

당시 한국 교회는 신학적 지식이 전무(全無)한 선교지 교회였고, 기독교적 관점과 사상적 배경이 없는 타 문화권이어서 신학적 지식이 이해될 수 있는 토양조차 제대로 갖추어지지 않은 척박한 상태에 있었다. 또한 사회적으로 식민지 상태에 놓여있었다는 점이 한국 교회에 바른 신앙고백이 자리잡는 것에 많은 제약을 가져오는 요인이 되었다. 그러므로 채택 당시 전통과 보편성을 갖추면서 동시에 조선의 시대적 상황을 아우르는 신앙고백이 바로 형성되기 어려웠다. 채택 과정을 보면 「12신조」는 선교 공의회 선교사들의 주도로 인도장로교회의 신앙고백을 거의 그대로 가져왔다고 해도 과언이 아니다.

인도장로교회의 신앙고백은 19세기 말 인도에서 활동하고 있

는 서구의 여러 장로교회 소속의 선교사들 및 그들이 개척한 인
도 교회들이 연합하는 매우 어렵고도 소중한 과정 속에서 탄생했
다. 19세기 중반부터 인도에서 활동하던 서구 여러 나라의 다양
한 장로교 선교사들은 1863년부터 장로교 계통의 교회들이 연합
하여 활동하기를 소망하여 소규모의 연합운동을 했다.[95] 1871년 1
월 5일 알라하밧(Allahabad)에서 열린 회의에서는 미국 장로교인들
과 스코틀랜드 교회(Church of Scotland), 스코틀랜드 연합 장로교회
(United Presbyterian Church of Scotland)로부터 온 여섯 명만이 모였으
나, 이들을 제외한 다른 다섯 개 교회들을 대표하는 이들의 편지
가 읽혀졌다. 당시 인도에는 열 개의 장로교회들에 속한 144명의
안수 받은 성직자들이 있었는데 그들은 「웨스트민스터 신앙고백」
과 요리 문답서들을 기초로 해서 형성된 총괄적인 조직이 형성되
기를 바라고 있었다. 두 번째 회의는 1871년 11월 16일 '통일된 연
합체'가 바람직하나 현재로는 '장로교 목사들과 장로들의 전체 집
회를 때때로 갖는 것'이 좋겠다고 의견을 모았다.[96] 세 번째 회의
는 1872년 알라하밧에서 전국적인 장로교 연합 기구 구성을 위한
준비 모임으로 개최되었는데, 여기에 참석한 교회는 모두 8개였

---

95) Presbyterian Alliance of India, *Proceedings of the Meetings of the Representative Committee* (Calcutta: The Edinburgh Press, 1903), 25; 황 재범, "대한 장로교회 신경 혹은 12신조의 작성 및 수용 과정에 대한 연 구," 「기독교사상」 573 (2006): 201.

96) Kenneth Lawrence Parker, *The Development of the United Church of Northern India*, Private edition (Philadelphia, 1936), 20.

다. 그 교회들은 스코틀랜드 교회(Church of Scotland), 스코틀랜드 자유 교회(Free Church of Scotland), 스코틀랜드 연합 장로교회(United Presbyterian Church of Scotland), 미국 장로교회(American Presbyterian Church), 미국 개혁 장로교회(American Reformed Presbyterian Church), 미국 개혁 교회(Reformed Church in America), 아일랜드 장로교회(Irish Presbyterian Church), 미국 연합장로교회(American United Presbyterian Church)였다.[97] 1873년 11월 26일 제4차 회의에서는 '인도 장로교 연합'(Indian Presbyterian Confederation)이 기초가 될 규칙과 함께 제안되었고,[98] 1875년 제5차 회의에서 이 연합 모임은 장로교 계통의 교회들이 상부상조하는 것 외에도 연합 기구를 조직하기로 결정하여 공식 명칭을 '인도 장로교 동맹(Presbyterian Alliance of India)'이라 하고 그 규약을 채택했다.[99] 1877년 제1차 회의 이후 3년에 한 번씩 개최되어 1889년 제5차까지 지속되다가 11년 이상 휴회 기간을 갖게 되었지만 연합에 대한 열망은 식지 않았다.[100]

비슷한 시기에 세계 장로교 동맹(World Presbyterian Alliance)에서는 선교지에 단일 장로교회를 설립하도록 하자는 방향으로 의견

---

97) Presbyterian Alliance of India, *Proceedings of the Meetings of the Representative Committee*, 25.
98) Parker, *The Development of United Church of Northern India*, 22-24.
99) Presbyterian Alliance of India, *Proceedings of the Meetings of the Representative Committee*, 27.
100) Presbyterian Alliance of India, *Proceedings of the Meetings of the Representative Committee*, 27.

이 모아지고 있었다.[101] 인도는 이런 연합을 구체화하기 좋은 여건을 갖춘 선교지였다. 인도는 다른 어떤 단일 국가보다 많은 장로교 선교사들을 보유한 대규모 선교 현장이었기 때문이다. 이에 인도 장로교 동맹과 인도 선교사들은 연합을 허락하도록 선교 모국 교회들을 설득하였다.[102] 1901년에 속개된 제6차 인도 장로교 연맹 회의에서는 연합을 다루는 특별위원회를 설치하였고[103] 1904년 12월 제8차 회의에서 12개의 상이한 장로교 및 개혁파 교회의 연합이 결정되어, 19일 개최된 인도장로교회(Presbyterian Church in India)의 첫 총회가 소집되었다. 이 때 교회 표준과 관련해서 장로교 동맹은 「웨스트민스터 신앙고백」을 지지하였으나 "인도 교회가 그 교리를 더 잘 이해하도록 돕기 위해" 「웨스트민스터 신앙고백」의 개요를 작성하기를 바랐다. 그리고 마드라스 지역에서 활동하고 있던 장로교회 연합인 남인도 대회(the Synod of Southern India)에서 채택된 것을 따르기로 합의했다.

1900년 스코틀랜드 교회와 스코틀랜드 자유 교회(Free Church of Scotland), 그리고 미국 개혁 교회의 대표들이 모여 남인도 대회를 시작하였는데 1901년에 그들의 모국 교회에 연합의 기초 안이 제출되었고, 1902년 9월 25일 스코틀랜드 교회의 승인만 남겨

---

101) Parker, *The Development of United Church of Northern India*, 29-35.
102) Parker, *The Development of United Church of Northern India*, 34-35.
103) 황재범, "대한 장로교회 신경 혹은 12신조의 작성 및 수용 과정에 대한 연구," 201.

두고 있는 상황에서 이 기초 안이 남인도 교회들 가운데 받아들여졌다. 1901년 남인도 대회가 만든 「남인도 대회의 신앙고백」(the Confession of the Synod of Southern India)은 11조로 이루어졌으며, 인도장로교회 신앙고백의 기초가 되었다.[104] 제10조를 둘로 나누어 앞부분은 인도장로교회 「12신조」의 제10조가 되고 뒷부분은 제11조가 되었다. 두 신앙고백을 비교해보면, 표현이나 구분에 있어서 인도장로교회가 「웨스트민스터 신앙고백서」에서 더 많은 구절들을 따왔고, 성례를 좀 더 충분하게 설명하고 있을 뿐 아니라, 그리스도를 좀 더 잘 드러냈다. 뿐만 아니라 그리스도의 인격에 대해 「니케아 신조」와 「칼케돈 신조」의 강조점을 추가했으며 예정 교리에 대한 명백한 진술을 끼워 넣었다. 즉, 「12신조」는 「남인도 대회의 신앙고백」에 비해 개혁신학 요소가 강화된 것이다.[105]

이 신앙고백은 기본적으로 '연합'을 전제로 하고 있었고 복음주의의 영향 아래 있는 선교사들에 의해 준비되었다. 인도 역시 선교지 교회였고, 서구의 기독교적 사상의 배경이 갖추어지지 않은 상태였으며, 영국의 식민지였다. 1854년 세포이의 항쟁 이후 무굴제국의 황제가 폐위되고 인도제국이 건국되었으며 영국의 직접적인 통치가 시작되었다. 인도에 대한 문화적 정책도 회유 정책으로 전환되었다. 선교사들이 연합운동을 시작한 1863년은 이 시기

---

104) Parker, *The Development of United Church of Northern India*, 43-46.
105) 황재범, "대한 장로교회 신경 혹은 12신조의 작성 및 수용 과정에 대한 연구," 202.

로부터 겨우 4년 정도의 시간이 지난 후였다. 신앙고백 채택 시에도 인도의 정치 사회적인 부분이 고려되었다. 이러한 과정을 거쳐 1904년 12월 인도장로교회의 신앙고백으로 「12신조」가 채택되었다. 1907년 조선예수교장로회 독노회에서 채택할 때 인도장로교회의 「12신조」는 서문을 제외하면 거의 그대로 사용되었다.

1905년 선교공의회가 교회 신앙고백을 채용할 때 행한 위원 보고는 다음과 같다.

> 새로이 신경을 제정하지 아니하고 만국장로회에서 전부터 사용하는 신경과 신경에 대하여 개정한 것과 해석한 것과 신경 도리에 대한 광고와 또 선교 각 지방에서 통용하는 신경을 비교하여 조선예수교장로회 형편에 적합한 신경을 택하는 것이 가한 줄로 인정하노라.
>
> 이 신경은 몇 개월 전에 새로 조직한 인도국 자유 장로회(印度國自由長老會)에서 채용한 신경과 동일하니 우리가 이 신경을 보고한 때에 희망하는 바는 이 신경이 조선, 인도 두 나라 장로회의 신경만 될 뿐 아니라 아세아 각 나라 장로회의 신경이 되어 각 교회가 서로 연락하는 기관이 되기를 옹망(顒望)한다.[106]

「12신조」 채택에서 눈여겨보아야 할 것은 한국장로교회가 채택

---

106) 곽안련 편, 「장로교회사전휘집」, 42–43.

할 때 첨가한 서문이다. 서문에서 부수적인 표준서로 「웨스트민스터 신앙고백」과 「대·소요리 문답서」를 받아들이는데, 그 중에서도 성경 소요리 문답을 「12신조」와 같은 수준에서 한국장로교회의 헌법의 한 부분으로 받은 것이다. 1905년 공의회에서 이 신앙고백 채용을 결의할 때 행한 위원 보고를 보면, 새로운 신앙고백을 작성하지 않고 전통적인 신앙고백과 선교 각 지방에서 쓰고 있는 신앙고백을 비교하여 그 중에서 한국 교회의 형편에 맞는 것을 택해서 채용하려 하며, 그러한 이유로 얼마 전에 새로이 조직한 선교지 교회인 인도 자유 장로교회가 채용한 신앙고백을 택했다고 한다. 이것을 통해 더 나아가서 그 신앙고백이 이 두 나라뿐 아니라 아시아 모든 선교지 교회들의 신앙고백이 되어 각 교회들이 서로 관련을 갖게 되기를 바란다는 에큐메니칼적인 바람으로 나아가고 있다.[107]

인도의 「12신조」를 한국장로교회가 채택한 것은 여러 가지 이유로 설명될 수 있다. 첫째, 선교지에서 사용할 수 있는 새로운 신앙고백에 대한 필요가 이미 인식되어 있었다. 둘째, 복음주의의 영향을 받은 부흥 운동의 여파로 부흥 운동을 체험한 선교사들에게는 교파의 벽이 이미 많이 허물어져 있었다. 셋째, 기존 신앙고백들이 당시 시대 상황에 적절치 않아 개정되기도 하였다. 그러므로

---

107) 이상규, "한국장로교 100주년, 신학적 고찰," 「개혁논총」 22 (2012): 302-303.

당시의 시대상을 적절하게 반영하면서도 개혁 신학적인 요소를 놓지 않은 인도의 「12신조」는 선교사들의 입장에서 한국의 상황에 어울리는 신조라고 여겨질 수 있었을 것이다. 인도는 당시 영국의 식민지이자 선교지였으며 같은 동양권에 위치하고 있는 점에서 한국과 유사한 점이 있었다.

물론 이것이 1919년 곽안련이 "조선예수교장로회신경론"에서 소개하고 있는 반론처럼 문화의 등급에 따른 적용은 아니었을 것이다.[108] 이것은 오히려 서구의 기독교 국가들이 당시 교파의 벽을 넘지 못하고 겪어야만 했던 여러 가지 문제들을 거울삼아 그 문제점을 보완한 새로운 밑그림을 그리고자 하는 의도로 볼 수 있을 것이다. 곽안련은 1907년 독노회가 수용한 「12신조」의 장점[109]에 대하여 1919년 「신학지남」에서 네 가지로 설명하고 있다.

첫째, 교리적으로 간단하고 명백하여 쟁론의 발생을 차단한다는 장점이 있다.

우리 신경은 간단하고 명백하여 알기가 용이한 것이라. 옛적 신경에 대하여 토론과 쟁론이 많이 생겼나니 이는 조목 중에 명백

---

108) 곽안련, "조선예수교장로회신경론," 「신학지남」 2/2 (1919): 82. "혹자가 질문하기를 조선 장로회 신경이 미국 교회 신경과 다른 것은 문명의 등급을 인하여 조선 교회를 하대하는 것이 아니냐 하나 실로 그렇지 아니하도다."
109) 곽안련, "조선예수교장로회신경론," 71-83.

하지 못한 것이 있는 연고인데 가령 유아와 택하심과 예정에 대한 도리에 관한 조목들이라. 우리 신경은 이런 도리에 대하여 명백히 말하였는 고로 쟁론이 발생할 근인이 없느니라.[110]

둘째, 동양의 우주교 도리(宇宙敎道理)와 철학 도리 등의 문제에 대응할 수 있다는 장점이 있다. 이것은 문화권의 차이에서 비롯된 것으로 보인다. 이러한 문제는 앞서 다룬 전도 문서들과 성경 문답들에서도 살펴볼 수 있었는데, 피조물로서의 하늘과 땅을 설명하고 동양철학과 교리의 차이점을 분명히 하고자 하였다. 이것은 기독교 세계관과 서구적 사상의 배경이 없는 동양의 사상 체계에서 교리가 잘못된 이해로 변질되지 않도록 사변적이지 않고 분명하고 단순하게 기술하는 것으로 나타났다.

동양과 서양의 형편이 같지 않으니 서양에서는 우주교 도리(宇宙敎道理)가 실지로 신자에게 우려(憂慮)되는 도리가 아니라도 동양에서는 큰 관계가 있나니 우리 신경에 이런 거짓의 해석이 발생 안 되도록 주의 하였느니라. 옛날에 신경을 제정할 때에는 철학 도리가 실지로 방해된 것이 없으나 지금에는 관계가 적지 아니한즉 우리 신경에 대하여 조심할 말도 있느니라.[111]

---

110) 곽안련, "조선예수교장로회신경론," 80.
111) 곽안련, "조선예수교장로회신경론," 80-81.

셋째, 시대적 상황에 적당하고 성경에도 적합하다는 장점이 있다. 당시 어떤 이들이 영국이나 미국의 장로교회에서 사용하는 「웨스트민스터 신앙고백」이 아니라, 영국의 식민지인 인도에서 사용하는 「12신조」를 채택한 것에 대하여 불만을 제기한 것으로 보인다. 그러나 서구의 기독교 세계관과 역사성이 반영되어 있는 기존의 신앙고백을 선교지에서 그대로 도입하는 것에 대한 문제는 이미 선교사들에게 인식되어 있었다. 기존의 신앙고백이 작성된 서구의 국가들과 동양의 국가들은 국가관부터 시작하여 기본적인 사고의 틀 자체가 너무 많은 차이가 난다. 당시 제국주의의 희생양이었던 식민지라면 더욱 문제가 심각했다. 예를 들자면, 국가나 위정자에 대한 신앙고백과 같은 문제가 제기될 수 있다. 당시 식민지였던 인도나 한국은 국가의 주권에 있어서 자유롭지 못한 상황에 있었고, 교회의 정치적 참여는 선교 대상자인 인도인이나 한국인에게도, 그들을 억압하던 영국이나 일본에게도 여러 가지 문제들을 안겨줄 수 있는 부분이다. 그러므로 이것은 선교사들에게 있어 미묘한 문제가 되었을 것이라는 것을 알 수 있다. 국가나 위정자, 국가에서의 믿는 자들, 교회의 역할 문제 등은 그러한 점에서 기존의 신앙고백에서 쉽게 가져오기에는 위험 요소를 내포하고 있었다.

조선 장로회 신경이 미국 교회 신경과 다른 것은 문명의 등급을 인하여 조선 교회를 하대하는 것이 아니냐 하나 실로 그렇지 아니하도다 조선 신경이 간단하나 유치한 신경이 아니오 완전한 신경이며 이보다 우승한 신경이 세상에 없고 옛날 신경 중에는 우리 신경보다 부족한 것이 많으며 웨스트민스터 신경이라도 이 신경보다 우승하다고 하기 어려우니라. 이 신경은 현시대 형편에도 적당하고 성경에도 적합하니 위한 보물이로다.[112]

넷째, 장로교·감리교 연합 문제에 걸림이 되지 않는다는 장점이 있다.

장로·감리 두 교회 연합 문제를 인하여 회집하였을 때에 연로한 감리교파 선교사의 말이 두 교회가 연합하게 되면 우리 감리파가 웨스트민스터 신경은 채용하기가 극히 힘드나 이 인도국에서 나온 신경은 채용하기가 어렵지 아니하다 하였으니….[113]

「12신조」(1907)

서언

대한예수교장로회에서 이 아래 기록한 몇 가지 조목을 목사와

---

112) 곽안련, "조선예수교장로회신경론," 81.
113) 곽안련, "조선예수교장로회신경론," 81-82.

강도사와 장로와 집사로 하여금 승인할 신조로 삼을 때에 대한예수교장로회를 설립한 모(母)교회의 교리적 표준을 버리려함이 아니요, 오히려 찬성함이니 특별히 웨스트민스터 신도게요서와, 성경 대·소요리 문답은 성령을 밝히 해석한 책으로 인정한 것인즉 우리 교회와 신학교에서 마땅히 가르칠 것으로 알며 그 중에 성경 소요리문답은 더욱 우리 교회 문답 책으로 채용하는 것이다.

신조

1. 신·구약 성경은 하나님의 말씀이니 신앙과 본분 대하여 정확 무오한 유일의 법칙이다.

2. 하나님은 한 분 뿐이시니 오직 그만 경배할 것이다. 하나님은 신이시니 스스로 계시고 아니 계신 곳이 없으시며 다른 신과 모든 물질과 구별되시며, 그 존재와 지혜와 권능과 거룩하심과 공의와 인자하심과 진실하심과 사랑하심에 대하여 무한하시며 변하지 아니하신다.

3. 하나님의 본체에 세 위가 계시니 성부, 성자, 성령이신데 이 세 위는 한 하나님이시라. 본체는 하나요, 권능과 영광이 동등하시다.

4. 하나님께서 모든 유형물과 무형물을 그 권능의 말씀으로 창조하사 보존하시고 주장하시나 결코 죄를 내신 이는 아니시니 모든 것을 자기 뜻의 계획대로 행하시며 만유는 다 하나님의 착하시고 지혜롭고 거룩하신 목적을 성취하도록 역사

하신다.

5. 하나님이 사람을 남녀로 지으시되 자기의 형상대로 지식과 의와 거룩함으로 지으사 생물을 주관하게 하셨으니, 세상 모든 사람이 한 근원에서 나왔은즉 다 동포요 형제다.

6. 우리 시조가 선악 간 택할 자유능이 있었는데 시험을 받아 하나님께 범죄한지라. 아담으로부터 보통 생육법에 의하여 출생하는 모든 인종들이 그의 안에서 그의 범죄에 동참하여 타락하였으니, 사람의 원죄와 및 부패한 성품 밖에 범죄할 능력이 있는 자가 일부러 짓는 죄도 있은즉 모든 사람이 금세와 내세에 하나님의 공평한 진노와 형벌을 받는 것이 마땅하다.

7. 인류의 죄와 부패함과 죄의 형벌에서 구원하시고 영생을 주시고자 하나님께서 무한하신 사랑으로 그의 영원하신 독생자 주 예수 그리스도를 세상에 보내셨으니, 그분으로만 하나님께서 육신을 이루었고 또 그분으로만 사람이 구원을 얻을 수 있다. 그 영원한 아들이 참사람이 되사 그 후로 한 위에 특수한 두 성품이 있어 영원토록 참 하나님이시요, 참 사람이시라 성령의 권능으로 잉태하셔서 동정녀 마리아에게 났으되 오직 죄는 없는 자시라. 죄인을 대신하여 하나님의 법에 완전히 복종하시고 자기의 몸을 드려 참되고 온전한 제물이 되사 하나님의 공의를 만족하게 하시며 사람으로 하여금 하나님과 화목하게 하시려고 십자가에 못 박혀 죽으시고 죽

은 자 가운데서 3일 만에 부활하사 하나님 우편에 승좌하시고 그 백성을 위하여 기도하시다가 저리로서 죽은 자를 살리시고 세상을 심판하러 재림하신다.

8. 성부와 성자로부터 오신 성령께서 인생으로 구원에 참여하게 하시나니 인생으로 죄와 비참을 깨닫게 하시며 그 마음을 밝혀 그리스도를 알게 하시고 그 의지를 새롭게 하시고 권하시며 권능을 주어 복음에 값없이 주마 한 예수 그리스도를 받게 하시며 또 그 안에서 역사하여 모든 의의 열매를 맺게 하신다.

9. 하나님께서 세상을 창조하시기 전에 그리스도 안에서 자기 백성을 택하사 사랑하시므로 그 앞에서 거룩하고 흠이 없게 하시고 그 기쁘신 뜻대로 저희를 미리 작정하사 예수 그리스도로 말미암아 자기의 아들을 삼으셨으니 그 사랑하시는 아들 안에서 저희에게 두텁게 주시는 은혜의 영광을 찬미하게 하려는 것이로되 오직 세상 모든 사람에게 대하여는 온전한 구원을 값없이 주시려고 하여 명하시기를 너희 죄를 회개하고 주 예수 그리스도를 자기의 구주로 믿고 의지하여 본받으며 하나님의 나타내신 뜻을 복종하여 겸손하고 거룩하게 행하라 하셨으니 그리스도를 믿고 복종하는 자는 구원을 얻는지라. 저희가 받은바 특별한 유익은 의가 있게 하심과 양자가 되어 하나님의 아들의 수에 참여하게 하심과 성령의 감화로 거룩하게 하심과 영원한 영광이니 믿는 자는 이 세상에서

도 구원 얻는 줄로 확실히 알 수 있고 기뻐할지라. 성령께서 은혜의 직분을 행하실 때에 은혜 베푸시는 방도는 특별히 성경 말씀과 성례와 기도니라.

10. 그리스도께서 세우신 성례는 세례와 성찬이라, 세례는 물을 가지고 성부와 성자와 성령의 이름으로 씻음이니 우리가 그리스도와 병합하는 표적과 인침인데 성령으로 거듭남과 새롭게 하심과 주께 속한 것임을 약속하는 것이라. 이 예는 그리스도 안에서 신앙을 고백하는 자와 그들의 자녀들에게 베푸는 것이요, 주의 성찬은 그리스도의 죽으심을 기념하여 떡과 잔에 참여하는 것이니 믿는 자가 그 죽으심으로 말미암아 나는 유익을 받는 것을 인쳐 증거하는 표라. 이 예는 주께서 오실 때까지 주의 백성이 행할지니 주를 믿고 그 속죄제를 의지함과 거기서 좇아 나는 유익을 받음과 더욱 주를 섬기기로 언약함과 주와 및 여러 교우로 더불어 교통하는 표라. 성례의 유익은 성례의 본덕으로 말미암음도 아니요, 다만 그리스도의 복 주심과 믿음으로써 성례를 받는 자 가운데 계신 성령의 행하심으로 말미암음이다.

11. 모든 신자의 본분은 입교하여 서로 교제하며, 그리스도의 성례와 그 밖의 법례를 지키며, 주의 법을 복종하며, 항상 기도하며, 주일을 거룩하게 지키며, 주를 경배하기 위하여 함께 모여 주의 말씀으로 강도함을 자세히 들으며, 하나님께서 저희로 하여금 풍성하게 하심을 좇아 헌금하며, 그리

스도의 마음과 같은 심사를 서로 표현하며, 또한 일반 인류에게도 그와 같이 할 것이요, 그리스도의 나라가 온 세상에 확장되기 위하여 힘쓰며, 주께서 영광 가운데서 나타나심을 바라고 기다릴 것이다.

12. 죽은 자가 끝 날에 부활함을 받고 그리스도의 심판하시는 보좌 앞에서 이 세상에서 선악 간 행한 바를 따라 보응을 받을 것이니 그리스도를 믿고 복종한 자는 현저히 사함을 얻고 영광 중에 영접을 받으려니와, 오직 믿지 아니하고 악을 행한 자는 정죄함을 입어 그 죄에 적당한 형벌을 받는다.

승인식

교회의 신조는 하나님의 말씀에 기초하고 하나님의 말씀과 일치한 것으로 내가 믿으며 이를 또한 나의 개인의 신조로 공포하노라.

제4장

한국교회 초기 부흥운동

복음이 전해지며 교회가 세워지는 기간 동안 한반도를 두고 강대국들의 대립이 심화되고 있었다. 청나라와 일본 양국의 대립이 표면화되면서 1894년 동학농민군 진압을 명분으로 내세운 양국의 파병은 결국 청일전쟁으로 이어졌다. 1895년 전쟁이 일본의 승리로 끝나면서 일본은 조선을 식민지화하기 위한 계획을 순서대로 하나씩 밟아나갔다. 그러나 1895년 10월 8일 명성왕후 시해 사건과 1896년 2월 11일 고종이 러시아 공사관으로 몸을 피한 아관파천 사건 이후 러시아가 발언권을 높이면서 새로운 긴장 관계가 형성되었다. 1897년 10월 12일 어지러운 국제 정세 가운데 미국을 비롯한 수교국들의 공식 승인을 받으며 고종이 새롭게 황제국을 선포하고 국호를 대한제국으로 변경하였는데, 이는 중국에 대한 사대를 탈피하고 실추된 군주권위를 회복함과 동시에 자주독립의 의지를 천명하여 제국주의 야욕으로부터 나라를 지키려는 노력의 일환이었다. 정부의 선교사들에 대한 정책에도 변화가 있었다. 1898년 6월 10일 북장로회의 스왈론(William L. Swallon, 1859~1954) 선교사가 한국 정부로부터 최초로 선교사 자격으로 정식 여권을 받음으로써 복음을 전하는 일이 공식적으로 허락되었다.[114] 복음을 전하는 일에 청신호가 켜진 것이다. 이는 장로회 선교사들이 민중들을 대상으로 어려운 삶의 현장에서 복음을 전하며 사회적 약자들을 가르치고 병을 고치며 헌신하는 시간을 보내왔기 때문이었다. 이것을 잘 보여주는 것이 서북지역의 교회 성장이다. 1898년 당시 총 장로교인 수는 7,500여 명 정도 되었는데 서북지역의 평안도와 황해도에만 장로교회 전체 교인 수의 80% 가량인 5,950명이 집계된다. 청일전쟁의 격전지였던 서북지역은 나라로부터 보호받지 못하고 전쟁으로 인해 큰 피해를 입었다.[115] 그러나 청일전쟁 중 서방 국가와의 충돌을 우려한 양국의 군대는 선교사와 교회에 대한 공격을 삼갔으므로 교회는 일종의 피난처로 사용되었다. 특히 평양지역을 중심으로 의료선교 사역을 하던 미 북장로회 의사들은 전쟁 후 창궐한 전염병 환자와 부상자 치료를 위해 목숨을 아끼지 않고 헌신하였다. 그 결과 전쟁이 끝나자 청일전쟁의 폐허

114) 임경근, 「한국교회사 걷기」, 131.
115) 민경배, 「교회와 민족」, 147.

속에서 삶의 터전을 다시 일으켜 세우면서 그 가운데 신앙을 갖게 된 사람들이 많았다. 민족의 시련이 사람들로 하여금 하나님을 의지하게 하고 교회를 성장하게 만든 계기가 된 것이다. 국운이 쇠하던 1895년에 536명이던 성도가 1896년은 3,276명, 1900년에는 7,690명으로 증가한 것은 이를 잘 보여준다.

그러나 곧 위기가 찾아왔다. 1898년에서 1901년까지 중국에서 일어난 의화단 운동은 반외세, 반기독교의 기치를 걸고 외국인을 잔인한 방법으로 학살한 사건으로 중국 내의 선교사 수백 명과 중국인 기독교인 수만 명이 사망하는 결과를 초래했었다. 국내의 친러 보수파들이 친미 개화파 세력을 제거하기 위해 중국의 의화단 운동을 모방하려 한 것이다. 이용익과 김영준이 주도한 친러세력은 1900년 12월 6일을 시행일로 명시하여 기독교인과 선교사들을 죽이고 교회와 학교, 병원을 불태우라는 내용의 고종의 어인이 찍힌 칙령을 날조해 각 지방 관청에 보냈다. 다행히 한국인 영수(領袖)[116] 홍성서가 사전에 발견하고 언더우드에게 알려 기독교인을 보호하라는 고종의 새로운 칙령이 내려지게 함으로써 위기를 넘길

---

116) 총회설립 100주년 기념 총회 100주년사 발간위원회, 「대한예수교장로회총회 100주년사」, 65. 영수는 한국교회에서만 찾을 수 있는 특수한 직분으로 안수는 받지 않았지만 장로의 모든 사역을 수행할 수 있는 자격이 부여된 안수 받지 않은 장로이다. 초기 한국교회에서 1893년 장로공의회가 조직된 이후 장로를 세울 수 있는 제도적 기반을 마련하였지만 개교회가 어느 정도 성장할 때까지 현실적으로 장로 장립은 불가능한 상태였다. 그러므로 장로 선택에 신중을 기하고 장로로 임직할 대상자들을 교육하기 위해 이 직분을 두었다. 영수의 임기는 1년이었고, 재선출 혹은 재임명을 받을 수 있었다.

수 있었다. 그러나 이로 인해 선교사들이 받은 충격과 위기감은 쉽게 해소되지 않았다. 미 북장로회는 1900년 11월 한 달을 한국에 파송된 선교사들을 위해 기도하는 달로 정하여 함께 기도할 정도였다.[117] 1901년 공의회는 정교분리 원칙을 결의하고 전국 교회에 발표했다. 어지러운 시기에 전란으로 고달픈 삶을 견디고 있던 한국인 성도들은 교회를 통해 위로를 얻기도 하였지만 교회를 통한 서구 사회의 현실적 도움을 바라기도 하였다. 비신앙적인 목적으로 교회를 이용하려는 사람들은 선교사들의 비정치화 정책과 한국의 상황에 대한 선교사들의 몰이해로 인해 적대감을 품기도 하였다. 그러므로 나라의 위기가 고조될수록 선교사들의 위기도 함께 고조되었다. 이것은 단순히 선교사들의 일신상의 문제에 그치지 않고 복음 전파와 교회의 위기로 연결되었다.

이러한 때, 러시아의 남하정책과 일본의 대륙진출정책이 충돌하면서 결국 러일전쟁(1904-1905)이 발발하였다. 전쟁의 승리는 일본에게 돌아갔고 양국은 1905년 9월 미국의 루즈벨트 대통령의 중재로 「포츠머스조약」을 맺으며 종전을 선언했다. 이것은 국제사회에서 일본의 실질적인 한국에 대한 지배를 인정하는 신호탄이 되었다. 결국 1905년 11월 18일 을사늑약이 체결됨으로써 대한제국의 외교권이 박탈되고 통치권이 이양되었으며 1906년 3월 2일 이토 히로부미가 초대통감으로 부임하면서 본격적인 보호정

---

117) 임경근, 「한국교회사 걷기」, 145-146.

치가 실시되었다. 고종은 이에 대한 부당함을 국제사회에 호소하고자 1907년 6월 네덜란드 수도 헤이그(Hague) 만국평화회의에 밀사들을 파견했지만 무위에 그치고 말았다. 오히려 이 일로 일본은 고종황제를 폐위시키고 '정미7조약'을 체결함으로써 본격적으로 내정 간섭에 나서며 한국의 군대를 해산시켰다. 당시 일부 한국인 기독교인들이 미국과 기독교에 희망을 걸었던 것이 무색하게 미국과 일본의 관계는 미국이 일본의 한국강제합병을 승인한 「가쓰라-태프트밀약」(1905. 7), 루즈벨트의 중재로 한국에서의 일본의 지도·보호·감리(監理)를 인정한 「포츠머스조약」(1905. 9) 등이 보여주듯이 정치적 밀월관계를 이어가고 있었고 이를 알게 된 한국인들은 실망과 분노를 느낄 수밖에 없었다.

원산부흥운동

정치사회적으로 불안한 시대에 선교사 배척 분위기가 강해지자 선교사들이 겪는 어려움과 신변의 위협은 교파를 초월한 기도모임으로 이어졌다. 1903년 8월 원산에서 여선교사들의 성경공부와 기도모임에서 작은 변화가 나타났다. 미국 남감리회 여선교사화이트(M. C. White), 캐롤(A. Carroll)과 하운셸(J. Hounshell), 노울즈(M. Knowles), 그리고 캐나다 장로회 여선교사 매컬리(I. H. McCully) 등이 참석한 사경회에 강사로 초빙된 남감리회 의료선교사 로버트 하디(R. A. Hardie, 1865~1949)는 성령의 임재와 능력이 없으면 사람의 수고와 정성이 소용없음을 자신의 사역 경험을 통해 고백하였다. '성령의 인도하심과 능력'을 따르지 않고 한국인에게 복음을 전하면서 백인우월주의와 권위주의로 한국인을 멸시하는 잘못을 저질렀음을 회개하는 하디와 함께 기도회에 참석한 선교사들도 성령의 임재를 체험하게 되면서 원산의 영적 각성으로 이어졌다. 이 영적 각성은 선교사의 회개로 시작하여 한국인 교회지도자들의 회개로 이어졌으며, 감리회 선교구역인 원산에서 시작하여 다른 선교구역으로 전파되면서 교파를 초월하여 연합운동으로 확산되었다. 부흥은 개인의 심령에 변화를 일으키시는 성령의 사역을 표현하는 것으로 성령의 역사가 중심이 되는 하나님의 일이다.[118] 이러한 원산에서의 부흥운동의 역사는 1906년 평양으로 이어졌다. 국권 상실로 혼란스러운 정치 상황과 악화일로를 치닫는 한국인들의 일상, 커져가는 미국인들을 향한 반감 등으로 인해 성도들의 영적 성장도 심각한 위기를 맞이하였고 선교사들은 모든 것을 하나님께 의지하여 말씀과 기도에 힘쓸 수밖에 없었다. 1906년 8월 평양의 장로회와 감리회 선교사들이 하디를 초청하여 한 주간 동안 사경회를 가지면서 자신들과 한국인 성도들에게 성령의 인도하심과 능력이 필요하다는 것을 재인식하였는데, 9월 미 북장로회 선교사

---

118) 박용규, "평양대부흥운동의 성격과 의의," 「한국기독교신학논총」 46/1 (2006): 295.

이자 부흥사 하워드 존스톤(H. A. Johnston)이 인도하는 서울 집회에서 웨일즈와 인도에서 일어난 부흥운동의 소식을 접하면서 한국에도 이와 같은 성령의 임재와 역사가 임하기를 더욱 사모하게 되었다.[119] 또한 10월에 개최된 존스톤의 평양집회는 길선주 장로를 포함한 평양의 한국인 성도들에게도 성령의 역사를 사모하게 하였다. 이러한 열기 속에서 교파를 초월하여 모인 평양의 선교사들 20여 명은 평양에서 열릴 겨울 사경회에 놀라운 성령의 역사가 임하도록 4개월 동안 기도모임을 가지며 사경회를 준비했다.[120]

평양대부흥운동

원산부흥운동 이후 줄기차게 이어져 온 부흥운동은 1907년 1월 2일부터 평양 장대현교회에서 모인 평안남도 겨울 남자사경회(The Winter Bible Training Class)에서 한층 더 고조되었다. 성령의 임재를 간절히 사모하는 기도와 간구로 오랜 시간 준비한 평안남도 도사경회는 약 1,500명이 참석한 가운데 1월 2일부터 시작하였다.

---

119) 박용규, "평양대부흥운동과 산정현교회(1901−1910)," 「신학지남」 74/4 (2007): 112.
120) 박용규, "평양대부흥운동과 산정현교회(1901−1910)," 115−116. 사경회 전에는 저녁 기도회로 모였으나 사경회가 시작되면서 정오에 참석할 수 있는 선교사들만이라도 모여 기도하기로 하였다. 이 정오 기도모임은 사경회 기간 동안 하루도 빠짐없이 지속되었다.

두 주간 열리는 사경회에 참석하기 위하여 혹한 속에서도 먼 길을 마다하지 않고 매일 저녁 모인 1,500여 성도는 성경공부와 기도에 주력하였다.

매시간 선교사와 한국인 지도자들이 번갈아 인도하였는데 1월 6일 주일저녁 집회가 끝날 무렵 참석자들은 성령의 임재를 체험했다.[121] 집회 후에도 성령의 은혜를 사모하는 사람들이 남아서 기도하면서 성령의 역사가 계속 이어졌다.

1월 12일 토요일 저녁집회의 강사는 평북 안주지방에서 사역하던 방위량(William N. Blair, 1876-1970) 선교사였는데 고린도전서 12장 27절의 말씀을 전하는 가운데 성령 충만함과 영적 각성이 일어났다. "너희는 그리스도의 몸이요 지체의 각 부분이라 교회가 하나 되지 못하는 것이 우리 몸에 병이 생기는 것과 같다"는 설교 말씀을 듣고 교회 안에서 지체를 미워하고 하나 되지 못한 것에 대한 회개가 시작되었다. 기도 시간에 많은 사람들이 회개하며 통회 자복하는 가운데 한국인 교회지도자들이 선교사들을 미워하던 것을 공개적으로 고백하고 회개하는 역사가 일어났다. 13일 잠시 부흥의 열기가 힘을 잃은 듯 뜨거움이 잦아들자 선교사들은 다음날 14일 정오에 성령강림의 역사가 임하기를 염원하는 기도회를 열었다. 그리고 그날 저녁집회에서 한위렴(William B. Hunt, 1869-1953) 선교사의 설교 후, 이길함(Graham Lee, 1861-1916) 선교사가

---

121) 박용규, "평양대부흥운동과 산정현교회(1901-1910)," 116.

통성기도를 요청했고 성령의 임재를 열망하며 합심하여 기도하는 가운데 성도들이 자신들의 죄를 회중 앞에서 통회하며 공적으로 고백하는 역사가 일어났다. 이날 집회에 참석했던 선교사들이 화요일 아침에 이 소식을 전하자 방위량 선교사를 비롯한 몇몇 선교사들은 함께 모여 이러한 회개의 역사가 계속되기를 바라며 기도로 저녁 집회를 준비하였다. 놀라운 성령의 역사는 화요일에도 계속되어 길선주 장로의 설교 후 집회가 끝난 후에도 약 600여 명의 사람들이 예배실에 남아서 기도하였는데, 성령 충만을 사모하며 기도하는 이들에게 성령의 임재하심이 충만하게 임했다. 이날 주 장로와 김 장로의 회개와 공적 고백이 이어지는 가운데 선교사들도 서로 죄를 고백했고 회중들은 침략자 일본인을 증오한 것을 회개하였다. 회개의 역사는 새벽 두 시까지 계속되었다.

이렇게 말씀을 듣고 기도하는 가운데 성령의 임재하심으로 죄를 회개하고 회심하는 일이 한두 사람의 체험으로 끝나지 않고 함께 모여 기도하는 회중들 속에서 끊이지 않고 이어졌다. 15일 화요일 저녁 집회를 마지막으로 겨울 사경회는 끝이 났다. 그러나 성령의 역사를 경험한 이들의 변화는 한 번의 체험으로 끝나지 않고 일상 속의 삶의 변화로 지속되었다. 사경회 후에도 서로의 죄를 고백하는 모습들이 목격되고 도둑질한 물건들을 돌려주고, 밀린 빚을 갚는 등 해결되지 않던 부도덕한 모습들이 청산되었다. 또한 선교사들과 한국인 교회지도자들, 성도들 사이의 응어리진 갈등과 오해들이 해소되고 서로 화해하게 되자 함께 연합하여 교회와 복음을 위해 헌신하고 교회가 믿음으로 세워지는 일로 이어졌다.

부흥운동의 확산

평양대부흥운동에 나타난 놀라운 영적 각성은 사경회가 끝난 후에도 계속되었다. 사경회가 끝나고 다음날 1월 16일부터 평양시내의 기독교 학교들을 향한 성령의 역사가 강하게 나타났다. 여자고등성경학교, 남자학교, 여자보통학교, 장대현교회 초등학교 학생들, 그리고 선교사들의 기도회에서 성령의 역사로 계속된 회개운동이 평양시내 전역으로 확산되었다. 1월 16일 수요일 아침, 숭의여학교의 10시 채플 시간에 몇 명의 학생들이 통회하며 기도하자 곧 모든 학생들에게 같은 은혜가 임하여 함께 울부짖으며 기도하기 시작했다. 멈출 수 없는 회개의 기도가 이들을 사로잡아 12시까지 계속되어 수업을 진행할 수 없을 정도였다. 1월 16일 선교사들의 수요정오기도회에서도 성령의 능력이 강하게 나타났다. 사경회가 열리는 기간 동안 연일 계속되는 성령의 임재 소식은 선교사들에게 큰 영적 도전이 되었고 평소 30분 정도 갖던 기도모임 중에 임하신 성령께서 자신들의 죄를 통회하며 자백하게 하심으로 2시간이 넘도록 기도가 계속되었다. 2월 숭실학교의 개학과 함께 성령의 역사는 순식간에 학교 전체로 확산되었는데 학생들이 회개하며 기도하느라 수업을 중단해야 할 정도였다. 학생들을 가르치던 선교사들도 성령의 역사를 간절히 원했기 때문에 일주일간 성경공부, 기도, 저녁의 전도 집회에 집중함으로 이처럼 불길과 같이 번지는 부흥의 열기를 이어갔고 2주간 동안 숭실학교에서 성령의 역사는 계속되었다. 평양장로회신학교는 개학 첫 주간인 3월 31일부터 4월 9일까지 75명의 신학생들이 모여 성령의 임재를 사모하면서 매일 저녁기도회를 개최하였다. 밤낮없이 기도하는 가운데 4월 6일 토요일 신학생들과 교수들은 심야까지 기도하면서 성령의 역사를 기다렸고 성령께서 회중 속에 임하심으로 그들의 죄악을 회개하게 하셨다. 복음을 전하는 자나 받는 자나 성령의 강권적인 역사 앞에 예외 없이 회심을 체험하였다. 평양장로회신학교의 신학생들과 숭실학교의 많은 학생들이 부흥운동을 통해 목회의 소명을 받았다.

1907년 1월 평양 장대현교회에서 일어난 부흥과 성령의 역사에 대한 소식이 전국에 전해졌고 이 열기는 선교사들과 한국인 교회 지도자들에 의해 확산되었다. 특별히 2월 17일부터 서울 승동교회에서는 길선주 장로를 강사로 장로교 연합사경회가 개최되었는데 이전에는 신분 차이로 함께 할 수 없었던 이들이 형제 사랑 안에서 양반, 상놈 구별 없이 함께 앉아 성령의 임재를 체험했다. 전통적 신분사회의 한계로 하나 될 수 없었던 교회가 한계를 극복하고 하나 될 수 있었던 것은 전적으로 하나님의 일이었다. 길선주 장로는 승동, 연동, 수구문, 상동 등의 교회에서 집회를 인도했는데 부흥회 이후에는 참석자들의 놀라운 삶의 변화가 나타났다. 평양 인근의 선천, 해주, 영변, 재령은 물론이고 영남의 중심지인 대구에서도 부흥의 역사가 일어났다. 이러한 역사는 개성, 강화, 제물포에서도 일어났으며 공주와 전주, 광주, 목포는 물론 함경도 북청까지 이르게 되었다. 평양에서 시작된 부흥의 열기는 중국과 만주에까지 전해졌다.[122]

부흥운동의 결과

복음이 전해지고 20여 년이 지나면서 교회 안에 다양한 문제점과 한계가 표출되기 시작했고 암울한 시대를 지나면서 교회에도 그 그림자가 짙게 드리워졌다. 1907년 평양대부흥운동은 이렇게 침체된 초기 한국장로교회에 활력을 불어넣고 신앙을 통한 사회변화의 토대를 마련하였다. 한국교회에 미친 부흥운동의 결과는 몇 가지 측면에서 정리해 볼 수 있다.

첫째, 영적 각성 운동을 통해 하나님의 주권과 성령의 역사하심을 인정하는 교회 본연의 모습을 되찾았다. 초기 한국교회의 성도 중에는 신앙적 동기보다 사회·정치적 불안과 동요로 인해 각자의

---

122) 박용규, "평양대부흥운동의 성격과 의의," 278.

목적을 가지고 교회로 나오게 된 이들이 적지 않았다. 이러한 이유로 교회가 하나님보다 세상적인 가치에 더 몰두하며 침체되었을 때 부흥운동은 영적 각성을 통해 성도들로 하여금 하나님의 주권과 성령의 역사를 인정하게 만들었다. 부흥운동을 통해 교회를 세우는 분은 하나님이라는 사실을 확인하고 체험적 신앙으로 하나님과 예수 그리스도를 아는 지식이 깊어지자 세상적인 가치보다 하나님을 우선순위에 두는 믿음이 자라났다. 이것은 자연스럽게 정치적 목적으로 교회가 이용되는 것을 차단하는 효과로 나타났다. 이렇듯 부흥운동은 한국장로교회가 교회의 본연의 모습으로 돌아오게 함으로써 한국장로교회 신앙의 순수성 유지에 기여하였다.

둘째, 부흥운동은 참된 회개용서운동으로 삶의 변화를 이끌어냈다. 부흥운동을 통한 회심은 일시적 감정에 머무르지 않고 도덕적 윤리적인 변화를 수반하는 삶의 갱신으로 이어졌고 이를 통해 교회 안의 갈등이 해결되고 관계가 회복되었다. 또한 성도들의 도덕성 향상과 경건의 추구는 성도들의 삶의 변화에 국한되지 않고 사회적 변화까지 불러왔다.[123]

셋째, 부흥운동은 한국장로교회에서 성경 중심의 신앙, 기도에 대한 열심이 고양되는 계기가 되었다. 말씀을 보고 기도할 때 임한 성령의 능력을 체험한 사건은 성도들로 하여금 하나님과의 교

---

123) 서정민, "한국교회 초기 대부흥운동에 대한 사회적 반응," 「한국기독교와 역사」 26 (2007): 95-97.

제 가운데 받은 충만함이 무엇인지를 알게 하였다. 날로 고난이 가중되는 어려움 속에서 하나님과 교제를 나누고 구하는 바에 대한 응답을 받는 방법은 말씀과 기도로만 가능하다는 것을 체험으로 학습한 한국장로교회는 더욱 말씀을 사모하고 기도에 열심을 내는 신앙인으로 세워지고 있었다.

넷째, 부흥운동은 한국 교회의 총체적인 성장을 불러왔다. 부흥을 체험한 성도들의 회심과 영적 각성은 성도들에게 영혼구령의 열정을 불러왔다. 이것은 전도를 통한 교회의 양적 성장이라는 열매를 맺었다.[124] 또한 성도 개개인의 질적 성숙과 영적 성장은 한국인 성도 가운데 영적지도자를 양성할 수 있는 밑바탕이 되었고 조선예수교장로회 총회 조직을 앞당기는 역사로 이어졌다.

다섯째, 부흥운동은 각 지역 교회들의 성장에 견인차 역할을 함으로써 이전까지 북쪽지역에 편중되어 있던 장로교회의 지역 불균형을 해소하였다. 미 남장로회의 선교지역인 호남지역의 경우 1907년 9월 당시 선교사 27명, 예배 처소 168개, 교회 건물 110개, 입교인 1,859명의 교세가 확인되는데 입교인 중 절반인 990명이 1906년과 1907년 사이에 입교한 사람들이었다. 이와 같이 부흥운동을 겪으면서 교회의 성장이 남쪽으로도 파급되어 불균형이 점차 완화되는 결과를 가져왔다.[125]

---

124) 류대영, 「한국기독교의 역사」 (서울: 한국기독교역사연구소, 2018), 117-118.
125) 정일웅, "대한예수교장로교회의 조직과 발전," 「신학지남」 79/4 (2012):

여섯째, 부흥운동은 한국에서만의 사건이 아니라 미국과 세계 복음주의의 부흥운동과 연결되어 있었다. 그러므로 역사적 신앙고백과 신학적 전통에 대해 소홀히 여기는 경향이 강한 복음주의 부흥운동의 특징을 공유하는 모습을 보이며 신학적 체계가 갖추어지지 않은 어린 선교지교회가 체험에 치중된 신앙으로 치우쳐 균형을 잃고 성장하게 되는 계기가 되었다.

개화기에 이 땅에 들어와 외래종교로 낯설게 여겨지던 기독교는 부흥운동을 통해 비로소 한국인의 신앙으로 받아들여졌다. 깊은 종교적 체험은 신앙을 내적으로 심화시켰고 교회를 외적으로 성장시켰다. 이러한 교회와 성도들의 성숙은 사회변화로 이어졌다. 이겨내기 어려운 '식민지 통치 시기'라는 시련을 한국 교회가 견딜 수 있었던 근거도 부흥운동을 통해 하나님을 의지하는 믿음에 설 수 있었기 때문이다. 또한 선교사들과 한국인 교회 지도자들 사이의 갈등이 봉합되고 교회 본연의 모습을 갖추게 됨으로써 복음의 진전을 위해 하나 된 교회를 추구하는 초교파적 연합이 가능하게 되었다.[126] 무엇보다도 선교사들과 한국인 교회 지도자들의 기도와 회개를 통해 부흥운동이 시작되었다는 점은 교회의 영적 지도자들의 회개가 교회의 개혁을 위해 우선되어야 함을 보여

191.
126) 박경수, "초기 한국 개신교 부흥운동과 교회연합운동," 159.

준 사례로서 그 의의가 크다.

그러나 한편으로는 부흥운동이 신앙고백과 신학전통, 교회론에 대한 이해가 부족했던 초기 한국장로교회의 비역사적이고 탈역사적인 성격을 강화시킴으로써 일제 강점기라는 특수한 환경 속에서 개인의 신앙에 몰두하고 현실을 외면하는 비정치화와 이에 반발하여 신앙보다 현실 참여를 우선시하는 비신앙화의 양극단이라는 신앙형태를 갖게 되는 분기점이 되었다.

제5장

장로교 총회 설립과
평양신학교의 발전

부흥운동과 독노회의 조직 이후 한국장로교회는 성장을 거듭하는 가운데 감리교와도 연합운동에 힘쓰며 활발한 활동을 보였다. 장·감 합동찬송가(1908)를 발행하고 부흥의 불길을 되살리고자 백만인구령운동(1909)에 힘쓰면서 일본(1909)과 시베리아(1909), 북간도(1910)에 선교사를 파송하며 선교에도 박차를 가했다.

그러나 1910년 한일병탄의 소위 「한일병합조약」 이후 기독교가 식민지 동화 정책에 걸림돌이 된다고 여긴 일본의 반기독교 정책에 의해 고난이 시작되었다. 1910년을 전후로 일본에 항거한 독립운동가들 중 기독교인들이 많았고 기독교 학교를 통해 기독교 정신과 민족자주 정신을 고취시키는 교육이 이루어졌기 때문이다. 19세기 말 20세기 초 한국의 근대식 교육 모델은 크게 세 종류로 분류되는데 하나는 한국 근대교육의 문을 연 기독교 학교이며, 다른 하나는 일본 방식의 관·공립학교, 마지막으로 민간 사립학교이다.[127] 일본 관료주의를 모방한 관·공립학교와 달리 민족주의 정신에 기반한 민간 사립학교나 기독교 정신과 민주주의 정신에 기반한 기독교 학교는 민족적 긍지와 민족의 자주성을 교육하여 학생들에게 자연스럽게 반일애국정신과 민족의식을 심어주었다. 특별히 기독교 학교는 기독교적 가치에 근거한 훌륭한 한국인을 길러내고자 한 선교사들의 교육선교 목적에 따라 신앙교육과 함께 근대화 교육과 민족 교육에도 힘써왔고 다양한 학문을 통해 서구의 민주주의와 민족주의와 같은 근대적 사상을 가르치고 한글에 대한 존중과 역사교육을 통해 민족적 자긍심을 일깨웠다.[128] 이러한 기독교 학교가 1909년 소학교 수준의 학교 783개(학생수 18,255명), 중등학교 수준의 학교 19개(학생수 1,551명)로 전체 학교 수의 절반 이상을 차지하고 있었다. 이 중에서도 장로교회의 경우 선교 초기 큰 영향력을 가졌던 미 북장로회의 학교 사업 목적이 교회와 교회 지도자 훈련과 육성에 있었고,[129] 기독교 학교의 교육을 교회의 연장으로서 전도의 일환으로 보았기 때문에 1897년 이래로 전통적으로 기독교 학교가 교회에 속해 있었다. 이러한 이유로 1909

---

127) 용환규, "삼일운동과 기독교학교의 역할," 106.
128) 노영숙, "개화기 선교사들의 기독교 교육이 근대 교육·문화에 기여한 교육적 의의: 부산·경남지역을 중심으로(1884–1941)," 「기독교교육논총」 34 (2013): 363.
129) 용환규, "삼일운동과 기독교학교의 역할," 108.

년 10월 이토 히로부미 암살사건 후 1910년 5월 데라우치 육군대신이 3대 통감으로 부임하고 시작된 무단통치 기간에 반기독교 정책은 적극적으로 시행되기에 이르렀다.

1910년 8월 22일 「한일병합조약」으로 국권을 빼앗고 일반경찰권까지 완전히 장악한 일본은 1911년 식민통치 강화와 저항적인 민족주의 및 기독교계 항일세력에 대한 통제를 목적으로 데라우치 암살모의 사건을 조작하여 다수의 신민회 회원 및 기독교인들을 체포하였다. 이 '105인 사건'으로 인해 전국적으로 600여 명이 검거되고 123인이 기소 당했는데, 이 중 105인이 유죄로 투옥되었다. 거짓 자백을 받아내기 위해 행해진 잔인한 고문과 기독교인들을 향한 탄압은 선교사들의 인식에 변화를 불러왔다.[130] 당시 선교사들 중 많은 수가 사대주의를 중국에 대한 제국주의적 종속이라 여겨 일본이 청일전쟁으로 한국을 독립시켰고 한국의 독립을 위해서는 오히려 일본의 도움이 필요하다고 생각하던 서구사회의 시각을 공유하고 있었다. 그러나 기소된 92명에 이르는 기독교인을 고문하여 받아낸 거짓 자백 중에는 그들의 배후에 선교사 24명을 연관시키는 내용도 포함되어 있었다. 일본의 조작극의 칼끝이 결국 교회를 향해 있고 선교사들마저 추방하려 한 것을 통해 일본이 기독교에 대해 가진 적대감을 인식한 선교사들은 이를 심각하게 받

---

130) 임경근, 「한국교회사 걷기」, 210-212.

아들일 수밖에 없었다.[131] 그러므로 선교사들은 이 사건을 국제사회에 알리는 창구 역할을 함과 동시에 선교부의 재정적인 지원으로 유력한 변호인단을 구성해 기소된 이들을 적극 변호하게 되었다.[132]

기소된 92명의 기독교인들은 서북지방의 목사와 장로, 영수, 집사 등 교계 지도자들과 기독교 학교의 교사와 학생이 상당히 많이 포함되어 있었으며, 이들 중 상당수가 신민회 회원이었다. 기독교의 세를 약화시키고 선교사들을 추방하려던 일본의 의도는 일부 성공하였다. 한국장로교회 안에서 가장 큰 교세를 형성한 서북지방의 교계 지도자들 및 기독교 학교의 교사와 학생이 대거 검거되자 한국 교회는 전체적으로 위축되었으며 1911년과 1912년 사이에 많은 수의 성도들이 교회를 떠났다.[133]

또한 일본은 민족정신을 말살하기 위해 항일구국운동과 민족교육의 요람 역할을 하던 사립학교에 대한 규제를 강화하여 기독교 학교들을 통제하려 하였다. 일본은 한국인이 사립학교를 설립할 시 학부대신의 인가를 받아야 하며, 경우에 따라서 학부대신이 폐교를 명령할 수 있게 한 1908년 「사립학교령」에 이어, 1911년 10월 「사립학교령」을 개악하여 「사립학교 규칙」을 공포하였다. 총독부는 「사립학교 규칙」을 통해 사립학교 설립 시 조선총독의 인가를

---

131) 임경근, 「한국교회사 걷기」, 210.
132) 이상규, "삼일운동과 한국기독교," 「백석신학저널」 36 (2019): 57-58.
133) 김영재, 「한국교회사」, 203.

받고 교과과정과 교사자격을 총독이 정하게 하고 검정교과서를 사용하도록 함으로써 사립학교들에 대한 탄압을 감행할 수 있는 '법적 근거'를 마련하여 기독교 학교에 대한 통제를 강화하였다.[134] 또한 공립으로의 전환을 유도하여, 많은 사립학교들이 보통학교 및 고등보통학교로 인가받아 학력이 인정되는 정규 학교로 전환하게 하였다. 이를 거부한 학교는 '학교와 비슷한 사립의 각종학교'로 지속적인 일본의 통제와 차별을 받게 하였다. 그 결과 기독교 학교 수도 급격히 줄어들게 되었다.

그러나 대부흥운동으로 하나님에 대한 확신과 믿음이 굳건해진 교회는 오히려 이 고난을 통해 더 성숙해졌다. 외부적 환경의 어려움에도 불구하고 교회는 성도들을 잘 훈련하여 내실을 다졌다. 성장세는 감소하고 전교인 수가 줄어들었지만 세례교인의 수는 꾸준히 증가하고 있다는 것이 이를 잘 보여준다.

	세례교인	전교인
1907	18,081	72,968
1910	32,500	110,000
1912	53,008	124,169
1914	60,047	121,108
1918	68,506	160,909

<표 1> 1907-1918 한국장로교회 교세 통계

---

134) 용환규, "삼일운동과 기독교학교의 역할," 118.

또한 기독교 학교를 통한 성경교육과 신앙교육이 어려워지자 교회는 주일학교에 더 힘을 기울였다. 1912년 2월 1일 개신교선교 연합공의회, 한국교회 대표 12명, 예수교서회 대표 1명이 모여 조선주일학교연맹 실행위원회를 조직함으로써 교단을 초월하여 믿음으로 다음 세대를 육성하려는 의지를 이어갔다. 그 결과 일본의 강한 공세로 인해 기독교 학교가 감소되는 1920-1922년 사이에도 주일학교 학생수는 30% 이상 증가할 정도로 기독교 학교의 공백을 대신하며 기독교 교육의 한 축을 감당해냈다. 이후로도 주일학교는 1930년대까지 그 원형을 유지하여 한국 교회가 일제 말기의 황민화 정책에 저항할 수 있는 정신적 바탕을 제공하였다.

교회를 향한 박해는 대부흥운동과 또 다른 방법으로 교회를 연단하여 성숙하게 성장시키는 계기가 되었다. 서북지역에 집중된 기독교인들과 그들의 배후로 지목된 선교사들의 영향력을 감소시키고 축출하려는 일본의 의도는 오히려 선교사들의 적극적인 대응을 불러와 한일병탄 이후 교회 안에서 발생한 선교사들에 대한 불신과 괴리의 해소에도 일정 부분 기여했다. 총회의 조직에도 이러한 분위기는 이어졌다.

조선예수교장로회 총회 설립

한국장로교회는 일본의 반기독교정책으로 성장세가 잠시 둔화되는 모습을 보였으나 부흥운동의 영향으로 1907년 이후 폭발적인 성장을 이어갔다. 독노회 설립 이후 총회가 조직되기까지 5년간 전국적으로 7개 대리회 산하에 설립된 교회의 총수는 737개에 이른다. 각 대리회 별로 살펴보면 북평안대리회 160처 교회, 평남대리회 89처 교회, 황해대리회 47처 교회, 경충대리회 50처 교회, 전라남북대리회 127처 교회, 경상대리회 186처 교회, 함경대리회 78처 교회가 설립되었고 독노회로는 급격히 성장한 장로교회 전체를 치리하기 힘든 상황에 놓이게 되었다.[135] 치리회의 조직적인 도움 없이 꾸준한 교회의 성장은 불가능한 일이기 때문에 총회의 설립이 시급한 과제로 대두되었고 1911년 9월 대구 남문교회에서 모인 제5회 독노회에서 1912년 7개 대리회를 노회로 승격하여 총회를 조직하기로 결정하였다. 1912년 가을 총회가 소집되기 전 7개의 대리회의 노회 승격이 순차적으로 이루어졌는데, 1911년 10월 11일 전라노회, 12월 4일 경충노회, 12월 6일 경상노회, 12월 8일 황해노회, 1912년 1월 18일 평남노회, 1일 29일 함경노회, 2월 15일 평북노회를 마지막으로 모든 대리회가 노회로 승격되었다.[136]

---

135) 정일웅, "대한예수교장로교회의 조직과 발전," 199-200.
136) 총회설립 100주년 기념 총회 100주년사 발간위원회, 「대한예수교장로회총회 100주년사」, 120-126; 정일웅, "대한예수교장로교회의 조직과 발전," 201.

1912년 9월 1일 오전 10시 30분 평양 경창문안여성경학원에서 제1회 예수교장로회총회가 소집되었다. 이튿날 7개 노회에서 파송한 한국인 목사 52명, 선교사 44명, 장로 125명 등 모두 221명의 총대들이 참석한 가운데 실시된 임원선거에서 회장 언더우드, 부회장 길선주, 서기 한석진, 부서기 김필수, 회계 방위량, 부회계 김석창이 선출되었다.[137] 총회장으로 선교사가 선출된 이유는 크게 두 가지로 설명할 수 있다. 첫째, 한국장로교회가 독노회 조직 이후 급격한 성장으로 말미암아 유례없이 빠르게 총회를 조직하게 되어 장로교 정치제도에 익숙해지지 못했기 때문이다. 그러므로 선교사와 교사로서 초창기 장로교회의 많은 성도와 목회자를 양육해낸 바 있는 신뢰할 수 있는 원숙한 지도자 언더우드가 총회장이 되고 한국인 목회자가 부총회장이 됨으로써 장로교 정치제도에 익숙해질 시간을 확보하기 위해서였다. 둘째, 당시 '105인 사건'으로 한국인 교계 지도자가 대거 투옥된 상황 속에서 총독부와 교섭할 수 있는 선교사를 전면에 내세워 교회를 보호하고 일본과의 갈등을 해결하기 위함이었다.

설립 총회에서 주요 현안들이 처리되는 가운데 1907년 제정한 대한예수교장로회 규칙과 신앙고백은 그대로 유지하되 다만 수정·보완해서 사용하는 것으로 결정되었다. 주요 결의사항을 보면 초기 한국장로교회가 선교와 연합을 중요하게 여겼다는 것을 확인

---

137) 총회100년사 발간위원회 편, 「미래로 열린 100년의 기억」, 81.

할 수 있다. 전도국은 제주선교보고에 이어 전도주일을 지킬 것과 중국에 선교사를 파송할 것을 청원하였고 총회는 중국선교사 파송을 결의함으로 한국장로교회의 본질이 선교하는 교회임을 증명하였다. 해외선교와 민족복음화를 위해 감리교와 연합하여 일본 도쿄 지역의 선교를 추진한 일 역시 이를 뒷받침한다. 또한 총회는 영국 스코틀랜드에서 모이는 장로회 연합총회에 한국장로교회가 계속 회원으로 가입할 것을 한석진 목사의 동의로 가결함으로써 세계 속의 장로교회의 일원으로 자리를 분명히 했다.

그러나 총회의 설립 이후에도 일본의 경계는 계속되었고 1915년 총독부의 「개정사립학교령」과 「포교규칙」이 발표되면서 반기독교정책은 더 심화되었다. 「개정사립학교령」에 의거하여 총독부는 모든 사립학교에 앞으로 10년 이내로 총독부가 요구하는 기준에 맞춰 인준을 얻도록 시달하면서 성경과 한국역사를 교과 과정에서 완전히 삭제할 것을 요구하였다.[138] 또한 8월 16일 발표된 「포교규칙」에 의하면 포교자는 반드시 자격증을 발급받아야 하며 예배당과 포교소를 설립하거나 변경할 때에도 총독부의 허가를 받아야 했다. 포교관리자는 포교자의 명단과 변경사항을 매년 신고해야 했는데 주소지 변경과 같은 것도 신고 대상이었다. 즉 교회 설립과 전도도 총독부의 허가를 받게 함으로써 교회의 조직도 감시하고 통제할 수 있게 된 것이다. 이렇게 일본이 교회에 대한 직접적

---

138) 김영재, 「한국교회사」, 206-207.

통제에 나서자 복음을 전하고 교회를 세워가는 일을 위해 장로교와 감리교 두 교단의 연합과 선교사들의 협력이 더욱 요구되었다. 이러한 협력 사례를 가장 잘 보여주는 것이 1915년의 「기독신보」 발간이다. 한국교회는 선교사들에게 요청하여 교계 신문인 「기독신보」를 발간하였다. 당시 한국인들은 법적으로 일본의 지배 아래 있어 자유롭지 못한 관계로 교계 신문의 운영권을 한국인이 아닌 선교사들에게 위탁함으로써 일본의 통제에서 벗어나려 한 것이다.[139] 그리하여 개신교연합공의회의 6개 선교회가 공동소유하는 방식으로 「기독신보」가 발간되었다. 또한 초교파 연합체인 조선주일학교연맹은 기독교 학교의 공백으로 인한 신앙교육의 활성화를 위해 1915년 주일학교 교사 양성법을 배포하였고 1917년에 「기독신보」에도 게재하였다. 1916년 재한선교연합공의회는 한국인을 참여시키는 새 협의체를 구상하여 총회에 제안하였는데 찬송가와 각 공과지, 사경회 등을 장로회총회와 감리교연합연회가 함께 하는 것이 필요하다고 여겼기 때문이다. 장로회총회는 이를 받아들여 1917년 「장감연합협의회규칙」을 채택하고 1918년 2월 26일 '조선예수교장감연합협의회'가 설립되었다. 또한 교회가 어려움을 겪고 있는 중에도 일본의 식민지 지배를 벗어나고자 해외로 떠난 이민자들을 대상으로 선교사를 파송하고 복음을 전하는 일에 더욱

---

139) 황우선·김권정, "「기독신보」의 창간 과정," 「한국기독교역사연구소소식」 85 (2009): 5.

매진하였다. 이렇게 일본의 박해와 통제 중에도 오히려 이 땅에 복음을 전하고 교회를 세우기 위해 문서선교와 병원, 학교에서 교파를 초월하여 연합하므로 1918년에는 장로교회만 16만여 명, 한국교회 전체적으로는 20만 명 이상의 교회로 성장하게 되었다.

평양장로회신학교의 발전

한국에 여러 선교회가 함께 들어와 동시에 선교활동을 하면서도 하나의 장로교회가 세워질 수 있었던 이유는 복음주의와 부흥운동의 영향을 받은 선교사들이 교파를 초월하여 복음을 위해 연합하였기 때문이다. 그것은 평양장로회신학교에서도 확인할 수 있는데 초기 선교사들의 이러한 선교에 대한 의지와 정책이 신학교의 교육이념과 목적의 기반이 되었다.

평양장로회신학교 개교 이후 1935년까지 각 선교부에서 교수로 참여한 수는 북장로회 14명, 남장로회 5명, 캐나다장로회 2명, 호주장로회 1명으로 집계되는데 강사들까지 포함해도 대다수 북장로회 선교사들을 중심으로 강의가 이루어졌다. 그러므로 북장로회의 선교정책과 선교사들의 신학이 평양장로회신학교에 많은 영향을 끼칠 수밖에 없었다.[140] 특히 개교 이후 평양장로회신학교는 미국의 두 신학교의 영향을 크게 받았는데 바로 맥코믹 신학교와 프린스턴 신학교이다. 시기상으로는 초대 교장 마포삼열이 퇴임하고 2대 교장 라부열이 취임하는 1924년을 기점으로 평양장로회신학교에도 많은 변화가 일어났는데 맥코믹 신학교 출신의 마포삼열이 교장으로 있던 1924년까지 맥코믹 신학교 출신의 선교사들이 신학교를 주도적으로 이끌었고, 1924년 2대 교장으로 취임한 프린스턴 신학교 출신의 라부열이 교장이 된 후에는 점차 프린스턴 신학교 출신들이 분위기를 주도하게 된 것도 그 변화 중 하나였다.

한국에서 선교활동을 한 북장로회 선교사들은 대체적으로 넓은 의미의 개혁주의 안에서 미국 복음주의의 특성을 보였다. 정도에 차이는 있으나 성경중심주의, 사회개혁, 초교파적 연합, 부흥운동과 성결운동, 전천년설을 수용하고 있었던 점에서 이를 확인할 수 있다. 그러나 평양신학교의 신학에 크게 영향을 준 맥코믹 신학교와 프린스턴 신학교는 그 설립취지와 특성이 사뭇 달라 한국장로교회와 평양장로회신학교에 각각의 영향을 미쳤다. 맥코믹 신학교는 1829년 미국 서부 개척에 적합한 설교자 양성을 위해 설립된 학교로 신학자보다 목회자이자 사회에 봉사하는 헌신된 일꾼을 배출하는 것을 목적으로 하였다.[141] 반면 프린스턴 신학교는 1812년

---

140) 이상규, "한국장로교 100주년, 신학적 고찰," 299.
141) 전준봉, "한국장로교 신학교의 신학과 교육: 평양신학교를 중심으로," 226.

수준 높은 학문과 경건을 유지할 수 있는 목회자의 양성을 목적으로 설립되었다. 총회에 제출된 설립계획서에도 신학생은 성경 원어를 통달하여 성경학자가 되어야 하고, 기독교 고전을 이해하고 여러 분야의 신학을 배워 목회자로서 충분한 지식을 가져야 한다고 명시되어 있을 정도로 학구적으로 신앙을 옹호하는 일에 사명감 있는 목회자 양성을 목표로 했다.[142] 이러한 차이로 인해 1924년을 기점으로 평양장로회신학교의 학풍에도 영향을 주었다.

초기부터 1924년까지의 평양장로회신학교의 학풍은 맥코믹 출신 선교사들의 신학에 영향을 받았다.[143] 맥코믹 신학교는 신학적으로 보수적인 구학파 전통에 서 있으면서도 무디의 부흥운동의 영향을 강하게 받아 성령운동과 부흥운동에 적극적이었다. 초창기 강의를 담당한 교수들이 평양선교부와 황해도선교부를 책임지던 선교사들로 맥코믹 신학교 출신들이었고 초대 교장인 마포삼열과 초기 학교발전에 큰 역할을 한 소안론(William L. Swallen), 곽안련(Charles A. Clark), 이길함(Graham Lee)이 모두 맥코믹 출신으로, 1916년 평양장로회신학교 요람에도 전임교수 14명 가운데 4명, 주요 시간강사 12명 중 9명이 맥코믹 신학교 출신으로 확인된다. 이들은 선교 초기부터 복음전도와 부흥의 열정으로 가득 차 있었는데 복음을 위해서라면 다른 교단이나 교파와의 연합에도 적극적

---

142) 오덕교, "구 프린스턴과 총신: 연속성과 불연속성," 「신학지남」 68/2 (2001): 208-209.
143) 박용규, 「한국기독교회사 1-2」, 470-471.

이었다. 이러한 신학적 배경으로 1903년 원산부흥운동을 시작으로 1907년 평양대부흥운동에 이르기까지 놀라운 부흥운동을 경험하며 한국교회 확장에 일익을 감당해냈다. 이들뿐만 아니라 북장로회 소속 선교사들은 대부분 성경 전부가 하나님의 영감된 말씀임을 믿었고 신앙과 행위의 유일무오한 법칙임을 믿었다. 이들은 성경중심적 교육과 더불어 교회현장과 연결되는 실천적인 면을 염두에 두고 신학교육을 시행하였다.[144]

역사적으로 평양장로회신학교의 학제는 3가지 형태로 구분되는데 1903년 확정된 5개년 신학교육과정은 1919년까지 시행되었고 1920년에 3개년 1년 2학기 학제로 개편되었다가 1922년 3개년 1년 3학기 학제로 최종 변경되었다. 5개년 학제는 1년에 3개월(3월~6월) 집중교육 기간과 9개월 현장 목회 실습기간으로 진행되었고, 9개월이 지나 신학교로 돌아왔을 때 시험을 치르고 합격해야 다음 학년 수업을 들을 수 있었다. 입학조건도 주목해 볼 필요가 있다. 모든 지원자들은 신학교에 입학하기 전 조사를 위한 3년의 성경반(조사를 위한 예비반)을 반드시 이수해야 했으며 신학교에서 3년간 공부하는 동안 조사나 장로직분을 수행해야 4학년으로

---

144) 용환규, "개혁주의생명신학의 토대인 백석총회의 신앙고백 연구," 「생명과 말씀」 7 (2013): 148. 교회현장과 밀접하게 연결된 평양장로회신학교의 교육방향은 백석총회 설립 초기 복음총회와 대한복음신학교의 모습을 연상시킨다. 이러한 신학교육은 목회현장에서 필요한 교육이 신학교의 교육 커리큘럼에 영향을 주고 신학교의 신학적 방향이 총회에 영향을 미치는 상호보완적인 관계를 형성시킨다.

진학할 수 있었다. 이것은 평양장로회신학교가 교회 현장에서의 실제적 사역을 염두에 두고 교역자를 양성하는 신학교육을 시행했음을 보여준다. 5년 동안 성경과목 20개, 교회사, 조직신학, 윤리와 같은 이론신학과목 13개, 실천신학과목 12개를 들었는데 "강도법"(설교학) 수업을 1학년부터 3년 동안 배우고 "목회지법"(목회학) 수업을 4–5학년에 배웠다는 점에서도 현장 목회에서 바로 사역 가능한 교역자를 육성하는 것에 중점을 둔 신학교육이 이루어졌음을 알 수 있다. 1920년에 3개년 1년 2학기 학제로 개편되었다가 최종적으로 1922년 3개년 3학기 학제로 변경되고 나서도 실천신학과목은 중요한 수업이었다. 매주 3학년 학생 중 두 명이 전교생이 함께 드리는 예배에서 설교하고 교수 3명의 비평을 받았다. 평양지역의 70여 개 교회가 지도교수에게 각각 배정되어 3학년 학생들은 배정된 교회들을 돌면서 봉사하고 한 학기에 두어 번 교회에서 설교하며 목회를 실습하였다. 1923년 요람에서 실천신학 교과목이 더 다양하게 확장된 것을 확인할 수 있는데 기독교 사회봉사, 교회설교, 주일학교 실습, 전도 실습 과목은 평양장로회신학교의 신학교육이 추구하는 바를 잘 보여준다.[145]

1918년 평양장로회신학교가 창간한 학술연구 논문집 「신학지남」을 통해서도 신학교육의 목적을 확인할 수 있다. 신학교의 1년

---

145) 임희국, "츠빙글리 종교개혁의 유산과 한국(평양) '장로회신학교' 신학교육," 「장신논단」 45/1 (2013): 106–109.

3개월 교육과정으로는 신학교육이 충분하지 않다는 판단에 의해 신학교육의 연장차원으로 「신학지남」을 출간하여 재학생들과 졸업생들에게 신학적·성경적·실천적 견문을 넓힐 기회를 제공하고자 하였기 때문이다.[146] 출간한지 얼마 안 되어 전국적으로 구독자만 2,500명에 이를 정도로 주목을 받은 「신학지남」의 초기 발행인은 곽안련, 편집인은 왕길지였고 편집위원으로는 업아력, 이눌서, 배위량 등이 수고하였으며 계간지로 출발하여 1928년 남궁혁이 편집국장이 되면서 격월간지로 발행하였다. 「신학지남」은 1940년까지 신학과 강도에 관한 많은 글들을 게재하며 전국의 목사와 조사, 그리고 장로들이 참고할 수 있는 장로교회의 유일한 학술지로 한국장로교회에 많은 영향을 미쳤다.[147]

1923년 평양장로회신학교 요람은 "하나님이 계시하신 말씀인 성경을 참되게 믿고 바르게 이해하여 온 맘으로 사랑하고 명확히 해석하며 성경에 표현된 구원의 복음을 순전하고 열심히 전하고자 노력하는 복음사역자를 양성하는데 있다"고 신학교의 목적을 기술하였다.[148] 평양장로회신학교의 이러한 교육방침을 놓고 초기 신학교의 교육이 신학적 깊이가 부족하고 실천적인 면에 치중한 것

---

146) 박용규, "총신 120년의 역사, 신앙, 평가(1): 평양장로회신학교 설립, 발전, 폐교(1901-1940)," 「신학지남」 88/2 (2021): 180.

147) 박용규, "총신 120년의 역사, 신앙, 평가(1): 평양장로회신학교 설립, 발전, 폐교(1901-1940)," 181.

148) 임희국, "츠빙글리 종교개혁의 유산과 한국(평양) '장로회신학교' 신학교육," 107.

을 선교사들이 의도적으로 한국의 신학 발달을 저해하기 위한 것이라고 비판하는 목소리가 있으나 맥코믹 신학교의 학풍을 볼 때 초기 선교사들이 그러한 의도를 가졌다는 비판은 과도한 해석이라 볼 수 있다. 다만 신학적 지식의 함양에는 부족함이 있었고 영적 지도자로서의 실천적 목회자 육성에만 힘을 기울일 수밖에 없었던 선교초기 한국의 시대적 상황과 서양학문에 대한 기초지식 없이 평균연령이 높았던 초창기 신학생들의 형편을 감안하더라도 20여 년 동안 신학적 자생력의 기반을 마련하지 못했다는 비판은 면하기 어렵다.[149] 이후 신학교가 일본의 신사참배 요구를 거부하며 폐교할 때까지 한국적 신학을 천착하여 미국에서 시작된 신학적 논쟁과 한국 내부에서 일어난 신학적 갈등의 문제를 직접적으로 극복하고 해소하지 못하여 양극화 되어 버린 것은 이런 맥락에서 이해할 수 있을 것이다. 그러나 한편으로는 초기 평양장로회신학교의 실천적이고 헌신적인 목회자 양성을 위한 신학교육은 1919년 3·1운동 당시 민족에 대한 책임감과 십자가를 감당하는 신앙으로 이어져 만세운동에 교회적 차원의 적극적인 참여를 불러왔다. 길선주 목사를 중심으로 많은 졸업생들과 이사들 특히 학생들이 3·1운동에 참여하여 옥고를 치루고 국외로 망명하기도 하였는데 이때부터 교회와 목회자들에 대한 일본의 감시가 심해지면서 제12회

---

149) 전준봉, "한국장로교 신학교의 신학과 교육: 평양신학교를 중심으로," 233.

졸업생(1920년 12월 20일)은 8명으로 줄어드는 아픔을 겪기도 하였다. 그러나 고난의 때 민족과 교회를 위해 희생하고 헌신하는 목회자들과 성도들로 말미암아 한국 교회가 한국인의 종교로 인정받는 근거가 되기도 하였다.

1924년 프린스턴 신학교 출신의 라부열이 2대 교장에 취임하고 이전의 맥코믹 출신의 중진 선교사들이 은퇴하거나 귀국하여 세대 교체가 이루어지면서 점차 프린스턴 출신들이 신학교의 학풍을 주도하게 되었다.[150] 수준 높은 학문과 경건을 유지할 수 있는 목회자 양성을 교육목적으로 하는 프린스턴 신학교의 학풍이 영향을 주면서 점차 평양장로회신학교의 학풍도 변화하기 시작했다. 본래의 본질적인 신앙전통은 크게 변하지 않았지만 이전에 비해 학구적인 면과 조직신학과 변증학이 강조되었으며 자유주의와 현대주의 사상을 비판하는 신학적 움직임이 활발해졌다. 특히 1925년 이후로 자유주의 신학을 주창한 일본조합교회의 평양 진출과 사회주의의 반기독교 운동의 공격이 교회에 혼란을 가져왔기 때문에 이러한 움직임은 더욱 가속화되었다.[151]

1920년대 후반부터 프린스턴 신학교에서 유학하고 돌아온 남궁혁, 이성휘, 박형룡과 같은 한국인 교수진이 보강되고 1931년 이

---

150) 박용규, "총신 120년의 역사, 신앙, 평가(1): 평양장로회신학교 설립, 발전, 폐교(1901-1940)," 184.

151) 류대영, 「한국 기독교의 역사」, 161-162. 조선총독부가 한국인 동화정책에 조합교회를 적극적으로 이용하면서 조합교회의 교세가 급증하였다.

후로는 전임교수제가 정착하여 오늘날 신학교와 크게 다르지 않은 형태의 교과과정으로 수업이 진행되면서 이전에 비해 실천적인 면보다 신학적인 면이 더 강화되었다.[152]

1931년 평양장로회신학교의 요람에 수록된 신경은 신학교 교육의 변화를 분명하게 보여주는데 이 신경은 첫째, 성경을 하나님의 말씀으로 믿고 복음을 잘 전파하는 사역자를 양성할 것과 둘째, 능력 있고 자격 있는 진실한 목사를 교회로 보낼 것, 셋째, 도덕적이고 사회적 책임을 다할 수 있는 지혜로운 지도자가 되게 할 것, 넷째, 바른 교리를 보호하고 이단을 물리칠 인물을 양성할 것으로 정리할 수 있다.[153] 이러한 신학교육의 분명한 입장은 1930년 중반부터 일어나는 다양한 신학사조로부터 일어나는 공격에 대해 신학을 보수하는 근거가 되었다. 그러나 이러한 변화는 한편으로는 복음을 위해 교파를 초월하여 연합할 수 있었던 초기의 신학적 입장과 달리 교파 교회 목회자 양성을 목적으로 한 '교파적 신학교'로 정착하게 하여 교과과정이나 교수방법론에 이르기까지 교파적 특성을 갖고, 보편적인 기독교 진리와 함께 교파 교회의 특수한 교리와 신학을 강조하는 입장으로 점차 굳어지게 되었다. 초기 선교사들이 하나의 장로교회를 세우려고 했던 입장과 달리 한국교회의

---

152) 박용규, "총신 120년의 역사, 신앙, 평가(1): 평양장로회신학교 설립, 발전, 폐교(1901–1940)," 187.

153) 박용규, "총신 120년의 역사, 신앙, 평가(1): 평양장로회신학교 설립, 발전, 폐교(1901–1940)," 208.

특수한 민족적, 문화적, 역사적 상황을 고려하지 않은 채 교파적인 성향이 강해짐에 따라 분열의 양상들이 이미 나타나기 시작한 것이다.

1935년부터 신사참배 문제로 교회가 고난을 받게 되면서 한국 장로교회 유일의 신학교로 많은 목회자들을 배출하여 이 땅에 장로교회의 기틀을 마련한 평양장로회신학교 역시 신사참배와 폐교의 기로에 서게 되었다. 결국 1938년 30회기 동안 800여명의 졸업생을 배출한 평양장로회신학교는 폐교를 결정하였으며 1938년의 강의가 마지막이 되었다. 졸업반 학생들이 이듬해인 1939년 4월 13일에 졸업행사를 가짐으로 평양장로회신학교는 문을 닫았다.

여기에서 우리가 주목해야 할 것은 해방 이후 시작된 교회의 분열 문제가 평양장로회신학교 재건과 관련해서 비롯되었다는 것이다. 신학교 운영자가 누구인가와 누가 진정으로 평양신학교의 전통과 역사를 이을 수 있는 정통 보수신학인가에 대한 갈등이 고신, 기장, 합동과 통합이 분열하는 대분열의 원인으로 작용했던 점은 신학교와 총회 간의 관계는 물론 신학과 목회 현장 사이의 연계성에 대한 깊은 관심과 주의가 요구되는 부분이다.

제6장
3·1운동과 교회의 수난

1912년 총회를 조직한 장로교회는 망국의 암울한 현실 속에서도 해외동포 거주지역에 해외 선교사업을 시작하고 감리회와 연합 교류 운동도 활발하게 이어갔다. 일본은 민족적 종교 세력의 약화를 위해 신도나 일본의 조합교회 등의 일본적 종교를 적극 장려하고, 한편으로는 1915년 「포교 규칙」 제정과 「사립학교 규칙」 개정으로 반기독교 정책을 더 강화하였다. 이 두 규칙의 목적은 좀 더 구체적으로 복음 전파를 방해하고 기독교 학교를 통제하는 것에 있었다. 총독부는 개정된 「사립학교 규칙」으로 모든 수업을 일본어로 하게 규정하고 종교 교육과 활동을 금지했을 뿐만 아니라, 모든 사립학교에 정부가 요구하는 기준으로 인준을 얻도록 강제하였다. 기독교 학교에도 10년의 유예기간을 주어 해당 기간 내에

「사립학교 규칙」에서 규정한 자격을 갖춘 교사와 규정에 부합하는 학교 건물과 시설을 확보하도록 하고 성경 과목과 한국 역사 과목을 교과과정에서 완전히 삭제하여 종교와 학교 교육을 분리할 것을 명했다.[154] 이에 각 학교에서 성경교육과 채플을 포기하더라도 총독부의 인가를 받을 것이냐, 아니면 종교 교육을 실시하고 인가받지 않은 각종학교로 남을 것이냐를 두고 큰 논쟁과 갈등이 벌어졌고 시간이 지나면서 점차 각 선교회의 선교방침에 따라 다른 대응으로 정리되었다. 장로회 선교부는 종교의 자유가 인정되지 않으면 학교의 폐쇄를 마다하지 않겠다는 강경한 입장을 견지했고 감리회 선교부는 수업 시간 외에 종교 교육을 할 수 있게 해달라는 타협론이 우세하게 나타났다.[155] 인가를 받지 못한 학교의 졸업생들은 상급학교 입학 자격을 가질 수 없었기 때문에 학생들과 학교 측의 갈등도 확산되었다. 장로회 측은 1916년 2월, 장로회 공의회가 "정부가 요구하는 모든 조건대로 이행하되 종교 교육만은 포기할 수 없다"고 총독부에 통고함으로써 강경한 입장을 재확인하였고 이것은 총독부의 방침에 순응하기를 요구하는 학생들의 소요로 이어졌다.[156] 결국 기독교 학교의 통제와 감소를 노린 강경한 일본의 정책에 많은 기독교 학교들이 스스로 폐교를 단행하기도

154) 김영재, 「한국교회사」, 206.
155) 정선이, "1910년대 기독교계 고등교육의 특성," 「교육사학연구」 19/2 (2009): 89-90.
156) 김영재, 「한국교회사」, 206-207.

하고, 인가 기준에 미달 되어 폐교당하기도 하면서 1910년경 829개이던 종교계 사립학교가 1918년 말 323개로 크게 줄어들게 되었다. 그러나 이러한 힘든 시간을 보내는 동안에도 기독교인의 민족의식은 꾸준히 성장하였고, 총회, 노회, 시찰회, 당회를 구성한 장로교회와 연회, 지방회, 구역회로 구성된 감리교회가 독자적인 조직과 제도의 형태를 갖추게 되면서 전국적인 연락과 조직망을 구축하였다. 3·1운동 직전의 교세는 장로교가 16만여 명, 감리교가 3만여 명으로 기타 교파까지 합하면 20만 명을 상회하였다.

3·1운동의 발단과 전개

1918년 제1차 세계 대전의 종전은 국제 사회의 새로운 역학관계를 형성하였다. 승리한 연합군이 파리평화회의를 열어 참전국들의 이해관계를 정리하면서 이전에 유럽 국가 중심으로 이루어지던 국제 사회의 질서가 재편되기 시작하였다. 세계 대전 중인 1917년 10월 러시아에서 볼셰비키 혁명이 일어나 제정 러시아가 몰락함으로써 잠시 러시아가 세계무대에서 사라지고, 미국이 새로운 강자로 등장하였다. 많은 식민지를 운영하던 패전국 독일과 오스트리아 제국의 세력을 약화시키려 했던 강대국들의 의도는 미국 대통령 윌슨(Thomas Woodrow Wilson, 1856–1924)이 1918년 1월 의회 연설에서 주장한 민족자결주의로 표면화되었다. "어느 민족이나 자신의 민족에 대한 자결권을 가질 수 있다"는 민족자결주의 원칙은 사실상 종전 후 독립하게 된 패전국의 식민지를 염두에 두고 발표되었지만 식민 통치를 경험하고 있던 많은 약소국들이 독립에 대한 기대와 희망을 갖게 되는 배경이 되었다.

국내적으로는 일본의 주권 탈취 후 겪게 된 정치적 탄압, 경제적 착취, 문화 말살, 사회적 차별의 폭압이 한국인들의 독립에 대한 의지를 더 강하게 불러일으켰다. 19세기 후반부터 시작된 근대교육으로 민족의식과 계몽의식을 갖게 된 청년들이 장성하여 이민과 유학으로 더 넓은 세계를 접하게 되었고, 국제정세를 읽을 수 있는 눈과 자주독립의 의지를 가진 젊은 층이 증가하게 되면서 한국인들의 전반적인 의식 성장과 인적 자원 증대가 이루어졌다. 3·1운동의 태동도 주로 국내보다 상대적으로 활동이 자유롭고 국제정세를 폭넓게 살필 수 있었던 해외의 청년들을 통해 시작되었고 국외의 독립운동가들이 직접적인 도화선 역할을 하였다. 여운형, 장덕수, 선우혁이 1918년 여름 중국 상하이에서 조직한 신한청년당은 파리평화회의에 한국 대표를 파견하여 "한국 독립에 관한 진정서"를 평화회의 의장과 미 대통령에게 전달하려 하였으나 실패로 돌아갔다.[157] 또한 미주지역의 대한인국민회도 1918년 12월 1일 전체 간부회의를 통해 파리평화회의에 독립청원서 발송을

---

157) 이영식, "3·1독립운동과 한국장로교회: 민족대표 장로교 7인을 중심으로," 「신학지남」 86/1 (2019): 35.

결의하고 12월 13일 뉴욕 약소민족 동맹회의 연례총회에 참석하여 민족자결주의 원칙에 따른 약소민족 독립을 결의하였다. 이러한 미주지역의 독립운동은 일본에서 발간되는 영자신문에 보도되어 재일 한국 유학생들의 독립운동 의지를 고무시켰다. 이때, 신한청년당의 조용은, 장덕수가 일본에 파견되어 유학생들의 궐기를 권유하고 이광수가 베이징에서 서울을 거쳐 도쿄에 이르러 유학생들과 합류하였다. 재일 한국인 유학생들은 1918년 12월 29일 유학생 학우회 망년회와 30일 동서연합웅변대회에서 독립문제를 의제로 토론 후 독립운동을 전개하기로 합의하였는데 이 합의에 따라 1919년 1월 6일 조선기독교청년회관에서 개최된 웅변대회에서 최팔용, 백관수, 윤창석 등 10명의 실행위원이 선출되었다.[158] 이들은 독립운동의 실천 계획을 본격적으로 논의하면서 「독립선언서」를 일본 정부, 각국 공관, 일본 귀족원 중의원에 보낼 것을 결정하고 초고를 작성하였고, 작성된 선언서 초고는 송계백이 국내에 파견되면서 가지고 들어왔다. 1919년 2월 8일 유학생들이 「독립선언서」를 일본 정부, 각국 공관, 언론기관에 발송하고 조선기독교청년회관에서 400여 명이 모여 「독립선언서」를 발표함으로써 3·1운동의 불씨를 지폈다.[159] 당시 국내의 모든 조직은 일본에 의해 와해된 상태라 일본의 눈을 피해 전국적으로 독립운동을 진행

---

158) 총회100년사 발간위원회 편, 「미래로 열린 100년의 기억」, 108.
159) 이영식, "3·1독립운동과 한국장로교회: 민족대표 장로교 7인을 중심으로," 35.

할 수 있는 조직은 종교계가 유일했다.[160] 그러므로 천도교, 기독교, 불교의 연합으로 만세운동이 추진되었다. 물론 기독교 내부에서는 이런 정치적인 문제에 교회나 그리스도인들이 참여하는 것이 옳은가 하는 점에 대해 이견이 없지 않았다. 이런 문제를 안고 고심했던 분 가운데 감리교 신석구 목사가 있다. 1919년 2월 20일 경 오화영으로부터 3·1운동에 참여하라는 권고를 받은 신석구는 "나는 나의 몸을 하나님께 맡겼으니 하나님이 좋다하면 찬성하겠다"고 답한 후 교역자로서 정치운동에 참여하는 것이 하나님의 뜻에 합당할까, 또 교리적으로 다른 천도교와 함께 합작하는 것이 하나님의 뜻에 합한가 하는 문제를 가지고 새벽마다 기도했다.[161] 그러던 중 2월 27일 새벽에 "4천년 전하여 내려오던 강토를 내 대(代)에 와서 잃어버린 것이 죄인데, 되찾을 기회를 찾아 보려고 힘쓰지 아니하면 이는 더 큰 죄가 아니냐"는 음성을 듣고 3·1운동에 참여하는 것이 하나님의 뜻이라고 확신하게 되었다고 한다. 105인 사건으로 옥고 중 기독교로 개종하여 장로가 된 이승훈도 이와 비슷한 인식에서 독립운동에의 참여를 하나님의 뜻으로 이해했다.[162]

이처럼 신앙적 방향이나 지향점이 전혀 다른 종교와 연합 활동을 하는 것을 문제로 인식한 사람들도 있지만, 특별히 폭력적 성

---

160) 용환규, "삼일운동과 기독교학교의 역할." 121.
161) 장동민, "삼일운동에서 기독교와 천도교 연합의 사상적 배경," 「백석신학저널」36 (2019): 73.
162) 이상규, 「한국교회의 역사와 신학」, 147–148.

제1부 **백석총회 전사** 167

향을 가진 천도교와 연합하는 것이 대중화, 일원화, 비폭력이라는 원리를 파괴할 수도 있다고 우려한 기독교계 인사들이 있었다는 사실이다. 천도교의 전신인 동학이 농민혁명을 일으킨 것이 1894년이고, 3·1운동이 1919년이니 꼭 25년 만에 천도교는 또다시 민족사에 중대한 일을 하게 되었는데, 그러나 천도교는 동학 혁명부터 3·1운동 사이에 그 모습이 완전히 바뀌었다. 최초의 천도교는 수운 최제우가 포교를 시작할 때부터 민중 혁명의 가능성을 내포하고 있었다. 최제우는 보국안민(輔國安民)을 기치로 내세웠다. 동학에는 내세관이 없고, 다만 현세에서 천주를 모시고, 천주의 기운을 몸과 마음으로 느껴 그와 하나 되며, 이를 밖으로 펼치는 방법이 바로 보국안민(輔國安民)이다. 보이는 사람을 사랑하고 공경하고 나아가 나라를 위해 사는 것이다. 그것을 이루는 방법이 칼을 들고 혁명을 일으키는 것 일수도 있다고 했다. 2대 교주 해월 최시형에 와서도 혁명적 민족주의 전통은 계승되었다. 그는 무엇보다 평등 사상을 강하게 내세웠다. 동학 혁명 때 내건 "폐정개혁 12조"에 해월의 사상이 잘 드러나 있다. 그러나 동학 혁명이 실패로 돌아가고 동학이 오랜 기간 박해를 받으면서, 3대 교주 의암 손병희 때에는 완전히 새로운 종교가 되었다. 이제는 반외세운동 보다는 서구의 발달된 문물을 받아들이자고 주장하는 편이 되었다. 폭력적인 혁명에 의한 반봉건 운동보다는 소위 '삼전론'을 통한 점진적인 개혁을 주장한 것이다.[163] 즉 언전(言戰), 재전(財戰), 도전(道戰)을 숙지하여 개화로 나아가는 것이 국가를 위하는 길이라고 했다. 손병희는 일본 망명에서 귀국해 교단의 이름을 '천도교'(1906)라 바꾸고, 정치 문제에서 손을 떼고 포교에 힘쓰기로 작정했다. 결국 백성의 오해와 관헌의 핍박을 받는 소규모 집단에서 식민지 조선을 대표하는 민족종교로 자리매김을 하기 위해 '정교분리'를 주장한 것이다. 손병희가 3·1운동에 참여한 것은 최시형이 동학 혁명을 이끌었던 것과는 달리, 교단의 참여가 아니라 개인적인 자격으로 참여한 것이었다. 천도교인들이 대거 참여하기는 했지만 교단차원에서 재정지원을 하거나 참여를 결의하지 않았다. 손병희는 3·1운동이 일어나기 하루 전이었던 2월 28일에 천도교 교주로서의 모든 전권을 박인호에게 위임하는 '유시문(諭示文)'을 발표하였다. 자신은 정치 문제에 참여하지만 교단의 일은 박인호 등의 간부에게 일임한 것이다. 이렇게 정교분리의 모습을 극대화했던 첫째 이유는 일반 교인이 교주가 참여한 것을 보고 이 일에 과격하게 뛰어들까를 염려하여 교단과 개인적 참여 사이에 일정한 선을 그으려고 한 것이고, 다른 하나는 일제가 천도교를 독립운동 단체로 여겨 핍박할까 두려워함이었다. 동학이 농민혁명의 실패로 고통받은 상황을 돌아보면서 다시는 천도교가 이런 고통을 받지 않도록 하기 위한 최선의 선택이었을 것이다. 개인의 구원과 함께

---

163) 장동민, "삼일운동에서 기독교와 천도교 연합의 사상적 배경," 85.

사회적 참여가 중요하게 여겨지는 현대 사회에서 연합운동에 대한 방향성을 살펴 볼 수 있는 부분이다. 종교적인 영역에서는 협력하기 어렵다고 할지라도 국가적 위기와 재난, 나라와 민족을 위한 선한 사업으로 분류되는 세속적인 영역에서는 힘을 모아 적극적으로 연합운동을 해야 할 것이다. 기독교의 복음의 배타성은 기독교 신앙의 본질의 일부임으로 절대로 타종교와 혼합되는 모습을 보여서는 안 될 것이다. 현대 사회의 특징이라 할 수 있는 개방성, 관용, 다원성 등과 서로 어울리지 않기 때문에 많은 공격과 질타를 받는 것이 사실이지만, 기독교인이라면 바로 복음만이 유일한 진리라는 사실을 절대로 양보해선 안 될 것이다. 그러면서도 타종교와 평화롭게 공존하고 때로 협력하는 법을 배워야 한다. 타종교와의 불필요한 충돌을 피하면서 기독교의 정체성에 손상을 줄 경우가 아니면 유연한 태도를 취해야 한다. 모든 적절한 힘을 동원하여 타종교인에게도 기독교를 전파해야 한다. 사회적인 영향력을 키워 사람들에게 모범적인 노력을 할 수 있는 것도 좋은 방법이 될 것이다. 하지만 타종교는 전도와 극복의 대상이요, 협력과 타협이 필수적인 것은 아니라는 사실도 반드시 기억해야 할 것이다.

3·1운동 추진과정에서 방법과 교파간의 이질성으로 약간의 의견대립이 있었으나 2월 24일 종교계 중심으로 구체적인 독립운동 추진방침이 결정되었다. 당시 배재학교 교사로 있던 최남선에 의해서 초안이 작성된 「3·1독립선언서」는 인류 평화, 자유, 평등 그

리고 비폭력 저항 등 기독교 정신에 근거하고 있었다.[164] 「3·1독립선언서」에 서명한 민족대표 33인은 1919년 3월 1일 폭력 사태나 일본 군경의 교란 우려에 따라 변경된 장소인 태화관에서 「3·1독립선언서」를 낭독한 이후, 출동한 일본 경찰에 자진 체포되었다. 「3·1독립선언서」는 3월 1일 전국 1,000여 곳 이상에서 낭독되었고 평양·진남포·안주·선천·의주·원산 등지에서도 동시다발적으로 시위가 일어나 전국으로 확산되었다. 초기에는 기독교와 천도교 세력이 강한 지역에서부터 시작되어 3월 중순에 이르러서는 전국으로 파급되었다. 1919년 3월 1일 이후 1년여에 걸쳐 해외에서도 동참하여 간도, 중국, 시베리아, 일본, 미국, 멕시코 등 한국인이 거주하는 동아시아 전 지역, 나아가 미국 지역에 걸쳐 광범위한 독립운동이 전개되었다. 이와 같이 일제의 식민지 통치에 큰 타격을 주고 우리 민족의 의식과 독립운동에도 큰 변화를 가져온 3·1운동은 1919년 3월 1일 민족대표 33인의 이름으로 「3·1독립선언서」를 발표한 이후 이에 호응한 각계각층의 참여로 약 1년간 지속된 거족적인 항일민족독립운동을 총칭한다.

1919년 무렵 전국을 그물망처럼 연결하던 장로교의 11개 노회와 미감리회의 10개 지방회, 남감리회의 7개 지방회는 3·1운동 당시 서울과 지방을 잇는 연락망을 형성하여 지역을 넘어 전국적인

---

164) 류대영, 「한국 기독교의 역사」, 167.

연대가 가능한 상태였다. 이를 이용해 기독교는 준비 단계부터 전국적으로 동시에 만세운동을 일으킬 수 있는 연락망과 조직을 제공하였다. 무엇보다도 기독교 지도자들이 3·1운동을 본격적으로 기획하고 준비한 1-2월은 전통적으로 교회 혹은 지방 단위로 노회와 지방회, 사경회와 전도회 등이 이루어지던 시기였기 때문에, 일본의 눈을 피해 자연스럽게 회합을 가질 수 있었다. 기독교인들이 이렇게 3·1운동의 준비 과정, 점화 단계, 전국적 만세운동의 진행 과정에서 주도적으로 참여한 이유는 일본의 기독교에 대한 탄압이 날이 갈수록 심해졌고, 이 탄압을 통해 기독교인들이 애국적이고 민족적인 신앙을 갖게 되었기 때문이다. 일본의 탄압이 강해지자 하나님께 탄원하며 구원을 기다리던 이스라엘의 상황과 한국의 현실을 동일시하는 경향이 교회 안에 나타났다. 이런 경향으로 인해 하나님의 구원이 이 땅에서 실현되기를 바라는 믿음과 반기독교 정책으로 교회를 탄압하는 일본으로부터 신앙의 자유를 되찾기 위한 저항이 민족주의와 결합하여 내면화되면서 민족주의적인 신앙이 형성되었다.[165] 이것은 성경을 통해 정의·자유·평등·해방 등의 이념을 체득한 기독교인들이 성경을 토대로 한 신앙의 기초 위에서 민족의 고난에 동참하는 신앙의 전통을 세워가는 과정이라 볼 수 있을 것이다. 3·1운동을 준비하면서 기독교 측은 인적 관계망을 동원하여 해외에서 일본의 정관계 교섭 및 미국 대통령

---

165) 총회100년사 발간위원회 편, 「미래로 열린 100년의 기억」, 117-118.

에게 「3·1독립선언서」를 전달하는 일을 맡았고, 국내에서는 서울의 선교사들과 각국 영사관에 「3·1독립선언서」 전달, 지방에 「3·1독립선언서」 배포, 3·1운동 당일 학생 동원을 담당하였다. 준비과정에서 적극적인 역할을 한 서북교계, 신한청년단, 서울 YMCA는 순수한 기독교 단체였고, 개인적인 참여도 많아 「3·1독립선언서」에 서명한 민족대표 33인 가운데 13명, 그리고 준비과정의 48인 가운데 24인이 기독교인이었으며 대한인국민회와 도쿄 유학생 중 많은 수가 기독교인이었다.

3·1 독립선언을 종교인들이 주도하였던 만큼 운동 전개 과정에서도 종교인들이 주도한 경우가 많았고 기독교인들도 전국 각지의 교회와 기독교 학교를 중심으로 비폭력만세 시위에 적극적으로 참여하였다. 1919년 6월 일본 헌병대의 한 보고서는 전국 13도 중에 충청남북도를 제외한 대부분 지역에서 대체로 기독교, 천도교, 불교 등 종교인들이 시위를 주도한 것을 보여 준다. 경기도는 기독교, 천도교, 불교가 연합하였고, 전라남도, 경상남북도, 평안남북도, 함경북도는 기독교가 주동하고 천도교가 협력하였으며, 강원도와 함경남도는 천도교가 주도하였고 기독교가 협력하였으며 불교는 경상남북도와 전라북도에서 협력한 것으로 나타난다. 이렇게 국내외를 막론하고 초기 조직화 단계의 거의 모든 흐름에 기독교인들이 직·간접으로 관여하고 전국적으로 확산되던 민중 운동화 단계에서도 전국의 조직과 지도자를 제공하였다. 평양에서는 3월

1일 교회에 8천여 명, 학교에 1천여 명이 모여 고종의 추도식을 거행한 후 「3·1독립선언서」를 낭독하고 시위운동을 벌였고, 진남포 안주(평안남도), 선천(평양북도), 원산(함경도)에서도 「3·1독립선언서」 낭독과 시위운동이 거행되었다. 고종황제의 국장일이었던 3월 3일 서울은 경비가 엄중한 탓에 크게 눈에 띄는 움직임이 없었고 지방에서는 산발적으로 시위운동이 거행되었다. 비폭력시위를 계획했으나 지역과 상황에 따라 격화되는 곳도 있어 개성(경기도), 안주, 성천(평안남도), 수안(황해도)에서는 군중이 경찰서와 헌병 분대를 습격했고 안주, 성천, 수안에서는 군중 가운데 사망자도 발생했다. 3월 5일에는 서울에도 만세운동이 본격화되어 서울역에 모인 4,000-5,000명의 학생과 군중이 만세 시위를 하며 서대문 방면으로 몰려가자 일본 군경은 위협 발포를 하고 100여 명을 검거했다. 검거를 피한 학생들은 제각기 고향으로 돌아가 고향에서 다시 만세운동을 전개해나갔다.

3·1운동과 교회의 수난

한국교회의 적극적인 3·1운동 참여는 일본의 주목을 끌어 핍박과 큰 피해를 불러왔다. 일본은 평화시위에 무력으로 대응하여 수많은 인명을 살상하고 체포·구금·고문하였다. 3월 3일 평남 강서 사천 학살사건, 3월 4일-4월 2일에 일어난 정주의 학살·방화 사건, 3월 9일 서울의 기독교인 십자가 학살사건, 3월 하순 의주의 교회당 방화·파괴 사건, 4월 1일 천안 병천의 학살사건, 4월 15일 수원 제암리교회 방화·학살 사건 등 잔인한 진압과 보복이 이어졌다.[166] 만주지역의 만세운동도 잔인하게 진압되었다. 1919년 10월 9일에서 11월 5일까지의 27일 동안의 서북간도의 학살통계는 피살 3,469명, 체포 170명, 강간 71명, 민가 소실 3,209동, 학교 36동, 교회당 14개 처, 곡물 소실 54,045건에 이른다. 간도 용정선교부로 파송된 캐나다 장로회의 의료선교사 마틴(Stanley H. Martin, 1870-1941)의 조사에 의하면 600여 촌락이 소각되고, 800여 명이 학살되었으며, 1,000채의 가옥이 소각되고, 15개 처의 교회와 학교가 불에 탔다.[167]

국내 상황도 좋지 못했다. 장로회 제8회 총회 피해 보고에 따르면 체포된 인원이 3,804명, 체포된 목사, 장로가 134명, 기타 체포된 기독교 관계 지도자가 202명에 이른다. 감금된 남자 신자는 2,125명, 감금된 여자 신자가 531명이고 매 맞고 방면된 사람은 2,162명, 사살된 사람이 41명, 수감 중인 사람이 1,642명, 매 맞고 죽은 사람이 6명, 파괴된 교회당 수가 12개 처로 집계되었다. 일본 헌병대 조사 3·1운동 관계 피검자 종교별 상황도 교회가 받은 피해를 잘 보여준다. 피검자 전체 19,525명의 17.6%가 기독교

---

166) 이상규, "삼일운동과 한국기독교," 59.
167) 총회100년사 발간위원회 편, 『미래로 열린 100년의 기억』, 111.

인이고 그 중 교역자가 244명으로 타 종교의 두 배에 이른다. 당시 기독교 학교의 학생과 졸업생들의 참여가 많았는데 이것은 여성 피검자 중 65.6%가 기독교인인 것에 영향을 주었다. 당시 총인구의 1.5%인 기독교인이 3·1운동 관련된 피검자의 17.6%인 것은 그들이 시위주동자라는 점을 고려할 때 교회에 미친 피해 정도를 가늠하게 한다. 기독교를 향한 일본의 탄압은 교회의 양적인 피해와 기능 마비를 가져왔다. 3·1운동 후 1918년에 비해 교회는 88개처, 교인은 22,409명이나 감소하였다.

  3·1운동을 진압할 때 일본이 보인 잔인함에 선교사들 대다수가 분노했다. 1919년 3·1운동 당시 한국에 있었던 외국인 선교사는 장로회 소속 182명, 미감리회 50명, 남감리회 33명, 동양선교회(성결교) 9명이었고, 그 밖의 개신교 52명이었다. 선교사 대부분은 미국 출신으로, 1920년의 통계에 의하면 주한 외국인 선교사 수 343명 가운데 미국인이 80% 이상을 차지하고 있었다. 일본은 3·1운동이 일어나자, 한국인 주동자들을 체포하는 동시에 주한 외국인 선교사들을 선동자로 매도하기 시작했다. 선교사들이 3·1운동을 주도한 바가 없고, 정교분리의 원칙에 따라 직접적으로 관련된 활동이 없었다고 해명하였지만, 일본 당국은 이를 무시하고 선교사들을 압박하기 시작했다. 시위 중 가격당하는 한국인을 촬영하는 외국인이 목격된 사례, 선교사가 교회 학당 학생들의 시위를 주도하고 선전물 인쇄를 도운 정황, 일본 경찰의 폭력 행위를 밝

혀내려는 시도, 일본 사법부와 경찰의 가택 수사를 적극적으로 방해하는 미국 영사, 이로 인한 일본인과 외국인 간의 갈등, 선교사운영 학교의 학생들이 만세운동을 주도하고 교회와 인쇄기 등을 사용한 정황을 들어 선교사들의 배후설을 다시 제기한 것이다.[168] 이와 동시에 일본은 주한 외국인 선교사들과 간담회 형식으로 다섯 차례 비밀리에 모임을 가졌는데, 이것은 독립시위를 잠재우고자 선교사들을 이용하려고 했기 때문이었다.[169] 3월 22일과 24일의 모임에서 한국에서 활동 중이던 장로교와 감리교의 중진 선교사 10명이 조선총독부 고위 인사들과 「서울 프레스」(Seoul Press) 사장 등을 만났다. 선교사들은 독립 만세운동의 원인이 된 한국에 대한 특수한 식민지 통치방식은 문명사회에서는 볼 수 없는 방식이라고 비난하면서 한국인에 대한 차별대우의 문제점을 지적하고 개선할 것을 요청하였다. 이에 일본 측은 선교사들이 3·1운동에 개입하여 정교분리의 원칙을 지키지 않았다고 압박하면서도 동시에 선교사들이 계속해서 확산되고 있는 시위를 멈추도록 성도들에게 영향력을 행사할 것을 주장함으로써 선교사들의 정치개입을 요구하였다. 이러한 일본 측의 모순적 요구는 선교사들로 하여금 정치적으로 이용당하지 않기 위해 더욱 정교분리의 원칙을 내세울

---

168) 권의석, "차별적인 시선들: 일본의 3·1운동 탄압과 잔학행위에 대한 영국의 반응," 「역사와 실학」 77 (2022): 345.

169) 황훈식, "3·1운동과 장·감·성: 3·1운동을 통해 드러난 장·감·성 선교사들의 정교분리원칙," 「신학과 선교」 57 (2019): 361.

수밖에 없는 상황에 놓이게 하였다.[170] 3·1운동 당시 미국과 영국은 모두 일본과 우호적 관계를 유지하고 있었고 선교사들의 정치적 행동으로 인해 외교 문제가 발생하지 않도록 예의 주시 중이었다. 선교사들을 파송한 각 선교부의 입장도 이와 다르지 않았다. 이것은 무엇보다 정치적 문제에 휘말려 선교 활동에 제동이 걸릴까 우려했기 때문이고, 동시에 자국의 외교정책을 따라야 했기 때문이다. 그러므로 한국에 있는 선교사들의 입장은 기본적으로 한 발 물러나 방관하는 중립적 입장에 가까울 수밖에 없었다. 물론 개인차가 존재하여 적극적으로 시위를 돕는 선교사들도 존재했고, 반대로 강원지역의 경우 감리교 선교사들 중 일부가 시위 준비를 하는 학생들을 경찰에 신고하는 일도 발생하였다.

조선총독부는 3·1운동 이전부터 외국인 선교사들의 활동을 감시해왔고 특별히 미국인 선교사가 윌슨 대통령의 민족자결주의를 성도들에게 주입시킬까 우려하고 있었다. 그러므로 3·1운동이 일어나자 바로 선교사들이 배후에 있거나 동참했을 것이라 여겨 선교사들을 압박했다. 부산에서 호주 장로회가 설립한 일신여학교의 한국인 교사와 여학생들이 폭력진압 끝에 구금되자 이를 경찰에 항의하던 호주인 여성 선교사 2명이 체포되고, 충청남도 강경에서 동양선교회 소속의 영국인 선교사 존 토마스(John Thomas,

---

170) 황훈식, "3·1운동과 장·감·성: 3·1운동을 통해 드러난 장·감·성 선교사들의 정교분리원칙," 367-371.

1868-1940)가 구타당하고 체포되는 등 3·1운동에 대한 일본의 진압이 선교사들의 신변까지 위협하게 되면서 베일비 올스톤(Beilby Alston, 1868-1929) 주일영국대사는 4월 23일 3·1운동과 폭력진압에 대한 보고서를 작성하여 런던에 보냈다. 이후 선교사들과 외교 채널을 통하여 실태를 검토한 영국 정부는 조선총독부의 반기독교 정서를 자국의 선교사들을 위협하는 위험 요소로 최종 판단하였다. 더군다나 제암리교회 학살사건이 국제적 이슈가 되면서 영국이 일본과 맺고 있는 외교적 파트너 관계가 함께 비난받을 여지가 있어 영국 정부는 일본의 행동에 제동을 걸고 개혁을 요구하기에 이른다.[171] 미국도 일본의 가혹한 식민지 통치방식에 대한 비난에서 자유로울 수 없었다. 미국 의회는 일본에 우호적인 윌슨 대통령의 정치 행보에 대해 제암리교회 학살사건으로 대표되는 일본의 가혹한 식민 지배방식을 내세워 비판하였다.[172] 그러나 영국과 미국은 자국의 실리적 이익에 손상을 입힐 수 있는 가혹한 일본의 통치방식에 변화를 요구했을 뿐 한국의 독립에는 크게 관심이 없었다.

이러한 국제정세 속에서 내한 선교사들은 외국 언론에 일본의 식민 통치 실정을 밝히고, 본국의 기독교 교단으로 하여금 일본 당국자들과의 논의를 전개토록 하는 것과 부상을 당한 한국인들을

---

171) 권의석, "차별적인 시선들: 일본의 3·1운동 탄압과 잔학행위에 대한 영국의 반응," 343-348.
172) 김영숙, "일본제국주의의 3·1운동 탄압과 제암리사건," 「일본학」 49 (2019): 8-9.

보호하는 일 등을 통해 어려움에 처한 한국 교회와 성도들을 돕기 위해 움직였다.[173] 1919년 4월 15일 제암리교회 학살사건도 선교사들이 국외로 알렸기 때문에 감추어지지 않고 세계적 이슈가 될 수 있었다. 일본군 장교 아리다 도시오(有田俊夫)가 이끄는 보병과 순사 10여 명이 제암리 남성 기독교도, 천도교도 20여 명을 제암리 교회당에 모은 뒤 불을 질러 살해하고 가옥 30여 채를 불태우는 과정에서 이를 막으려던 부인 2명을 추가로 살해한 제암리교회 학살사건은 언더우드의 선교국 보고와 스코필드(Frank W. Schofield, 1889–1970) 박사가 찍은 사진에 의해 전 세계 언론에 참혹한 현장이 그대로 전달되었다. 스코필드는 일본 경찰에게 4월 3일 인근 화수리에서 만세운동 도중 일본의 폭력 대응에 분노한 한국인이 일본 순사 한 명을 살해한 것에 대한 보복으로 벌어진 사건이라는 설명을 들었다. 그러나 스코필드는 생존 주민의 증언을 근거로 제암리 주민이 화수리 주재소 습격이나 순사 살해를 주도한 것이 아니었음에도 훨씬 가혹한 처벌의 대상이 된 것은 제암리에 기독교인 주민이 더 많이 살고 있었기 때문이라고 주장하였고 영국 정부 역시 제암리 학살의 원인이 조선총독부의 반기독교 정서에 있다고 판단하였다.[174] 이 사건이 국제적 이슈가 될 수 있었던 것도 '약소국의 국민이 겪는 아픔에 대한 인도주의적인 관심'과 함께 '일본의

---

173) 임경근, 「한국교회사 걷기」, 221.
174) 권의석, "차별적인 시선들: 일본의 3·1운동 탄압과 잔학행위에 대한 영국의 반응," 344–345.

반기독교 정서와 정책에 대한 반감'이 국제 사회의 이목을 집중시킨 핵심 요인이었기 때문이라 할 수 있을 것이다. 따라서 국제 사회의 비난과 자국인의 안전을 이유로 영국은 일본의 무단통치에 근본적인 문제가 있음을 지적하였고 일본은 결국 이를 수용하여 1919년 8월 한국에 대한 식민 통치방식을 무단통치에서 문화통치로 전환하였다. 하지만 일본의 잔학 행위와 외국인에 대한 적대 행위는 사라지지 않았다. 1920년 후반 영국의 언론이 일본의 계속되는 잔학 행위에 대해 문제를 제기하고 당시 동맹국인 영국 정부에 책임을 묻자 점차 영국 정부도 영일동맹의 가치에 의구심을 갖게 되었다.

3·1운동 이후의 변화

3·1운동은 우리 민족이 하나가 되어 모든 역량을 결집시켜 자주독립의 염원을 세계만방에 알린 역사적 사건이다. 이 일을 통해 일본의 식민 통치에 한국인이 기쁘게 복종한다는 거짓 선전의 실체를 국제 사회에 폭로하였을 뿐만 아니라 상하이에 대한민국 임시정부를 수립함으로써 민족독립운동의 거점을 마련하고 본격적인 항일무장독립투쟁을 시작하는 계기가 되었다.

또한 3·1운동이 한국 교회에 미친 영향은 몇 가지 면에서 교회사적 의미를 갖는다. 첫 번째 교회사적 의미는 3·1운동이 '한국인들이 교회를 바라보는 시각'에 가져온 변화에서 찾을 수 있다. 이전에는 기독교가 외래종교라는 인식이 더 컸으나 3·1운동 이후 기독교를 민족적인 종교라 여기는 인식의 전환이 나타난 것이다. 외세의 침략에 대항하여 민족의 자주와 독립을 지키기 위한 노력이 이어지던 19세기 말부터 20세기 초, 우리 민족이 바라보는 기독교에 대한 시각은 양분되어 있었다. 한국의 근대화와 자주독립의 동력으로서, 즉, 도구로서의 기독교를 바라보는 시각이 하나이고, 선교 과업 달성이라는 목적을 가지고 한국에 접근하여 자신들의 국가적 이익을 추구하려는 외세라는 관점으로 기독교를 바라보는 시각이 다른 하나였다. 그러나 기독교가 '자유와 평등'이라는 새로운 원리를 한국 사회에 소개하며 교육과 의료선교와 같은 근대화를 통해 한국인의 의식 전환을 가져오고,[175] 3·1운동과 같은 독립운동에 교회와 기독교인들이 큰 기여를 하게 되자 한국인들을 이용하기 위한 외세의 종교가 아니라 한국인들이 믿고 의지할만한 민족의 종교로 여기게 된 것이다. 한국인으로서 현실을 살아가는 기독교인들이 신앙에 근거하여 민족과 사회에 책임을 지고 희생을 감수하는 모습을 보이자 '우리 민족'과 '외세'로 구분되던 선을 넘어 우리 민족 안의 기독교로 받아들여진 것이다. 이러한 기독교와 교회에 대한 인식의 변화로 인해 교회가 한국인의 삶에 자연스럽게 녹아들어 갈 수 있게 되었다. 이로써 더 많은 사람들이 복

---

175) 용환규, "삼일운동과 기독교학교의 역할," 106.

음 앞에 거리낌 없이 나올 수 있게 된 것이다. 그러나 한편으로는 1907년 대부흥운동 이후로 신앙의 순수성을 회복했던 교회에 다시 세속적 목적의 유입이 증가하게 되는 계기가 되었다. 1917년에서 1919년까지 교회와 기독교 학교를 향한 일본의 압박이 심해지던 시기에 손해를 두려워한 사람들은 교회를 떠났다. 이것은 교인 수 감소로 나타났고 1919년에 최저점을 찍었다. 3·1운동 이후 만세운동에 참여했다가 사망한 성도들과 도피나 본격적인 항일투쟁을 위해 해외로 떠난 성도들의 수를 포함하더라도 총교인수가 대폭 감소했다는 것은 교회를 향한 박해가 심해지자 교회를 떠난 이들이 적지 않았다는 것을 의미한다. 그리고 문화통치가 시작되고 일본이 국제 사회의 이목을 신경 쓰자 1920년 이후 기독교인 수가 큰 폭으로 증가하기 시작하였다.[176] 이러한 현상을 반갑게 볼 수만 없는 이유는 목적이 있어 교회를 찾은 사람들은 교회를 다니는 동안 신앙을 갖게 되어 믿음으로 세워지지 못한다면, 그 목적으로 인해 교회를 쉽게 등지고 떠날 수 있기 때문이다.

	장로교	감리교	총계
1919	141,044	43,856	184,900
1920	155,400	49,251	204,651
1921	181,298	60,030	241,328

<표 2> 1919-1921년 장로교와 감리교 교세 현황

---

176) 朝鮮總督府 編, 「朝鮮に於ける宗敎及享祀一覽」(朝鮮總督府學務局宗敎課, 1928), 44-47.

두 번째, 3·1운동은 국제 사회와 세계교회에 한국의 형편을 알리고 일본에 대한 인식 변화를 가져옴으로써 일본의 정책 변화를 이끌어냈다. 그러나 이 변화는 독립으로까지 이어지지 못했다. 일본은 국제 사회에서의 정치적 입장을 고려하여 보여주기식 정책 변화를 단행하였는데 그 결과 식민지 지배 정책과 반기독교 정서가 오히려 더 교묘해지고 강화되는 결과를 낳았다. 또한 국제사회에서의 선교사들의 영향력을 확인하게 된 일본은 선교사들을 한국에서 배제하고 축출하기 위해 더 치밀해졌다. 헌병제의 폐지와 보통경찰제의 실시, 일반관리의 패검 금지, 한국인 관리임명 및 급여 규정의 변경, 국문 신문의 허가 등 표면적으로 한국인들에 대한 차별을 폐지하고 대우를 개선하는 정책이 시행되었지만 그 가운데 민족정신 말살과 우민화를 통한 식민지 지배 전략은 그대로 유지되었다. 반기독교 정책도 치밀하게 진행되었다. 일본은 문화정치를 통해 선교사와 한국인을 이원적 태도로 대하면서 선교사들의 환심을 사고 동시에 선교사와 한국인 사이에 불신과 분열을 조장하는 이간책을 펼쳤다.[177] 외교 문제로 비화 될 위험이 있는 선교사들에게는 신중한 태도로 접근하여 견제와 회유를 통해 친일적 방향으로 유도하였고, 이를 위해 종교 행정 및 선교사들과의 연락을 담당하는 총독부 종교과를 설치하여 모든 대화의 창구는 한국인 기독교인들을 철저히 배제한 채 선교사들에게로 국한시켰다.

---

177) 임경근, 「한국교회사 걷기」, 224.

「포교규칙」과 「사립학교 규칙」도 개정되었다. 교회 설립을 허가제에서 신고제로 변경하고 교회가 독립운동에 이용되지 않도록 「포교규칙」에 규정을 삽입했다. 「사립학교 규칙」도 기독교계 학교의 성경 교육을 인정하고, 종교단체가 소유한 거액의 부동산을 내국인법으로 허가하는 내용으로 개정함으로써 반기독교 정책을 향한 서구 사회의 관심을 무마하려 시도함과 동시에 한국인들에게 선교사들을 향한 반감을 키웠다. 그 결과 무단통치에서 문화통치로의 정책 변화가 기만적인 방법으로 독립의 의지를 꺾으려는 일본의 강압적 식민지 지배와 수탈의 또 다른 모습에 불과하다는 것을 알게 되고, 국제사회와 미국, 영국으로 대표되는 서방 국가에 가졌던 기대가 무너지자 사람들의 원망이 교회를 향한 비난과 이탈로 나타났다. 선교사들에게도 그 화살이 돌아갔다.

1922년 2월 4일 개정된 「조선교육령」에 의해 '내선일체'의 기초 단계로 일본식 교육제도를 도입하면서 사립학교들 사이의 분열책이 전격적으로 시행되었다. 고등보통학교와 달리 사립학교인 기독교 학교는 성경 교육을 허락하여 학교 명맥은 살려주면서도 막상 성경을 가르칠 경우 학생들의 진학 자격을 부여하지 않아 학생들이 학교에 불만을 품게 만들었다. 이 시기에 관·공립, 사립학교 학생의 동맹휴교가 빈번히 일어났는데 그 원인은 공립학교가 주로 배일감정 때문이라면, 사립학교는 빈약한 학교시설 및 교사진에 대한 불만족에서 비롯된 것으로서 이 점은 기독교 학교도 마찬가지였다. 이러한 갈등은 학생들이 기독교 학교를 기피하게 만들어

진학생 감소로 이어졌다. 또한 여전히 강경한 장로회와 달리 감리회는 일본의 교육방침에 일부 타협하였고 이러한 사립학교 개정규칙 및 대학설립에 대한 양 교파 간의 차별적 대응 전략으로 인해, 그동안 연합적 선교 정책을 펴왔던 장로교회와 감리교회 간의 논쟁과 갈등이 불거져 나왔다.

이러한 과정을 거치면서 많은 사람들이 기독교에 대하여 비판적이며 회의적인 견해를 가지게 되었다. 심지어는 기독교 학교 학생들도 이런 분위기에 휩쓸렸으며 일본 서적을 읽으면서 사회주의 사상을 접한 젊은이들에 의해 교회에 대한 비판 풍조가 퍼지기 시작했다. 특히 '기독교 국가' 미국이 한국의 독립과 관련해 아무런 역할도 하지 않자 상당수 기독교인들이 러시아에 의존하여 독립을 달성하려는 시도 끝에 공산주의자가 되는 경우도 나타나게 되었다. 3·1운동 이후 교회의 비정치화를 더 강하게 추구한 선교사와 의식 있는 한국인 사이에 갈등과 마찰도 무시할 수 없는 지경에 이르렀는데 1920년대 중반부터 외국인 선교사들의 비행과 추문에 관련된 사건들이 계속 이어져 기독교 학교와 교회뿐 아니라 일반 사회에서도 선교사 배척 분위기가 고양되었다. 일본에서 유학한 지성인들은 더욱 교회와 기독교, 선교사들에 대하여 날선 비판을 가하였다. 많은 교회의 지도자들이 죽거나 수감되어 한국인 교회 지도자가 부재한 상태에서, 혼란에 빠진 교회와 신앙적·신학적으로 미성숙한 성도들에게 문제가 발생했다. 이 땅에 교회가 세워진 이래로 한국인 목회자와 함께 좋은 선생이자 목회자로 한국 교회의 영적 지도자 역할을 담당했던 선교사들을 한국 교회에서 분리해내려는 일본의 의도대로 선교사들에 대한 신뢰를 상실한 한국 교회는 선교사들을 점점 더 경원시하였다. 하나님을 믿고 의지하는 '신앙'과 여전히 고통 가운데 있는 '현실'이 충돌하자 믿음이 연약한 이들이 이러한 움직임에 함께 휩쓸리게 된 것이다. 결국 교회 안에 성도들의 수는 늘어났지만 각자 옳게 생각하는 대로 행하며 거룩한 하나의 교회에 균열을 일으키기 시작했다. 그 결과 애국적인 동기에서 교회로 나왔던 사람들이 교회를 이탈하게 되는 일이 빈번하게 일어나 총교인수는 1925년에서 1929년까지의 기간에 다시 감소하는 현상이 나타났다.

3·1운동을 바라보는 일반적 관점으로는 3·1운동이 민족의 역량을 보여주었다는 점과 이를 통해 임시정부 수립과 본격적인 무장독립운동으로 전환하는 계기가 되었다는 점에 의미를 부여한다. 그러나 독립으로 연결되지 않았다는 점에서 사실상 실패한 독립운동으로 여긴다. 그렇다면 당시 기독교인들도 신앙적 관점으로 3·1운동을 실패로 여겼을까? 3·1운동을 어떻게 바라보는가에 따라 그 이후 신앙의 방향이 달라지기 때문에 3·1운동을 바라보는 관점에 주의를 기울여 살펴볼 필요가 있다. 왜냐하면 이후 한국교회에 나타난 여러 가지 문제들이 이 시기에 이미 표출되었거나 시작되었기 때문이다.

먼저, 3·1운동을 준비하고 전개하는 시기에 기독교인들은 3·1

운동을 '하나님의 공의,' '하나님의 주권'의 실현으로 여겨 비폭력 저항주의를 고수하였다는 것에 주목할 필요가 있다. 크나큰 피해와 희생에도 불구하고 폭력으로 하나님의 영광을 가리지 않겠다는 믿음이 함께 성경 구절을 암송하며 고난을 감수하는 모습으로 나타났다. 이들은 3·1운동으로 인해 일본의 가혹한 보복을 당하고 어려움을 겪으면서도 그들이 겪는 고난이 3·1운동의 실패를 의미하는 것이 아니라고 여겼다. 하나님의 공의는 하나님의 시간에 실현될 것을 믿었기 때문이다. 하나님의 주권을 믿고 하나님의 때를 기다릴 수 있다면 어려운 상황 속에서도 현실을 직시하고 신앙으로 살 수 있다. 그러나 이 시기 이후 한국교회에는 크게 두 가지 흐름의 신앙 형태가 나타나게 된다. 많은 이들이 3·1운동이 일본의 폭압으로 좌절되면서 1920년대 한국교회의 신앙은 초월적·내세적 신앙부흥운동과 사회참여적인 애국계몽운동으로 분화되어 나타났다고 이야기한다.[178] 초월적·내세적인 신앙부흥운동은 인간의 노력과 활동에 비관적 태도를 취하면서 하나님의 직접적 역사 개입과 변화에 소망을 두는 운동이었지만 시간이 지남에 따라 현실을 외면하고 개인의 신앙으로 침잠하여 현실 도피적인 면모가 강해졌다. 반면에 하나님께서 인간을 세워 일하신다는 입장의 현실적 계몽주의는 3·1운동의 실패가 민족의 독립역량 부족이 원인

---

178) 용환규, "대한예수교장로회 백석총회 설립 45주년의 역사적 의미: 한국장로교회의 회복을 위한 제언," 헌정논문집 편집위원회 편, 「개혁주의생명신학 교회를 살리다」, 전2권 (서울: 기독교연합신문사, 2023), 1:1082.

이라고 여겨 농촌 계몽운동, 문맹퇴치운동, 절제 운동, 야학 운동, 문서 운동, 여성 계몽운동 등 민족의 실력 양성을 위한 교회의 활동을 중시하는 일로 이어졌다. 문제는 각 신앙적 흐름이 서로에게 비판적이었다는 것에 있다. 양쪽 모두 3·1운동이 실패라고 여기기 시작하면서 각자 옳은 신앙의 방법을 취해 다른 길로 가기 시작한 것이다. 전자는 계몽운동이 하나님을 무시하고 신앙 없이 사람의 힘을 의지한다고 비난하였고 후자는 참된 교회의 본질을 잃어버리고 교회의 사회적 책임을 무시하는, 사랑 없는 이기주의라고 신앙 부흥운동을 비난했다.

결국 3·1운동을 실패로 여기지 않고 하나님의 공의의 실현을 기다리던 교회가 서서히 나뉘어지고 서로를 비난하게 된 것은 하나님의 일하심에 대한 기대가 그들 안에서 이미 남아 있지 않다는 증거라 할 수 있을 것이다. 더 큰 문제는 이후 교회 안에 지체들을 향한 사랑과 배려와 서로 용납하는 모습들이 빠르게 사라져 버렸다는 것에 있다. 이것은 하나님을 향한 신앙에 문제가 발생했다는 표지가 된다.

1903년-1907년 초기 한국교회의 부흥운동을 통해 하나님께서 한국의 교회를 화해와 사랑으로 하나 되게 하셨던 이후로 한국교회는 망국과 식민통치의 고통 가운데 더욱 하나님을 믿고 신뢰하며 예배공동체로 모이기를 힘쓰고, 연합하고 선교함으로 하나님의 기뻐하시는 교회로 세워졌다. 민족주의적인 신앙이 형성되어 나라와 민족을 위해 십자가를 기꺼이 감당하는 아름다운 모습도 하나님을 모르는 이들에게 귀감이 되었다. 그러나 믿음으로 행한 일의 결과가 만족스럽지 못하고 여전히 문제가 해결되지 않은 상태로 오랜 시간 고난에 노출이 되자 여러 가지 문제가 교회 안에 나타났다.

무단통치 기간 혹독하게 자행되던 핍박을 하나가 되어 이겨냈던 교회가 문화통치 기간 숨통이 좀 트이고 선택지가 여러 가지 주어지자 각자 좀 더 손해를 적게 보고, 좀 더 위험하지 않은 선택을 하면서 하나 됨이 급속하게 무너지는 모습을 보이기 시작한 것이다. 민족주의적인 신앙의 폐해도 나타나기 시작했다. 교회 안에서 한 형제요 자매이고 영적인 지도자였던 선교사들을 바라보는 시각에서도 이 문제가 드러나는데 서양인 선교사들을 고통당하는 우리민족과 달리 외부인일 뿐이라고 은연중 선을 긋는 모습들을 1920년대 이후 쉽게 찾아볼 수 있고 이것은 1940년대 신사참배 반대 문제로 선교사들이 추방되거나 귀국하는 순간까지 지속적으로 이어졌다. 선교사들의 소속은 분명 그들을 파송한 국가와 교단에 있을 것이다. 그러나 머리되신 예수 그리스도의 몸 된 한국 교회의 실질적인 지체로 함께 했던 선교사들을 향해서 그들을 배제하려는 마음과 미움을 오랜 시간 동안, 다수의 성도들이 가졌다는 것은 이미 한국 교회가 "형제를 사랑하라"는 하나님의 계명을 저버리고 신앙이 퇴보하고 있었다는 것을 보여주는 증거라 아니할 수 없다. 사랑으로써 역사하는 믿음만이 결국 하나님을 향한 소망을 가지고 끝까지 인내할 수 있는 생명의 능력을 준다. 세상을 변화시키는 것은 지식이 아니라 예수 그리스도의 사랑이라고 가르치는 백석학원과 백석총회의 사상은 민족이 고난받는 현장에서 민족과 함께 고난받는 교회일 때 가장 교회다움을 보여주었다는 사실을 극명하게 드러내고 있다.

제7장
한국장로교회 신학의
성장과 대립

신학은 반드시 교회를 위한 것이어야 한다. 예수 그리스도의 생명의 능력을 나타내지 못하는 신학은 교회가 하나님께서 세우신 영적 기관으로서의 역할을 감당할 수 있도록 뒷받침 할 수 없기 때문이다. 생명을 살리는 교회, 영적 생명을 주는 신학은 철저하게 성경을 기준으로 구현될 때 가능하다. 성경에 비추어 보아 잘못된 것은 고치고, 올바른 것은 끝까지 유지하겠다는 공동체의 신앙고백이 신학과 일치할 때 교회는 교회다움을 유지할 수 있다. 신학은 교회와 분리되어서는 안 된다. 왜냐하면 교회의 신학에 따라 교회의 정체성이 형성되고 교회가 나아갈 방향이 설정된다. 그러므로 1919년 3·1운동 당시 고난에도 기꺼이 십자가를 졌던 한국장로교회가 어떻게 1938년 신사참배 이후 배교의 길을 걷게 되는가에 대한 답은 1920-1930년대의 신학과 신앙의 변화에서 찾아야 할 것이다. 1920년대 이후 하나로 연합된 교회의 응집력과 영향력을 경계하던 일본은 제도적으로 교회와 기독교 학교의 통제를 시행하는 동시에 선교사와 한국인 기독교인의 사이, 한국인과 한국인 사이에서도 분쟁을 조장했다. 이와 맞물려 신학 논쟁을 통해 교회 안에서도 균열이 시작되었다. 이 과정에서 일제 강점기라는 특수한 시대적 환경과 1920년대 일어난 세계교회 신학 흐름의 변화가 한국장로교회 신학에 적지 않은 영향을 미쳤다.

선교사들의 신학

초기 한국장로교회의 신학은 선교사들의 신학을 기반으로 한다. 선교사들로부터 물려받은 이 믿음의 유산은 선교사들이 초기 교회와 성도들을 가르쳐서 지키게 한 내용 가운데 나타나고 있다. 특별히 선교사들의 선교활동, 독노회와 총회의 초기 기틀을 마련한 그 면면에서 찾아 볼 수 있고, 평양장로회신학교의 교육과정과 교육 내용을 통해 좀 더 분명한 신학적 입장을 확인할 수 있다. 선교사들은 이 땅에 자립한 하나의 장로교회가 세워지기를 원했다. 그러나 그것은 신학적 바탕도 기독교적 세계관도 전무한 불모지에서 단기간에 이루어질 수 없는 바램이었고 실질적으로 한국장로교회는 주 선교국인 미국 장로교회의 외적인 형태와 법과 신앙고백까지 그대로 이식받았다.

당시 선교사들은 보수적이고 복음적인 신앙과 신학을 가지고 있었고 그들로부터 교육받고 안수받은 한국인 목회자들은 자신들이 전수받은 신학이 유일하고 합법적인 것이라고 인식하며 전통으로 받아들였다.[179] 1920년대 중반까지 이 흐름은 유지되었으며 선교사들로부터 이어받은 보수적이고 복음적인 신학이 한국장로교회의 지배적인 신학이었다. 또한 처음부터 신학 노선에 차이가 있는 여러 장로교회들로부터 선교를 받았기 때문에 태생적으로 분파적 성격을 지닌 신학이 한국에 이식되었다는 점도 유념해야 할 것이다. 그럼에도 불구하고 대부분의 선교사들이 복음주의적 부흥운동의 영향을 받았고 신앙배경도 초교파적인 관계로 초기 한국교회의 연합운동에 긍정적이었다.[180]

한국장로교회 선교사들의 신학적 특징은 크게 세 가지로 정리할 수 있다. 첫째, 부흥운동의 영향을 받은 보수적 복음주의 신앙이다. 해방 전까지 내한한 장로교 선교사 671명 중 513명이 미국 선교사들이었다. 이들은 18세기 영국과 미국을 휩쓴 '대각성

---

179) 임원택·김용국, "최근 미국 복음주의 운동의 동향: 「복음주의 선언」(2008)을 중심으로," 「역사신학 논총」22 (2011): 91. 미국의 영향으로 한국교회는 출발부터 현재까지 복음주의 전통을 유지하고 있는데, 오늘날까지도 보수적 한국 개신교단들은 미국 복음주의 신앙을 근본적 진리요 참된 신앙으로 받아들이고 있다.
180) 박경수, "초기 한국 개신교 부흥운동과 교회연합운동," 132.

운동'의 영향을 받았다. 제1차 대각성을 이끌던 조나단 에드워즈(Jonathan Edwards, 1703-1758)와 조지 휫필드(George Whitefield, 1714-1770)는 개혁주의자로 '부흥'은 사람이 만들어 낼 수 없으며 오직 성령 하나님만이 하실 수 있다는 하나님의 절대주권과 은혜를 강조한 반면, 1820년대 제2차 대각성을 이끌던 찰스 피니(Charles G. Finney, 1792-1875)는 인간이 결심하는 순간 비로소 하나님이 은혜를 주신다고 설교하며 구원을 위한 사람의 역할을 강조했다.[181] 드와이트 무디(Dwight. L. Moody, 1837-1899)의 부흥운동은 많은 젊은이들을 선교의 길로 이끌었고 한국에 파송된 선교사들도 그 영향을 받았다. 피니와 무디는 당시 자유주의 신학에 대항해 복음을 지켜냈으나 교파를 초월하여 활동하며 교리와 신앙고백을 불필요하게 여겼다. 이러한 영향을 받은 장로교 선교사들은 복음을 전파하기 위해 다른 교파와 연합하는 일을 망설이지 않았다.[182] 교리적 차이보다 복음 전하는 일에 중점을 두었기 때문에 복음전파에 유익하다면 오히려 선교를 위해서 연합을 추구했다.

둘째, 장로교 선교사들은 복음으로 사회와 문화를 변화시키고자 했다. 의료, 교육, 성경 번역, 출판과 문서 사업 등 복음을 전파하

---

181) 박용규, "미국과 한국 개혁주의운동, 그 역사적 개관," 「신학지남」 76/4 (2009): 101. 조나단 에드워즈의 전통적인 개혁주의 견해로는 부흥이 '하나님의 주권적인 역사'였으나 찰스 피니는 부흥을 '사람이 일으킬 수 있는 것'으로 여겼다.

182) 이상규, "한국장로교 100주년, 신학적 고찰," 300. 1909년 선교사들 중 목사가 아닌 의료 선교사 혹은 평신도 선교사들이 74명 정도 되었는데 이들은 정규 신학교육을 받지 않은 성경학교 출신이었다.

기 위한 모든 방법을 활용하였는데 특히 문서 사업의 경우 전도가 주목적이지만 선진문물을 소개함으로써 한국의 문화 발전에 크게 기여하였다. 각 장로회의 선교원칙도 복음으로 사회를 변화시키려는 모습을 반영했다. 셋째, 청교도적인 삶의 경건을 통한 실천적인 신학을 추구했다. 초기 대부분의 한국 장로교 선교사들은 청교도 후예들로서 온전한 형태는 아니지만 한국장로교회에 청교도 정신에 기초한 신학을 심어주었다. 그들은 말씀 중심, 교회 중심, 하나님 중심의 신앙을 중요시했고, 우상숭배나 조상숭배는 물론 중혼과 술, 담배를 엄격히 금했으며 주일성수는 그리스도인이라면 반드시 지켜야 할 필수적인 의무라고 가르쳤다.[183]

장로교회 선교사들이 세우고자 한 교회는 "이 땅에 복음을 전하기 위해 일하는" 연합된 하나의 장로교회였다.[184] 그러므로 4개의 장로교회 선교사들은 함께 1907년 독노회를 조직하고, 1912년 '조선예수교장로회 총회'를 설립함으로 하나인 단일장로교회를 형성했다. 교회는 사랑의 하나님을 전파하고 사랑을 구현하는 공동체이므로, 교회는 하나이어야 하고, 하나 됨을 추구해야 하기 때

---

183) 박용규, "미국과 한국 개혁주의운동, 그 역사적 개관," 97.
184) Horace. G. Underwood, "Division of the Field," *Korea Mission Field* (December, 1909), 213. 박경수, "초기 한국 개신교 부흥운동과 교회연합운동," 136에서 재인용. "하나의 교회 즉 이 땅의 구원을 위해 사역할 하나로 연합된 그리스도의 교회가 한국 땅에 나타날 때를 고대하고 있다."

문이다.[185] 이러한 노력은 교파를 초월한 성령의 임재와 부흥을 체험한 1907년 평양 대부흥운동을 통해 더 확고해졌다. 선교사들이 가르친 신학은 평양장로회신학교를 통해 더 확실히 드러나는데 1920년대 중반을 기점으로 변화를 보인다. 이것은 신학교 운영자가 신학교 설립 목적을 어디에 두는지에 따라 신학교육 과정이 설정되고, 목회자를 영적 지도자로서 성경 지식에 해박한 설교자로 할 것인지 혹은 학문에 탁월한 신학적 소양을 갖춘 신학자로 할 것인지 방향성을 어떻게 설정하는가에 따라서 교회의 신학과 목회자들의 신앙에 큰 영향을 미친다는 것을 잘 보여주는 사례라 말할 수 있을 것이다. 1920년대 중반 이전의 신학적 방향을 보여주는 맥코믹 신학교 출신 선교사들의 신학은 신학적으로 보수적인 구학파 전통에 서 있으면서도 무디의 부흥운동의 영향을 강하게 받아 성령운동과 부흥운동에 긍정적이었다. 복음전도와 부흥의 열정으로 가득 차 복음을 위해서라면 다른 교단이나 교파와의 연합에도 적극적이었으며 설교자 양성을 위해 설립된 맥코믹 신학교의 설립 의도처럼 1920년대 중반 이전의 평양장로회신학교는 신학자보다 목회자이자 사회에 봉사하는 헌신된 일꾼을 배출해냈다. 당시의 헌신적인 목회자와 교계 지도자는 1919년 3·1운동에 거의 전 교

---

185) 김영재, "개혁신학 전통에서 본 한국교회," 「갱신과 부흥」 11 (2012): 31. "하나 되기를 힘써야 하는 것은 교회의 머리이신 주 예수 그리스도의 기원이요, 명령이며 간곡한 부탁이다(요 17:21-24)."

회적인 참여를 할 수 있었던 동인이 되었다.[186]

반면 수준 높은 학문과 경건을 유지할 수 있는 목회자의 양성을 목적으로 설립된 프린스턴 신학교 출신 선교사들이 1925년 이후 평양장로회신학교의 주도권을 쥐게 되면서 학구적으로 신앙을 옹호하는 일에 사명감 있는 목회자 양성이 시작되었다. 학구적인 면과 조직신학과 변증학이 강조되면서 이전의 열정으로 가득한 헌신된 목회자와는 다소 성격이 다른 이성적이고 지적인 신학자 배출에 무게추가 기울어진 모습을 보였다. 이와 동시에 교파신학이 새로운 신학 풍조로 자리잡게 되었다. 1925년 이후 평양장로회신학교의 변화한 학풍에서 공부하고 졸업한 목회자들과 유학에서 돌아온 한국인 목회자들이 활동하게 되는 1930년대에 이르면 한국인의 신학 활동과 더불어 선교사들이 이끌어가던 한국장로교회의 신학에 눈에 띄는 변화가 나타나게 되었다.

1930년대 한국장로교회 신학의 성장과 변화

1930년대 한국장로교회에 나타난 신학적 변화는 크게 두 가지

---

186) 용환규, "대한예수교장로회 백석총회 설립 45주년의 역사적 의미: 한국장로교회의 회복을 위한 제언," 1081.

로 설명된다. 하나는 기존의 한국장로교회의 보수적 복음주의와
다른 신학적 움직임이 수면위로 떠올랐다는 점이다. 암울한 시대
적 상황은 신비주의와 무교회주의의 등장을 불러왔고 다른 한편
으로는 진보적 신학 운동이 대두되었다. 신앙 노선에 대한 논쟁이
시작된 것이다. 이단 사상에 대하여 성경을 기준으로 바른 대응책
을 내세워야 했던 당시 교회는 한국적인 신학을 내세우면서 결국
신학 대립의 길로 들어서게 된 것이다. 서양 선교사들의 신학으로
부터 한국교회의 신학적 자유를 선언하고 당시 선교사들이 주축이
되었던 보수주의 신학과 대립하게 된 진보신학은 신학과 신학교육
의 자주를 내세웠다.[187] 세계교회적 보편성을 유지하면서도 한국
의 시대적, 문화적, 역사적 특수성이 포함된 균형 있는 신학체계
를 세우기에는 한없이 역량이 부족했다는 사실을 인식하지 못했던
것이다. 또한 세계교회로부터 이탈하게 하여 한국교회를 고립시키
려던 일본의 정책과 일치하였다는 비난을 피할 수 없다는 점에서
도 아쉬움이 남는다.

　진보적 신학자들이 새로운 신학을 내세우면서 사용했던 방식은
성경해석에 역사비평학을 도입하고자 한 점이다.[188] 선교사들이
가르쳐 준 보수적 신앙과 신학의 총체인 '성경관,' 즉, '신구약성경
이 하나님의 말씀이니 신앙과 본분에 대하여 정확무오한 유일한

---

187) 이상규, "한국장로교 100주년, 신학적 고찰," 308.
188) 임희국, "한국장로교회 분열에 대한 재조명: 한국장로교회의 분열의 역
　　　사," 44.

법칙'이라는 근간을 흔들기 시작한 것이다.

또 다른 변화는 1930년대 미국에서 발생한 신학논쟁이 한국에 이식되었다는 점이다. 보수·진보 간의 신학적 갈등이 정치적 사건으로 연결되어 표출된 1934년 '여권문제사건'과 '창세기 모세저작 부인사건'은 결국 성경관의 차이로 인해 발생하였다. 이 신학적 논쟁은 미국에서 벌어진 두 신학 진영 간의 논쟁을 대변했다.

여권문제 사건은 장로교회 안에서 직제상 여성의 지위문제와 관련된 사건이었다. 감리교회는 1931년 6월 14일 제1회 연합연회에서 한국에서 활동 중인 14명의 여선교사들이 목사 안수를 받았으나[189] 장로교회는 '여성안수'를 금한 헌법을 고수하고 있었고 이에 함남노회 22개 교회 여성들이 여성장로직을 허락해달라는 청원서를 총회에 제출하였다. 이 때 김춘배는 차별적인 장로교회 헌법에 대한 비판적 글을 「기독신보」에 기고하였다. 이 글에서 김춘배는 보수주의 신학자와 목회자들은 비꼬며 "여자는 조용하여라"는 성경말씀을 "2천년 전의 일개 지방교회의 교훈과 풍습"이라고 해석하였다. 이러한 김춘배에 대하여 분노한 보수적인 신학자와 목회자들은 교회 내의 남녀차별과 여성지위라는 본래 의미는 뒷전으로 하고 성경의 권위에 대한 보수·진보 간의 갈등에 초점을 맞

---

189) 한국기독교교회협의회, 「기독교, 한국에 살다: 한국 기독교 역사 100선」 (서울: 한국기독교교회협의회, 2013), 327. 1931년 제1회 연합연회 이후로도 1932년 3월 10명, 1937년에 1명의 여선교사의 목사 안수가 있었다. 그러나 감리교의 한국인 여성 목사 안수의 경우 1955년 3월 13일에 이르러서야 시작되었다.

췄다. 창세기 모세저작 부인사건은 "구약성경 창세기가 모세의 저작이 아니라"고 서술한 글에서 발단되었다. 문제의 글이 장감 연합선교단체인 주일학교 연합회에서 발행한 「만국주일공과」에 실려 있었다. 이 문제는 총회 정치부에 접수되었고, 필자의 이름이 명기 되어 있지 않았으므로 총회 석상에서 이름이 거론되지는 않았다. 하지만 필자가 서울 남대문교회 담임목사 김영주라는 사실을 많은 사람들은 이미 짐작하고 있었다. 함경도에서 성장한 그는 선교사 서고도에게 영향을 받았고 일본의 간사이학원 신학부를 졸업했다. 이 문제를 다루기 위하여 총회는 특별연구회를 조직하여 일 년 뒤 총회에 보고하기로 하였다. 특별연구위원회는 '창세기는 모세의 저작이 아니다'라는 주장이 '파괴적인 성경 비경파들의 이론'이라 규정하고, 이 주장을 펼치는 사람은 '성경의 권위와 그리스도의 권위를 무시하고 능욕하는 자'로 결론지었다. 위원회의 결론을 받아들여 총회는 장로교회 신조 제1조에 위반하는 자는 "교회의 교역자 됨을 거절한다"는 판결을 내렸다.[190] 창세기의 모세저작을 부인하는 듯한 표현에 대해 1935년 총회에서 근본주의 신학에 근거하여 창세기 모세 저작론을 옹호한 사건이다.

또한 미국 아빙돈출판사에서 발행한 「성경주해서」(*The Abingdon Bible Commentary*, 1930)를 한국어로 번역하는 과정에 발생한 신학 논쟁도 중요한 사건 가운데 하나다. 일명 「아빙돈(Abingdon)단권주

---

190) 「조선예수교장로회 총회 회의록」 제24회(1935).

석」은 1934년에 한국 감리교회와 장로교회가 선교 50주년을 기념하여 유형기의 편집책임 아래 번역·출간된 책이다. 이 주석을 한국어로 번역하는 일에 감리교회와 장로교회 신학자 53명이 참여했다. 장로교회에서는 채필근(요한복음), 송창근(데살로니가전·후서), 한경직(고린도전·후서), 윤인구(요한서신.묵시), 김재준(미가), 조희염(바울의 일생과 사업), 김관식(아모스) 등이 참여하였다. 이 주석의 초판은 1934년 12월에 발간되었다. 그런데 이 주석이 출간되자마자 한국장로교회 안에서 부정적인 반향이 일어났다. 감리교회는 이미 진보적인 신학에 익숙했던 반면, 장로교회에서는 이 주석이야말로 그들이 견지하는 근본주의적 성경관에 따른 하나님 말씀의 절대무오성에 대한 심각한 도전이라고 본 것이다. 당시 「아빙돈(Abingdon)단권주석」 사건은 문서비평학, 고등비평학, 역사비평학 등 당시 현대적 학문 방법론을 총동원한 새로운 주석의 번역과 관련되어 벌어진 논쟁으로 보수주의 전통에 대한 심각한 도전으로 여겨져 총회에까지 파급되었다. 1935년 제24회 장로교 총회는 이 주석에 대한 부정적인 결론을 내렸는데, 평양노회가 가장 적극적으로 논쟁에 나섰으며 길선주는 이 책을 '이단서'로 정죄하기까지 하였다. 이 일이 계기가 되어 총회는 장로교회의 성경주석을 집필하기로 하고 그 이름을 '표준 성경주석'이라 하며 이 작업을 위한 위원장으로 박형룡을 임명했다. 이때부터 박형룡과 김재준의 신학적 대립과 논쟁이 본격화 되었다. 박형룡은 김재준의 신학 사상이 「아빙돈(Abingdon)단권주석」의 입장과 동일하다고 지적하면서 김재준의 입장을 '신신학설' 혹은 '이(異)사상'이라 지칭했다. 김재준의 신학입장은 성경연구에 역사비평학을 받아들이는 것 외에 온건한 진보주의 신학을 가진 신정통주의 노선이었음에도 자유주의자로 지칭된 것이다.[191] 박형룡은 신학교가 발간하는 잡지 「신학지남」에 김재준과 송창근의 글이 실리지 못하게 했으며, 1945년 광복 이후에 박형룡과 김재준은 다시 충돌하게 된다. 이 논쟁을 통해 장로교와 감리교 사이의 교리적 신학적 차이가 분명히 드러났음은 물론이요 장로교 안에 있던 보수와 진보 사이에서 우위권 논쟁이 이어지면서 결국 연합의 정신을 강조하던 신학에서 분리 되는 모습으로 전환되고 있음이 발견된다. 선교 50주년에 의미 있게 발행한 성경주석이 신학의 차이를 극명하게 드러내는 도구가 되었을 뿐 아니라 참으로 안타까운 것은 이러한 신학적 논쟁을 통해 한국장로교회에 이성 중심의 신학, 그리고 선교사들의 신학을 성역처럼 보수하는 근본주의적 경향이 유입되었다는 점이다.[192]

미국 장로교회 신학의 흐름

19세기 말, 현대주의의 도전 앞에 미국 기독교는 두 가지 신학적 방향으로 나누어져 있었다. 현대문화와 흐름에 맞춰 기독교와 신학을 조정하고 타협하려는 현대주의와 전통적인 기독교를 보존

---

191) 이상규, "한국장로교 100주년, 신학적 고찰," 309.
192) 이상규, "한국장로교 100주년, 신학적 고찰," 314.

하고 계승하려는 근본주의 사이에 벌어진 논쟁들은 미국의 많은 교파들이 참여하여 미국 개신교의 분열을 불러왔고 심각한 상처를 남겼다.

근본주의 신학은 현대적 문화 현상과 결부된 세속주의로부터 전통적인 기독교를 지키려는 반응으로 형성되었기 때문에 처음부터 문화에 반대하는 입장을 취하면서 몇몇 중요한 교리들을 강조했다. 여기에는 성경문자주의나 전천년설과 같은 교리도 포함되어 있었다.[193] 1922년 침례교회 설교자인 헨리 에머슨 포스딕(Henry Emerson Fosdick)과 근본주의자 클래런스 에드워드 매카트니(Clarence Edward Macartney) 사이에 벌어진 논쟁은 양쪽 모두 배타주의로 흘러 흑백논리만 지배하는 싸움으로 격화되었다. 이 논쟁을 통해 개신교 신자들은 '신앙이 없는 자유주의자'가 되든지 아니면 '불신앙에 맞서는 근본주의자'가 되어야만 했다.[194] 1930년대에 이르자 미국의 근본주의는 자유주의와 세속주의에 물들은 교단들과 결별하고 새롭고 순수한 교단을 만드는 것을 택하여 이것을 신앙 원칙으로 천명하기에 이른다. 그러나 이러한 입장은 두 가지

---

193) Alister E. McGrath, 「기독교, 그 위험한 사상의 역사: 개신교의 역사, 종교·문화적 특질, 그리고 미래에 대해」, 박규태 역 (서울: 국제제자훈련원, 2009), 631-632. "근본인 것들을 지킬 수 있다면 목숨을 걸고라도 한판 붙을 작정을 하고 있던" 사람들을 가리키는 말로 1920년 처음 사용된 '근본주의(fundamentalism)'라는 명칭은 아무 생각도 비판도 없이 교리만을 최고로 여기는 개신교의 한 형태를 칭하는 말이 되었다.
194) McGrath, 「기독교, 그 위험한 사상의 역사: 개신교의 역사, 종교·문화적 특질, 그리고 미래에 대해」, 633.

큰 문제를 불러왔다. 하나는 습관적 배타주의이다. 몇 가지 핵심 교리들을 놓고 다투다가 전통 교단들로부터 떨어져 나온 근본주의자들은 자신들 사이에서도 같은 일을 반복하였다. 배타주의가 자신의 뜻과 다른 모든 것에 습관적으로 작용하여 근본주의자들 사이에서도 거듭된 논쟁과 분열이 발생한 것이다. 다른 하나는 세속화된 모든 것과 결별한 결과 교회나 사회에 아무런 영향을 미치지 못하고 스스로 고립되었다는 점이었다.[195] 분열과 세상과의 분리로 인한 영향력 상실은 근본주의 신학의 가장 큰 단점인데 1930년대 이후 이 두 가지가 한국장로교회의 보수주의 신학에서도 발견되기 시작하였다.

1930년대의 신학적 변화는 연합된 하나의 교회 안에 균열을 불러왔다. 논쟁이 벌어지는 동안 신학은 사변화 되어갔고 영적 생명력을 상실해갔다. 또한 논쟁으로 적대하는 사이 두 진영 모두 점점 더 배타적이고 이기적으로 변해갔다. 결국 한국장로교회는 보수적 복음주의 신학을 보수하는 일에는 성공했으나 신앙적으로 극복하는 것에는 실패하였다. 기독교 전통에 대한 역사적 이해와 교리에 대한 신학적 이해가 부족한 상태에서 논쟁이 진행되면서 오히려 신학적 노력이 본질을 상실하게 하는 상태에 놓이게 된 것이

---

195) McGrath, 「기독교, 그 위험한 사상의 역사: 개신교의 역사, 종교·문화적 특질, 그리고 미래에 대해」, 634-635.

다.[196] 교회 안에서 각 지체들 간에 사랑과 배려와 이해와 희생이 없고 다툼과 미움만 가득하다는 것은 그 안에 하나님의 사랑과 예수 그리스도의 생명이 없다는 것을 의미한다. 이런 상태의 사람은 종교인은 될 수 있을지 몰라도 그리스도인이라 말할 수 없고 영적 지도자라 보기도 힘들다.

사변화되기 시작한 신학과 영적 생명력의 상실은 한국장로교회가 1930년대 말부터 전개된 일제의 강압적 통치 정책에 통일된 대응을 하지 못하고 신사참배에 굴복하게 된 원인이자 해방 이후 심각한 분열과 갈등의 역사를 반복하게 되는 근본적 원인이 되었다.[197] 본격적인 신사참배와 종교보국 강요에 한국 교회는 수용, 거부, 타협, 망명이라는 네 가지 반응을 보였다. 수용과 타협으로 신사참배에 순응한 이들은 "교회의 보존"을 위해서라는 핑계를 내세웠지만 그것이 희생을 거부하고 교회 안에서 신사참배라는 우상숭배의 죄를 범한 일에 대한 면죄부가 될 수는 없다. 우상숭배와 불의를 통해 교회를 유지·보존해야한다면 이미 그 교회는 하나님을 섬기는 기관이 아님을 보여줄 뿐이다. 1907년 대부흥운동에서 보았듯이 교회의 설립과 보존은 사람의 계획이 아니라 하나님의

---

196) 용환규, "대한예수교장로회 백석총회 설립 45주년의 역사적 의미: 한국장로교회의 회복을 위한 제언," 1084.

197) 총회설립 100주년 기념 총회 100주년사 발간위원회, 『대한예수교장로회총회 100주년사』, 224-228.

주권 아래 있기 때문이다.

1920년까지의 한국장로교회 신학은 '선교사들의 신학'이었다. 1920년 후반부터 등장한 한국의 신학자들, 1930년에 이르러 비로소 다양한 신학을 배운 신학자들이 소수 등장하기 시작했지만 결국 그들의 신학적 역량은 교회의 하나 됨을 추구하기보다 자신들의 신학이 세계적 흐름이라는 것을 강조하기 위해 반목하고 대립하는 양상을 보였다. "성경대로 믿고 성경대로 사는 것이 참된 보수요, 용서할 수 없는 것을 용서하고, 이해할 수 없는 것을 이해하며, 사랑할 수 없는 것을 사랑하는 것이 참된 믿음이다"라고 외치는 백석총회 설립자 장종현 목사의 소리가 더욱 울림 있게 다가오는 이유일 것이다. "성경은 교회를 하나 되게 하지만 신학은 교회를 분열시킨다. 신학은 학문이 아니라 예수 그리스도의 생명의 복음이다"라는 외침은 신학자들이 신학노선보다 그리스도의 몸 된 교회를 위해 헌신하며, 성경에 순종하며 예수 그리스도의 생명의 복음을 가슴에 품고 영적 생명을 가진 자로서 영적 생명을 나눌 때 나라와 민족에 소망을 주는 교회로 거듭날 수 있음을 외치고 있는 것이다.

제8장

신사참배와 한국교회의 굴절

일본은 영일동맹(1902년, 1905년)을 토대로 강력한 제국을 건설하면서 동아시아를 넘어 태평양 지역에까지 진출하였다. 이러한 일본의 군사강국화가 영국과 동맹을 맺은 후 급속도로 진행되었기 때문에 일본에 지나치게 유리해진 동아시아의 세력판도의 균형 회복을 위해 미국은 영일동맹의 해체를 원했다.[198] 1921년 11월 12일부터 1922년 2월 6일까지 미국의 워싱턴 D.C.에서 열린 워싱턴 회의에서 미국의 주도로 1921년 12월 13일 미국, 영국, 프랑스, 일본은 「4개국조약(Four Power Treaty)」을 체결하였다. 당사국에 복

---

198) 윤정현, "영일동맹의 종식과정에 나타난 영 제국의 군사전략적 변화와 연속성," 「세계정치 12」 30/2 (2010): 240.

속된 도서지역을 놓고 조약국 사이에 분쟁이 일어나거나 조약국이 아닌 다른 나라로부터 침략의 위협이 있는 경우에 조약국이 서로 협력한다는 것이 그 내용이다. 이 조약의 발효와 함께 영일동맹은 종료되는 것으로 합의되었다. 1922년 일본의 군사강국화를 우려한 미국에 의해 영일동맹이 해체되었지만 일본은 제국주의 팽창을 꿈꾸며 군사력과 군비확충에 몰두하였다.[199] 그러나 꺾이지 않고 더 격렬해지는 한국의 항일독립운동과 세계대공황(1929)으로 인한 경제 불황은 일본에 위기감을 심어주었고 1930년대에 와서 일본의 이러한 정치적 상황은 식민지 개척을 활로로 삼기 위한 강력한 전시체제로 돌입하는 계기가 되었다.

1931년에 만주사변을 일으킨 일본은 중국대륙을 본격적으로 침략했다. 상해사변과 중일전쟁(1937)을 거쳐 1941년 '태평양전쟁'을 시작하면서 일본은 이 침략전쟁의 수행을 위해 한국을 병참기지화하고 '황국신민화정책'을 추진하면서 내선일체(內鮮一體)를 주장했다. 이러한 황민화정책의 일환으로 신사참배가 강요되는데 이를 통해 한국인의 민족혼을 빼앗고, 기독교 신앙의 변질을 기대한 것이다.

---

199) 윤정현, "영일동맹의 종식과정에 나타난 영 제국의 군사전략적 변화와 연속성," 246.

신도

19세기 말 일본 메이지정부는 천황을 신격화한 천황제를 국민사상의 통일 원리로 삼았다. 일본의 토착적인 원시종교인 신도(神道)는 다신론적이며 자연숭배적인 일본 고래의 종교로 국조신이라고 하는 천조대신(天照大神)과 그 이후의 종신(宗神)과 자연을 숭배하였다. 1868년 메이지 유신 이후에는 일왕을 천조대신의 직계인 천황(天皇)이자 만세로 이어가는 현인신(現人神)으로 섬기는 일종의 민족종교가 되었다.[200] 메이지정부는 신도를 이용하여 국가통치 이념인 천황제 이데올로기를 뒷받침하기 위해 1870년 신도를 국교화하고 타종교를 억압하였다. 종교계의 반발이 있자 1882년 신도를 신사신도와 교파신도로 분리함으로써 국가의식으로서의 신사와 종교로서의 교파신도는 별개의 성격을 가지며 신사는 종교가 아니고 '국체 내지는 도덕'이라는 신사 비종교화를 주장하였다. 즉 신사에서의 기원이나 기도는 조상신에게 제사지내는 것과 같은 것이기 때문에 효이고 충이며 국가에 대한 존중이라는 의미에서 국가의식에 불과하다는 것이다. 그러나 신도의 제사는 모든 혼백을 다신(多神)으로 여기는 범신론적 숭배와 자기의 목적을 성취하기 위한 도덕적 맹세로 이루어진다. 결국 요식행위에 불과한 주장이었지만 메이지정부가 이 주장을 관철시킴으로써 신사는 제종교 위에 군림하고 제종교는 국가신도체제에 위반되지 않는 한에서 존

---

200) 이상규, 「한국교회역사와 신학」, 179.

립이 허용되는 국가 교화기관의 일환으로 삼았으며 헌법에 천황의 신성한 권위를 명문화하고 종교의 자유에 대해서도 제한적 규정을 두었다. 1890년 신도가 교육의 근간이 되는 「교육칙어」를 발표하고 1891년 「교육칙어」 봉독과 신사참배가 소학교의 행사로 제도화됨으로써 국가신도 교리가 사상적·법적으로 완성되고 국가신도를 통해 국론을 집결시켰다. 이러한 신도는 천황중심주의와 그것을 옹호하기 위한 무력주의를 중심으로 조직되었기 때문에 천황제와 군국주의를 강하게 결부시켜 제국주의적 침략정책 수행 및 식민지 지배에 이용되었다. 식민지에 세워진 해외 신사의 본질은 일본이 지배하는 땅에 일본의 신이 강림한다고 하는 그들의 이른바 국체의 교의에 입각한 종교침략 내지 식민지민족의 민족말살정책의 일환이었다. 한국에도 1918년 신사를 처음으로 들여왔고 1925년에는 서울 남산에 그들의 식민지 지배의 상징적 존재인 조선신궁을 세우고 여기에 그들이 국조신으로 받드는 천조대신과 명치 천황을 봉제하였다.[201] 이후 전국 각지에 신사를 세워 그들의 민족종교를 한반도에 이식시키려 하였으며, 신사와 식민지 교육기관을 통해 한국인에게 신도사상과 천황숭배의 이데올로기를 주입하려 하였다. 1920년대까지는 소극적으로 참여를 권장하였으나 1930년대부터 그 양상이 달라져 노골적으로 신사참배를 강요하기 시작했다.

---

201) 임경근, 「한국교회사 걷기」, 260.

일제의 신사참배 강요

기독교학교

일본은 1930년대 들어 충성과 애국심을 기르기 위해 필요한 훈련의 일환으로서 재학중인 모든 학생들에게 신사참배를 강요하였으나 기독교계 학교들은 이를 거부함으로써 다시 신사참배문제가 발생하였다. 1932년 평양에서 거행된 춘기 황령제는 만주사변의 전몰장병 위령제로 거행되었는데 기독교 학교 책임자들이 신사참배를 거부하여 국민의례만 참석하는 일이 있었다. 이에 전국 각급 학교에 신사참배 이행 명령이 내려졌다. 이때 기독교 학교들은 조선예수교장로회 총회 학무부에 자문을 구하였다. 총회에서는 이 문제들을 총독부 교섭위원들을 통하여 여러 차례 교섭토록 하였으나 별다른 효과를 거두지 못했고, 신사참배 문제는 각 학교 당국의 신앙 양심에 맡기는 것으로 결론이 났다.

일본이 전쟁을 준비하면서 국론을 모을 방법으로 신사참배가 중요시되면서 1934년 6월에 문부대신이 모든 학교에 신사참배를 요구하며 사상국을 설치하였고 1935년부터 본격적인 신사참배 강요가 시작되었다. 야스다께 평남지사가 1935년 11월 14일 도내 공·사립중등학교 교장회의를 소집하고 신사참배를 명령하였는데 평양 숭실전문학교 교장 윤산온(Dr. George McCune)과 숭의여학교 교장 선우리(Miss Yelmal Snook) 그리고 순안 안식교 의명중학교 교장 리(H. M. Lee)가 이 명령에 불응한 것이다. 미 북장로회 선교부는 1935년 12월 13일 밤 실행위원회가 윤산온 선교사 집에 모여 신사참배 문제에 대한 선교부의 태도를 논의하였다. 기독교 학교의 존폐 문제와 직결되는 문제이기에 마포삼열 선교사와 윤산온 선교사는 숭실전문학교의 이사회와 평양 교역자회를 모아 신사참배에 대한 의견을 수렴하였는데 참배 불가의 의견이 지배적이었다. 평남 안주노회도 임시노회를 소집하여 "학교의 문을 닫을지라도 교리에 위반되는 참배를 할 수 없다"고 결의하고 총회 및 기독교계 사립학교에 통고하였다. 결국 총독부는 1936년 1월 20일자로 윤산온 선교사의 숭실전문학교 교장직 인가를 취소하고 추방하였으며, 1월 21일에는 숭의여학교 교장 선우리 선교사의 인가도 취소하고 한국에서 추방하였다.

당시 신사참배 문제에 대한 기독교 학교들과 교회의 태도는 일치하지 않았다. 일본의 회유·기만·분열 정책에 말려들어 의견이 분열되고 현실에 대한 인식에도 서로 차이가 있었던 것이다.[202] 선교사들도 교파에 따라 다른 의견을 보였다. 북장로회 선교부는 대체로 거부하는 입장이었으나 신사참배에 비록 종교적 요소가 있다 할지라도 일본 당국에서 이것이 애국적 행위에 불과하다고 주장하고 있으므로 학교를 살리고 기독교 교육을 계속하기 위해서 이에 응할 수밖에 없다는 입장도 있었다. 그러나 강경론이 우세하여 1938년부터 평양에서 숭의학교, 숭실학교 폐교를 비롯하여 대

---

202) 이상규, 「한국교회역사와 신학」, 182-183.

구의 계성·신명, 재령의 명신, 선천의 모성·신성, 강계의 영실, 서울의 경신·정신학교 등이 잇달아 문을 닫았다. 남장로회 선교부는 가장 강경한 반대 입장을 보였는데 일본에서 출생한 2세 선교사로 일본의 사정과 신사의 본질에 대해 잘 아는 풀턴(Dr. C. Fulton)이 내한하여 1937년 남장로회 선교사 총회에서 "학생들과 교직원들에게 신사참배를 시키기보다는 차라리 학교를 폐쇄"하도록 하는 강경한 신사참배 반대안을 발표하고 신사참배를 완강히 거부하다가 폐교 명령을 받거나 자진 폐교하였다. 호주장로회 선교부 역시 1936년 2월 신사참배 거부를 선교부 방침으로 채택하고 1939년 1월 신사참배를 할 수 없음을 결의하며 학교들을 폐쇄하였다. 신앙을 훼절하면서까지 학교를 경영할 수 없다는 선교부의 방침으로 결국 학교가 폐쇄되는 과정에서 교사와 학생도 신사참배를 거부하는 모습을 보이자 일본은 이를 선교사들의 사주에 의한 것으로 몰아 반선교사 여론을 부추겼다. 일부 친일적 인사들이 주축이 된 교계 지도자들 중에는 선교사들을 공격하는 이들도 적지 않게 등장하였으며 학교 시설의 이양을 요구하는 이도 있었다. 이에 선교부 경영 학교들의 막대한 시설과 재산 인계 문제도 당시 교계의 큰 문제로 등장하였다. 반면에 감리교계 선교사들이나 캐나다연합교회 선교부 소속 선교사들이 경영하는 학교들은 신사참배를 국가의식으로 받아들였기 때문에 별다른 마찰이 발생하지 않았다.[203) 그러나 태평양전쟁을 준비하는 일본에 의해 서구 사회와 연결된 선교사들을 향한 적의와 한국에서 축출하려는 의도는 더 강해졌고 이에 따라 선교사들의 활동은 심한 제약을 받고 교육활동과 선교활동이 부진하게 되었다. 결국 겨우 의료활동에서만 그 명맥을 이어가다가 1940년에 이르면 대부분의 기독교병원도 문을 닫게 되었다.

교회

1936년 8월 7대 총독으로 미나미 지로가 부임하고 조선총독부는 이른바 황민화정책을 강행하여 한국민족말살정책을 시행하였다.[204) 이를 위해 1면 1신사 정책과 더불어 매월 6일을 애국일로 정하여 국기계양, 국가봉창, 조서봉독, 동방요배, 신사참배 등을 실시하였는데 '1면 1신사 정책'의 경우는 산간벽지의 면단위까지 신사를 세우고 일반 민중에게 참배를 강요할 정도였다. 뿐만 아니라 관공서나 학교와 일반 민가에까지 간이 신사인 가미다나를 설치하고 아침마다 이에 참배하도록 강요하였다. 이를 보급하는 과정에서 가미다나를 강매함으로써 경제적 착취도 수반되었다. 1936년 나치 독일과 방공협정을 통해 동맹을 맺은 일본은 1937년 9월 9일 국민정신총동원을 공포했고, 10월 2일 황국신민의 서

203) 민경배, 「교회와 민족」, 465-466.
204) 이상규, 「한국교회역사와 신학」, 186.

사를 공포하였다. 1938년에는 한국교회에도 직접적인 신사참배가 강요되었다. '황민화운동'의 고조와 함께 교육계에서의 신사참배문제가 그들의 의도대로 진행되자 이제 교회로 시선을 돌린 것이다. 초반에는 평양기독교친목회라는 친일 단체를 만들어 기독교 지도자들을 회유하고 신사참배에 앞장서게 하였으나 회유 정책이 효과를 거두지 못하자 강압적 태도로 전환하였다. 결국 천주교와 감리교 등이 차례로 굴복하고, 장로교 안에서도 서서히 의견이 갈리기 시작하였다.

일본은 1938년 연초부터 전국의 각 노회를 회유와 협박 등 갖은 방법을 동원하여 압박하기 시작했고 장로교 안에서 교세가 가장 강한 평북노회(노회장 김일선)가 강압에 못 이겨 1938년 2월 8일 노회에서 일본의 정책에 순응하여 신사참배를 결의하였다. 이후 9월에 제27회 장로회 총회가 개최될 때까지 전국 23개 노회 중 17개 노회가 이미 신사참배를 결의하기에 이르렀다.[205] 단순히 신사참배에 동참하는 것으로 끝나지 않았다. 평양에서는 친일적 목사들이 중심이 되어 기독교친목회를 조직하고 서울에서는 5월 '경성기독교연합회'라는 어용단체를 조직하여 '종교보국'을 서약하고 7월에는 이를 확대하여 '조선기독교연합회'를 결성하였다. 천주교와 감리교가 신사참배를 교단적으로 이미 인정한 상황에서 마지막으로 남아 있는 장로교를 향한 압박은 더욱 거세어졌다. 결국 1938

---

205) 민경배, 「교회와 민족」, 449.

년 9월 조선예수교장로회 제27회 총회는 100여 명의 정사복 경관들이 배석한 가운데 불법적으로 신사참배 결의안을 통과시켰다. 일본은 불법적인 신사참배 결의를 강행시키기 위해 교회지도자들을 수양동우회, 흥업구락부사건 등으로 조작하여 구속하고, 신사참배를 적극적으로 반대하는 이기선, 채정민, 주기철 목사 등 한국교회 지도자들을 예비검속하여 총회총대로 나올 수 없게 하였고, 신학생들과 평신도 지도자들도 예비검속하였다.

제27회 총회에서 전국 27개 노회의 목사 88명, 장로 88명, 선교사 30명 등 206명 총대가 참석하여 이미 마련된 각본대로 신사참배 안건에 대한 동의 재청 후에 총회장 홍택기는 '예'만 물어 가결을 선언하였다. 신사참배가 가결된 후 총회 총대들은 평양신사에 가서 함께 참배하였다. 일본은 이 결의문과 종교단체법을 이용하여 본격적으로 한국교회에 신사참배를 강요하고 예배 순서에까지 이른바 '애국적 의식'을 넣도록 강요하는 한편, 예배당에도 가미다나를 설치하도록 하였다.

신사참배가 불법적으로 가결되자 총회에 이를 반대하는 항의문이 빗발쳤다. 그러나 권찬영 목사 외 26명의 항의문과 선교사들의 항의문은 받아들여지지 않았고 신사참배는 일본의 계획대로 추진되었다. 선교사들은 신사참배를 반대하였으며 평양장로회신학교가 1938년 1학기를 끝으로 폐쇄되었다. 평양장로회신학교가 폐쇄된 뒤 변절한 장로교 총회는 1939년 신학교 설립을 결정하고 1940년 2월 9일 조선총독부의 인가를 받아 '평양신학교'(조선예수교장로회)를 설립하였다. 같은 해 10월 서울에도 김재준이 '조선신학교'를 세웠다. 이 두 신학교들은 설립 시부터 일본에 순응하여 신사참배를 적극 지지하고 자유주의 신학을 가르쳤다. 설립 목적도 '천황의 나라 일본에 충성하는 기독교 교역자를 양성한다'고 밝혔다. 이로 인해 한국장로교회의 목회자 교육이 크게 변질되었다. 신학교들이 황민화를 위한 목사 재교육을 실시함으로써 일본의 교화기관으로 활용되었기 때문이다.

신사참배 거부운동

신사참배 강요는 기독교 학교에서부터 시작되었기 때문에 초기에는 기독교를 믿는 학생들과 교사, 학부형들을 중심으로 신사참배 거부운동이 전개되었다. 그리고 신사참배가 교회와 노회, 총회에까지 강요되자 목회자와 일반 교인들의 거부 항쟁으로 확산되었다. 결국 항쟁자들끼리 연대를 맺고 이에 대처하는 신사참배 거부운동으로까지 발전하였고 일본 당국이나 일본의 영향력 있는 기관 또는 인사들에게 신사참배를 강요하지 말 것을 청원한 신사참배 강요 금지 청원 운동과 일본의 강요에 끝까지 저항하여 신앙과 교회를 지키고자 한 신사참배 거부 권유운동으로 나타났다.

이들은 신사참배를 강요하는 일본 당국과 신사참배를 결의·시행하는 한국교회를 비판하면서 신자들을 대상으로 신사참배 거부를 권유하고 거부자들 간의 결속을 강화하였다. 평안남도의 주기철, 평안북도의 이기선, 경상남도의 한상동, 이주원, 주남선, 전라남도의 손양원, 만주의 박의흠, 헌트(William B. Hunt, 1869~1953, 한위렴) 등이 활약하였는데 초기에는 교회와 개인의 인적·지역적 연대를 가지고 활동하였으나 점차 지역 간의 연대가 이루어져 경남지역, 서북지역, 만주 봉천지역 간의 교류가 있었다. 신사참배 반대투쟁은 두 가지 유형으로 나타났는데 하나는 신사참배를 반대하지만 이것은 전적으로 개인의 양심에 맡겨 개인적으로 반대해야 한다는 주기철의 입장과, 다른 하나는 신사참배를 개인적으로 반대할 뿐 아니라 전국적으로 운동을 전개해야 한다는 이기선과 한상동의 입장이 그것이다. 이를 반영하듯이 대규모의 조직적·집단적 신사참배 거부운동과 달리 규모가 작거나 개인적 차원의 신사참배 거부 저항은 전국 어디서나 그 예를 찾아볼 수 있다. 한국 장로교 여전도회연합회는 총회의 신사참배 결의를 거부하고 1940년 여전도회 총회에서 회장 최덕지의 사회로 신사참배에 불참할 것을 선언했으며, 1943년 한국 장로교가 일본기독교조선장로교단으로 개칭된 이후 여전도회연합회는 모든 활동을 중단하고 지하로 숨어들어 총회의 훼절에 뜻을 같이할 수 없음을 보였다.[206] 신사참배 거부운동에는 선교사들의 보이지 않는 지원이 있었고 신사참배 거

---

206) 정중호, "경남 지역 신사참배 거부 운동과 남명학파," 「한국기독교신학논총」 49/1 (2007): 18.

부운동이 표면으로 노출되자 일본은 1940년 7월부터 전국적으로 신사참배 거부운동자들을 일제히 검거하기 시작하였다. 신사참배 거부로 인해 투옥된 이는 대략 2천여 명에 달하고 2백여 교회가 폐쇄되었으며 50여 명이 순교하였다. 1940년 10월 일본의 미국에 대한 전의가 표면화되자, 본국 정부의 훈령에 따라 1940년 11월 16일 선교사들의 54%에 해당하는 219명이 한국을 떠났다. 남아 있던 선교사들은 태평양전쟁이 발발하자 일본에 억류되어 갖은 탄압을 당하다 1942년 포로 취급을 받아 일본인과 교환되었다. 이렇게 선교사의 영향력을 한국교회에서 완전히 배제시킨 일본은 교회에 대한 예속과 통제를 강화하여 '일본적 기독교의 확립'이라 하여 기독교의 변질을 강요하고 '종교보국'이라 하여 전쟁협력을 강요하였다.

한국교회의 굴절

생존을 위하여 한국장로교회는 신사가 종교가 아니고 또 신사참배가 단지 국가의식에 불과하다는 일본의 논리를 수용하고 신사참배에 동참하였다. 그러나 신사참배는 분명한 우상숭배 행위이며 하나님을 믿는 신앙인은 할 수 없는 명백한 배교 행위였다. 일제의 신사참배강요로 인해 결국 한국장로교회가 굴절(屈節)한 것이다. 신사참배에 불응했던 마지막 공교회인 장로교 총회의 배교 이후 여러 곳에서 전향이 잇달았다. 기독교신앙에서 떠나는 배교의 표현으로 서울의 한강과 부산의 송도 앞바다에서 일본 불교식 세례인 '미소기바라이'를 일본 천조대신의 이름으로 거행하였고 기독교인들의 가정에는 '가미다나'라는 작은 신사가 설치되었다.[207]

　단순히 신사참배를 강요하는 것으로 끝나지 않고 일본은 기독교 신앙의 본질적인 부분마저 훼손시켰다. 기독교 예배와 성경에 대해서 제재를 가한 것이다. 안타깝게도 한국교회는 여기에도 순응하였다. 일본은 성경의 제한적 사용을 지시하고 유일하게 복음서만 남겼는데 이것도 당국의 허락한 범위 안에서만 설교할 수 있었다. 사도신경 역시 "전능하사 천지를 만드신 하나님 아버지를 내가 믿사오며"가 신도의 창조설화에 위배되고 "저리로서 산 자와 죽은 자를 심판하러 오시리라"가 천황의 영속성을 부인하여 신도의 이념과 충돌한다하여 금지시켰다. 전투적인 내용의 찬송가의 일부도 삭제되었다.[208]

　성도들은 예배를 시작하기 전에 교회 안에 설치된 가미다나에 절을 하고 현인신(現人神)이라고 지칭하는 천황이 살고 있는 동쪽을 향하여 동방요배를 하였다. 찬송, 성경봉독, 기도, 설교를 일본어만을 사용하는 국어상용으로 강요하고 예배 후에는 교회당에서 시국강연회를 개최하였다. 목사의 복장도 일본식 전투복을 착용

---

207) 임경근, 「한국교회사 걷기」, 263.
208) 이상규, 「한국교회역사와 신학」, 184.

하게 함으로써 예배가 군국주의 일본에 대한 찬양으로 대체되었고 교회는 하나님의 백성, 예배 공동체라는 정체성을 상실한 채 전쟁을 위한 후방 지원세력으로 전락하였다. 주일헌금도 '국방헌금'이 되어 전투기 헌납, 곧 '애국기 헌납'을 위한 기금으로 사용되었다.[209] 3·1운동을 위한 준비와 전개에 활용되었던 교회의 조직은 이제 일본의 제국주의 침략전쟁을 위한 준비에 활용되는 후방 지원조직으로 전락했다. 전쟁 중에는 대동아전쟁의 승리를 위한 전략물자조달을 위해 교회를 중심으로 각종 인적, 물질적 수탈행위가 자행되면서, 친일파 교회 지도자와 기독교인들이 일본을 위하여 적극적으로 부역행위에 나섰다.

전쟁무기 조달을 위한 전쟁물자 속에는 각 가정의 일상생활에서 쓰는 놋그릇과 교회의 종탑에 걸려 있는 종까지 포함되었다. 1942년 10월 평양 서문밖교회에서 모인 조선예수교장로회 제31회 총회에서 교회 종 헌납이 1,540개로 보고되었다. 그러나 이것이 끝이 아니었다. 전쟁 중에 더 많은 전쟁자금이 필요해지자 군비조달과 기독교 탄압의 목적으로 교회병합도 실시되었다. 일본은 교회 통폐합이라는 명목으로 전국 각 면 단위로 1개의 교회만을 남겨 놓는다는 방침을 세우고 교회의 합병을 추진했는데 이로 인해 많은 지도자들이 수난을 당하였고, 전국에서 2백여 교회당이 폐쇄되고 매각 처리되어 전쟁자금으로 사용되었다. 1942년 장로교회

---

209) 임경근, 「한국교회사 걷기」, 269.

는 전년도에 비해 교회 수가 750개, 교인 수는 76,747명으로 감소하였다. 한발을 물러서니 한발 더 물러서게 되고, 하나를 양보하니 결국 모든 것을 빼앗기게 된 것이다. 급기야 많은 수의 한국의 교회 지도자들은 일본의 강압 아래 고난을 피하는 방법으로 일본에 대한 경쟁적인 충성에 나서기에 이른다.

1943년 5월 4일 '조선예수교장로회'가 '일본기독교조선장로교단'으로 개칭하면서 공교회로서의 한국장로교회는 제31회 총회를 마지막으로 사라졌다. 2년간 존속하던 '일본기독교조선장로교단'은 1945년 7월 19일에 장로교 대표 27명, 감리교 21명, 구세단 6명 그리고 6개 소교파 대표 각 1명씩 모여 '일본기독교조선교단'을 성립시키면서 흡수되었다. 해방을 14일 앞둔 1945년 8월 1일에 정식 발족한 이 교단은 초대 통리에 장로교의 김관식, 부통리에 감리교의 김응태, 총무에는 장로교의 송창근을 선출하였고, 총독부의 임명을 받아 취임하였으나 8월 15일 해방을 맞이하여 곧 해체되었다.[210] 한국장로교회 연합과 일치를 말하면서도 반드시 우리가 잊지 말아야 할 것은 하나님의 나라, 예수 생명의 공동체를 지향하지 않는 조직들 간의 연합은 단지 야합에 불과하다는 사실이다. 성령이 하나 되게 하신 것을 힘써 지키는 것은 생명을 걸고서라도 지켜야 할 신앙적 절개(節槪)라면 인간의 욕망과 탐욕을 이루기 위한 조직적 통합은 반드시 막아야 할 시대적 사명인

---

210) 총회100년사 발간위원회 편, 「미래로 열린 100년의 기억」, 179.

것이다.

일제 강점기 말기에 한국 기독교는 친일(반역자)·부일(협력자, 일본에 빌붙음) 행각과 항일투쟁이라는 두 가지 상반된 모습을 보여준다. 대다수의 교회 지도급 인사들과 제도적 교회, 기독교 기관들이 친일·부일적 행위를 보여준 반면, 소수의 무명 신앙인들은 주로 지방에서 신사참배 거부운동과 같은 저항운동을 펼쳤다. 신사참배 거부운동은 우상숭배를 거부하고 신앙의 순수성을 지켰으며 당시 교회의 변질을 경고하였다는 점에서 의미가 있다.

교계의 중진 인물들과 사회운동에 투신했던 기독교인들의 변절도 눈에 띄게 많았다. 특히 교계의 중진 중에서는 서울에서 전향이 다수 나타나고 서북지역에는 순교자가 다수 나타나는 특징을 보인다. 공개된 신분으로 일본의 감시를 받았던 교계 지도자들이 일차적으로 일본의 주목을 받아 회유와 협박에 지속적으로 노출되었던 점이 이들의 전향 사유가 될 수 있을 것이다. 또한 기독교운동이 구체적이고 현실적이었기 때문에 체제의 정책적 조작의 대상이 되기 쉬웠던 이유도 사회운동의 중심인물들의 빠른 전향을 설명할 근거가 될 것이다. 그러나 한편으로는 한국장로교회는 선교 초기부터 서북지역보다 서울을 비롯한 경기·충청지역이 신앙 외의 목적으로 교회에 유입되는 비율이 높았다. 또한 기독교를 통한 사회변혁은 교회가 교회의 사명을 바로 감당하고 있을 때 자연스럽게 나타나는 일이지만, 역사적으로 교회 안에는 사회변혁을 바라보고 교회의 역할을 수행하길 원하는 사람들이 항상 있어왔다.

서북지역보다 서울지역의 전향비율이 높고, 개인적 신앙을 중요시 여긴 보수적 신앙의 성도들보다 계몽운동에 앞장섰던 기독교 사회 운동가들의 전향비율이 높은 것은 이러한 면에서 시사하는 바가 있다. 이들 중 많은 수가 신앙보다는 비신앙적 목적을 위해 교회를 다닌 사람들이었다고 단정하고 판단해서는 안 된다. 그러나 적어도 빠른 변절을 보이고 전향한 이들에게는 하나님의 명령에 순종하고 믿음을 지키려는 의지가 그들의 안위보다 중요하지 않았다고 보는 것에는 무리가 없을 것이다.

여기서 한 가지 더 생각해봐야 할 문제는 과연 한국 교회가 1919년 이후에도 많은 사회지도자들을 배출해냈지만 그들을 영적 지도자들로 성공적으로 키워내었는가에 관한 것이다. 영적 지도자는 지식적으로 뛰어나고 윤리적으로 흠잡을 수 없는 존경받을만한 사람에 머물러서는 안 된다. 하나님의 뜻에 따라 교회와 성도의 신앙을 바르게 이끄는 지도자이어야 한다. 개인의 욕심과 안위를 위해 움직이는 것이 아니라 하나님의 뜻을 구하고 하나님의 뜻대로 교회와 성도를 섬기고 이끄는 목회자가 교회의 영적 지도자이다. 1938년 장로교회 총회의 신사참배 결의부터 1945년 8월 15일 해방이 되기 전까지 전체 신자의 90% 이상이[211] 순응하거나 타협하여 신사참배에 참여한 역사적 현실은 한국장로교회가 영적 지도자를 배출하고 육성하는 일에는 성공하지 못했다는 것을 보여준

---

211) 임경근, 「한국교회사 걷기」, 267.

다. 생명을 걸고 순교의 정신으로 끝까지 신앙을 지켰던 영적 지도자들이 있었다는 것만으로도 한국장로교회는 자랑할 만한 신앙 유산이 있는 것도 사실이다. 그러나 한국교회는 "교회의 문제는 목회자의 문제요, 목회자의 문제는 신학자의 문제이며, 신학자의 문제는 신학교 설립자와 운영자의 문제"라는 개혁주의생명신학의 주창자 장종현 목사의 통찰을 과거와 현재, 그리고 미래를 살아가야 할 모든 그리스도인들이 가슴 깊이 새겨야 할 일임을 기억해야 한다. 신학의 뿌리를 더욱 깊이 내리고 성장해야 할 시기에 신학자들은 보수와 진보로 나뉘었고, 일치가 되어서 한 목소리를 내어야 할 교회는 목회자들의 친일·부일 행각으로 말미암아 힘을 잃었다. 당시의 시대적 상황에서는 선택할 수 있는 길이 너무 없었다는 변명으로 일관하기에는 영적 지도자로서 신학자와 목회자의 사명에 부응하지 못한 아쉬움이 남는 것이 사실이다.

신학자가 무너지면 목회자가 무너지고 목회자가 무너지면 성도들의 신앙도 무너진다. 이렇듯 영적 지도자의 부재는 교회에 심각한 문제를 불러올 수밖에 없다. 이 고난의 시기에 믿음이 연약한 이들이 목회자를 잃거나 목회자에게 실망하여 교회를 떠났다. 이들 역시 하나님이 아니라 사람과 상황을 보았기 때문에 교회를 떠나는 선택을 했다고 볼 수도 있겠지만 믿음이 연약한 이들을 말씀을 통해 하나님의 자녀답게 살도록 가르쳐 세워야 할 책임도 교회에 있다는 것을 기억할 필요가 있다. 교회가 사회적 신뢰를 얻고 다시 예수 생명의 공동체로서 제 역할을 감당하는 길은 우리 삶의 모든 영역인 정치, 경제, 사회, 문화 등 모든 영역에 그리스도의 주되심을 실현하는 하나님나라운동이 정착될 때일 것이다.

제9장

교회 재건과
한국장로교회의 분열

1945년 8월 15일 한국은 36년의 식민지배에서 벗어나 해방을 맞이하였다. 제국주의 열강들에 의해 혼란스럽던 19세기 말, 복음을 접하고 교회가 처음 세워진 이래로 일본의 주권침탈과 식민 지배의 고통 속에서 교회는 이 땅에 뿌리를 내리고 성장하였다. 그러나 민족의 아픔을 함께하며 일본의 탄압에도 부흥하고 성장하던 한국교회는 1938년 이후 변절의 아픔을 겪게 되었다. 급기야 광복을 얼마 남기지 않은 시점에 모든 공교회가 통합되고 일본 기독교단에 종속되어 교회의 정체성을 잃어버리는 지경까지 이르렀다. 많은 교회가 파괴되고 신앙을 지키기 위해 수많은 성도들이 투옥되고 순교하는 어려운 시기를 보내던 와중에 찾아 온 해방은 무너진 교회를 다시 세우고 새로운 출발을 위해 신사참배와 배교라는 과거의 역사를 청산해야 할 시대적 과제를 안겨주었다. 해방 후 회개와 일제 청산의 문제가 해결되지 않은 상태에서 일어난 6·25 한국전쟁은 한국장로교회에 또 다른 아픔을 안겼다. 동족상잔의 참혹함은 한국 사회에 뿌리 깊은 미움과 증오를 남겼다. 전쟁의 참화로 고통당하는 민족의 고난 앞에서 한국장로교회는 하나님의 긍휼하심과 구원을 위해 기도하였으나 교회가 하나로 화합하여 사랑을 실천하는 데까지는 나아가지 못했다. 그 결과 하나가 되어 나라와 민족을 위해 기도하고 복음을 전하며 그리스도의 생명을 전해야 할 시기에 내부적인 갈등으로 인해 한국장로교회는 분열을 거듭했다. 분열의 이유로 신학과 교리의 차이를 명분으로 내세우고 있지만 분명히 그들 안에 인간적인 이기심과 탐욕, 그리고 미움이 자리하고 있었음을 부인할 수 없다.[212]

이 시기 한국장로교회가 직면한 가장 큰 문제는 회개 없는 교회 재건이 이루어진 점이라 할 수 있다. 신앙적인 면에서 보면 친일보다 더 심각한 문제는 배교였다. 교회 보존을 위해서라고 합리화하며 이루어진 우상숭배, 세속적 유익을 위해 교회의 이름으로 행한 모든 불의, 이 모든 것을 회개하지 않은 상태에서 이루어진 교회 재건은 기득권을 놓치지 않고 어떻게든 자리와 권위를 유지하려는 사람들로 인해 교회 안에 기회주의, 권력지향주의, 보신

---

212) 총회설립 100주년 기념 총회 100주년사 발간위원회, 『대한예수교장로회총회 100주년사』, 329. 교회 재산분규와 교회쟁탈전도 분열로 인해 야기되었다.

주의가 용납되는 분위기를 조성했다. 교회의 재건은 단순히 총회를 회복하는 것에서 끝나는 것이 아니라 하나님이 기뻐하시는 교회를 건설하고 교회를 향한 하나님의 뜻을 실천하며 하나님의 영광을 추구해야 옳았다. 하지만 한국장로교회는 거룩과 순결이라는 명분을 내걸고 철저한 회개를 주장하며 촉구했음에도 결국 신앙의 회복으로 나아가지 못하고 반복되는 분열 앞에 서게 되었다. 한국교회가 당면한 가장 큰 과제는 분열과 세속화를 극복하여 교회 본질을 회복하는 것이다. '거룩한 하나의 장로교회'를 향해 나아가야 하는 것이다. 쓰라린 아픔과 상처가 발목을 잡아서는 절대로 진정한 교회 개혁이 이루어질 수는 없다. 개혁주의생명신학 7대 실천운동의 세 번째 운동인 '회개용서운동'이 시의적절하게 이루어졌다면 한국장로교회의 오늘은 상당히 다른 모습이었을 것이다. 아직도 분열의 불씨가 여전히 남아 있어서 하나 됨을 이루기에는 많은 어려움이 있는 것이 현실이다. 하지만 하나님 앞에서 자신을 돌아보고 서로를 용납하여 하나 되는 것을 추구하는 회개용서운동이 회개, 용서, 하나 됨이라는 과정을 통해 한국교회 안에 정착되고 확산된다면 생명을 살리는 교회로서 진정한 교회 재건이 이루어질 것은 자명한 사실이다.

북한지역의 교회 재건

　북한 지역의 장로교회 재건운동이 활발하게 일어난 곳은 평양과 서북지방으로, 신사참배에 반대하며 투옥되었다가 풀려난 20여 명의 지도자들은 평양산정현교회에서 특별집회를 열고 한국교회 재건을 위한 제반문제를 논의하였다. 이들은 1945년 9월 20일경 재건을 위한 다섯 가지 기본 원칙을 발표하였는데, 신사참배에 굴복한 교회 지도자(목사, 장로)의 '통회정화'(痛悔淨化)에 대한 요구, 구체적으로 그들이 최소한 두 달 동안 휴직하여 '자숙'(自肅) 혹은 '자책'(自責)을 실천하도록 결의하였다.[213] 이 기본 원칙에 대한 교회의 반향이 매우 컸음에도 불구하고 교회의 재건이 이루어지지 않은 상태에서 전교회적으로 이를 적용하는 것은 요원한 일이었다. 해방과 함께 미소군정 아래 38선을 기준으로 남과 북이 분단되었기 때문이다. 1945년 8월 22일, 먼저 소련군이 평양에 입성하였고, 미군은 9월 8일에 인천에 상륙하였다. 결국 미소군정 하에 남과 북이 각각 독자적인 정부를 세우게 되어 한국의 분단은 고착화되었다. 북한의 교회지도자들은 한편으로 교회의 재건을 위해, 다른 한편으로는 정치적으로 공산정권이 들어서는 것을 막아야 하는 상황에 직면하였다.

　교회 재건과 더불어 노회도 복구되어야 했다. 그런데 이미 이때

---

213) 총회100년사 발간위원회 편, 「미래로 열린 100년의 기억」, 185-186.

한반도의 허리를 자르는 38선으로 말미암아 남북한의 왕래가 자유롭지 못하게 되었다. 1945년 11월 14일부터 1주일 동안 평북노회 주관으로 평안북도 선천의 월곡교회에서 평북지역 6개 노회 교역자 퇴수회가 개최되어 200여명의 교역자들이 참석한 가운데 진행되었다. 신사참배를 피하여 만주의 동북신학교에서 신학 교육을 해온 박형룡 박사가 강사로 초빙되었다. 출옥성도인 이기선 목사는 간증을 하고, 박형룡 박사가 산정현교회에서 논의되었던 한국교회 재건 기본원칙을 발표하였다.[214]

1. 교회의 지도자(목사 및 장로)들은 모두 신사에 참배하였으니 권징의 길을 취하여 통회정화한 후 교역에 나아갈 것
2. 권징은 자책 혹은 자숙의 방법으로 하되 목사는 최소한 2개월 간 휴직하고 통회자복할 것
3. 목사와 장로의 휴직 중에는 집사나 평신도가 예배를 인도할 것
4. 교회 재건의 기본원칙을 전한 각 노회 또는 지교회에 전달하여 일제히 이것을 실행하게 할 것
5. 교역자 양성을 위한 신학교를 복구 재건할 것

---

214) 김양선, 「한국 기독교 해방 10년사」 (대한예수교장로회총회, 1956), 45; 김남식, "신사참배 수난 후 한국교회 재건 양태 연구," 「신학지남」 70/2 (2003): 353; 기독지혜사 편, 「교회사대사전」, 전3권 (서울: 기독지혜사, 1994), "교회재건운동" 항.

그러나 1938년 제27회 총회에서 신사참배 결의를 주도한 당시 총회장 홍택기 목사는 이 발표에 강한 반발을 보이며 "옥중에서 고생한 사람이나 교회를 지키기 위하여 고생한 사람의 수고가 마찬가지였고, 핍박을 피하여 해외로 도피했거나 은퇴생활을 한 자보다는 교회를 등에 지고 일본의 강압에 할 수 없이 굴종한 사람의 수고가 더 높이 평가되어야 한다"고 주장하였다. 그리고 회개와 책벌은 각 개인이 하나님과 직접 해결할 문제라고 반대의사를 밝혔다. 교회 지도자들 중 많은 수가 굴종하고 신사참배에 동참하였던 터라 회개와 자숙을 권고하였던 출옥성도들의 주장과 남아 있던 자들의 고통 또한 이해되어야 한다는 논리가 상충하여 결국 퇴수회는 협의에 이르지 못한 채 마무리되고 말았다. 홍택기 목사의 발언은 교회의 재건 운동을 비판하는 사람들의 공통적인 견해였다. 어떤 사람은 홍택기 목사의 발언이 논리적이고 신학적으로 일리가 있다고 하지만 그렇지 않다. 왜냐하면 성도 개인이 지은 죄에 대해서는 하나님 앞에서 자신이 죄를 회개하고 돌이키면 그만일 수 있으나, 교회적으로 죄를 범하였다면 반드시 공개적인 회개와 고백을 했어야만 하기 때문이다. 신사참배를 어떻게 해석하든지 간에, 또 교회가 일제의 포수(捕囚)가 된 상태에서 일제에 굴종하는 길 밖에 달리 도리가 없었던 상황이라고 말하든지 간에, 한국교회가 신앙 양심을 버리고 일본의 강압에 굴종한 잘못을 범한 것은 달리 변명할 여지가 없다. 교회의 지도자들은 일제에 부역했고, 일본의 침략전을 성전(聖戰)이라고 선전했으며, 또 교회의 이름으로 헌금하여 전쟁을 위하여 헌납하였다.[215] 모든 면에서 새롭게 시작되는 한국교회를 위하여, 교회의 영적이며 건전한 발전을 위하여 공적인 회개는 불가결한 것이었다. 많은 교회의 지도자들이 공개적으로 회개할 용의가 없었으며, 퇴수회 조차도 자신들의 잘못을 쉽게 벗어나려는 의도에서 계획되었던 것으로 박형룡이라는 정통신학을 대표하는 사람조차 신사참배를 거부하지 못하고 망명해 있던 사실은 자신들의 굴종과 크게 다르지 않다는 것을 변론하기 위해 강사로 초청한 것으로 보이기 때문이다.

한편 아쉬운 부분은 '출옥 성도'들이 제시한 교회 재건 원칙이다. 사실 내용으로 보자면 교회의 3대 표지라 할 수 있는 '순수한 말씀의 선포,' '성례의 신실한 시행,' '권징'이라는 부분에 맞지 않는 부분들이 포함되어 있다. 하지만 '출옥 성도'들은 사람들이 더러 비판하듯이 교만해서가 아니라 신학적인 사고와 표현이 미숙함으로 인하여 교회 재건 원칙을 그렇게 표현하지 못했던 것이다. 연륜이 얕은 교회에게 신학적으로 완숙한 표현을 바랄 수는 없는 일이다. 출옥 성도 가운데는 실제로는 훨씬 열린 마음으로 생각했던 이들이 있었다. 예를 들면, 1945년 12월에 열린 경남노회에서 주남선 목사는 노회장으로 당선이 되자 노회원들에게 이런 말로 인사하였다.

---

215) 김영재, 「한국교회사」, 286.

사랑하는 동역자 여러분, 얼마나 수고가 많았습니까? 이 사람은 형무소 안에서 바깥 세상을 모르고 주님만 생각하고 살아왔기 때문에 어떻게 세월이 지나가는 줄도 모르게 살아왔습니다만, 여러분은 직접 일본 사람들의 통치를 받으면서 살아가자니 참으로 수고가 많았습니다.[216]

주남선 목사는 승리를 자처하지 않고 모든 것에 대하여 책임을 지는 형제로서 동료 노회원들을 대하였다. 그의 겸손함은 많은 사람에게 감동을 주었다. 그가 한 말은 바로 선천 월곡교회에서 열렸던 교역자 퇴수회에서 재건 원칙에 반발한 홍택기 목사의 발언과 같은 것이었다. 비록 같은 내용이라 할지라도 누가 그 말을 하느냐에 따라서 의미가 달라진다. 서로를 용납하기 위해서 출옥 성도가 해야 할 말을 자신의 죄를 변명하기 위해서 배교자가 사용할 때 그것은 지각없는 말에 불과하다. 하지만 자신의 신앙과 인내를 자랑하지 않고 상대를 용납하기 위해 주남선 목사가 한 말은 회개를 불러일으킨 감동적인 말이 된 것이다.

1945년 11월 14일, 평양노회가 주축이 되어 북한 5도 16노회의 대표자들이 모여 남북이 통일될 때까지 총회를 대행할 잠정적 협의기관인 '5도 연합회'를 조직하였다. 이 연합회는 교회 재건을 위

---

216) 심군식, 「해와 같이 빛나리」 (서울: 교회교육연구원, 1990), 260; 그리고 김남식, "신사참배 수난 후 한국교회 재건 양태 연구," 356 참조.

한 원칙을 수용하였고, 김인준 목사에게 중임을 맡겨 평양장로회신학교를 재건하기로 결의하였다. 그러나 1946년 2월 8일, 북조선임시인민위원회가 조직되면서 북한 공산당 정권의 본격적인 박해가 시작되었다. 선거를 주일에 실시하고 3·1절 기념예배를 드리고자 하는 교회지도자를 검거하는 등 교회행사를 방해하면서 본격적인 교회 핍박에 나선 것이다. 공산당 정권은 1946년 11월 28일 '기독교도연맹'을 결성하게 하여 '기독교도연맹'의 이름으로 김일성 공산정권을 절대지지하며, 남한정권을 인정하지 아니한다 등의 결의문을 발표하였다. 1948년에는 일반 신도들까지 가입을 강요하였으며 1949년에는 소위 '기독교도연맹총회'라는 어용단체를 결성하였다. 평양장로회신학교와 감리교의 요한신학교를 병합하여 공산당을 위한 새로운 어용 '기독신학교'를 만들었다. 1946년 3월 이후부터 1950년 6월 25일 한국전쟁 때까지 기독교연맹 총회에 가입하지 않은 수많은 북한의 교회지도자들이 투옥되거나 숙청되었는데 이에 따라 북한의 공산 정권을 반대하는 정치적 행보를 보이는 기독교계 인사나 교회 지도자들은 남한으로 피신할 수밖에 없었다.[217]

---

217) 총회100년사 발간위원회 편, 「미래로 열린 100년의 기억」, 190.

남한지역의 교회 재건

남한 지역의 교회 재건과 관련하여 특기할 만한 사실은 1945년 9월 18일 경남 노회원들이 재건노회를 조직한 교직자들의 자숙안을 내세웠다는 점이다.[218] "목사, 전도사, 장로는 일제히 자숙에 들어가며, 현재 시무하는 교회를 일단 사면할 것. 자숙 기간이 지나면 교회는 교직자에 대하여 시무 투표를 시행하여 그 진퇴를 결정한다." 경남노회가 '출옥 성도'들의 교회 재건 원칙과는 무관하게 교회를 재건하는데 목사, 전도사, 장로의 자숙을 필요한 전제 조건으로 내세운 것은 주목할 만한 일이다. 그러나 이러한 자숙 원칙을 스스로 제안하고 찬동한 많은 목사들이 그 원칙을 제대로 지키지 못했다. 1938년 제 27회 장로교 총회에서 신사참배를 가결할 때 부총회장이던 김길창이 경남노회 소속이었고, 그와 그를 따르는 친일 배교자들은 이 자숙안에 반대했고 교묘한 방법으로 결정을 못하도록 방해했다. 경남노회의 분위기는 동요되었고, 회개하자는 쪽과 회개할 필요가 없다는 쪽이 대립하면서 점점 자숙 원칙은 힘을 잃어갔다. 일시적이나마 교회에 사표를 내었다가는 영영 자리를 잃게 될까 두려운 나머지 그렇게 하지 못한 것이다. 결국 노회 재건이라는 명분은 내세웠으나 영적인 쇄신을 추구하지는 못했다. 여기 참여한 많은 목사들은 일제에 부역한 사람들이었으나

---

218) 임경근, 「한국교회사 걷기」, 309.

해방과 더불어 재빨리 새 시대에 적응하였다. 신사참배를 지지한 사람들 가운데 지금도 신사참배 반대 운동을 우습게 보는 사람들이 대외적으로는 한국 교회가 일본의 압제와 종교적인 핍박을 견디고 이긴 교회라고 말하는 것은 자가당착이다. 교회의 재건이나 쇄신이란, 한국의 대부분의 교파 교회에서는 조직 면에서의 재건을 의미한다. 다시 말하면, 일제의 강압으로 통합되었던 '교단'을 해체하고 각자 본래의 교파 교회로 환원하는 것을 의미한다. 그러나 여기에 덧붙여, 아니 이에 선행 되어야 할 영적인 재건에 대해서는 별로 언급하지 않았다.[219]

남한 지역은 신사참배 시기부터 북한 지역에 비해 교계의 중진 중에서 전향비율이 높게 나타나는 현상을 보였는데 해방 이후에도 일본 강점기에 친일행각으로 득세하던 이들이 총회와 신학교를 장악하고 있었다. 당시 일본이 세운 '일본기독교조선교단'의 통리였던 김관식 목사는 해방을 맞이한 뒤 장악하고 있던 교권을 빼앗기지 않기 위해 친일 교역자들이 다수인 상태에서 1945년 10월 18일과 19일 양일간 총회를 서둘러 소집하였다. 그러나 북한 지역에 거주하는 75명을 제외하고 남한 지역의 41명만이 참석한 가운데 총회는 파행 속에 어떠한 공적인 조치를 취할 수 없었고 결국 41인 위원회를 구성하고 9인의 실행위원을 선정하여 남한기독교회의, 즉 남부대회를 준비하는 것으로 총회를 마쳤다. 남부대회는

---

219) 김영재, 「한국교회사」, 290.

여러 교단이 연합해 만들어진 '일본기독교조선교단'을 계승해 '남부기독교회의'라는 연합교회로 자리 잡게 하려는 의도로 개최되었다. 500여 명의 대의원 중 약 200여 명이 모여 김관식 목사를 총회장으로 선출하였으나 실질적인 연합교회가 되지 못하는 상황 속에서 1946년 4월 30일 모임을 끝으로 자동적으로 해산하였다. 이렇게 기독교조선교단이 해체되면서 각 교단별로 교단 재건을 위한 노력이 시작되었다.

장로교회는 각 노회의 재건을 마치고 1946년 6월 서울 승동교회에서 남한 대표들만이 모이게 되었기에 남부총회를 개최하였다. 남부총회는 1938년 제27회 총회가 절차상의 과오로 신사참배를 가결한 것은 합법적으로 가결된 것이 아니므로 무효로 한다는 선언과 조선신학교를 남부총회 직영신학교로 한다는 내용을 결의하였다. 신사참배 문제와 관련하여 총회는 1938년 총회의 신사참배 결의를 '취소'하고 '통회자복일'을 정해 이를 시행했다. 그러나 '최소한 두 달간의 통회 기간을 갖자'는 요구에도 불구하고 통회자복일을 겨우 단 하루 동안만으로 정하였을 뿐만 아니라 신사참배에 굴복한 교회 지도자들에 대한 징계 조치도 없었다. 적절한 권징이 이루어지지 못한 것이다. 장로교 남부총회 역시 신사참배 거부로 선교사들이 추방되거나 본국으로 돌아가고, 보수적 신앙의 목회자들과 신학자들이 신사참배를 거부하다가 순교나 투옥, 혹은 망명하여 생긴 빈자리를 친일파 목회자들이 차지한 이래로 계속 교권을 장악하고 있었기 때문이다.[220] 그러므로 출옥 성도들이나 국외로 망명한 교회 지도자들이 아직 총회에 적극적으로 관여하지 못한 시점에 신사참배 회개 문제와 신학교 문제를 신속하게 처리한 것이다. 이에 신사참배에 가담한 사람들에게 신사참배의 죄를 회개해야 할 뿐만이 아니라 소위 자유주의 신학 사상에 대해서도 회개해야 한다고 주장하고 있었던 신사참배 거부자들을 중심으로 총회에 대한 반발이 일어나 갈등이 시작되었다.[221]

1947년 4월 18일 개최된 제2회 남부총회는 한국의 자주독립을 위한 성명서 발표, 해외선교와 국내전도 사업 재개, 전국 교역자 부흥회 개최, 각 교회 청년회를 면려회로 개칭, 각 노회 급 전국연합회 조직 등의 많은 안건을 처리하며 1946년 제1회 남부총회를 1942년 일본의 강압에 의해 해체된 제31회 총회를 계승한 제32회 총회로 인정하였다. 또한 북한 공산정권의 핍박을 피해 월남한 북한 교계의 교역자들을 남한 각 노회에 가입하도록 하여 활동토록 하였고,[222] 이어진 1947년 제33회 총회에서는 '조선예수교장로회'에서 '대한예수교장로회'로의 개칭을 정식으로 인준하였다.

220) 김남식, "신사참배 수난 후 한국교회 재건 양태 연구," 349.
221) 조진모, "1950년대 한국장로교회의 분열 연구,"「장로교회와 신학」8 (2011): 23.
222) 총회100년사 발간위원회 편,「미래로 열린 100년의 기억」, 198-199.

교회분열과 신학교들

설립 때부터 일본에 순응하여 신사참배를 적극 지지하였으며 일본에 충성하는 기독교 교역자를 양성하고 황민화를 위한 목사 재교육을 실시함으로써 일본의 교화기관으로 활용되었던 일제 강점기의 신학교들은 일본에 순응하지 않은 학생에게는 졸업장을 주지 않았다. 그들의 목적은 "복음적 신앙에 기(基)한 기독교 신학을 연구하여 충량유위(忠良有爲)한 황국(皇國)의 기독교 교역자를 양성함"에 있었기 때문이다. 그러므로 1938년 신사참배 거부로 평양장로회신학교가 폐교한 이후, 선교사들과 보수주의 주류 신학에 밀려나 있던 김재준을 중심으로 모인 자유주의 신학자들이 세운 조선신학교는 시대적 상황에 순응하여 일본에 충성하는 목회자를 길러내는 요람이 되었다. 해방 후에도 유일하게 신학교의 명맥을 이어 오던 조선신학교를 장악하고 있던 이들은 남부총회에 신학교의 총회직영을 청원하였고 역시 한국장로교회 안에서 교권을 장악하고 있었던 자유주의 신학 측의 친일적 인사들이 이를 빠르게 받아들였다. 이로써 조선신학교는 재건된 한국장로교회의 유일한 직영 신학교가 되었다.[223]

---

223) 한국기독교역사학회, 「한국 기독교의 역사 Ⅲ」, 29-30.

고신분립(1952)

　조선신학교를 총회의 직영신학교로 인준한 총회의 결정에 반발한 신사참배 거부자들을 중심으로 경남 지역의 교회 지도자들은 부산과 경남 지역에서 새로운 신학 교육 기관의 설립을 추진하였다. 경남노회가 이를 반겨 '출옥 성도들의 신학교 설립을 크게 환영하며 학생 추천과 교사로 쓸 건물 두 동을 빌려주기로' 약속했다. 이에 따라 순교자 정신을 받들어 옛 평양장로회신학교의 맥을 이어나가는 것을 설립목적으로 하여 1946년 9월 20일 고려신학교가 개교하였다. 그러나 그해 12월 3일 정기노회에서 사전 선거 운동을 통해 김길창이 노회장으로 당선되면서 문제는 심각해졌다.[224] 그는 교권을 장악해 교회 재건을 저지할 계획을 가지고 있었고 노회원들에게 남부총회와 함께 가기 위해서는 고려신학교에 학생을 추천하지 않아야 한다고 설득하여 가결한 것이다. 신사참배 당시 부총회장이었던 김길창의 정치활동을 저지할 수 없다면 경남노회의 개혁은 거기서 끝나는 것이었다. 여기에 반발하는 67개 교회들이 한상동을 지지하는 성명서를 발표하면서 노회 안에 갈등 구조가 형성되었다. 당시 경남노회는 한상동과 주남선으로 대변되는 소수의 출옥성도들, 김길창을 위시해서 적극적인 친일활동을 했던 일부목사들, 그리고 일제의 강요로 소극적으로 신사참

---

224) 임경근, 「한국교회사 걷기」, 309-310.

배를 했던 대다수의 사람들로 나뉘어 있었다.[225] 1947년 봄에 조선신학교의 신학 교육 이념을 반박하는 사건이 학교 안에서 일어났다. 재학생 51명이 총회 앞으로 전체 6쪽 분량의 진정서를 제출했는데, 학교의 '근대주의 신학 사상 소개와 성경의 고등비평을 배척한다'는 요지였다. 이 진정서는 대체로 김재준 목사를 겨냥하고 있었다. 이에 총회는 이 진정을 그대로 받아들여서 심사위원회를 구성했다. 조선신학교의 신학 노선과 신학 교육 이념이 총회에서 의심을 받고 있는 동안에, 1947년 10월 14일 박형룡 박사가 고려신학교의 교장으로 취임하였고 이 소식을 들은 조선신학교의 학생 34명이 부산으로 내려와 고려신학교에 편입했다. 박형룡은 고려신학교가 전국 교회와 총회의 지원을 받는 신학 교육 기관이 됨으로써 옛 평양신학교의 맥을 이어가야 한다고 생각했다. 그리하여 한상동 목사를 권유해서 경남노회와 관계를 새롭게 가지도록 하고 신학교도 경남노회의 인가를 다시 받게 하였다.

1948년 3월 조선신학교 문제를 의논하기 위해 '신학문제대책위원회'가 모였다. 이 모임에서 조선신학교의 이사진 및 교수진이 퇴진하도록 총회에 건의하되 만일 이 건의가 부결되면 옛 평양신학교의 전통을 잇는 새로운 신학교를 설립하도록 의견이 모아졌다. 1948년 제34회 장로교회 총회에서 조선신학교의 이사진 및 교수

---

225) 이상규, "1950년대 한국장로교회 분열과 연합에 대한 검토," 「장로교회와 신학」 3 (2006): 58.

진 퇴진에 관한 안건은 부결되었고 고려신학교에 대한 총회의 입장도 발표되었다. 총회는 고려신학교는 총회의 지원을 받지 못하는 교육기관이므로 고려신학교의 입학 지원자에게 개교회들이 추천을 할 수 없다고 못박음으로써 고려신학교를 인정하지 않는다는 사실을 분명히 했다.

약 두 달 후, 1949년 새로운 신학교가 '장로회 정통 신학교'라는 이름으로 서울 남산에 설립되었다. 총회 직영 신학교를 세우는 것을 목표하고 있던 박형룡은 1949년 4월 말 고려신학교의 교장직을 사퇴하고 5월 27일 남산에 세워진 장로회신학교의 초대 교장으로 취임하였다.

고려신학교의 인가를 둘러싼 여러 가지 문제들을 해결하기 위해 9월과 12월에 경남노회가 소집되었다. 총회와의 관계를 개선하기 위해 '총회로 하여금 공적인 회개를 해야 한다'는 주장을 철회하자는 의견이 개진되었으나 고려신학교의 인가와 관련된 사안이 시급히 다루어졌고 경남 지역 노회는 대체로 세 가지 입장으로 분열되었다. 고려신학교를 총회의 지원이 필요 없는 학교로 만들자는 입장과 이 견해를 지지하지도 않지만 조선신학교의 신학 노선에 대해서도 부정적인 자세를 취하는 입장, 마지막으로 양쪽 어느 편에도 속하지 않는 입장으로 나뉜 것이다. 이러한 입장 차이는 쉽게 좁혀지지 않았고 오히려 이듬해 봄에는 추가로 두 가지 입장이 더 등장하여 각각 신설 노회를 만들게 됨으로써 경남노회가 다섯 개의 노회로 분열되었다. 이 가운데서 하나가 '고려신학교는 총회와 무관하다'는 총회의 선언을 반대하면서 고려신학교를 지원하는 출옥성도 중심의 '법통노회'가 되었다. 1950년 4월 제36회 총회에서 경남 지역의 다섯 노회가 저마다 경남노회를 대표한다고 나서면서 제각기 총회의 인가를 요구하였다. 시간이 흘러 경남노회의 178개 교회 중 133개 교회가 경남(법통)노회를 지지했고 삼분분립노회를 지지하는 교회는 26개로 줄었으며, 19개 교회가 중립을 지키고 있는 가운데 총회 특별위원회는 1951년 3월 7일 부산진교회당에 교회대표들을 소집하였다.[226] 총회가 김길창 측의 노회를 지지한다고 여긴 경남(법통)노회가 불참하였으나 이 모임이 열리고 한 주 후, 부산중앙교회당에서 경남(법통)노회를 제외한 네 노회가 모여 새로운 노회를 조직하기에 이르렀다.[227]

1950년 가을 총회는 6월 25일 발발한 한국전쟁으로 인해 개최되지 못했다. 밀려 내려오는 북한군에 의해 불과 3일 만인 1950년 6월 28일 서울이 점령되었다. 다시 서울이 수복되기 전까지 3개월 동안 각 교파 교역자 60여 명이 구속되었으며, 이들 중 40여 명은 납북당하였고, 20여 명은 옥사하거나 처형당했으며, 행방불명된 자들은 셀 수도 없을 지경이었다. 공산군이 점령한 지역의 수많은 교회당이 불에 타고 성도들이 순교를 당하였다. 또 수많은 교역자

---

226) 임경근, 「한국교회사 걷기」, 330.
227) 임경근, 「한국교회사 걷기」, 330.

들도 납치되거나 순교하였다. 일제 강점기를 지나 해방을 맞이한 지 5년이 채 안되어 우리 민족은 동족상잔의 전쟁이라는 고통 속에 내던져졌다. 1951년 1월 9일 부산 중앙장로교회에서 기독교연합 전시비상대책위원회가 결성되어 피난민들을 돕는 일 외에도 미국에 대표들을 파견하여 도움을 요청하였다. 또한 1952년 1월 14일 교회재건연구위원회를 조직하여 재건사업을 추진하였는데 이때 세계 기독교 교회가 적극적으로 나서 도움의 손길을 보탰다.[228] 이렇게 한국으로 들어온 많은 구호물자들이 선교사들과 교회를 통하여 배분되었다.[229] 그런 관계로 전쟁이 발발하기 전보다 전후의 교세가 오히려 2배 정도 급격하게 커졌으며 교회 지도자들의 교권 강화와 교권에 대한 추구도 심화되었다.

전쟁으로 민족이 고난을 겪고 있을 때 한국장로교회는 여전히 분란에 휩싸여 있었다. 총회는 통합을 위한 설득을 시도했으나 고려신학교 측은 분리를 강하게 주장했는데, 결국 양측은 서로의 입장 차이만 확인할 뿐이었다. 총회와 경남노회가 분열에 휩싸여 있는 동안 이에 따른 문제도 속출하였다. 총회위원회와 고려신학교측이 직접 지역 교회들을 방문해서 설득 작업을 벌이는 과정에서 경남 지역의 한 교회가 분열되는 불행한 사태가 벌어진 것이다. 양측이 교회로 찾아와서 정반대의 설득 작업을 펼치는 통에

228) 임경근, 「한국교회사 걷기」, 329.
229) 한국기독교역사학회, 「한국 기독교의 역사 Ⅲ」, 68–69.

교회의 의견이 둘로 갈라져 성도들 간의 분쟁으로 교회가 둘로 나뉘게 된 것이다. 이에 이 지역의 교회들은 교인 빼앗기와 예배당 쟁탈전 등으로 말미암아 커다란 혼란과 어려움에 빠져들었다.[230]

1951년 부산에서 열린 총회의 주요 안건은 신학교 문제였다. 제37회 총회는 고려신학교 측이 파송한 12명의 총대를 거절하고 고려신학교 측과의 관계를 공식적으로 매듭짓기로 결론을 내렸다. 총회는 고려신학교 측과 '하등의 관계가 없다'고 대외적으로 공포하였고, 고려신학교 측은 조선신학교의 신사참배에 대해 회개치 아니한 죄와 자유주의 신학 노선을 강하게 공격하면서 이러한 조선신학교를 포용하는 총회도 '신신학 단체요 용공 단체'라는 성명을 발표하였다. 그러나 이때 이미 총회는 조선신학교의 신학 노선에 대해 확실한 선을 그은 상태였으므로, 고려신학교의 총회 비판은 대다수 교회 지도자들에게 그리 설득력이 없었다. 결국 경남(법통)노회는 1952년 9월 11일에 총회를 이탈하였다. 경남(법통)노회는 일본 신사참배에 '항복하기 이전의 옛 총회를 계승하여 진짜 총회를 결성'하기로 다짐하면서, 지금의 총회는 '본 장로회 정신을 떠나서 이교파적으로 흐르므로 이를 바로잡아 참된 장로회 총회'를 조직하게 되었다고 공포함으로써 고신교단(高神敎團)의 출발을 알렸다.[231] 한 달 후인 10월 16일 저녁에 이약신 목사가 총노회를

---

230) 임경근, 「한국교회사 걷기」, 333-334.
231) 이상규, "해방 후의 상황과 고신 교회의 형성," 「고신신학」 10 (2008): 198.

대표해 "대한예수교장로회 총노회 발회식 선언문"을 낭독함으로
1912년 하나의 장로교회로 세워진 한국장로교회 총회가 분열되었
음을 선언하였다.

기장분립(1953)

장로교회에 진보적인 신학이 들어오게 된 경로는 선교사들의
소개와 외국에서 유학한 조선인 신학생들의 소개에 의해서였다.
특히 1920년대에 일본의 진보적인 신학교에서 신학 교육을 받은
신학자들이 1930년대에 돌아온 다음에 신학교 안에서 영향력을
발휘하기 시작하였다. 이리하여, 1930년대 중반에 이르자 장로교
회 안에는 보수와 진보 사이에 신학적 갈등이 나타나 결국 해방
후 표면화되었다. 1949년 장로교회 제35회 총회는 신설된 장로회
신학교의 총회 직영을 가결하고, 또 이 신학교와 기존의 총회 직
영 신학교인 조선신학교의 합동안을 통과시켰다. 그러나 양측 모
두가 이 안을 받아들이지 않자 총회에 신학위원회가 구성되었고,
이 위원회는 양 신학교를 모두 폐교시키고 새로운 제3의 신학교를
신설하도록 총회에 제안했다.

제36회 총회에서 양측은 심한 싸움을 벌이게 되었고, 결국 경찰
이 개입해서 이 싸움을 겨우 멈추게 할 수 있었다. 한국전쟁이 일
어나고 피난지에서 총회에 다시 상정된 안은 결국 가결되어 두 신
학교의 폐교와 새로운 총회직영신학교 신설이 결정되었다. 조선
신학교 측의 강력한 항변이 있었으나, 이 항변이 무시당하는 과정

에서 또 충돌 사태가 벌어졌다. 조선신학교는 노회의 의결을 묻는 일도 없이 의결된 총회의 결의는 불법임을 들어 폐교하기를 거부했다. 1952년 제37회 총회에서 이 문제가 계속 다루어져 결국 총회는 조선신학교 졸업생에게 일체 교역자 자격을 부여하지 않는다고 결의했고, 교수 김재준이 '성경유오설'을 주장해 왔다는 이유를 들어 그의 목사직을 박탈하고 그의 소속 노회인 경기노회에 제명을 지시했다. 이에 조선신학교 김재준은 총회가 본인을 한 번도 불러보지 않고 임의로 처리한 것은 불법임을 밝히고 총회를 규탄하기 시작했다.[232] 이와 함께 전국 각 지역에서 총회 불신임 성명서 발표와 호헌 대회를 개최함으로써 총회가 분열되기 시작했다. 6월 3일에 총회의 결의에 반발하는 호헌위원회가 조직되는 움직임이 전국적으로 일어났고, 열흘 후인 14일에 장로회 호헌 전국 위원회 총회가 결성되었다. 경기·전북·군산·충남·경남·경북·경서노회 등 각 노회의 조선신학교 측 회원 약 30명이 부산에 모여 장로회 호헌 전국 위원 총회를 결성했고, 9월 17일에 전국적으로 목사 35명 장로 12명이 모여 총회 호헌 대회가 개최되었다.[233] 이 대회를 계기로 조선신학교 측과 총회신학교 측 사이에 분쟁이 더욱 심각해졌고, 그 결과 양측의 지지자들로 인해 노회가 분립되고 개 교회들이 분열되고 교회당 쟁탈 사건이 세상 법정의 판결을 기

---

232) 한국기독교역사학회, 「한국 기독교의 역사 Ⅲ」, 89.
233) 총회100년사 발간위원회 편, 「미래로 열린 100년의 기억」, 233.

다리게 되는 등 장로교회 전체가 혼란에 휩싸였다. 이 시기에 조선신학교는 대학령에 의해 신학대학으로 개칭해서 한국신학대학이라는 이름으로 새롭게 출발했다. 1953년 장로교회 제38회 총회가 열리자 경기노회는 총회를 향해 김재준의 면직에 대해 항의하였고 총회는 경기노회의 불경한 태도를 책망하면서 제37회 총회의 결의를 다시 재확인하고 공포했다. 더욱이, 총회는 이미 한국신학대학(조선신학교) 졸업생에게 교역자의 자격도 주지 말도록 결의한 상황이었다. 이에 불복한 조선신학교 측은 총회의 결의에 반박하는 성명을 내고, 조선신학교 측은 1953년 6월 10일 서울성남교회에서 별도의 모임을 가졌다. 참가한 노회는 전북, 군산, 김제, 경북, 경서, 충남, 목포, 충북, 제주노회(9개)였으며, 분립노회 대표 47명의 총대와 청년 회원, 여전도 회원, 호헌 동지 등 111명이 참가했다. 여기에서 새 총회의 창단 이념과 강령을 담은 선언서를 발표하고 법통 제38회 총회로 공포함에 따라 '기독교장로회'(기장) 교단이 설립되었다.[234]

합동과 통합 분열(1959)

1959년의 한국의 주류 장로교회는 다시 합동과 통합으로 분열되었다. 교단 분열의 주원인에 대해 합동측은 WCC 신학에 대한 양자의 차이 때문이라고 주장한 반면, 통합측은 분열의 근본 원인

---

234) 조진모, "1950년대 한국장로교회의 분열 연구," 27.

이 교권 논쟁이라고 주장한다. 해방과 한국전쟁 이후, 월남한 서북장로교 지도자들은 남한 장로교회 안에서 강력한 교권을 형성했다. 이들은 미국 장로교 선교사들의 후원을 받으며 신학 교육의 주도권을 장악했고 그 중심은 '복음주의협의회'(이하 NAE) 회원들이었다.[235] 다른 한편 1950년대 미국 장로교회 해외 선교부는 세계 에큐메니칼 운동에서 강력한 주도력을 행사했는데, 그 영향력 아래서 한국장로교회 안에서도 WCC와 세계 에큐메니칼 운동에 적극적으로 참여하는 교계 지도자들이 생겨났다.[236] 양자는 갈등하면서도 서로 타협하며 공존했다. 그러나 1959년 박형룡 박사가 정치적으로 실각한 이후 그 정치적, 신학적 갈등이 크게 드러나게 되었다.[237]

박형룡 박사의 정치적 실각은 소위 '3천만 환 사건'이라고 칭하는 금융사기 사건이 원인이 되었다. 1953년 8월 장로회신학교 교장 감부열(A. Campbell)이 사임하고, 그 후임으로 박형룡 박사가 피선되었다. 이때는 한국전쟁이 휴전되어 서울을 떠나갔던 사람들이 다시 돌아왔고, 이런 맥락에서 신학교도 서울 남산공원의 건물로 돌아왔다. 그러므로 신학교는 새로운 부지를 마련하여 교사(校舍)를 신축해야 할 형편이었고 감리교신학교와 성결교신학교가 신학

---

235) 총회설립 100주년 기념 총회 100주년사 발간위원회, 「대한예수교장로회 총회 100주년사」, 318.
236) 임경근, 「한국교회사 걷기」, 336-337.
237) 총회100년사 발간위원회 편, 「미래로 열린 100년의 기억」, 235.

대학 인가를 먼저 받자 장로회신학교도 문교부로부터 속히 대학인가를 받아야 한다는 압박이 있었다. 이를 위해서는 하루빨리 신학교 부지를 마련하여 교사를 신축해야 했다. 미국 장로회 선교부와 호주 장로교 선교부가 교사 신축을 위한 재정 지원을 약속했고, 미국 선교부는 이미 그 일부를 지급하였으므로 장로회신학교는 건축 공사를 추진하기 위하여 1954년 박내승 목사를 총무처장으로 임용했다. 교장 박형룡은 학교 운영 책임자로서 속히 학교 부지를 마련하기 원했고 그러한 가운데서 숭의여고 부지를 불하받는데 교섭을 담당했던 박호근을 소개받았다. 문제는 이사회와 상의 없이 총무처장하고만 상의하여 그를 기용했다는 것에서 시작되었다. 박호근에게 신학교 부지 알선과 교섭을 위해 여러 차례에 걸쳐 수십만 환 또는 수백만 환을 건네주었는데, 총 3천 만환이라는 거금이었다. 그러나 부지 알선과 교섭은 모두 사기였고 거금 3천만 환을 사용했으나 부지는 불하받지 못한 상태에 이르게 되었다. 이사회와 상의 없이 진행된 이 사건으로 인해 박형룡은 그 책임을 지고 교장에서 물러나게 되었다.[238]

통합측은 교권 문제임을 주장하면서 '3천만 환 사건'을 교단 분열의 주원인이라고 제시한 반면 합동측은 'WCC 논쟁'을 강조함으로써 신학적 보수 정통주의를 지키려는 신학적 문제가 원인이라

---

238) 조진모, "1950년대 한국장로교회의 분열 연구," 29; 총회100년사 발간위원회 편, 『미래로 열린 100년의 기억』, 237.

고 강조한다. 그러나 신학 갈등과 교권 투쟁은 밀접하게 연관되어 있어서 어느 한쪽을 주원인으로 보기는 어려운 점이 있고 세 번째 분열에 이르는 1959년 무렵에는 이미 양측 사이에 감정적, 교권적, 신학적 감정의 골이 깊어질 대로 깊어진 상태였던 터라 양측이 주장하는 원인이 아니었더라도 다른 사건으로 인해 얼마든지 교회 분열은 일어날 가능성이 있었다. 이 분위기를 잘 설명하는 것이 1959년 9월 28일에 대전에서 열린 제44회 총회 현장의 모습이다. 총회는 개회 시작부터 두 파의 치열한 싸움으로 중단되고 말았다. 이 날의 회의에서 경기노회의 총대를 받아들이는 문제를 두고 의견이 나뉘어 회의를 진행할 수 없게 되자, 총회장 노진현은 증경총회장들에게 대책을 제의해 줄 것을 청원하였다. 총회는 11월 23일에 서울 승동교회에서 속개하기로 하고 정회하자는 증경총회장들의 제안을 채택하였다. 이러한 결정에 불만을 품은 회원들은 이튿날 9월 29일에 서울의 연동교회에서 전필순의 사회로 단독 속회를 열었다. 통합측에서 볼 때는 그럴만한 충분한 명분이 있었겠으나, 그것은 분명 쿠데타와 같은 것이었다. 연동교회로 모인 연동측 총대들은 대전에서 아침 일찍이 특별 열차로 서울로 왔다고 한다. 그렇다면 그것은 사전에 계획에 따른 것이다. 수적으로 열세인 고려파와 기장파의 경우는 다수결의 법적 절차에 따라 총회에서 축출하는 절차를 통해 분립하게 하였으나, 연동측과 승동측은 주류와 비주류를 분간할 수 없을 정도로 백중지세의 두 분파가 분열하게 되면서 법적 절차를 밟을 수 없었기에 탈

법적인 분열을 감행한 것이다.[239] 11월 23일 승동교회에서 총회가 총회장 노현진의 사회로 속회를 개회했을 때는 소위 합동측만 참석하였다. 연동교회에서 먼저 단독으로 속회를 했던 통합측은 새문안교회에서 한경직의 사회로 통합 총회를 열었다.[240] 그 이래로 두 총회는 많은 시간이 흐르는 동안 서로 화해하고 연합해야 한다는 소리를 내면서도 끝이 없는 평행선을 달리고 있다. 분열이라는 큰 과오를 저지른 이후 서로 책임을 회피하고 역사의 정통성을 주장하기에 급급한 모습이다. 결국 교회를 바라보는 시각의 차이와 교회 안에 양분된 세력이 서로를 용납하지 못한 것이 원인이라 할 수 있을 것이다. 거룩한 하나의 장로교회를 위해 분열의 문제를 극복하기 위해서는 모든 것을 내려놓고 하나님 앞에서 먼저 자신들의 죄를 회개할 수 있는 용기가 있어야 한다. 역사적으로 인정할 것은 인정하고 사과해야 할 부분에 대해서는 투명하게 사과해야 할 것이다. 그것이 현재 한국장로교회가 하나 될 수 있는 대통합의 신호탄이 될 수 있기 때문이다.

백석총회는 한국장로교회 분열이 심화된 상황에 설립되었기에 장로교 분열의 책임에 대해서는 자유로운 편이다. 하지만 현재까지 이어지고 있는 긴 분열의 역사는 인간의 한계에서 비롯된 것들

---

239) 임경근, 「한국교회사 걷기」, 338.
240) 김영재, 「한국교회사」, 307-308.

이기에 유일한 회복의 방법은 '회개'밖에 없다. '회개'란 잘못을 뉘우치고 바로잡아 하나님께로부터 벗어난 길에서 하나님을 향해 돌이키는 것이다. 개혁주의생명신학 7대 실천운동 가운데 세 번째 운동은 "개혁주의생명신학은 하나님 앞에서 자신을 돌아보고 서로를 용납하여 하나 되는 것을 추구하는 회개용서운동"이다.[241] 한국교회 연합과 일치를 위해서는 먼저 자신을 돌아보고 서로를 용납하는 것이 선행되어야 한다. 그러나 서로를 용납하고 자신의 잘못을 인정하는 순간 자신들이 가진 역사적 정통성과 명분이 사라질 수 있다는 부담이 고스란히 남아 있기에 하나 되어야 한다고 말은 하면서도 정말 하나 될 수는 없는 것이다. 각 총회들이 자신의 입장에 맞게 설명하는 내용을 모두 기록하는 것은 의미가 없을 것이다. 단지 사도들로부터 계승되어온 건전한 전통과 16세기 종교개혁자들에 의해 확립된 개혁주의신학을 계승하는 정통장로교단으로서 선교사들의 숭고한 희생을 통해 이룬 '거룩한 하나의 장로교회'라는 비전에 한 걸음 다가가기 위해서라도 분열에 영향을 준 요인들을 정리하는 일은 올바른 역사 인식을 위해 필요한 과정이라여겨진다.

먼저 1950년대의 분열은 신학적인 문제와 교회정치적인 문제, 그리고 당시를 대표하는 지도자들의 개인적인 문제들이 복잡하게

---

241) 용환규, "개혁주의생명신학의 토대인 백석총회의 신앙고백 연구," 162.

얽혀서 이루어진 것이라는 점을 인식해야 한다. 평양 장로회신학교의 폐교 이후 이루어진 조선신학교의 신학교육과 배출된 목회자, 정통장로교 신학을 가르치는 신학교를 재건해야 한다는 사명과 지리적 위치, 배교의 길을 걸었던 교회 지도자들의 치리와 복권 문제 등 다양한 과제들이 자신의 이권을 중심으로 다양하게 얽히면서 교회 재건은 상당한 어려움을 겪게 되었다. 영적 그리스도의 몸인 교회가 타락의 길에서 벗어나 죄를 고백하고 회개하여 영적 생명을 살리는 교회로 돌아오기에는 출옥 성도와 배교자 사이에, 그리고 보수와 진보로 갈라진 신학자 사이에 상당한 저항과 괴리감이 있었던 것이다.

또 한 가지 중요한 것은 해방 이후 복귀한 연로한 미국 선교사들과 한국 지도자들의 관계에도 변화가 일어나기 시작했다는 사실이다. 좀 더 다양한 곳에서 선교 지원을 받고 전국적인 학교를 세우기 위해서는 서울에 신학교를 세워야 한다는 박형룡 박사에 대한 당시 선교사들의 생각에는 많은 변화가 일어났다. 선교 초기 한국교회를 이끌었던 선교사들에게는 정통보수 신학자로 인정 받았던 박형룡 박사가 해방 이후 들어온 미국 북장로교 선교사들에게는 새로운 시대와 달라진 신학에 적응하지 못하고 과거에만 집착하는 근본주의자로 인식되었고, 박형룡은 반대로 젊은 선교사들이 점차 자유주의 신학을 대변하는 것으로 생각하였다. 실제로 미국 장로교회에서 1929년 웨스트민스터신학교가 세워지게 된 이유

가운데 프린스턴신학교가 재편되면서 칼 바르트의 신학을 수용했던 점을 생각하면 이해가 되기도 하는 부분이다.

사회적인 부분에서 생각하자면 전쟁 후 미국에서 대량으로 건너온 구호물자와 자금을 분배하는데 교회가 가장 큰 역할을 감당했으며, 선교사들이 구호활동의 주축이었고, 선교사와의 관계에 따라 구호물자가 차별되어 지원되었던 점도 감안해야 할 것이다. 결국 이 당시에 일어난 신학적인 문제 대부분은 미국 장로교회와 신학교에서 일어났던 일들의 재연이라고 해도 무방하다. 하지만 한국교회와 신학이 발전하였으니만큼 그 당시의 문제를 좀 더 비판적으로 바라보면서 주체적으로 대응해야 할 필요가 있다고 생각한다.

그럼에도 분명히 우리가 지적할 수 있는 한국장로교회의 분열에는 신학교와 교단의 주요 인물들이 동인이 되었다는 점이다. 최초로 분열된 고려신학교와 한상동, 기장의 조선신학교와 김재준, 합동은 총회신학교와 박형룡, 통합은 장로회신학교와 한경직이라 할 수 있다.[242] 신사참배 회개운동과 반대운동, 자유주의 신학문제, 교회론 문제와 교회 세력의 양분 문제 등 다양한 원인을 명분으로 내세웠지만 분명히 인간의 한계를 드러내고 있다. 이제 선교사들의 영향력을 벗어나 신학의 발전과 선교강국으로 나아가는 한국교회의 교회사 기술에는 분열의 대표주자가 아니라 연합과 일치

---

242) 이상규, "해방 후의 상황과 고신 교회의 형성," 162.

를 상징하는 신학교와 교단 주요 인물들이 등장해야 하는 시점이라 생각한다. 그 연합의 상징으로 먼저 백석대학교와 장종현 목사가 기술되어야 할 것이다.

제10장

교회 연합과 자립,
복음화운동과 교회 성장

1960년대는 한국교회가 정치현실에 대해서 새로운 인식을 하게 만드는 사건들이 발생한다. 그 계기가 된 사건이 1960년의 4·19 혁명이었다. 이 혁명은 우리 사회의 민주의식 혹은 정치의식의 발전일 뿐 아니라 교회의 사회참여와 대응에 있어서 커다란 변화를 가져왔다. 사회 선교, 농어촌선교, 도시선교와 같은 구체적인 국내 선교의 방향이 정해지기도 하고, 1965년 민족복음화운동을 통해 연합운동이 기독교계 전반으로 확산된다. 물론 1960년 이후 한국교회의 가장 큰 이슈는 교회 성장이었다. 경제발전과 함께 한국교회는 스스로도 의식하지 못하는 가운데 성장지상주의에 매몰되는 모습을 보이기도 하면서 세속화 현상이 나타나기도 한다. 그럼에도 불구하고 미국의 「1967년도 신앙고백」이라는 새로운 신앙고백서 작성을 전후하여 한국장로교회의 신학적 자립이라 할 수 있는 「웨스트민스터 신앙고백서」 채택이 교단별로 이루어진다. 「웨스트민스터 신앙고백서」의 원본과 수정본을 채택하는 과정에서도 자신들의 신학 방향을 결정해야 하는 선택의 시간이 필요했던 것이다. 1960년부터 1969년까지 통합과 합동에 의해 이루어진 교회연합을 위한 노력은 비록 원래대로 환원하는 것은 불가능하지만 사역을 위한 연합은 충분히 가능하다는 것을 보여주었다. 또한 민족복음화를 위한 염원이 교파를 넘어 연합 운동의 길을 모색함으로써 한국교회는 새로운 전환점을 맞이하게 된다.

1960년대 한국장로교회의 「웨스트민스터 신앙고백서」 채택

「웨스트민스터 신앙고백서」 채택은 당시 한국장로교회 각 교단이 신앙고백에 대한 이해와 신학적 입장을 정리함으로써 하나였던 장로교회에서 출발하였지만 저마다 신학적으로 독자적인 노선을 가겠다는 의지를 표명한 것으로 이해할 수 있다. 우리나라에 장로교 선교사들이 들어와 복음을 전하면서 1907년에 독노회를 조직하였고 「12신조」와 함께 「웨스트민스터 신앙고백서」와 대·소요리문답을 하나님의 말씀을 밝히 해석한 책이자 교회와 신학교에서 마땅히 가르쳐야 할 요긴한 교리라고 소개하였으며 소요리문답을 교회의 문답으로 수용하였다.[243] 소요리문답과 「웨스트민스터 신앙고백서」는 1902년부터 평양 장로회신학교 교육과정에서 가르치기 시작했지만,[244] 해방 이전까지 장로교회의 신앙표준 문서는 「12신조」와 소요리문답뿐이었다. 평양신학교에서는 「웨스트민스터 신앙고백서」와 소요리문답과 대요리문답의 웨스트민스터 표준문서들이 교육되었지만 총회에서 채택하지는 않았던 것이다.

그런데 1950년대에 한국장로교회가 고신, 기장, 합동, 통합으로 분열한 후 60년대에 들어서면서 각 교단들이 「웨스트민스터 신앙고백서」를 신앙표준으로 채택하기에 이른다.[245] 갑작스럽게 채택이 이루어진 것처럼 보이지만 그 이면에는 신앙고백에 대한 입장 차이, 변화하는 신학에 대한 총회의 수용 여부, 미국의 신학적 변화에 따른 한국적 신학의 필요라는 다양한 의미가 내포되어 있었다. 1963년에 합동측이, 1968년에 통합측이, 1969년에는 고신측이 「웨스트민스터 신앙고백서」를 각 교단의 신앙고백서로 채택하였는데, 그 이유는 미국연합장로교회의 「1967년도 신앙고백」 채택으로 인해 발생한 신앙고백 논쟁에서 찾을 수 있다.

사실 한국장로교회에 가장 큰 영향을 준 것이 미국 장로교회인 것은 부인할 수 없는 사실이다. 미국 장로교회는 18세기 「웨스트

---

243) 총회100년사 발간위원회 편, 「미래로 열린 100년의 기억」, 87.
244) 박용규, "총신 120년의 역사, 신앙, 평가(1): 평양장로회신학교 설립, 발전, 폐교(1901-1940)," 196.
245) 김영재, 「교회와 신앙고백」, 255; 이은선, "한국장로교단들의 웨스트민스터 신앙고백서와 대소요리문답의 수용," 「한국개혁신학」 51 (2016): 175.

민스터 신앙고백서」를 채택했던 시기부터 대립과 분열의 징조를 보였다. 1728년 「웨스트민스터 신앙고백서」 채택 시 스코틀랜드-아일랜드 계열과 뉴잉글랜드 노회 양 진영의 대립은 그들의 신앙고백에 대한 견해 차이에서 비롯된 것이다. 신앙고백에 대한 서약이야말로 올바른 신학의 지속을 보장한다는 견해와, 신앙고백은 성경의 해석에 불과하므로 인간의 오류와 문화적 영향 하에 있을 뿐이라는 견해의 대립이었다. 즉 진리 표준으로서의 총괄성을 강조하는 신앙고백관과 복음의 상황 적합성을 강조하는 신앙고백관이 충돌한 것이다. 이러한 신앙고백에 대한 견해 차이는 1967년 신앙고백 개정까지 이어진다. 미국연합장로교회의 「1967년도 신앙고백」 채택으로 인해 발생한 신앙고백 논쟁은 한국으로 이어져 1966년부터 교계와 신학계를 뜨겁게 달구었다.[246] 기존의 신앙고백을 수정하는 것에 대한 저항이 있었기 때문이다. 선교지 교회로서 신학이 일천했던 한국교회 초기와 같이 무조건 수용할 수 있는 것이 아니었다. 분열의 명분으로 내세웠던 신학적 차이를 분명히 보여주고, 이제 한국적인 신학의 관점에서 미국의 신앙고백을 바라보게 된 것이다. 신학적 독립이 요청되는 시기였다는 의미이기도 하다.

사도들로부터 계승되어온 건전한 신앙고백들도 시대와 이단의 발흥에 대처하며 발전에 발전을 거듭하였다. 그 이유는 신앙고백

---

246) 이영헌, 「한국기독교회사」 (서울: 컨콜디아사, 1988), 354-355.

은 시대적 물음에 대한 응답이기 때문이다. 교회의 신앙고백은 시대마다 그리스도의 교회가 잘못된 가르침에 반대하여 성경의 진리를 변호하고 그리스도인들에게 그리스도교 교회의 신앙을 가르치며, 교회가 당면하는 문제들이나 신자들이 생활하는 데서 부딪치는 문제들을 해결하며 지도해야 할 필요성에서 작성된 것이다. 그러므로 교회의 신앙고백은 역사적 시대와 상황을 따라 발전하게 되었으며, 시대적이며 지역적인 특징을 띠게 됨과 동시에 다양성을 갖게 되었다. 그러한 면에서 모든 신앙고백은 교회 공동체의 믿음에 근거해서 드려져야 하는 공적인 신앙의 고백으로서 각기 그 시대의 지역적, 민족적, 역사적 특수성을 반영하고 있다.

「웨스트민스터 신앙고백서」 역시 시대적 흐름에 따라 여러 차례 수정된 바 있다. 「웨스트민스터 신앙고백서」는 1647년 2월에 영국 상원을 통과하여 8월 20일에 스코틀랜드교회에 의해 채택되었다. 그리고 1648년 7월에는 대소요리 문답이 채택되었다. 「웨스트민스터 신앙고백서」는 1788년 미국에 건너와서 교회와 국가의 관계와 관련하여 20장 4절, 23장 3절, 31정 2절이 개정 혹은 삭제되었고, 1887년에는 결혼 규정이 일부 삭제된다. 1903년에는 선언적인 서언이 새롭게 작성되면서 3장의 예정론과 10장 3절의 죽은 유아의 구원 문제에 대한 해석의 방향을 제시하였고, 16장 7절, 22장, 25장 3절 등을 수정하였고, 34장과 35장을 성령과 선교와 관련하여 내용을 추가하였다.[247] 그러나 진리 표준으로서의 총괄성을 강조하는 신앙고백관의 관점에서는 신앙고백이 우리의 믿는바 영원불변의 신앙 내용을 요약 망라한 것이라고 믿는다. 따라서 신앙이나 신학 혹은 신앙고백이 시대적인 물음에 응답하기 위해 시기마다 적절하게 변화해야 한다는 사상은 수용하기 어려운 것이다. 반면 복음의 상황 적합성을 더욱 중요하게 강조하는 입장에서는 신앙고백이 성경의 해석에 불과하고 인간의 오류와 문화적 영향 아래에 있기 때문에 복음의 상황에 따라 수정하는 것이 옳다고 하였다. 이러한 관점의 차이로 인해 미국에서도 논쟁이 격화되었고 한국에서도 그 논쟁이 이어졌다. 과연 진정으로 개혁주의신학을 표방하는 사람들이라면 어떻게 하는 것이 옳았을지 생각해 볼 필요가 있다. 신학이 아니라 먼저 성경에 비추어 보아 어떤 것이 바른 것인지 판단했어야 한다. 신앙과 삶의 유일한 표준은 성경이기 때문이다.

하지만 한국장로교회 안에는 영국에서 회의를 거쳐 상원을 통과하고 스코틀랜드교회에서 채택된 1647년 원안만이 참된 개혁주의 신조라고 믿고 보수하는 총회도 있고, 미국으로 건너가 몇 차례 수정을 거쳐 예정론을 약화시키고 부흥운동의 영향으로 성령과 선교에 대한 입장을 추가하면서 아르미니우스주의에 가까워졌다는 극단적인 평가를 받기도 하는 1903년 수정판을 채택한 총회들

---

247) 김영재, 「교회와 신앙고백」, 168.

도 있다. 개혁주의가 강조하는 가장 중요한 원리가 성경인지 아니면 예정론인지를 엄밀히 생각해 볼 필요가 있다. 예정론은 개혁주의가 강조하는 교리 가운데 하나일 뿐이다. 미국 장로교회가 예정론을 하나님의 예정에 관한 극단적인 이론으로 수정하여 이해하도록 촉구하게 된 동기 가운데 가장 중요한 것은 18세기부터 일어난 부흥 운동에 미온적이거나 냉담한 태도를 취한 교회가 주로 장로교회였다는 것에 대한 반성이라고 볼 수 있다. 19세기에 와서 장로교회가 부흥 운동과 선교 운동에 더욱 적극적으로 참여하면서, 예정의 교리보다는 회개와 결단과 믿음을 강조하는 복음주의 노선의 교파들과 협력하며 교류하기 위해서는 수정이 불가피했으며, 또한 일정 부분 역할을 한 것도 사실이다.

1903년 「웨스트민스터 신앙고백서」의 수정은 당대 현실의 철저한 반영이었다. 당시 교회는 역사상 그 어느 시대보다 복음 전파와 선교에 관심을 많이 가지게 되었으며, 그 일을 위하여 성령의 역사를 필요로 하고, 또 실제로 경험하게 되었기 때문에 성령과 성령께서 하시는 일을 보다 구체적으로 고백하게 되었다. 1647년 「웨스트민스터 신앙고백서」가 그 시대의 필요를 채웠던 것처럼 1903년의 신앙고백의 수정 또한 그 시대의 요청에 부응한 것이다. 문제는 미국 장로교회가 점차 보수주의적 성향에서 벗어나 1967년에는 「웨스트민스터 신앙고백서」의 개정이 아니라 새로운 신앙고백서를 작성하기에 이른 것이다. 개혁주의를 강조해 온 미국연합장로교회가 신정통주의 색채를 가진 「1967년도 신앙고백」을 작성하여 채택하면서 보수주의 측의 강한 반발을 불러일으킨다.

한국장로교회 역시 1960년대 다양한 신학적인 사조들의 유입과 한국교회의 WCC를 비롯한 세계 교회 운동 참여, "하나님의 선교 (Missio Dei)" 신학 수용 등으로 인해 세속화 논쟁 중에 있을 때 전해진 미국의 신앙고백 개정 소식에 서둘러 자신들의 신학적 입장을 표명하기 위한 한 방편으로써 「웨스트민스터 신앙고백서」를 각 교단의 신앙표준으로 채택하게 된 것이다. 「1967년도 신앙고백」의 교리적 위험성에 대처하기에 기존의 한국장로교회의 신앙표준인 「12신조」만으로는 충분하지 못하다고 판단했기 때문이다. 그런 의미에서 한국장로교회의 「웨스트민스터 신앙고백서」는 교리적 표준으로서의 의미가 크다. 한국장로교회는 각 교단의 입장에 따라 1647년 원안과 1903년 수정판을 각각 채택하게 되는데,[248] 성령의 역사를 단회적인 것으로 볼 것인지 혹은 연속적으로 볼 것인지에 대한 신학적 입장이 크게 작용한 것으로 보이지만, 실제로 1907년 대부흥운동과 여러 차례 부흥을 경험한 한국장로교회의 상황을 생각할 때 1647년 원안을 보수하는 것이 더욱 정통신학을 견지한다는 생각에서 비롯된 것으로 보인다.

1968년 통합측의 뒤늦은 「웨스트민스터 신앙고백서」 채택은

---

248) 이종성, "개혁신학이 한국교회에 미친 영향," 「장신논단」 3 (1987): 84.

「1967년도 신앙고백」 논쟁의 이면에 신앙고백 개념 자체에 대한 관점 상의 대립이 존재하고 있음을 잘 보여준다. 미국연합장로교회의 「1967년도 신앙고백」 채택 문제는 한국 교계에 큰 논쟁의 불씨를 던졌다. 미국 교회와 깊은 상관관계에 있었던 한국장로교회에서도 그 내용에 대한 논란이 크게 일어나, 미국연합장로교회가 채택한 새 신앙고백에 대한 공개 강연들이 열리고, 신학자들은 신학지들을 통하여 찬반 논쟁을 벌였다.[249] 기장측 신학자들은 「1967년도 신앙고백」을 긍정적으로 받아들인 데 반하여 합동측과 고신측 신학자들은 반대했으며, 통합측 일부 신학자들도 반대를 표명하였다. 한국장로교회의 보수진영 지도자들은 미국연합장로교회와 대한예수교장로회가 자매 관계를 맺고 있기 때문에 간접적으로 많은 영향을 받을 것을 걱정하면서 강력하게 반대 운동을 전개했다. 이 반대 운동의 최종 목적은 「1967년도 신앙고백」을 총회에서 단호히 거절하는 것이었다. 이미 1963년 「웨스트민스터 신앙고백서」를 신앙 표준 문서로 채택했던 합동측은 1968년 총회에서 교리를 강화하면서, '신경과 요리 문답'을 '신조와 웨스트민스터 신도 개요 및 대·소요리 문답'으로 보다 명확하게 규정함으로써 「웨스트민스터 신앙고백서」를 신앙 표준 문서로 재확인했다. 통합측은 「1967년도 신앙고백」에 대한 연구 위원회를 구성하여 1

---

249) 이종성, "미국연합장로교회의 신앙고백과 한국교회," 「기독교사상」 271 (1981): 38.

년 동안 연구한 후 1968년 총회에 보고하도록 하였다. 1968년 총회에서 그 신앙고백이 한국 교회 상황에 부적합하다는 사실을 언급하고 그 문제는 일단락되었지만 「1967년도 신앙고백」을 반대한다는 총회의 결의를 원했던 일부 지도자들을 만족시키지는 못했다. 「1967년도 신앙고백」이 한국장로교회에 미칠 영향을 우려하던 통합측 보수주의자들은 여기에 만족하지 못했다. 그로 인해 통합측 총회의 신앙과 신학의 노선을 강경한 칼빈주의에 묶어두기 위하여 「1967년도 신앙고백」에 대한 논쟁을 종식시키는 대신, 「웨스트민스터 신앙고백서」를 예수교 장로회 총회(통합측)의 신앙고백으로 채택하도록 주장한 이들이 있었다. 이 때 통합측이 채택한 고백서는 1647년의 것이 아니라, 미국 교회에 의해 수정되고 증보된 1903년 수정판이었는데, 그것이 채택될 때 이 점에 대한 질문을 제기한 총대가 없었다.

또한 고신측의 경우에는 1971년 제21회 총회에서 헌법 전체를 수정키로 하되 신경과 대·소요리 문답은 고려신학대학 교수들에게 맡겨 웨스트민스터 헌법의 원본대로 번역이 잘 안된 부분을 수정토록 하였다. 정치와 권징 조례, 예배 모범은 정치수정위원회가 맡아 검토 수정하였다. 이를 각 노회에 수의하였는데, 1972년 제22회 총회가 각 노회의 수의 표결 보고를 종합 총계한 결과 채택되었다. 그리고 「12신조」는 이 헌법의 부록으로 수록해서 참고토록 했다. 그리고 1980년 총회에서 「웨스트민스터 신앙고백서」의 34장과 35장을 추가 채택했다.

합동측은 다른 예장 총회들보다 5년 정도 앞서「웨스트민스터 신앙고백서」를 채택하였다. 그러나 이 역시「1967년도 신앙고백」과 무관하다고 말하기는 어렵다. 한국에서「1967년도 신앙고백」으로 인해 본격적으로 논쟁이 일어난 시기는 1966년 이후지만, 미국에서는 이미 1959년에 새 신앙고백을 위한 연구를 시작했기 때문이다. 합동측의 채택 과정을 보면 1963년 미국에서 개최된 개혁파 교회 세계 대회(RES: Reformed Ecumenical Synod)[250]에 참석 중이던 명신홍 박사의 요청으로「웨스트민스터 신앙고백서」를 표준서로 삼는 것에 대한 안건이 제48회 총회에서 논의된 것을 알 수 있다.[251] 합동측은 1963년 8월 24일 미국 미시간 주 그랜드래피즈에

---

250) 개혁주의 세계 대회와 예장 합동이 관련을 맺은 것은 1963년 총신 교장이던 명신홍 박사가 모금 운동을 위해 미국에서 열린 RES대회에 방청객으로 참석하면서부터다. RES대회는 장로교 개혁 교회들이 참여하여 조직한 세계 대회로, 동대회에 가입할 것을 청원 보고함으로써 총회가 이를 허락하여 1968년 8월 화란 암스텔담에서 열린 RES대회에 정식 회원으로 참석하게 됐다. 정식 대표는 김의환, 황규석 그리고 방청 대표단으로는 정규오, 손계웅, 최훈, 김해근 양재열, 안상기 등이 참석했다. 그 대회에 참석한 대표단은 전회원의 80퍼센트가 흡연을 하고, 음주자가 40퍼센트 정도였을 정도로 회의장은 담배 연기로 회의를 할 수 없어 정회할 정도였다. 특히 신학적으로는 창세기의 창조설, 여자 장로, 성경의 영감 문제 등 한국의 보수 교단의 신학과 교정 문제와는 상당한 거리가 있음을 알게 되었다. 그 대회에서는 태평양 지역 RES대회를 1970년 한국에서 개최하기로 결의했으나, 귀국 후 취소했다. 그리고 RES 대회 탈퇴 문제를 1년간 의논 보류한 끝에 1970년 제55회 총회(총회장 김창인)에서 결국 탈퇴하기로 결의했다. 정규오,「한국 장로교 교회사(상)」(서울: 한국복음문서협회, 1991)

251) 1964년 제49회 총회에서「웨스트민스터 신앙고백서」가 표준서로 공포되었다. 참조. 대한예수교장로회 총회(예장),「제49회 총회 회의록」(1964), 22.

서 개혁파 교회 세계 대회가 열린다는 소식을 접하고 긴급히 기독교 개혁파 교단 본부에 연락하였다. 그 결과로 초청을 받은 임원회는 명신홍을 추천하여 1963년 9월 6일에 파송하였다. 이 대회에 참석한 명신홍은 동 대회에 가입할 것과,[252] 대요리문답과 「웨스트민스터 신앙고백서」를 합동측의 신앙 표준서로 수납하도록 하여 달라는 것, 미국 기독교 개혁파 교회에 선교사 파송을 청하여 달라는 것을 총회에 요청하였다.[253] 총회는 이를 긍정적으로 받아들였으며, 「웨스트민스터 신앙고백서」는 투표를 통해 제49회 총회에서 표준 신앙 문서로 공포되었다.

백석총회는 1981년에 발표한 대한예수교장로회(합동진리·연합) '합동총회선언문' 2번째 항목에서 "2. 우리는 전통적인 한국장로교회가 지켜오는 성경적 개혁주의신학을 고수하고 총회의 헌법과 규례는 웨스트민스터 표준문서인 웨스트민스터 신앙고백서 대소요리문답, 교회 정치, 권징조례, 예배 모범에 준한다"고 하여 「웨스트민스터 신앙고백서」를 채택했는데 1903년 수정판을 채택하였다.[254] 백석을 비롯한 합동, 고신, 그리고 합신과 대신에 이르기까지 「웨스트민스터 신앙고백서」를 비롯한 표준문서들은 현재도 살아있는 신앙의 기준이라 할 수 있다. 그러나 통합교단에서는 새로

---

252) 대한예수교장로회 총회(예장), 「제48회 총회 회의록」(1963), 29.

253) 대한예수교장로회 총회(예장), 「제48회 총회 회의록」(1963), 67.

254) 용환규, "개혁주의생명신학의 토대인 백석총회의 신앙고백 연구," 138.

운 신앙고백서를 작성함에 따라 「웨스트민스터 신앙고백서」를 과거의 신앙고백 유산으로 여기고, 기장은 과거의 유물처럼 여기며 개혁주의와는 다른 길을 가고 있다.

1960년대 「웨스트민스터 신앙고백서」 채택으로 인해 「웨스트민스터 신앙고백서」는 결국 교리적 위협 외의 다른 어떠한 한국적 상황도 고려되지 않은 채 한국의 장로교회가 고백하는 신앙고백이 되었다. 각 총회들은 각자의 신학적인 입장을 반영한 다른 「웨스트민스터 신앙고백서」 판본들을 사용했으며 선택한 버전에 대해서도 명확한 기준을 제시하지 않았다. 일부 총회는 자신들이 추구하고 보수해 온 정통신학이 위협을 받는 것에 대한 부담이 있었기 때문에 교리적 표준으로서 「웨스트민스터 신앙고백서」를 통해 신학적 입장을 표방하는 것에 일차적 목적을 두기도 했을 것이다. 그런 면에서 한국의 민족적, 문화적, 역사적 상황을 모두 포함하여 담아내기에는 선교 초기부터 「웨스트민스터 신앙고백서」가 태생적 한계를 지니고 있었다는 점은 인정해야 할 것이다. 그럼에도 한국장로교회의 수많은 총회들이 유일하게 신앙고백으로 삼고 있다는 점에서 「웨스트민스터 신앙고백서」가 가지는 의미는 상당히 크다.

1965년 통합총회에서 현재의 한국장로교총연합회(1995)의 전신인 장로교연맹체 운동을 발의할 때 "장로회 신조와 대소요리문답을 그대로 믿는 장로회 명칭을 사용하는 교단의 대화"를 제안할 수 있었던 근거도 같은 신앙고백을 신앙의 표준문서로 고백하고 있기 때문이다.[255] 총회마다 조금씩 차이가 있음에도 불구하고 한국교회 연합과 일치를 위한 공통적 요소로는 「웨스트민스터 신앙고백서」와 「12신조」가 공동의 신앙고백으로 포함되어 있다. 결국 한국교회 연합과 일치를 모색하기 위해서는 공동의 신앙고백을 가진 교단들은 점진적으로 거룩한 하나의 장로교회를 이루어야 한다는 시대적 명령에 순종해야 할 것이다. 백석총회는 교단 설립부터 교단 통합을 이룰 때마다 여러 차례의 신앙고백서를 발표하여 채택한 바 있다.[256] 새로운 시대적 요청에 따라 「웨스트민스터 신앙고백서」를 수정하기보다 시의적절한 선언문을 발표하고 채택한 것은 개혁주의 신앙고백의 유산을 계승하려는 특별한 의지가 있기 때문이다. 또한 백석총회의 설립자인 장종현 목사가 개혁주의생명신학 입장에서 「웨스트민스터 신앙고백서」의 소요리문답을 강해하여 책으로 저술하였을 뿐아니라 성도들을 위한 교재를 제작하여 보급하는 것은 개혁주의를 바르게 실천하려는 분명한 의지가 있는 것으로 보인다. 특별히 종교개혁 500주년을 기념하여 2017년 9월 14일 「개혁주의생명신학 선언문」을 교회선언으로 채택하였음에도 불구하고 「웨스트민스터 신앙고백서」를 신앙의 표준문서로 고백하고 가르치는 것은 한국교회 연합과 일치를 위한 공동의 신앙고백

255) 한국교회백주년준비위원회 사료분과위원회 편, 「대한예수교장로회 100년사」 (서울: 대한예수교 장로회 총회 교육부, 1984), 562-563.
256) 용환규, "개혁주의생명신학의 토대인 백석총회의 신앙고백 연구," 134.

으로서 사도들로부터 계승되어온 건전한 전통과 16세기 종교개혁자들의 신앙을 담고 있는 유산으로서 가치가 있기 때문이다.

교회연합을 위한 노력들

한국장로교회 안에 교회 분열에 대한 책임을 지고 다시 하나 되어야 한다는 노력이 있었다는 것은 참으로 의미 있는 일이다. 물론 결국 하나됨이 이루어지지 못한 것은 아쉬움이 남는다. 1959년 분열 이후 합동과 통합 양측의 화합을 위한 노력이 있었으나 재결합에 이르지는 못했다. 그러나 교회연합을 위해 1962년 작성한 '합동원칙'과 '합동정책'에 나타난 통합총회의 연합정신은 이후 통합총회가 건강하고 지속 가능한 한국교회 연합을 위한 활동에 적극 참여함으로 구체화되었다. 또한 합동총회는 통합과의 분열 이후 고려파와의 합동을 모색하게 된다.[257] 두 총회가 갖고 있는 신학적 동질성 때문이었다. 이 일의 신앙적, 신학적 구심점이 박형룡 박사였다. 승동(합동) 측은 연동(통합) 측과 결별하면서 보수진영의 결집을 희구하고 있었다. 이런 상황에서 고려신학교의 교장이었던 박윤선 박사가 학교를 떠나게 되자 연합의 분위기는 점점

---

257) 임경근, 「한국교회사 걷기」, 340. 1960년대 초, 합동과 고신, 합동과 통합의 연합 시도와 관련하여, 정확한 의미 전달을 위해 이후 합동총회는 승동(합동) 측으로, 통합총회는 연동(통합) 측으로 표기한다.

무르익어가게 된다. "과거는 일소하고 백지로 환원하여 합동을 하자"는 내용으로 1960년 10월 25일 대전중앙교회에서 합동위원 19명이 역사적인 모임을 갖게 되었다.[258] 승동(합동) 측에서는 신앙노선이 같은 고신과의 합동을 만장일치로 결의하였으며, 위원장에 양화석 목사, 서기는 정규오 목사를 내세웠다. 고신의 추진위원장은 황철도 목사였고, 서기에 윤봉기 목사를 선임하였다. 1960년 12월 13일 오후 5시 30분 서울승동교회에서는 고신 총대 131명, 승동(합동) 측 총대 233명, 총 364명이 참석한 가운데 역사적인 합동총회가 개최되었다. 12월 14일 오전 9시에 속개된 합동총회는 임원을 선출하여 한상동 목사가 총회장에, 김윤찬 목사가 부총회장에 피선되었다. 1961년 9월 21일 제46회 총회가 부산남교회에서 개최되면서 한상동 목사를 총회장에 재선시켰다. 하지만 아름다운 교단합동의 모습은 오래가지 못했다. 합동 요건 가운데 신학교는 "신학교는 총회 직영의 단일 신학교로 하고"가 아니라, "신학교는 총회 직영으로 일원화하고"로 수정했음에도 그 해석에 있어서 입장 차가 있었던 것이다. 고신 측은 고려신학교를 존치시키며 행정적 연계성의 일원화를 생각한 반면, 승동(합동) 측은 통합의 의미에서 고려신학교를 폐쇄한다는 쪽으로 일원화를 생각한 것이다. 고려신학교를 분교로 하여 신입생을 받지 않는 것으로 총회

---

258) 양낙흥, "1960년대 장로교 '승동측'과 '고신측'의 합동이 재분리에 이른 과정," 「한국기독교와 역사」 27 (2007): 146.

가 결의하자 한상동 목사는 1962년 10월 17일 고려신학교 경건회를 마친 후 총회신학교의 분교가 아니라 고려신학교의 복교를 학생들 앞에서 돌발적으로 선언했다.[259] 그리고 이 문제는 합동의 원칙을 재고하는 상황으로 이어졌고, 1963년 9월 17일부터 20일까지 부산남노회당에서는 제13회 환원총회를 조직하였고 7개의 성명을 발표하기에 이른다. 34개월 만에 환원하면서 총회장을 연임하고서도 합동의 정신을 이어가지 못한 한상동 목사에 대해서는 많은 사람들이 아쉬움을 토로했다. 결국 분열의 원인은 이번에도 역시 신학교 문제였다. 신학교의 설립자요 운영자가 어떤 태도로 임하는지에 따라서 통합 정신의 유지 여부가 정해짐을 알 수 있는 부분이다.

통합과 합동은 1960년 1월 14일 서울 종로 기독교서회 회의실에서 남장로교 선교부의 주선으로 양자 간 회담을 개최했다.[260] 연동(통합) 측은 남장로교 선교부의 제안을 받아들여 화합을 위하여 WCC를 탈퇴하되, 국내에서 진행되는 모든 연합사업을 중단하고 내한 장로교 선교부들조차 거부해야 하므로 에큐메니칼운동을 전폐할 수는 없다고 밝혔다. 정회 후 다음날 1월 15일 오전 10시에 회의를 계속하기로 했으나 승동(합동) 측 수습위원장 이대영의 "최

---

259) 임경근, 「한국교회사 걷기」, 341-342.
260) 총회100년사 발간위원회 편, 「미래로 열린 100년의 기억」, 245.

종안과 변함이 없음을 통지한다"는 서신만 도착했다. 1960년 2월 17일에 서울 새문안교회에서 "통합" 총회가 개회되었다. 총대 목사 106명, 장로 118명, 선교사 21명으로 총 245명이 모여 통합 총회의 정통성을 밝히기 위하여 대전 중앙교회와 서울 연동교회에서 모인 제44회 총회를 확인하였고, 그 모든 결의를 인수하였다. 명칭을 '대한예수교장로회 제44회(통합)총회'로 그리고 합동과의 연합을 위해 "한국 교회는 세계기독교협의회(WCC)에 대한 심각한 의견 차이 때문에 한국교회의 화평을 위하여 이를 탈퇴한다"는 내용을 포함하는 총 8개 조로 된 '대한예수교장로회 통합안'을 결의하였다.

1960년 9월 서울 영락교회에서 개최된 제45회 총회 첫날 승동측과 다시 한번 화합하기 위해 총회 개회를 연기하고 합동 총회에 보낼 특별위원 7인을 선정했으나 23일 오전 특별위원 대표는 승동측이 이미 개회하여 회무를 진행했고 타협의 회합을 거절했다고 보고했다. 1962년 9월 서울 영락교회에서 열린 제47회 총회에서 합동추진위원회는 합동정책 중에 "WCC 탈퇴는 재확인한다"고 했지만 남대문교회와 승동교회에서 열린 두 번의 회담 끝에도 합의점을 찾지 못했다. 양측은 대구제일교회에서 세 번째 만남을 가졌으나 합의를 보지 못함으로 연합은 이루어지지 않았다. 양측이 제시한 합동원칙과 합동정책은 다음과 같다.

• 합동원칙(통합)

우리는 독선적이고 편협한 신앙의 고집과 태도를 지양하고 역대

교회의 전통적 신앙고백인 사도신경과 웨스터민스터 신앙신조에 입각한 세계 장로교회가 지향하는 노선과 긴밀한 유대를 맺고 삼위일체 신관을 고백하는 다른 교회 교우와 성도의 교제를 돈독히 하고 저들과 연합하여 시대적으로 부과되는 공동사명을 완수한 것을 목적으로 하는 범위 안에서 분열된 형제들과 통합의 길을 모색한다.

• 합동정책(통합)

WCC 탈퇴는 재확인한다.

국내 연합사업은 종전과 같이 계속한다.

선교회와의 유대를 공고히 하되 그 사업을 총회에 통합하도록 한다.

• 합동원칙(합동)

1. WCC적 에큐메니칼 운동을 명실공히 전폐하고 NCC를 탈퇴할 것. (단, 국내 연합사업을 협력하되 WCC적 에큐메니칼 자금을 받는 사업은 협력할 수 없음.)

2. 신학교는 보수적이요, 순 복음적으로 경영한다.

3. WCC적 에큐메니칼 운동을 반대하는 선교사를 환영한다.[261]

---

261) 총회100년사 발간위원회 편, 「미래로 열린 100년의 기억」, 257-258.

통합측은 1969년 9월 제54회 총회에서 WCC 재가입을 결의했다. 더 이상은 합동원칙을 제시한다 하더라도 하나 됨을 이루기는 어렵다는 판단을 한 것이다. 이 결정의 과정에 단지 WCC문제가 아니라 선교사들과의 관계를 비롯한 다양한 정치 문제가 혼재되어 있었음을 확인할 수 있다. 또한 고신총회와 합동이 이루어지면서 통합총회와 하나 됨을 이루기에는 더욱 다양한 문제와 입장 차이가 서로 안에 존재한 것 같다. 그럼에도 불구하고 서로가 하나 되어야 한다는 의지가 있었고, 노력이 수반되었던 것만으로도 상당한 의미를 지닌다. 언젠가는 다시 기회가 올 수 있기 때문이다. 이후 합동측과 공식적인 교류는 중단됐다가 1995년 1월 5일 처음으로 개최한 신년하례회에서 합동측 총회장이 참석해 축사를 했고, 합동측 신년하례회에는 통합측 총회장이 참석해 축사하므로 교류가 재개되었다. 2월 28일에는 분열 후 최초로 통합과 합동 양측 총회 임원들이 공식적 만남을 가졌다. 이런 과정을 통해 원점으로 돌아가는 합동은 불가하지만 한국교회 전체와 나라와 민족을 위한 일에는 연합할 수 있다는 연합운동의 방향을 확인하게 되었다.

사회선교

예장통합 총회는 복음에 기초한 시대정신을 가지고 사회의 주요한 문제들에 대한 개혁교회적 입장을 표명하였다.[262] 1972년 한

---

262) 한국기독교역사학회, 「한국 기독교의 역사 Ⅲ」, 232; 총회100년사 발간위

국교회선언문을 비롯하여 대사회 선언을 이어갔다. 1987년 4월 13일 제5공화국의 호헌조치에 대해 반대하는 목회서신을 발표하였고, 6월 7일 전국 교회의 '나라를 위한 기도회' 개최, 6월 22일 새문안교회에서 '나라를 위한 기도회'를 개최하였다. 또한 한국 사회의 급격한 산업화와 이로 인한 부작용이 사회적인 문제로 등장하면서, 총회는 복음 전도와 영적 회복을 목적으로 1958년부터 도시산업선교를 시행하였으며 1959년 농어촌선교를 통해 문화적, 경제적 혜택을 입지 못하고 어려움에 처한 농촌과 농촌교회를 농촌부를 통하여 지원하였다. 한편, 1969년 제54회 총회는 농촌 전도의 방향을 "농촌 교회 부흥사경 집회, 시청각 전도, 문서 전도, 장학금 지급"으로 정하고 농어촌 목회자 양성과 복지에도 힘을 썼다. 이렇게 사회선교를 이어가는 이유는 한국 교회가 한국 근현대 역사의 혼란기를 지나며 구한말에 복음이 선포되고, 일제 강점기를 지나며 복음이 뿌리내리고, 한국전쟁을 통하여 오히려 복음이 확산되는 것을 그 중심에서 목격했기 때문이었다.

신학교의 발전과 신학의 자립

신학교의 발전과 자립이라는 부분에 있어서는 한국교회 선교초기부터 선교사와의 유대관계를 끝까지 지속했던 통합총회의 역사

원회 편, 「미래로 열린 100년의 기억」, 262-265.

를 특별히 언급할 필요가 있다.[263] 통합은 선교사들로부터 승계받은 유산과 신학을 유지하는 가운데 본격적인 신학교육을 시행해 오던 1985년이 되어서야 비로소 신학적 독립이 이루어졌다고 평가한다.[264] 초기 선교사들로부터 시작된 한국장로교회의 신학교육 전통을 이어받은 장로교단 중에서도 통합총회는 1901년 설립된 평양장로회신학교, 1913년 설립된 보통성경학교(영남신학대학교), 1922년 설립된 전도부인 양성학교(한일장신대학교) 외에도 한국전쟁 직후, 전후 교회지도자 양성을 목적으로 설립된 부산장신대학교(1953), 서울장신대학교(1954), 대전신학대학교(1954), 영남신학대학교(1954), 그리고 호남신학대학교(1955)를 통해 신학교육을 오랫동안 지속해왔다. 그런 통합총회가 선교사들의 신학에서 벗어나 한국적인 신학으로 정립된 시기를 1985년 9월 10일 장로회신학대학 교수들이 '신학성명'을 발표한 시점으로 보고있는 것이다.[265] 그들로 하여금 선교 초기 선교사들의 신학으로부터 자립을 선언하게 한 '신학성명'은 다음과 같은 7개의 명제로 구성된다.[266]: "우리의 신학은 복음적이며 성경적이다." "우리의 신학은 개혁주의적이며 에큐메니칼하다." "우리의 신학은 교회와 하나님의 나라에 봉사한

263) 임경근, 「한국교회사 걷기」, 339. 외국 선교부와 관계가 대부분 끊어진 승동측(합동)은 재정적 어려움을 겪었다; 한국기독교역사학회, 「한국 기독교의 역사 Ⅲ」, 95.
264) 총회100년사 발간위원회 편, 「미래로 열린 100년의 기억」, 269; 이형기, 「세계개혁교회의 신앙고백서」 (서울: 한국장로교출판사, 2003), 495.
265) 총회100년사 발간위원회 편, 「미래로 열린 100년의 기억」, 269.
266) 총회100년사 발간위원회 편, 「미래로 열린 100년의 기억」, 268.

다.""우리의 신학은 선교적인 기능과 역사적 사회적 참여의 기능을 수행한다.""우리의 신학의 장은 한국이요, 아세아요, 세계이다.""우리의 신학은 기술사회 문제들에 응답하여야 한다.""우리의 신학은 대화적이다." 이렇게 신학적 독립을 위해 '신학성명'을 발표한 통합총회는 1986년 「대한예수교장로회 신앙고백서」를 제정함으로써 교단의 정체성과 사명이 무엇인지를 세상에 선언하는 한편, 이단에 대처하는 기준과 다음세대를 위한 교육의 근간으로 삼는다.[267] 선교사들로부터 독립하여 한국적인 신학의 입장을 비로소 정립하게 된 것이다.

분명한 것은 교단의 정체성과 사명을 확인하면서 한국적인 신학과 세계교회적인 신학의 보편성을 균형 있게 자리매김하기 위해서는 신학적 독립이 필요했고 새신앙고백의 작성이 필요했다는 것이다. 이런 차원에서 1978년 「교단선언문」을 중심으로 사도들로부터 고백 되어 온 성경적 전통과 역사적 개혁주의로 표현된 16세기 종교개혁자들의 신학을 한국적인 신학으로 정립하기 위해 출발했던 복음총회의 신학적 독립은 상당히 의미 있는 일이라 할 수 있다.[268]

---

267) 총회100년사 발간위원회 편, 「미래로 열린 100년의 기억」, 307.
268) 용환규, "개혁주의생명신학의 토대인 백석총회의 신앙고백 연구," 122.

한미장로교회 협정과 재정 자립

과거 80년 이상 한국에서 선교사업을 함께한 대한예수교장로회 통합총회와 호주 장로교회, 미국 남장로교회, 미국 연합장로교회는 1964년 이후로도 이미 두 번 상호협정서를 체결하여 선교사업을 협력한 바 있다.[269] 1973년 제58회 총회에서 3자매 교회와 상호협약이 완료됨에 따라 통합총회는 새로운 협약을 위한 회합(1973년 4월 25-27일)에서 상호협정서를 인준 제안하였고, 급변하는 새 시대에 맞춰 한국 내의 선교와 해외 선교를 협력하기 위한 상호협정을 맺었다. 이러한 상호협정서 체결은 대한예수교장로회가 피선교 교회의 위치에서 독립적이고 동등한 선교동역자로 격상되었음을 보여준다.[270]

또한 1974년 9월 제59회 총회에서 총회유지재단 이사회는 1973년 1월 27일 재단법인 대한예수교장로회(통합) 총회유지재단 설립 인가(허가번호 266호)를 받았고, 12월 18일에 법인등기필(등기번호 1295)했다고 보고하였다. 총회유지재단을 설립함으로써 재정 자립의 기초를 놓은 것이다. 이러한 상호협정과 재정 자립을 통해 통합총회는 한국에 복음과 개혁주의신학을 전해 준 미국 및 호주

---

269) 한국기독교역사학회, 「한국 기독교의 역사 Ⅲ」, 95. 미 북장로회와 남장로회, 호주장로회는 세계교회협의회에 가입되어 있었기 때문에 합동과 통합이 분열할 때 통합측에 합류할 수밖에 없었다.
270) 총회100년사 발간위원회 편, 「미래로 열린 100년의 기억」, 270-272.

장로교회들과 동등한 선교 동역의 길을 열었다.[271]

민족복음화운동과 연합운동

1960년대 한국교회의 특징은 개척교회 수가 증가하고 각 교회가 급격히 성장한 것이었다. 해방 당시의 기독교인은 35만 명으로 추산되고 이로부터 10년 후인 1955년에는 60만 명에 지나지 않았으나, 1965년에는 약 120만 명으로 성장하였다. 1975년에는 350만 명으로 급증하였고, 1970년대를 마감하는 1979년 기독교인은 약 700만 명으로 집계되었다. 그래서 1960년대 이후는 매 10년마다 200% 성장하였고, 1970년대 후반에는 매일 6개씩의 교회가 설립된 것으로 보고 되었다. 수적으로 말하면 1970년에는 매년 60만 명씩 증가한 것으로 알려져 있다. 이런 통계만 보더라도 1970년대의 한국교회의 가장 큰 관심은 교회의 성장이었음을 알 수 있다.[272]

1960년 이후 한국교회의 가장 중요한 이슈는 교회 성장이었다. '성장'이라는 단어는 이 시대를 지배하는 용어였으며, 교회 성장역시 이 시대의 최대 관심사였다. 많은 역사가와 사회학자는 1960

---

271) 총회100년사 발간위원회 편, 「미래로 열린 100년의 기억」, 272.
272) 이상규, 「한국교회의 역사와 신학」, 37-38.

년대부터 이어진 교회 성장의 배경에 분단 구조 및 군사정권의 개발시책, 즉 물량적 경제성장의 추진 및 결과가 있다고 분석한다. 개발사업의 전략적 추진은 급속한 도시화와 산업화를 촉진했다. 이런 배경에서 경제성장, 곧 성장지상주의는 국민적 소망과 정권적 의지, 그리고 현실적 힘을 가진 살아있는 가치 체계로 인식되었다. 성장에 대한 과다한 욕망은 생존경쟁과 배금주의로 나타났으며 정서적으로 서로를 존중하던 '우리'라는 가치를 파괴하여 공동체를 붕괴시키고 각 개인의 인간성 상실을 낳았다. 산업화가 진행 중인 도시사회에서 소외감과 정체성 위기를 느낀 사람들은 소속감과 정체성을 회복시켜줄 새로운 공동체를 찾게 되는 것이 일반적인데, 그것이 바로 종교라 할 수 있다.

산업화 시대 한국 도시 상황에서 젊은이들은 전통을 강조하거나 현실과 동떨어져 보이는 불교나 유교보다는 서구적이고 개인적이라는 인상을 주면서도 공동체의 친밀감과 소속감을 강조하는 기독교에 더 큰 매력을 느끼게 되었고, 기독교는 도시와 농촌에서 모두 성장하였으나 상대적으로 도시에서 더욱 급속하게 성장한다. 이미 이 당시부터 도시 지역에 초대형 교회를 구성할 수 있는 환경이 조성된 것이다. 가난과 상대적 박탈감에 시달리던 사람들에게 현세적인 문제를 해결해 주고 미래에 구원을 약속해 주는 교회는 그야말로 생명의 기쁨을 주는 공동체로 인식된 것이다.

현재는 성장 자체를 부정적으로 보는 사람들도 있지만 성장 그 자체가 문제가 될 이유는 없다. 문제는 성장제일주의인데, 성장제

일주의는 성장 이외의 다른 가치들을 무시하거나 부수적으로 취급함으로써 교회가 지켜야 할 '거룩한 하나의 교회'를 유지하기 위해 중요한 요소들인 정당한 치리, 의와 거룩, 성결, 이웃 사랑, 십자가와 부활의 신앙과 같은 신앙적이고 윤리적인 가치들을 무시하고 경시하였다. 인간의 끝 모를 물질적 욕망이 신앙이라는 이름으로 정당화되었고, 축복 지향적인 신앙 형태가 이 시기에 활개를 치면서 기복적인 신앙을 벗어나지 못하는 안타까운 일들이 발생했다.

1970년대 이후 인권운동과 민주화운동은 또 다른 형태의 교회적 과제로 인식되었다. 이 시기에 보수적 교회가 교회성장에 관심을 기울였다면, 진보적 교회는 인권운동과 민주화운동을 선교적 과제로 인식했다. 1960년대부터 교회는 두 부류로 나뉘었는데, 첫째는 사회현실에 대해서는 무관심한 반면 교회 성장을 제일의 우선적 과제로 추구하는 운동이었고, 둘째는 사회구조의 개혁 및 변혁을 앞세우는 사회참여 운동이었다. 개인의 구원문제를 가장 우선으로 삼는 보수주의와, 구조개혁과 변혁을 목적으로 사회참여에 앞장선 진보주의가 자연스럽게 분명한 차이를 드러내기 시작한 것이다.

교회성장의 요인

민족복음화운동과 대형부흥집회

1960년대의 급변하는 사회 상황이 '허탈 상태'에 빠져 있는 민족에게 복음을 전하기에 알맞은 시기, 한국교회의 지도자들은 한국교회 선교 80주년이 되는 1965년을 복음화 운동의 해로 정하여 초교파적인 조직을 갖추어 전도운동을 추진하였다. 보수적인 교회의 일부 지도자들은 복음화 운동이 WCC운동과 관련이 있는 것이 아닌가 하는 의구심에서 주저하기도 했으나 차츰 적극적으로 참여했다. 1964년 10월 16일, 이화대학교에서 75인 인사들이 모여 남미에서 성공적으로 진행되고 있는 복음화 운동에 관한 보고를 듣고 그와 같은 복음화 운동을 한국에서도 추진하기로 결의하였다. "3천만을 그리스도에게로!"라는 표어를 내걸고 전국 주요 도시와 4만개의 부락에 골고루 복음을 전파하여 온 겨레가 복음을 듣게 하자는 것이었다.[273] 준비위원들은 수 차례의 회합을 거쳐 각 교단 대표 300명을 회원으로 하는 복음화 운동 전국위원회를 구성하기로 하였다. 천주교회에서 35명, 장로교통합측에서 30명, 합동측에서 30명, 고신측에서 10명, 성경장로교 5명, 감리교 32명, 기장 30명, 구세군 15명, 기독교 성결교 5명, 성공회 8명, 정교회 5명, 침례회 5명, 침례회 총회 5명, 오순절교회 5명, 그리스도교회 5

---

273) 한국기독교역사학회, 「한국 기독교의 역사 Ⅲ」, 127.

명, 루터교회 5명, 나사렛교회 5명, 복음교회 15명, 기타기관에서 20명으로 정하였다.[274]

　중앙위원으로 명예회장에 한경직, 김활란, 위원장에 홍현설, 부위원장에 강신명, 김창석, 김창근, 김윤찬, 이혜영, 장운용, 조광원, 차광석, 황철도 등 12명으로 하고, 분과위원장 13명, 평신도위원 15명, 기관대표 12명이 조직되었다. 그리하여 1965년 한 해 동안 농촌 전도, 도시 전도, 학원 전도와 군 전도, 개인별 혹은 그룹별 전도 등 가능한 모든 방법을 동원하여 다방면으로 전도 활동을 교단별로 혹은 연합적으로 전개하도록 추진하였다. 1965년 5월에는 중국인 부흥사 조세광 박사를 초청하여 전국 각지를 순회하면서 부흥집회를 열었고, 조세광 이외에도 한경직을 위시한 400명의 지도자들이 전국 각 도시와 지방에서 부흥집회를 인도하였다. 한국교회가 여러 교파와 교단으로 나뉘었음에도 불구하고 복음화 운동을 범교단적으로 연합하여 추진한 것은 참으로 뜻있는 일이다. 그것은 여러 교회들이 모두 교회의 목적과 시대적 사명을 인식하고 공감하는 가운데 이루어졌다. 그것은 1909년의 '백만인 구령운동,' 1915년의 박람회의 기회를 포착하여 추진한 전도 운동, 1920년의 전도 운동, 1930년에 시작한 3년 간의 전도 운동 등 한국교회가 수시로 시도한 전도 운동의 전통을 이어 받은 '복음화'

---

274) 김영재, 「한국교회사」, 379-380.

운동이다.[275]

　　교회가 추진한 적극적인 성장 노력 및 효율적인 정책이 당시 시대 상황과 분위기에 잘 들어맞은 것도 성장의 요인이었다. 1970년대 이후 각 교단은 진보와 보수의 구별이 없이 거의 모든 교단이 구체적인 목표를 정하고 교회 성장 운동에 돌입했다. 합동총회는 1만 교회 운동을 전개했으며, 통합총회는 1974년 10월부터 1975년 9월까지를 '교회 개척의 해'로 정하고, 이 기간에 300개 교회를 개척하기로 가결했다.[276] 1965년 개신교 선교 80주년을 맞아 민족복음화운동을 전개한 것을 시작으로 1970년대에는 1973년 '빌리 그래함 전도대회,' 1974년 '엑스플로 74 대회,' 1977년 '민족복음화 대성회' 등 초대형 전도 집회가 등장했다. 각각 총 참석인원이 수백만 명에 달할 정도로 큰 외적 성공을 거둔 대회였다. 하지만 이러한 일련의 전도 중심 대형집회에 대한 비판이 있다. 이러한 집회가 당시 최고조에 달했던 한국 사회의 정치 갈등으로부터 사람들의 시야를 영적으로 돌리려는 목적으로 기획되었으며 일정 부분 그 목적을 달성했다는 시각이다. 하지만 이것은 1907년의 대부흥운동을 비판적으로 보는 시각과 같은 것으로 성령의 역사를 인위적으로 일으킬 수 있다는 잘못된 기준에 근거한 것이다. 부흥은

---

275) 김영재, 「한국교회사」, 380-381.
276) 한국기독교역사학회, 「한국 기독교의 역사 Ⅲ」, 127; 총회100년사 발간위원회 편, 「미래로 열린 100년의 기억」, 272.

오직 성령이 주체가 되셔서 일으키시는 것으로 인간적인 노력이나 조작으로 일어날 수 없는 것이다.

교회성장학파의 영향

풀러신학교를 중심으로 한 교회성장학파의 영향도 성장에 동력을 제공한 것으로 볼 수 있다. 물론 성장주의를 부정적으로 볼 수 있지만, 그럼에도 불구하고 교회성장학이 시대적인 사상으로 교회에 영향을 준 것을 부인할 수는 없다. 교회성장학은 1960년대 풀러신학교에서 도널드 맥가브란이 정립한 후 피터 와그너 등을 통해 확산된 이론으로 선교학의 한 주제였다가 독립된 영역으로 연구되기 시작했다. 원래 이 이론은 전도에 관한 사회현상을 사회학, 인류학적으로 연구하여 개종, 교회 성장, 선교의 외연 확장 등에 활용하는 이론으로서 단순히 교회 성장을 위한 프로그램이나 매뉴얼의 차원을 뛰어넘는 것이었다. 하지만 한국 교회는 이 이론의 기저에 있는 선교학, 사회학적 논의 대신 실용적, 실제적 프로그램을 받아들이는 데 관심을 두었고 교회성장학은 그렇게 소개되고 퍼져 나갔다.[277]

1970년대 이후 학파의 이론이 각종 세미나에서 소개되었고 한국교회 지도자들에게 큰 영향을 끼쳤다. 이 점을 단적으로 보여주는 한 가지 예는 이 시기에 시작된 아세아연합신학대학원(ACTS)

---

277) 한국기독교역사학회, 「한국 기독교의 역사 Ⅲ」, 132.

목회학 박사학위 논문 제목에 잘 나타나 있다. 아세아연합신학대학원은 1970년대 말부터 미국 풀러신학교와 연계하여 목회학 박사학위과정(D.Min Program)을 개설하였는데, 1983년 첫 학위를 수여한 이후 1997년까지 234명에게 학위를 수여하였다. 그런데 이들 중에 직접적으로 교회성장의 문제를 취급한 논문이 84편으로 전체논문의 36%에 달했다. 간접적인 논문까지 고려한다면 40%의 논문이 교회성장과 관련된 논문이고 그것도 개 교회를 중심으로 한 사례연구이다. 그만큼 교회가 성장에 대한 관심을 갖도록 목회자들에게 영향을 준 것이다.[278]

선교단체들의 활동

이러한 요소와 더불어 대학생과 청년의 신앙 각성을 도운 선교단체 역시 한국교회 성장에 기여한 하나의 요소였다. 원래 선교단체는 19세기 미국 2차대각성 이래 사회참여와 선교를 목표로 등장한 자원단체(voluntary societies)에서 기원했다. 19세기 복음주의는 복음전도와 사회운동을 모두 강조하는 총체성을 지니고 있었다. 그러다가 20세기 초 근본주의-현대주의 논쟁을 겪으며 보수 복음주의 단체와 진보 에큐메니컬 진영으로 나뉜다. 한국에서는 해방 후 한국기독학생회총연맹(KSCF)나 YMCA/YWCA 등의 진보 진영 선교단체가 있었다. 하지만 한국전쟁 후 외국에서 IVF, CCC,

---

278) 이상규, 「한국교회의 역사와 신학」, 121.

네비게이토(Navigators), 예수전도단(YWAM) 등이 도입되고, 한국에서 SFC, 죠이선교회(JOY), UBF, 한사랑선교회 등이 탄생하면서 한국 내 기독교 청년학생운동의 주도권은 보수 복음주의 단체가 쥐게 된다. 복음주의 선교단체는 주로 성경공부, 소그룹, 제자훈련, 찬양, 개인전도 등을 통하여 복음을 개인적으로 수용 및 적용하는 특징을 가졌고, 당대의 독재와 반민주에 저항하는 일반 대학생들의 민주화 운동과는 일정한 거리를 두었다. 이후 복음주의 학생운동 내에서는 이러한 태도에 대해 문제의식을 느끼고 1986년 기독교문화연구회 등 진보적 복음주의 학생운동이 분화하기도 했다.[279]

1960-1970년대의 한국장로교회는 지금까지 기술했던 것처럼 「웨스트민스터 신앙고백서」를 채택함으로써 각 총회의 신학적 입장을 정리하였다. 미국연합장로교회의 「1967년도 신앙고백」 채택이 불러일으킨 논쟁이 오히려 한국교회를 신학 자립의 길로 인도한 것이다. 물론 이 수용과정에서 「웨스트민스터 신앙고백서」가 몇 차례 수정되면서 미묘한 신학의 입장 차가 있었던 것이 그대로 드러났지만, 그럼에도 불구하고 그때까지 압도적이었던 미국의 신학적 영향에서 벗어나 종교개혁을 통해 확립된 개혁주의 입장으로 선회했다는 점에서 특기할 만한 일이다. 선교지 교회로서 채택

---

279) 한국기독교역사학회, 「한국 기독교의 역사 Ⅲ」, 136-137.

한 한국장로교회의 신앙표준인 「12신조」만으로는 「1967년도 신앙고백」의 교리적 위험성에 대처하기에 충분하지 못하다고 판단했기 때문이다. 한국적이면서 동시에 세계적인 신학을 지향해야 한다는 관심이 독자적인 신앙고백으로 이어지기에는 여전히 한계가 있었음에도 불구하고 「웨스트민스터 신앙고백서」라는 신앙고백 안에서 한국교회는 여전히 하나가 될 수 있다는 희망을 갖게 된 것이다.

신학적 독립이 가능해진 한국장로교회에 교회의 본질을 회복하려는 움직임이 있었음을 확인할 수 있다. 교회의 본질적인 기능을 수행하기 위해 우선 교회연합을 위한 노력이 있었고, 전도와 선교를 위한 총회 차원의 운동이 지속적으로 이루어 졌다는 것이다. 1975년부터 1984년까지 여러 차례 분열의 문제들이 일어나는 상황에서도 전도와 부흥은 끊임없이 이루어졌다. 분열에 대한 아픔을 오히려 전도와 선교를 통해 극복하려는 것처럼 교회개척과 해외선교운동 확산, 민족복음화운동과 대형부흥집회를 통한 연합활동을 통해 극복하려고 한 것이다. 또한 대학생들을 중심으로 이루어진 선교단체의 유입과 기독교 청년학생운동은 성경공부와 소그룹, 개인전도와 제자훈련을 중심으로 크게 확산되었지만 지역에 기반을 둔 교회공동체의 본질을 회복하는 일에 역할을 하기 보다는 선교단체로서의 역할에 머물렀다는 점에서 아쉬움이 남는다.

이 시대의 한국장로교회는 여전히 과제를 남겼다. 공동의 신앙고백서를 채택하고 있음에도 하나 되지 못하고 있는 현실적인 문제, 즉 교회 분열에 대한 책임, 교회 본질의 기능을 회복하는 종교개혁의 신학으로 돌아가기 위해 「웨스트민스터 신앙고백서」를 채택하였음에도 불구하고 여전히 정치와 이념 문제를 중심으로 분리되어 제대로 된 정교분리가 이루어지지 못한 현실, 전도와 선교 그리고 교회연합이라는 가치가 순수한 복음 전파라는 본질적 사명을 벗어나 무분별한 교파 성장주의로 몰락하게 된 것은 참으로 아쉬운 부분이다. 이런 상황에서 예수 그리스도의 생명의 복음으로 교회 본질의 기능을 회복하기 위해 순수한 복음 전파의 사명을 감당하겠다는 신학교와 총회가 설립된 것은 한국장로교회에 일으킬 새로운 변화를 기대하게 한다.

제2부

백석총회 45년사

白石總會 四十五年史

제1장

대한복음신학교와
대한예수교장로회 복음총회 설립

대한예수교장로회 백석총회의 시작은 1978년 대한예수교장로회 복음총회 설립이었다. 대한예수교장로회 복음총회는 대한복음신학교 학생들이 졸업 후 소속되어 섬길 교회가 필요하여 설립되었다. 대한복음신학교는 현재 서울 방배동의 백석대학교 신학교육원, 백석예술대학교, 백석대학교 대학원, 그리고 천안 안서동의 백석대학교와 백석문화대학교, 이 모두를 아우르는 백석학원으로 성장했고, 대한예수교장로회 복음총회는 현재 대한예수교장로회 백석총회로 성장했다. 시작부터 지금까지 대한예수교장로회 백석총회와 백석학원은 밀접한 관계 속에 동반 성장해 왔다.

대한예수교장로회 백석총회와 백석학원의 설립자는 동일하다. 따라서 백석총회와 백석학원의 설립자인 장종현 목사의 삶을 되짚어 보면 백석총회와 백석학원의 설립 동기가 자연스레 드러날 것이다.

"무릎 꿇고 받은 사명"

장종현(張鐘鉉)은 1948년 충청남도 아산시 영인면 성내리 2구 689번지에서 아버지 장암이와 어머니 김인순의 3남 2녀 중 넷째, 아들 중에는 막내로 태어났다. '성내리'는 통상 '안골'이라고 불렀다. 장종현이 태어난 집 아주 가까이 안골교회가 있어서 교회에서 들리는 종소리나 찬송 소리를 예사로 듣고 지냈지만, 부모님이 엄격한 유교 가풍을 중시해온 터라 교회에 다니지는 않았다. 아버지는 올곧은 선비 같은 분이셨는데 농사를 천직으로 여기고 살면서도 나라와 이웃에 유익을 끼치는 삶을 살아야 한다고 자녀들에게 자주 말씀하시곤 하셨다. 어머니는 어질고 자상하신 분으로 일생 자기 이익을 위해 남을 어렵게 하거나 거짓말을 해서는 안 된다는 가르침을 친히 삶으로 보여주신 분이셨다.[280]

모범적인 농부의 아들이었던 장종현의 어린 시절 꿈은 과수원 주인이 되는 것이었다. 향리의 영인초등학교를 졸업하고 천안에

---

280) 임원택, "장종현 박사의 생애와 신학," 안명준 편, 「한국의 신학자들」 (인천: 아벨서원, 2021), 39-40.

있는 계광중학교에 진학하면서도 과수원 주인이 되리라는 꿈은 변함이 없었다. 그런데 중학교 다니며 예수님을 만난 것이 장종현의 삶에 전환점이 되었다.[281]

부모님 슬하를 떠나 유학(遊學)을 하게 된 장종현은 외롭고 의지할 곳 없는 외지 생활 중에 하숙집 주인 집사님의 전도를 받았다. 그래서 난생 처음 간 교회가 봉명동교회였다. 봉명동교회는 감리교회였는데, 장년 성도 수가 20여 명 정도로 교역자에 대한 예우도 제대로 할 수 없는 실정이었다. 그런데 1963년 김영철(1934-2014) 목사가 부임한 후 전도에 힘쓰며, 생명력 있는 교회로 변화되었다. 특히 학생회가 매우 활발해졌다.[282]

김영철 목사의 사역에 성령님이 역사하심을 본 학생회장 장종현은 담임목사님을 찾아가 부흥회를 인도해 달라고 간청했다. 이에 김영철 목사가 학생들 20여 명을 데리고 성거산에 올라가 부흥회를 인도했는데, 마지막 날 말씀을 들은 후 통성기도를 할 때 성령님이 역사하셨다. 김영철 목사가 학생들 사이로 다니면서 안수기도를 할 때, 장종현을 비롯해 그곳에 있던 모든 학생들이 성령님의 역사를 체험했다. 크게 울며 죄를 고백하고, 방언이 터져 나왔다. 장종현은 성령님 안에서 죄를 회개할 뿐만 아니라 바로 자

---

281) 임원택, "장종현 박사의 생애와 신학," 40.
282) 백석학원 40년사 편찬위원회, 「백석학원 40년사」(서울: 백석학원 40년사 편찬위원회, 2016), 17-18. 이후 각주에서 이 책을 인용하거나 참고할 때는 「백석학원 40년사」라고 줄여 쓸 것이다.

신을 위해 돌아가신 예수님을 위해 살겠다고 결단의 기도를 드렸다. 이때 그는 하나님께 이후에 선교사가 되겠다는 서원을 했다.[283] 그래서 대학 전공은 영문과를 택했다.

1974년 단국대학교를 졸업한 후 장종현은 사업을 시작했다. 야간에는 대한신학교에서 신학을 배웠다. 그는 1977년 2월 대한신학교를 졸업했다.[284]

고등학생 때 은혜를 체험하고부터 장종현은 추석 같은 명절이나 성탄절에 기도원에 올라가 기도하곤 했다. 사업이 어려움에 처하게 되자 그는 평소대로 기도원에 올라가 무릎 꿇고 기도하며 하나님께 부르짖었다. 기도 중에 그는 학생시절 받았던 복음전파 사명을 되새기게 되었고 신학교 설립을 결심했다. 몇몇 사람의 권유도 그의 결심에 힘을 보탰다.[285]

그런데 신학교를 설립하겠다는 장종현 전도사의 결심은 의외의 반대를 만났다. 그는 다른 누구보다도 김영철 목사의 축복 가운데 신학교를 시작하고 싶었다. 그런데 기대와 달리 김목사는 신학교 설립을 만류했다. '이미 있는 신학교들도 많은데 왜 새로운 신학교를 세우려 하느냐? 먹고 살기 위해 신학교를 세우려 하느냐? 너는

---

283) 장종현, "나의 영적 아버지, 김영철 목사님," 백석정신아카데미 개혁주의 생명신학실천원 편, 「김영철 목사의 삶과 설교」 (서울: 기독교연합신문사, 2013), 78.
284) 「백석학원 40년사」, 19.
285) 「백석학원 40년사」, 19.

목회를 해야 영적 지도자가 될 수 있으니 목회를 하라'며 신학교 설립을 한사코 말리는 것이었다. 하나님 앞에서 순전한 가슴으로 결심한 것은 몰라주고 애먼 말씀을 하는 듯해 섭섭한 마음도 들었다. 하지만 다른 사람은 몰라도 자신의 영적 멘토인 김영철 목사의 동의는 꼭 받고 싶었다. 그래서 다시 김목사를 찾아뵙고 신학교 설립의 뜻을 말씀드렸는데, 두 번째도 만류했다. 세 번째 다시 가서 자신의 뜻을 말씀드렸더니 그때는 그렇게 하고 싶으면 한번 해보라고 흔쾌히는 아니었지만 그의 뜻에 동의해주었다.[286]

대한복음신학교 설립

장종현 전도사는 1976년 11월 1일 서울 용산구 동자동에 백석학원의 모태인 대한복음신학교를 세웠다. 대한복음신학교는 신학교, 즉 예수 그리스도의 복음을 전파할 복음 사역자들을 양성하기 위한 학교였다. 대한복음신학교 설립 당시 우리나라에는 이미 여러 신학교들이 있었다. 하지만 장종현 전도사는 당시 교회 상황을 심각한 위기로 인식했다.[287]

백석총회는 장로교회다. 1885년 언더우드(Horace G. Underwood)

---

286) 장종현, "나의 영적 아버지, 김영철 목사님," 80-81.
287) 임원택, "장종현 박사의 생애와 신학," 42.

선교사 입국 후 138년이 지난 오늘날 장로교는 우리나라 개신교 여러 교파들 중 가장 큰 교세를 이루고 있다. 대한복음신학교 설립 당시 우리나라 장로교회의 상황을 살펴보면 설립자 장종현 박사가 이미 여러 신학교들이 존재하고 있는 중에 새로운 신학교를 설립한 이유를 알 수 있을 것이다.

한국장로교회는 1907년 9월 17일 평양 장대현교회에서 조선전국독(獨)노회가 조직됨으로 공식적으로 출범해서 1912년에 산하 7개 노회를 둔 대한예수교장로회 총회로 그 최종 조직을 마쳤다. 우리나라에 온 장로교 선교사들은 비록 자신들이 속한 모교회는 서로 교파가 달랐지만 조선에는 하나의 장로교회를 세우려는 확고한 의지를 가지고 있었고, 실제로 단일 장로교회를 설립했다.[288]

일제 강점기 혹독한 압제 아래서도 하나의 교회를 유지하던 한국장로교회의 분열은 1950년대에 일어났다. 1952년 고려신학교를 중심한 고려파가 총회측과 갈라섰고, 1953년 기장측이 분립했으며, 1959년에는 합동측과 통합측이 분열했다.[289]

고려파의 분립은 신사참배를 한 친일파 목사들이 경남노회의 주도권을 잡으므로 '출옥성도'들이 노회 탈퇴를 선언하고 새로운 노회를 조직함으로 시작되었다. 기장측의 분립은 보수주의와 자유주의 신학사상의 차이에 따른 것이었다. 한국장로교회에서 신학

---

288) 임원택, "대한 예수교 장로회의 12신조," 118-119.
289) 김영재, 「한국교회사」, 297-308.

사상 문제의 발생은, 1925년 캐나다 장로교회의 연합교회 가입 문제로 인한 재한 선교사들 내부의 신학적 분열과 1934년 제23회 장로회 총회에 제소된 창세기 모세 저작 부정 문제와 여성안수 문제 논란 등이 그 효시라 볼 수 있다. 하지만 보수주의와 자유주의 신학사상의 본격적 대립은 1940년 이래 조선신학교에서 가르쳤던 김재준 교수가 해방 후부터 보수주의 신학에 대해 공공연한 도전을 함으로 시작했다. 그것이 1947년 김재준 교수의 자유주의 신학사상에 불만을 품은 조선신학교 학생들의 진정서 사건으로 장로회 총회와 연결되어서 마침내 교회분열에까지 나아가고 말았다.[290]

1959년 합동측과 통합측의 분열 요인은 복합적이었는데, 박형룡 목사의 신학교 기지 구입비 부정지출 사건과 WCC 탈퇴 문제, 그리고 제44회 대전총회에 참석할 경기노회 총대 선정 혼란 사건 등이 얽혀 있었다.[291] 그런데 그것은 신학노선의 차이보다는 교권다툼에 그 결정적 문제가 있었기 때문에 두 교단은 다시 하나의 교회로 되돌아가려 노력했고, 그 후 수 년 간 몇 차례 연합을 위한 시도가 있었지만 결국 실패하고 말았다. 그 후 합동측은 황해도, 평안도, 호남 출신들이 오랜 기간 교권을 장악하는 중에 영남 출신들을 소외시켜서 양측 간에 교권을 두고 다툼이 벌어졌다. 1979년에 비주류파(황해, 평안, 호남 출신)가 탈퇴하여 합동보수 교단을

---

290) 김영재, 「한국교회사」, 297-304.
291) 김영재, 「한국교회사」, 304-308.

세웠고, 이후 비주류파는 계속 분열해 교단이 80개가 넘는 상황이 되었다.[292]

1970년대까지 한국장로교회의 분열 역사를 보면 명백한 신학적 입장 차이가 개재된 경우는 손에 꼽을 정도고 그 외 대부분은 누가 교권을 잡느냐 하는 주도권 다툼과 관련한 분열이었음을 알 수 있다.[293]

장종현 전도사는 1970년대 한국 교회 상황을 심각한 위기로 인식했다. 다른 무엇보다도, 복음이 역사(役事)해야 할 목회 현장에 복음은 뒷전으로 밀리고 그 자리에 세상 방식이 난무하고 있었기 때문이다. 이에 그는 복음전파에 전력하는 사역자들을 양성하기 위해 대한복음신학교를 설립했다. 교명을 '대한복음신학교'라 한 것도 예수 그리스도의 구원의 은혜를 담은 '복음'을 온전히 드러내겠다는 의지 때문이었다.[294]

장종현 전도사가 대한복음신학교를 설립한 곳은 서울시 용산구 동자동 18의 3번지였다. 자신이 사업을 위해 사용하던 사무실에 학교를 세운 것이다.[295]

대한복음신학교는 통신신학으로 시작했다. 그래서 소외된 사람

---

292) 「백석학원 40년사」, 22-23.
293) 「백석학원 40년사」, 23.
294) 「백석학원 40년사」, 16과 21-23.
295) 「백석학원 40년사」, 23.

들이나 군인, 교도소 재소자 등이 주된 모집 대상이었다. 장종현과 허광재(1940–2023), 두 사람이 1년 남짓 직접 통신신학 교재를 만들고 통신문서들을 발송했다. 통신을 통해 학생들을 교육하며 학생들의 질문에 답했다. 통신 교육이었기에, 학생들을 체계적으로 관리할 수 없다는 아쉬움이 있었다.[296]

대한복음신학교는 1977년 12월 11일자 「한국복음신보」에 통신신학생 모집 광고를 처음 실었다. 그 후 교계 신문들인 「연합기독신보」(뒤에 「기독교신문」으로 개명), 「크리스챤신문」, 「(대한)복음신문」 등에 광고를 활발하게 게재했다. 「한국복음신보」에 실린 첫 광고에는 대한복음신학교의 교육 방향이 담겨있었다. '그리스도의 뜻을 본받는' 것과 '초교파적 크리스챤의 재무장 교육과 새로운 수련 교육'을 목표로 선포했고, 표어는 '당신도 가정에서 신학공부를 할 수 있습니다'였다.[297]

통신신학교의 특징은 '환경·경제·지역·연령·학력'에 제한받지 않는다는 것이었다. 그래서 광고 대상도 '① 각 교회의 직원(집사, 장로, 그 외 일반 신자들), ② 청년회장, 주일학교 교사(사명에 불타는 젊은이들), ③ 목회에 뜻이 있는 자(목사 안수 문제, 개척비용, 모든 여건 해결)'로 상당히 폭이 넓은 편이었다.[298]

---

296) 「백석학원 40년사」, 24.
297) 학교법인 백석대학교 역사편찬위원회, 「학교법인 백석대학교 30년사」(천안: 학교법인 백석대학교 역사편찬위원회, 2007), 34–35. 이후 각주에서 이 책을 인용하거나 참고할 때는 「백석학원 30년사」라고 줄여 쓸 것이다.
298) 「백석학원 30년사」, 35.

통신신학교가 가진 교육의 제약을 극복하기 위해 계절별, 지역별 특별 교육도 실시했는데, 그 목적은 '신앙교육의 실제적인 면'을 교육하는 데 있었다. 특히 '목회의 소명을 받은 자'는 좀 더 강화된 교육을 실시하고, 목회자의 자질 향상에 역점을 두고 교육할 것이라 밝혔다. "초교파적으로 복음의 역군"을 양성하고자 한다고 하여 신앙의 스펙트럼을 넓게 잡은 것은 통신신학이 가진 특징을 고려해 그리한 것이라 이해할 수 있다.[299]

대한복음신학교 설립 후 1년 반 동안의 동자동 시기에 대한복음신학교는 통신신학 과정으로 운영되었다. 눈에 보이는 큰 성장은 없었지만, 교육의 기회를 놓치거나 갖지 못했던 많은 이들에게 통신신학 과정을 통해 신학을 배울 수 있는 기회를 제공했다는 큰 의미가 있다. 통신신학 과정에서 공부한 이들 가운데 다수가 후에 대한복음신학교 본과에서 교육을 받고 목사가 되었다. 통신신학 과정 학생들 가운데는 재소자들도 있었는데, 통신신학 수업을 통해 변화된 재소자들은 출소 후 학교를 찾아와 고마움을 표하기도 했다.[300]

이미 존재하고 있던 다른 신학교들이 돌아보지 못하고 있던 대상을 목표 삼아 통신이라는 통로를 통해 복음을 전하고 신학을 전수한 이 시기의 노력은 이후 백석학원과 백석총회 역사의 방향을

---

299) 「백석학원 30년사」, 35; 「백석학원 40년사」, 24.
300) 「백석학원 30년사」, 38.

잡아주었다. 백석학원과 백석총회는 설립부터 오늘날에 이르기까지 예수 그리스도를 알지 못하는 이들에게 복음을 전하고 예수 그리스도의 생명이 역사하는 신학을 가르치는 일에 매진해 왔다.[301] 특히 기존 신학교들의 관심권 밖에 있어 신학교육을 받고 싶어도 받지 못하는 이들에게 통신신학 과정으로 신학수업의 기회를 제공한 것은 백석학원과 백석총회가 시작부터 예수 그리스도의 몸인 보편교회의 가장자리에 있는 사역자들을 품었다는 의미가 있다. 한국장로교회 특히 보수적 장로교회가 '총회신학교'의 주체가 누구인가 하는 문제, 다시 말해 신학교육 문제로 분열의 조짐을 보이고 있을 때 백석학원과 백석총회는 교회의 변경(邊境)에서 복음 전파의 열정을 실현하기 위해 신학수업의 길을 모색하고 있던 이들을 아우름으로 교회연합을 위해 날마다 한 걸음씩 나아가고 있었다.

대한복음선교회 설립

대한복음신학교는 다른 신학교들과 달리 특정 교단을 바탕으로 세워진 학교가 아니었기에 설립과 더불어 풀어야 할 숙제가 있었다. 대한복음신학교가 설립된 시기는 우리나라에 복음이 전파되고

---

301) 「백석학원 40년사」, 25 참조.

90년이 지난 후였기에 선교 초기에 세워진 신학교들은 각기 제 나름의 전통과 사상을 가지고 있었다. 그런 역사적 배경 없이 설립자의 소명의식과 사명감으로 시작된 대한복음신학교가 당면한 과제는 기존 신학교들의 전통과 관행의 장벽들을 헤치고 나가는 것이었다.[302]

신설 신학교인 대한복음신학교가 오랜 역사를 가진 교단 신학교들 사이에서 살아남기 위해서는 분명한 신학적 정체성이 필요했다. 그것은 1970년대에 새로운 신학교가 설립된 이유, 즉 학교 설립의 당위성을 밝히는 일이기도 했다.[303]

특정 교단에 뿌리를 두지 않아 신학과 교단 배경이 없었던 대한복음신학교를 뒷받침하기 위해 장종현 전도사는 학교 설립과 동시에 대한복음선교회를 세워 교단과 같은 역할을 하도록 했다. 대한복음신학교의 운영은 장종현 전도사가 맡았고, 대한복음선교회는 허광재 목사가 회장이 되었다.[304]

역사가 오랜 교단 신학교들 대부분은 선교사들이 세우거나 선교사들의 후원으로 세운 것이었고, 그 후 분열이 있었을 때 분열된 교단들이 각기 세운 것이었다. 그런데 대한복음신학교 설립에는 선교사들의 후원이 없었지만, 분열의 상처나 앙금도 전혀 없었다. 교단의 후원이 없다는 것이 당장은 힘들었지만, 교회 분열

---

302) 「백석학원 40년사」, 25.
303) 「백석학원 40년사」, 25.
304) 「백석학원 40년사」, 26.

의 상처에서 자유로운 것은 지금 되돌아보면 오히려 큰 장점이었다.[305] 교회 분열의 상처와 무관하게 오직 복음전파의 열정으로 설립된 대한복음신학교의 이런 태생적 특성은 그 후 백석학원과 백석총회가 분열로 상처받은 교회들을 모으고 교단들을 아우르는 교회연합운동에 매진할 수 있는 밑거름이 되었다.

대한예수교장로회 복음총회 설립

대한복음선교회는 대한복음신학교를 뒷받침하는 교단과 같은 역할을 하도록 세워진 선교회였다. 하지만 선교회가 교회는 아니었으므로 신학교에서 배우고 졸업할 학생들이 장차 소속되어 섬길 교회, 즉 총회가 필요했다. 당시 이미 목회를 하고 있던 허광재 목사는 교회가 소속될 수 있는 총회의 필요성을 절감하고 있는 터였다.[306]

장종현 전도사는 대한신학교 졸업 1년 후인 1978년 2월 12일에 대한예수교감리회 총회(당시 상도동 소재)에서 목사 안수를 받았다. 안수위원은 배창선 감독, 한동훈 학장, 한승기 목사, 정동화 목사, 허광재 목사였다. 장종현 목사가 신앙을 처음 갖게 된 학생 시절

---

305)「백석학원 40년사」, 26.
306)「백석학원 30년사」, 37;「백석학원 40년사」, 26.

다녔던 봉명동교회가 감리교회였고 그 후 감리교회에서 신앙생활을 했기에 감리교 목사로 안수를 받았다. 하지만 그가 신학을 배운 대한신학교는 개혁주의신학 전통에 서있는 장로교 신학교였다. 장종현 목사의 신앙이 개혁주의신학 위에 서있으면서도 감리교의 열정적 신앙 색조를 띠고 있는 것은 그의 신앙과 신학 여정의 귀결이라 할 수 있다.[307]

대한복음신학교를 졸업할 학생들이 소속되어 섬길 교회가 필요했기에, 장종현 목사는 대한예수교장로회 복음총회를 설립했다. 대한복음선교회가 대한예수교장로회 복음총회의 선구였음은 물론이다. 1978년 9월 11일 대한예수교장로회 복음총회 제1차 총회가 개최되어 장종현 목사가 초대 총회장으로 선출되었다.[308] 이것이 오늘날 대한예수교장로회 백석총회의 시작이었다.[309]

---

307) 「백석학원 40년사」, 26과 28.
308) 대한예수교장로회총회 역사편찬위원회, 「대한예수교장로회(합동정통) 총회역사(1978-2002)」 (서울: 총회출판위원회, 2005), 42. 이후 각주에서 이 책을 인용하거나 참고할 때는 「총회 25년사」라고 줄여 쓸 것이다. 「총회 25년사」에는 1978년 9월 제1회 총회 회차를 '제63회'라 했다. 이는 복음총회가 합동진리 총회로 바뀐 후 총회 회차를 초기 한국장로회 전통을 따라 사용하기로 결정하므로 1981년 9월 총회를 제66회 총회라 계수한 후 역산한 결과였다.
309) 「백석학원 40년사」, 28.

「대한예수교장로회 복음총회 교단 선언문」

1. 교리

(1) 우리의 교리적 입장은 신율주의적 복음주의이며, 역사적 개혁이다.

(2) 우리는 성경을 근본으로 하는 칼빈주의다. 성경을 근본으로 함은 성경을 절대 무오의 유일한 하나님의 말씀임과 우리의 신앙과 생활의 기준이 됨을 믿기 때문이다.

(3) 우리는 사도적 신앙고백의 터 위에 세워진 기독교회의 전통을 고수하는 전통주의에 입각한다.

(4) 우리의 신학은 개인적 신앙의 학적 표명이 아니라 사도적 신앙의 토대 위에 세워진 기독교 교회가 고백해 온 신조를 학적으로 설명하는 것이다.

2. 정치

(1) 우리는 성경적 교회의 유일한 대의정치 체제로서 장로정치 체제를 취한다.

(2) 교회와 국가의 관계는 정교분리의 원칙으로 한다.

3. 생활

(1) 우리는 성경을 우리의 신앙과 생활의 유일한 기준으로 하여 역사적, 전통적, 기독교회의 유신론의 토대 위에서 하나님 중

심, 말씀 중심, 교회 중심의 생활태도를 취한다.

4. 본 교단의 사명

(1) 사도적 신앙고백의 터 위에 진정한 성경적 교회를 수립할 것을 사명으로 한다.

(2) 나라와 민족과 지역을 초월하여 예수 그리스도께서 다시 오실 때까지 복음을 전파할 것을 사명으로 한다.

(3) 성경적 기독교 유신론에 입각하여 하나님의 일반은총 분야를 하나님의 뜻에 순종하여 계발·정진시켜 나아갈 것을 사명으로 한다.[310]

대한예수교장로회 복음총회는 교단 선언문에 본 총회가 칼빈주의신학 전통에 서있으며 장로정치 체제를 취하는 교회라고 표명하고 있다. 본 총회의 교리적 입장이 "신율주의적 복음주의"와 "역사적 개혁"주의, 그리고 "성경을 근본으로 하는 칼빈주의"라고 한다. 바로 이어서 "성경을 근본으로 함은 성경[이] 절대 무오의 유일한 하나님의 말씀임과 우리의 신앙과 생활의 기준이 됨을 믿기 때문"이라고 부연한다. 그리 길지 않은 선언문 가운데 "사도적 신앙고백의 터 위에"라는 표현이 두 번 나오는데, 이는 본 총회의 신학이 "사도적 신앙의 토대 위에 세워진 기독교 교회가 고백해 온 신

---

310) 「총회 25년사」, 42–43.

조를 학적으로 설명하는 것"이라고 풀어쓴 내용과 함께 본 총회가 건전한 신학 전통을 존중함을 분명히 드러낸다. 또한 성경을 궁극적 토대로 삼고 있음은 일곱 곳에서나 강조한다. 이는 대한예수교 장로회 복음총회의 신학이 성경과 건전한 전통 위에 서있음을 명백히 드러내는 것이며, 장로교 신앙고백서의 표준인 웨스트민스터신앙고백서가 서있는 신학적 토대와 동일한 토대 위에 서있음을 보여주는 것이다.[311]

대한복음신학교는 1978년 5월 7일부터 14일 사이에 관악구 동작동 41-15번지로 교사를 이전했다. 동자동 시대를 마감하고 동작동 시대를 열게 된 것이다. 여기서 1979년 4월까지 1년 정도 신학과와 보육신과 과정의 첫 교실 수업을 함으로써 학교 성장의 도약을 위한 디딤돌을 마련했다. 현재 주소로는 서초구 방배동 790-21에 있는 삼호 아파트 앞 건물 2층 사무실이 교사였다. 그곳은 18평 정도의 공간인지라 수업하기에 다소 비좁았지만, 다음 도약을 위한 디딤판 역할을 훌륭하게 해내었다. 그 후 몇 차례 교사 이전이 있었지만 백석학원의 방배동 시대가 이때 시작되었다고 할 수 있을 것이다.[312]

---

311) 「백석학원 40년사」, 28. '대한예수교장로회 복음총회 교단 선언문'에 대한 좀 더 상세한 논의는 용환규, 「한국장로교회와 신앙고백」, 287-289를 참조하라.
312) 「백석학원 30년사」, 39; 「백석학원 40년사」, 29.

동작동으로 교사를 이전한 후 처음으로 통신교육 과정 학생들의 출석 수업이 시행되었다. 출석 수업은 수련회 형식으로 이루어졌는데, 제1차 수련회는 1978년 여름 안양유원지에 있는 만안각 산장에 천막을 치고 개최하였고, 제2차 수련회는 그해 9월 사당동 등대기도원에서 개최하였다. 학생들은 열정을 가지고 기도했고, 통신 과정을 통해 배운 내용을 보완하는 집중 교육이 이루어졌다. 그 후에도 통신신학생들의 수련회 형식의 출석 수업은 1978년에 시작된 '본과' 과정과 별도로 매년 5월과 10월, 연 2회, 매회 3박 4일 동안 진행되었다. 통신신학 과정은 2005년 제29회 통신신학 졸업생을 배출할 때까지 충실하게 지속되었다.[313] 백석총회 교역자들 중에는 통신신학 과정에서 교육을 받으면서 소명을 갖고 후에 지역 교회 담임으로 수고하며 훌륭한 지도자로 섬기고 있는 이들이 많이 있다.[314]

1978년 9월 대한복음신학교는 통신 교재로 수업하는 통신 신학 교육과정과 별개로 출석 수업으로 진행하는 교육과정을 개설했다. 학과명은 '여자 보육통신과'였는데 어린이 사역 전문 목회자 양성을 목적으로 한 과정이었다. 이 보육통신과 과정을 통신 신학 과정과 구별하기 위해 '본과'라고 부르기 시작했다. 본과 과정 수업 내용은 신학과 기독교교육 중심으로 구성되었다.[315]

---

313) 「백석학원 30년사」, 40.
314) 「백석학원 40년사」, 29-30.
315) 「백석학원 30년사」, 41-42.

이때 대한복음신학교가 어린이 사역 전문 목회자 양성 과정을 개설한 것은 시대적 요청에 대한 부응이었다. 1976년 제31차 UN 총회가 1979년을 '세계 아동의 해'로 정한 데서 볼 수 있듯이 당시는 어린이에 대한 관심이 세계적으로 고조되어 있었다. 이와 더불어 당시 한국 교회에는 많이 늘어난 주일학교 교세를 감당해 나갈 교회 내 어린이 사역 전문가가 매우 부족한 상황이었다. 따라서 대한복음신학교는 동자동에서 동작동으로 교사를 이전하면서 어린이 사역 전문 목회자 양성을 위한 보육신과를 우선적으로 만든 것이었다.[316] 본과 첫 학기에 30명가량의 학생들이 등록했다. 여자 보육통신과로 모집했기에 여학생들이 다수였지만 남학생들도 등록해서 공부했다. 앞서 통신 신학 과정을 수강한 이들이 등록하기도 했다.[317] 모집 학과명이 '여자 보육통신과'인데 여학생만이 아니라 남학생들도 등록해서 공부한 점이나 통신 수업이 아닌 출석 수업으로 진행된 점은 자못 흥미롭다.

출석 수업 과정 교육을 시작하면서 12명의 교수들과 학교 임원들이 앞으로 발전할 학교의 미래상을 그리며 1978년 9월 1일 먼저 자신들이 제1회 졸업생이 되기로 했다. 이것은 '바라는 것들의 실상'(히 11:1)을 바라보며 살아가는 진취적 믿음을 가진 설립자의 제

---

316) 「백석학원 30년사」, 45.
317) 「백석학원 30년사」, 42; 「백석학원 40년사」, 30-31.

안에 따른 것이었는데, 모두 함께 "대한복음신학교 제1회 졸업기념 사진"을 찍어 기록을 남겼다.[318]

상징적인 '제1회 졸업생'에 이어 1978년 12월 21일에 통신신학과정 학생들을 중심으로 대한복음신학교 제2회 졸업생이 배출되었다. 3·1독립선언문이 낭독된 곳으로 역사적 의미가 깊은 태화관에서 가진 졸업식에서는 허광재 목사가 '지금부터 어디로 갈 것인가?'라는 제목으로 설교했고, 학교장 장종현 목사가 졸업식사를 했다.[319]

제2회 졸업생 55명 가운데는 1977년 12월 3일 처음으로 학적등록을 한 신과 여학생 김성숙과 목회과 남학생 남궁찬을 비롯해 3년 또는 2년의 교육과정을 통신교재로 1년 안에 마치고 졸업 자격을 갖춘 열정적인 학생들이 다수 있었다. 열심을 내어 해당 과목의 교재를 학습한 후 시험을 치르고 모든 통신교재를 마치게 되면 1년 안에 졸업할 수 있었다. 또 어떤 학생은 3년 과정의 다른 신학교를 졸업하고 와서 중복된 과목들을 면제 받음으로써 졸업 자격을 좀 더 빨리 갖추기도 했다. 그래서 각 학생의 조건에 따라 별과, 본과, 보육신과, 평신도과로 구분해 졸업장을 수여했다.[320] 참고로, 당시 교계 신문들에 게재된 광고를 보면 학과명으로 '신과'는 '신학과'라는 용어와, '목회과'는 '목회학과'라는 용어와 각각

---

318) 「백석학원 30년사」, 42.
319) 「백석학원 30년사」, 43.
320) 「백석학원 30년사」, 43-44.

통용되고 있었다.

아직 신과가 본과는 아니었지만 야간 보육통신과 과정 학생들 가운데 자격 조건을 갖춘 이들을 신과 본과로 졸업시켰고 통신교육과정을 통해 공부한 학생들은 별과로 구별해 졸업장을 주었다. 당시 졸업 앨범에는 졸업생들 사진이 신학과, 목회학과, 보육신과, 기독교교육학과, 그리고 평신도과로 나뉘어 실려 있다. 1978학년도부터 제작된 졸업 기념 앨범에는 처음에는 통신과정 학생들도 포함되어 있었다. 1983학년도부터는 통신과정 학생들의 졸업 앨범은 별도로 제작하게 되었다.[321]

1978년 수업 현황표에 따르면, 당시 대한복음신학교의 교육과정은 학과에 따라 약간씩 차이가 있었지만 기본 골격은 다음과 같았다. 1학년 과목은 비교종교학, 기독교교육, 교회사, 교리학, 영어, 구약개론, 신약신학, 장로교교리, 칼빈신학이었다. 각 과목의 교재는 20과로 이루어져 있었다. 하지만 영어와 장로교교리, 칼빈신학은 아직 가르치지 않고 있었다. 2학년 과목은 시편, 로마서, 바울신학, 종교심리학, 조직신학, 일본어, 헬라어, 칼빈신학, 영어가 계획되어 있었으나 일본어, 헬라어, 영어 대신에 계시록, 설교학, 목회학, 이사야 과목이 추가되었다. 특별히 신학과는 다른 학과들과 달리 이 과목들을 반드시 이수하도록 했다. 3학년에는 목회학, 설교학, 구약신학, 계시록, 장로교헌법, 조직신학, 영어, 헬

---

321) 「백석학원 30년사」, 44, 77; 「백석학원 40년사」, 32-33.

라어가 계획되어 있었지만 신학과를 위해 삼위일체, 장로교교리, 신약신학, 기독교헌금 과목이 개설되었다.[322]

대한복음신학교의 모든 학년 교육과정에 장로교교리, 칼빈신학, 그리고 장로교헌법과 같은 과목들이 편성되어 있음을 주목할 필요가 있다. 대한복음신학교가 학생 모집 첫 광고에 '초교파적 복음의 역군 양성'을 목표로 명시해 복음전파의 사명을 천명하면서도, 실제 신학교육의 내용은 개혁주의신학에 바탕을 둠으로 초기부터 개혁주의신학이라는 신학 정체성을 지향했음을 알 수 있다.[323]

1978학년도 졸업 앨범에 따르면, 당시 대한복음신학교의 교훈은 "근면, 성실, 성화"였다. '근면'과 '성실'은 당시 사회에서 강조되던 가치를 반영하고 있고, '성화'는 설립자 장종현 목사의 신앙, 특히 천안 봉명동교회에서 받은 신앙 훈련에 따른 것이라 볼 수 있다. "근면, 성실, 성화"라는 교훈은 한 해 정도 사용되었고, 1979학년도부터는 교훈이 "진리가 너희를 자유케 하리라"(요 8:32)로 바뀌어 오늘에 이르고 있다.[324]

1978년 학장은 장종현 목사, 대한복음선교회장은 허광재 목사였다. 장종현 목사는 전임교수였고, 허광재 목사는 목회하면서 전

---

322) 「백석학원 30년사」, 73-74.
323) 「백석학원 40년사」, 33.
324) 「백석학원 30년사」, 45-46.

임 사역을 병행하고 있었다. 얼마 지나지 않아 장종현 목사는 대한신학교 은사였던 김준삼(1929-2008) 목사 그리고 최순직(1923-1999) 목사와 긴밀한 유대를 갖게 되었다. 이런 변화는 대한복음신학교의 신학 정체성 정립에 상당한 영향을 끼쳤다.[325]

1979년 3월 11일 대한복음신학교는 관악구 방배동 31-5번지로 교사를 옮겼다. 이듬해인 1980년 5월 서울특별시 행정 구역 조정에 따라 주소가 강남구 방배본동 31-5번지로 구와 동 이름이 바뀌었는데, 현재 주소로는 서초구 방배본동 73-17 우신빌딩이 있는 곳이다. 당시 대한복음신학교가 있던 건물 2층에는 중국식 식당이 있었고, 3층에 150평정도 세를 내어 교사를 마련했다. 이제는 강의실 3개와 대강당, 그리고 학장실을 따로 갖춘 공간을 갖게된 것이었다. 이때 허광재 목사가 교무처장을 맡았다.[326]

1979년부터 통신신학과는 신학과, 목회과, 기독교교육과와 보육신과로 교육 내용을 세분화했다. 1979년 봄 학기에 대한복음신학교는 그 학기부터 80명으로 증원해 모집한 야간 과정 보육신과 신입생 모집에 주력했다. 보육신학과는 원래 모집 대상이 여학생들이었지만 남학생들도 등록해 공부했다. 그래서 1979학년도부터는 남·여학생 모두를 모집하는 것으로 바꾸었다. 야간 보육신학과

---

325) 「백석학원 40년사」, 34.
326) 「백석학원 30년사」, 46.

에는 신학을 공부하려는 학생들이 다수 들어왔기에 '보육신과'라고 불렀다. 아직은 이 보육신과만 본과로 있었다. 학교는 1979학년도 봄 학기부터 신학과 4년, 목회과 3년으로 교육 기간을 각각 1년씩 늘렸다.[327]

1979학년도 2학기 야간 과정은 일반 목회자 과정과 어린이 목회자 과정, 크게 둘로 구분해 모집했다. 일반 목회자 과정에는 4년 과정인 신학과와 목회과, 그리고 2년 과정인 기독교교육과가 있었고, 어린이 목회자 과정은 모두 2년 과정으로 보육신학과, 시청각교육과, 종교음악과가 있었다. 보육신학과 학과목들은 통신 과정 학생들도 동일하게 교육받을 수 있도록 했기에, 통신 과정에 등록해 학력, 시간, 환경 등에 구애받지 않으면서 공부하는 이들도 많이 있었다. 대한복음신학교는 오늘날 우리가 많이 강조하는 평생교육의 구조를 처음부터 갖추고 추구했다고 할 수 있다.[328]

복음전파의 열정과 개혁주의신학

예수 그리스도의 교회가 마땅히 그러해야 하듯이 백석총회는 복음전파를 위해 설립된 총회다. 복음전파를 목적으로 한다는 점에서 백석총회와 백석학원의 설립 취지는 동일하다. 〈백석학원의 설립 취지〉에서 밝히고 있는 대로, 백석학원은 참다운 인재 양성

---

327) 「백석학원 30년사」, 47-48; 「백석학원 40년사」, 35.
328) 「백석학원 30년사」, 48.

은 도덕이나 윤리 교육을 통해서가 아니라 예수 그리스도의 복음이 우리 삶 가운데 역사함을 통해서 이루어질 수 있다는 설립자의 확신을 바탕으로 세워졌기에 궁극적 교육 목표가 복음으로 변화된 사람이다.[329] 그 열매를 얻기 위해서는 복음을 전하고 가르치는 복음전파 사역이 교육의 중심이 되어야 하므로 설립자 장종현 박사는 '복음'이라는 말을 교명에 명시했다. 따라서 백석학원의 출발점인 대한복음신학교의 교명은 백석학원이 무엇을 지향하는가라는 궁극적 목표를 잘 드러내고 있다.[330] 대한예수교장로회 복음총회는 대한신학교를 졸업할 학생들이 소속되어 섬길 교회가 필요하여 설립된 총회다. 대한복음신학교가 복음전파를 위해 설립되었듯이 대한복음신학교는 복음전파를 위해 설립된 총회로 복음전파의 열정이 낳은 산물이었다.

대한복음신학교가 1977년 12월 11일자 「한국복음신보」에 통신신학생 모집 광고를 처음 실으며 "초교파적으로 복음의 역군"을 양성하고자 한다고 명시할 때도 강조점은 복음전파에 있었다. 복음전파에는 어떤 차별도 있을 수 없다는 확신 위에 "모든 믿는 자에게 구원을 주시는 하나님의 능력"이 되는 복음(롬 1:16)을 전하고 가르치는 일에 매진하겠다는 선언이라 이해할 수 있다. 동일한 광고 중에, "그리스도의 뜻을 본받아 초교파적으로 크리스챤의 재무

---

329) 장종현, 「백석학원의 설립정신」 (천안: 백석정신아카데미, 2014), 13.
330) 「백석학원 40년사」, 63.

장 교육과 새로운 수련 교육"을 시행하겠다는 내용이 있다. 이것은 목회자 양성보다 성도들의 신앙 함양에 초점을 맞추겠다는 뜻으로 해석할 수도 있다. 하지만, 대한복음신학교 설립 당시의 혼란한 한국교회 상황을 염두에 둔다면, 신앙적으로 본이 되는 복음의 역군을 양성하겠다는 의지의 표명으로 이해할 수 있다. 신학이 지식에 머물러 생명을 낳지 못하는 오류를 범함을 경계하는 설립자 장종현 박사의 의지는 이렇듯 신학교 설립 때부터 분명했고, 후에 "신학은 학문이 아니다"라는 선언으로 나타났다.[331]

1978년 9월 설립된 대한예수교장로회 복음총회의 교단 선언문은 복음총회가 개혁주의신학 전통에 서있음을 표명하고 있다. 성경을 궁극적 토대로 삼고 있으면서 건전한 신학 전통을 존중함으로, 대한예수교장로회 복음총회가 장로교 신앙고백서의 표준인 웨스트민스터신앙고백서가 서있는 신학적 토대와 동일한 토대 위에 서있음을 드러내는 것이다.[332]

대한예수교장로회 복음총회에 속한 대한복음신학교의 모든 학년 교육과정에 장로교 교리, 칼빈신학, 그리고 장로교헌법과 같은 과목들이 편성되어 있었음은 대한복음신학교가 학생 모집 첫 광고에 '초교파적 복음의 역군 양성'을 목표로 명시해 복음전파의 사명을 천명하면서도, 실제 신학교육의 내용은 개혁주의신학에 바탕을

---

331) 「백석학원 40년사」, 63-64.
332) 「백석학원 40년사」, 64-65.

둠으로 초기부터 개혁주의신학이라는 신학적 정체성을 지향했음을 보여준다.[333]

신학교와 총회의 명칭, 그리고 총회 신앙선언문을 통해 분명히 드러난 대로 대한복음신학교와 대한예수교장로회 복음총회는 복음전파의 열정으로 설립된 신학교와 총회이며, 그 신학정체성은 성경을 궁극적 토대로 삼고 있으면서 건전한 신학 전통을 존중하는 개혁주의신학이었다.

---

333) 「백석학원 40년사」, 65.

제2장

합동 비주류와 연합,
그리고 복귀

합동 비주류와 연합

1978년 12월 대한예수교장로회 합동총회에 큰 분열이 일어났다. 그 결과 주류측과 비주류측, 그리고 중립측으로 갈라졌다.[334] 당시 비주류측은 '비주류'라는 명칭과 달리 교회수와 교인수가 주류측보다 오히려 많았다. 방배동 영광교회에 비주류 측 신학교인 총회신학교가 세워졌다. 대한복음신학교와 대한예수교장로회 복음총회의 주역들은 1979년 봄 학기에 박아론 교수가 학장으로 있

---

334) "비주류측 6개파로 분열: 보수신학, 신앙 자처하면서…,"「기독신보」, 1981. 12. 12.

던 영광교회 소재 총회신학교에 입학했다.[335)]

장종현 목사가 복음총회를 설립한 것은 대한복음신학교를 졸업할 학생들이 소속되어 섬길 교회가 필요해서였다. 우리 졸업생들을 품어줄 총회가 생긴 것인데, 이제는 작은 총회라는 이유로 신학 정체성을 트집 잡는 서러움을 겪었다. 학생들을 위해서 그런 상황은 타개해야 했다. 설립자 장종현 목사에게는 졸업생들이 작은 교단 소속 목회자라는 이유로 받는 서러움을 떨치고 편안하게 목회할 수 있게 해주고 싶은 마음, 그 마음뿐이었다. 1979년 9월, 설립 1주년을 맞은 대한예수교장로회 복음총회는 대한예수교장로회 합동 비주류와 연합했다.

1979년 12월 합동 비주류 내에서 대한복음신학교측으로 연합의 손을 내민 이들이 있었다. 바로 비주류측 함북노회(노회장 서상기 목사 및 17인 전권위원)와 평북노회(노회장 이상열 목사, 4인실행위원, 17인 전권위원) 목회자들이었다. 합동 비주류측 내에서 이루어진 일이었지만, 복음총회측에 합동측 함북노회와 평북노회가 합류한 형국이었다. 이때 강유중 박사가 대한복음신학교 교수로 들어왔다.[336)]

그때부터 대한복음신학교는 '대한예수교장로회 평북노회·함북노회 직영 대한복음신학교'라는 명칭으로 학생을 모집했다. '총회

335) 「백석학원 30년사」, 54.
336) 「총회 25년사」, 44; 이상열, "나의 자부심 백석, 세계 속에서 빛나길," 총회설립45주년준비위원회 기념문집 편찬위원회 편, 「이기는 자에게 주신 이름, 백석: 백석총회 설립 45주년, 하은 장종현 목사 성역 45주년 기념문집」(서울: 대한예수교장로회총회[백석], 2023), 417.

신학교'라고 하지 않은 것은 당시 합동 비주류측 신학교가 방배동 영광교회 내에 총회신학교라는 이름으로 운영되고 있었기 때문이었다.[337)]

합동 비주류측 함북노회와 평북노회 목회자들이 복음총회측에 합류한 것은 대한복음신학교 때문이었다. 3년밖에 안 된 학교였지만 당시 대한복음신학교는 비슷한 시기에 설립된 다른 신학교들에 비해 매우 우수한 교수진을 확보하고 있었다.[338)] 학생들도 많았다. 이런 안정적 성장은 누구라도 부러워할 만한 대한복음신학교의 최대 장점이었다.

1979년 가을 대한복음신학교가 '대한예수교장로회 평북노회·함북노회 직영 대한복음신학교'가 된 후, 그해 말에 대한복음신학교는 통신신학 과정과 본과 교육 외에 평신도 성경연구생 통신과정에 일시적으로 주력했다. 영광교회 내에서 운영되고 있는 합동 비주류 측 '총회신학교'를 고려해, 대한복음신학교가 교육과정 중 목회자 양성 과정을 의도적으로 약화시켜 총회 화합에 이바지하려 한 것이라 볼 수 있다.[339)]

평신도 성경연구생은 1년 과정이었다. 입학 자격은 학력과 연령에 제한을 두지 않았고, 수시 입학이 가능했다. 수업료는 한 학

---

337) 「백석학원 30년사」, 49, 51.
338) 용환규, 「한국장로교회와 신앙고백」, 284.
339) 「백석학원 40년사」, 37; 그리고 「백석학원 30년사」, 49 참조.

기 당 1만원이었다. 교육에 사용한 교재는 읽고 쉽게 이해할 수 있을 뿐만 아니라, 답안지를 작성할 때 성경과 함께 읽도록 편집되었다. 이는 학습자로 하여금 성경과 친밀해지도록 하려는 학교 측의 의지에 따른 것이었다. 교재 내용 중에는 제직의 직무와 함께 헌금, 봉사, 전도, 그리고 교회 내 신앙생활 등 성도의 신앙생활과 관련한 실제적 지침들이 포함되어 있었다.[340]

1979년 가을학기에 행한 통신학생 제4회 출석 수업은 10월 23일부터 26일까지 개최되었다. 이화여대 다락방을 빌려 수련회를 가졌는데, 대한예수교장로회 대신측 조석만 목사가 강사였다. 수련회 마지막 날인 26일에 박정희 대통령 시해사건이 일어났다.[341]

1979년 12월 20일 영광교회에서 제3회 졸업식이 야간 보육신학과와 통신신학과 졸업생들을 중심으로 거행되었다. 합동 비주류측 총회신학교가 영광교회 내에 따로 있던 상황임을 고려할 때 대한복음신학교의 졸업식을 영광교회에서 거행한 것은 교회연합이라는 측면에서 상징적 의미가 컸다고 볼 수 있다.[342] 제2회 졸업식 때와 마찬가지로, 별과와 본과 학생들이 함께 신학과로 졸업했고, 목회학과, 보육신과, 기독교교육과와 평신도과 졸업생들도 있었다. 제3회 졸업식에서는 124명의 졸업생이 배출

---

340) 「백석학원 40년사」, 37-38; 그리고 「백석학원 30년사」, 49-50 참조.
341) 「백석학원 30년사」, 50.
342) 「백석학원 30년사」, 52.

되었다. 1980년 초에 나온 대한복음신학교 1979학년도 졸업 기념 앨범에 따르면, 대한복음신학교는 1979학년도에 '大神'(대신)이라고 새긴 로고를 사용하고 있었다.[343]

1980년 2월 장종현 목사는 합동 비주류측 신학교인 총회신학교에서 오늘날 M.Div. 과정에 해당하는 B.D. 과정을 졸업했고, 허광재, 이상열, 서상기 목사 등은 편목 과정을 졸업했다.[344]

백석총회의 모체인 대한예수교장로회 복음총회는 대한복음신학교 출신 학생들이 소속되어 섬길 교회가 필요했기에 설립되었다. 그런 복음총회가 합동 비주류와 연합한 것은 대한복음신학교 졸업생들이 작은 교단 소속 목회자라는 이유로 받는 서러움을 떨치고 안정적으로 목회할 수 있게 해주려는 설립자 장종현 목사의 결단 때문이었다. 얼마 지나지 않아 비주류측 내 함북노회와 평북노회가 복음총회측으로 합류했다. 안정적으로 성장하고 있는 대한복음신학교 때문이었다. 그 얼마 후 일어난 합동 비주류측 내 분리과정에서 보듯, '총회신학교'라는 명칭을 너도나도 쉬이 사용했지만, 대한복음신학교는 당시 합동 비주류측 신학교가 방배동 영광교회 내에 총회신학교라는 이름으로 운영되고 있었기에 '대한예

---

343) 「백석학원 40년사」, 38; 그리고 「백석학원 30년사」, 52, 106 참조.
344) 「백석학원 40년사」, 36-37; 그리고 「백석학원 30년사」, 54 참조.

수교장로회 평북노회·함북노회 직영 대한복음신학교'라는 명칭을 사용했다. 총회와 총회신학교를 존중하는 자세가 드러나는 부분이다. 복음총회측이 합동 비주류측과 연합한 1979년 가을 학기에 대한복음신학교가 신학 과정 학생보다 평신도 성경연구생 통신과정 학생 모집에 주력한 것도 영광교회 내에서 운영되고 있는 합동 비주류측 '총회신학교'를 고려해, 교육과정 중 목회자 양성 과정을 의도적으로 약화시켜 총회 화합에 이바지하려 한 것이라 볼 수 있다. 그해 12월 대한복음신학교 졸업식을 총회신학교가 있던 영광교회에서 거행한 것도 교회연합에 매우 긍정적 자세를 가지고 있었기에 가능한 일이었다. 일찍이 대한신학교를 졸업한 장종현 목사가 합동 비주류측 총회신학교에서 B.D. 학위를 받고, 허광재, 이상열, 서상기 목사 등이 편목 과정을 졸업하는 수고를 마다하지 않은 것 또한 교회연합에 대한 의지 표명이었다. 요컨대, 합동 비주류와 연합한 복음총회측은 물론 그 후에 복음총회측에 함께한 이들은 교회 하나 됨에 대한 바람이 분명했고 이를 위해 최선을 다하였다. 합동 비주류와 연합한 복음총회측이 교회연합에 대해 가지고 있는 바람직한 자세가 시간이 지나며 점점 드러났지만 합동 비주류측에 함께 있던 이들 모두가 이들과 같은 자세는 아니었다.

대한예수교장로회 합동진리총회

복음총회측과 연합한 지 반년도 채 안 된 1980년 3월부터 합동 비주류측이 분열하기 시작했다.[345] 비주류측 직영 총회신학교 박아론 교장이 국제기독교회협의회(ICCC, International Council of Christian Churches) 측과 관계를 맺고 있다는 이유로 방배동에 있는 총회신학교 측과 종암동에 있는 총회신학교 측이 갈라졌다. 방배동 영광교회에 있던 총회신학교 측은 계승측(총회장 박아론)과 연합노회측(총회장 박영환)으로 갈라졌다가 다시 합하여 청암측이 되었다.[346]

합동 비주류측이 분열의 길로 들어설 조짐을 분명히 보이자 교회연합에 강한 의지를 가졌던 복음총회측은 다시 독자 노선을 걷는 쪽을 택하였다.[347] 이에 대해 「기독신보」는 "비주류측 함북노회 신학교라고 자처하던 소위 총회신학교(구 대한복음신학교)가 '진리측'이라는 새로운 교단을 형성, 독립하였다"라고 하였다.[348] 하지만 복음총회측이 독자 노선을 걷게 된 것은 교회연합의 의지를 꺾은 것이 아니라 합동 비주류측 구성원들의 교회연합에 대한 의지의 한계를 느끼고 본래 자리로 복귀한 것으로 보아야 할 것이다.

---

345) 「백석학원 30년사」, 55.
346) "비주류측 6개파로 분열: 보수신학, 신앙 자처하면서…," 「기독신보」, 1981. 12. 12.
347) 「백석학원 30년사」, 55.
348) "비주류측 6개파로 분열: 보수신학, 신앙 자처하면서…."

본래 자리로 돌아왔지만, 복음총회측은 '합동'이라는 명칭과 '총회신학교'라는 명칭을 사용하기로 했다. 사실 대한복음신학교는 1980년 3월초에 신학교 교명을 '대한예수교장로회 대한복음신학교'로 변경했다.[349] 하지만 두 달 뒤인 5월 '대한예수교장로회 총회(합동진리)'를 구성하면서 신학교 명칭을 '대한예수교장로회(합동진리) 인준 총회신학교'로 변경했다.[350] 그때부터 '총회신학교' 시대가 시작되었다.

이때 복음총회측이 '합동'을 총회명칭에 사용하고 '총회신학교'를 신학교 명칭에 사용하기로 한 것은 비주류측 함북노회와 평북노회에서 복음총회측에 합류했던 이들의 요청 때문이었다. 복음총회 역사보다 한국장로교회 역사가 더 중요하므로 한국장로교회 역사에 맞추어 총회명칭과 신학교 명칭을 사용하자는 이유였다. 그들로서는 '총회신학교'라는 이름을 놓치는 순간 자신들의 모교가 사라진다는 불안과 함께, '합동'이라는 명칭이 자신들의 신학 정체성을 보장해준다는 의식이 있었던 것 같다. 그런데 이것은 대한복음신학교와 복음총회를 설립한 장종현 목사로서는 받아들이기 쉽지 않은 요청일 수 있었다. 하지만 설립자 장종현 목사에게는 이름보다는 화합이 중요했다. 그래서 그 요청을 받아들였다. 설립자의 이런 생각과 자세는 그 이후로도 이와 유사한 상황에서 그로

---

349) 「백석학원 30년사」, 58.
350) 「총회 25년사」, 44.

하여금 항상 동일한 선택을 하게 했다. 백석총회와 대신총회가 통합을 모색하는 과정에 '대신'이라는 이름을 다른 이름으로 대체하는 것은 절대불가라는 대신측과 달리 총회명칭 변경에 대해 백석측이 유연하게 대처할 수 있었던 설립자의 이런 자세 때문이었다.

그 후 합동 비주류측의 행보는 안타깝게도 점점 더 분열로 나아갔다. 「기독신보」는 "비주류측은 진리측만 제외하고 종암동측과 청암측, 그리고 중립측 등 3개파가 지난 80년 12월 16일 남서울교회당에서 합동총회를 개최하여 합동했다는 명분을 찾는다"라고 하였다. 여기서 언급한 '진리측'이 대한복음신학교를 기반으로 한 '진리측'임은 이미 말했다. 사실 그 뒤에 이어지는 기사는 비주류측이 다시 합하기는 고사하고 오히려 더 분열했다는 것이 주된 내용이다. 종암동측과 청암측, 그리고 중립측이 연합하기로 했지만, 직영 신학교 합동 문제가 대두되자 다시 각각 3파로 갈라졌다고 한다. 이 3파는 보수측(김인승 총회장)과 비주류측(박영환 총회장), 그리고 중립측이다. 보수측과 비주류측은 직영 신학교 문제로 다시 각각 분열했다. 보수측은 보수측(손치호 총회장)과 서초동신학교측(교장 황성수)으로 갈라졌고, 비주류측은 비주류측(박영환 총회장)과 방배동신학교측(교장 신사훈)으로 갈라졌다. 개혁측(김태운 총회의장)은 중립을 선언했던 목사들과 합동신학교(교장 박윤선)가 중심을 이루고 있다. 이 5개파에 진리측을 더하여 비주류측 6개파의 분열을 비판하고 있는 것이다.[351] 하지만 기자 자신이 언급한 대로 합동 비주류측의 주된 분열에서 진리측은 제외하는 것이 옳다고 본다. 진리측은 본래 자생 총회였던 대한예수교장로회 복음총회로 시작했고, 합동 비주류와 연합한 후에도 교회연합의 의지를 가지고 최선을 다했지만 합동 비주류측 구성원들의 교회연합에 대한 의지의 한계를 느끼고 본래 자리로 복귀한 것이기 때문이다.

비록 매우 짧은 기간이기는 했지만 합동 비주류와 연합했던 경험은 이후 백석총회가 교회연합운동에 대해 어떤 자세를 취해야 할지 그 방향을 잡는데 큰 도움이 되었다. 긍정적으로 인식한 것은 개혁주의신학 계승의 중요성이었고, 부정적으로 인식한 것은 당시 한국장로교회가 개혁주의신학을 주장하기만 할뿐 실천하지 않는다는 현실이었다. 합동 비주류측 분열 때 갈라진 각파는 스스로 보수신학과 보수신앙을 계승하고 있다고 자처하면서 자기 세력이 다른 세력에 의해 약화될 때는 상대를 자유주의와 신복음주의라 비판하며 또 다른 교단과 신학교 만들기를 일삼았다.[352] 보수신학은 개혁주의신학을 계승하고 지키겠다는 신학이다. 한국장로교회의 신학은 개혁주의신학이다. 개혁주의신학은 종교개혁자들을 본받아 우리 신앙과 삶에서 성경에 비추어보아 그릇된 것은 바로잡고 바람직한 것은 북돋우는 신학이다. 그런데 한국장로교회는

---

351) "비주류측 6개파로 분열: 보수신학, 신앙 자처하면서…."
352) "비주류측 6개파로 분열: 보수신학, 신앙 자처하면서…."

말로만, 그리고 강단에서만, 개혁주의를 표방할 뿐, 실제 삶에서는 성경을 기준으로 살지 않는 것이 문제다.[353] 교회분열과 관련해서도 항상 자기 잘못은 인정하지 않고 남 탓만 한다. 그래서 교회연합운동에 반드시 필요한 것이 바로 회개용서운동이다. 회개용서운동은 하나님 앞에서 자신을 돌아보고 회개하며, 서로를 용납하여 하나 됨을 추구하는 운동이기 때문이다.[354]

아직 '대한예수교장로회 평북노회·함북노회 직영 대한복음신학교'라는 명칭을 가지고 있던 1980년 1월 대한복음신학교는 보육신학과 야간부에서 보육신학과 50명, 시청각교육과(2년 과정) 30명, 기독교교육학과(2년 과정) 30명을 선발한다는 공고를 내고 학생들을 모집했다. 또한 처음으로 신학부 학생들을 모집했는데, 고등학교 졸업자 중에 신학 연구와 목회에 뜻이 있는 남·여학생들을 대상으로 신학과(4년 과정) 50명, 목회자와 여전도사들을 위한 목회학과(4년 과정) 30명을 모집했다. 노회 직영신학교로서 정통 보수 신학과 신앙을 지향하는 목회자 양성이 목적이었다.[355]

또한 보육신학과에는 원목연수과(1년 과정)를 설치해 30명을 모집했다. 다른 신학교를 졸업했거나 일반대학을 졸업한 이들 중 유

---

353) 임원택, "장종현 박사의 생애와 신학," 55-56.
354) 장종현, 「개혁주의생명신학 7대 실천운동」 (천안: 백석정신아카데미, 2018), 13.
355) 「백석학원 30년사」, 53.

치원이나 어린이 교육 경험이 있어 어린이교회 설립이 가능한 사람들이 대상이었다.[356]

1980년 봄 학기 중에 '대한예수교장로회(합동진리) 인준 총회신학교'로 명칭을 변경한 총회신학교는 그해 가을학기부터 신학부와 대학부로 나누어 주·야간 신입생을 모집했다. 신학부에는 4년 과정인 신학 본과와 목회과, 그리고 2년 과정인 기독교교육과와 여교역자 연수과가 있었고, 대학부에는 모두 2년 과정인 보육신과, 신학예과, 그리고 종교음악과가 있었다. 주간 학생 모집을 시작한 것이 큰 변화였다. 그즈음 편입생 모집 광고에 "군소신학 출신자들에게 좋은 기회임"이라는 문구를 넣은 것을 볼 때, 총회신학교가 '군소신학'이라는 틀을 이미 어느 정도 벗어났음을 알 수 있다.[357]

당시 총회신학교는 영광교회 내에 있던 비주류 측 총회신학교 인근에 있었다. 그런데 비주류 측 총회신학교의 어려운 형편과 달리 합동진리 측 총회신학교가 놀랍게 성장하자 어떤 이들은 '이단이다,' '통일교 세력이다' 등의 음해성 모함을 일삼았다.[358] 하지만 이런 근거 없는 비난에 아랑곳 하지 않고 총회신학교는 외적

---

356) 「백석학원 30년사」, 53.
357) 「백석학원 30년사」, 56-57.
358) 「백석학원 30년사」, 57-58.

성장만큼이나 내적으로도 튼실하게 성장하고 있었다.[359] 총회신학교가 성장하는 만큼 대한예수교장로회 합동진리 총회도 성장하고 있었다.

1980년 9월 총회신학교는 가을학기 개강예배에 미국에서 귀국한 최순직 목사를 강사로 초청했다. 최순직 박사는 10월 6-7일의 특강에서 구원론을 강의했다. 최순직 목사의 설교와 강의는 총회신학교의 신학 정체성인 개혁주의신학을 환기시키는 역할을 했다. 설립자 장종현 목사는 일찍이 대한신학교에서 최순직과 김준삼을 통해 개혁주의신학을 배웠지만, 허광재 목사의 경우는 이때 처음으로 개혁주의신학을 인상 깊게 받아들였다. 특강 후 미국으로 돌아가는 최순직 목사에게 학교 측이 교수로 오기를 요청하자, 최목사는 청빙서를 통해 정식으로 요청하기를 요구했다. 이에 총회신학교는 청빙서를 보내 최순직 목사를 교수로 청빙했다.[360]

1980년 10월 29일부터 11월 1일까지는 연 2회 정례수련회 중 하나인 가을수련회가 강남구 대치동에 있는 성결회관에서 개최되었는데, 이 수련회 중에 개교 4주년 기념 세미나가 있었다. 수련회 강사는 일본 고베신학교 하시모도 학장과 강유중 박사, 조석만 목사였다. 수련회 마지막 날인 11월 1일, 개교 4주년 기념 개혁주의

---

359) 「백석학원 40년사」, 41.
360) 「백석학원 30년사」, 58-59.

세미나에서 하시모도 학장은 개혁주의신학의 내용을 나누었다.[361]

1980년 가을학기 총회신학교에는 300여 명의 학생들이 등록해 수강했다. 다른 총회나 신학교들이 부러워할 만큼 학교는 무럭무럭 성장하고 있었다.[362]

신학교와 총회 모두 어려운 상황이었지만 신학을 공부하려는 지원자들의 수는 점점 늘었다. 좀 더 넓은 공간이 필요했기에 총회신학교는 방배본동 25-3번지의 지하 1층 지상 3층 건물을 임대했다. 이 건물은 1981년 1월부터 1983년 2월까지 사용했는데, 이 주소는 1981년 봄에 방배본동 773-10번지로 조정되었다. 새 교사를 확보한 후 그때까지 교사로 사용했던 방배본동 31-5번지 2층 150평은 학생 기숙사로 활용하게 되었다. 1981년 봄 새 교사를 사용하면서 총회신학교 전체 학생 수가 700여 명으로 늘어났다.[363]

학교명이 총회신학교로 변경된 후 첫 졸업생이 1981년 2월 17일에 배출되었다. 신학 본과, 목회학과, 기독교교육과, 여교역자 연수과, 보육신과와 통신부(신과, 보육과, 평신도과) 졸업생을 합해 274명이 졸업했다.[364]

---

361) 「백석학원 30년사」, 59.
362) 「백석학원 40년사」, 42; 그리고 「백석학원 30년사」, 59 참조.
363) 「백석학원 40년사」, 42-43; 그리고 「백석학원 30년사」, 60 참조.
364) 「백석학원 40년사」, 43; 그리고 「백석학원 30년사」, 63 참조.

총회신학연구원 개원

1980년대 들어 일반 교육에서 대학 진학률이 올라가면서 대학원 교육 수요가 늘어났고, 이런 추세는 신학 교육에도 영향을 미쳤다. 1970년대에는 대학 학부 과정의 신학과를 졸업하면 목사 안수를 받을 수 있었지만, 1980년대에 들어서는 신학대학원 3년 과정을 졸업해야 목사 안수를 받을 수 있게 되었다.[365]

이런 일반적 추세에 따라, 총회신학교도 신학대학원 과정 개설을 모색했다. 총회신학교는 책임 교육을 지향했다. 통신과정에서 공부한 학생들은 보육신과 과정이 개설된 후 재교육을 받도록 했고, 신학원 과정이 개설된 후에는 다시 신학원 과정에서 실력을 더 쌓을 수 있는 기회를 졸업생들에게 제공했다.[366]

1981년 3월에 총회신학연구원(2년 과정)이 개원했다. 그해 1월 초만 해도 신입생 모집 광고에 대학부와 신학부 모집만 공고했다. 그런데 2월 초 광고에 연구원 모집 내용이 포함되었다. 총회신학교는 총회 직영 신학교로서 목회자와 어린이 목회자 양성이 목표였다. 이와 달리, 연구원 과정은 "교회 지도자 및 어린이 목회자의 대학원 과정으로서 학술연구를 목적"으로 제시했다. 수업료 전액 장학금을 총회에서 지급한다는 내용과 더불어, 연구원 졸업자는 역사신학을 제외한 강도사 고시를 면제해 주고, 졸업 후 미국

---

365) 「백석학원 40년사」, 43; 그리고 「백석학원 30년사」, 57 참조.
366) 「백석학원 40년사」, 43-44; 그리고 「백석학원 30년사」, 57 참조.

과 일본의 자매학교에 유학할 수 있는 특전을 약속했다. 수업은, 성서신학 전공은 월요일 오전 11시부터 하루 동안 수업을 했고, 유아교육 전공은 월요일과 화요일, 이틀간 오후 3시부터 수업을 했다.[367]

총회신학연구원 개원은 총회신학교에 대학원 성격의 과정이 처음 생겼다는 의미다. 1981년 3월 장종현 목사가 총회신학교 재단이사장으로, 김준삼 목사가 제2대 학장으로 취임했고, 미국에서 들어온 최순직 목사가 교수로 부임하면서 연구원장으로 취임했다.[368]

무인가 신학교 정비의 위기 극복

1981년 봄 총회신학교는 정부의 시책으로 인해 큰 어려움을 겪었다. 당시 전두환 정권이 신학교 정비 방침에 따라 1981년 2월 22일 이후 교계신문을 포함한 모든 방송과 신문 등에 무인가 신학교의 신입생 모집 광고를 금지했기 때문이다. 이 금지는 1982년 1월 16일까지 이어졌다. TV에서 무인가 신학교들 기사가 방영될 때 총회신학교 도서관에서 공부하고 있는 학생들 모습이 방영되어 학교에 어려움을 주기도 했다. 이제 막 자리를 잡고 성장하고 있던 총회신학교가 정부 시책으로 인해 존폐 위기에 놓였던 것이다.[369]

---

367) 「백석학원 40년사」, 44; 그리고 「백석학원 30년사」, 61–62 참조.
368) 「백석학원 40년사」, 44; 그리고 「백석학원 30년사」, 61–62 참조.
369) 「백석학원 40년사」, 45; 그리고 「백석학원 30년사」, 62–63 참조.

언론까지 장악한 당시 정부는 신문 보도를 통해 무인가 신학교 설립과 그에 따른 무자격 성직자의 양산이 종교적 차원을 넘어 교육 전체와 일반 사회 문제로 비화되고 있다고 여론을 몰아갔다. 또한 개신교 교단 대표들을 압박하고 신학교 정리에 들어가 실제로 110개 무인가 신학교들을 폐교시켰다. 인가와 무인가의 구분은 문교부 자체 기준에 따른 것이었다.[370]

이때 총회신학교도 말로 다 표현할 수 없는 어려움을 겪었다. 설립자 장종현 목사에 따르면, 이때가 그의 육영사업 중 첫 위기였다. 그런데 서울시에서 학원 인가를 받은 것이 이 위기에서 벗어나는데 결정적 역할을 했다. 그렇게 총회신학교는 신입생 모집을 중지하거나 폐교하지 않고 존속할 수 있었다.[371]

총회신학원 인가

총회신학교는 1981년 3월 28일 서울시 교육위원회로부터 신학원 인가를 받았다. 다른 신학교에서 사용하던 신학원 인가증을 이전받은 것인데, 이것이 당시 정부가 주도했던 무인가 신학교 정비라는 위기를 극복하는데 결정적 역할을 했다. 이 학원 인가증의 확보는 그 후 총회신학교가 계속 학생을 모집할 수 있도록 합법성을 부여했다.[372]

---

370) 「백석학원 40년사」, 45; 그리고 「백석학원 30년사」, 63 참조.
371) 「백석학원 40년사」, 45; 그리고 「백석학원 30년사」, 63 참조.
372) 「백석학원 40년사」, 45–46; 그리고 「백석학원 30년사」, 64 참조.

위기 속에 있던 총회신학교는 먼저 1981년 3월 5일, 강남교육구청으로부터 신학교육 전수를 목적으로 총회신학원 명칭과 위치 변경 인가를 받았다. 명칭과 위치 변경 인가를 위해 제출한 것은 1965년 9월 9일 인가 받은 대한기독교신학원(최윤권, 서울 서대문구 냉천동)의 인가증이었다. 신학원의 명칭과 위치 변경 인가증에 근거해 새롭게 인허가 절차를 밟아, 1981년 3월 28일 관련법에 따라 총회신학원의 직위 승계 승인을 받은 것이다. 신학원 인가의 법적 근거는 "사설 강습소에 관한 법률 제3조의 규정"이었고, 인가증의 수여자는 "서울특별시 교육위원회 교육감 권한의 위임을 받은 강남교육구청장"이었다. 인가 번호는 강학 제261호였다. 이때부터 원장은 장종현으로 명의가 변경되었다.[373]

1981년 3월 28일 학원 인가를 받은 이후 총회신학원은 학교의 여건과 필요에 따라 '소칙' 내용 변경 신청을 통해 교육부처가 인정하는 합법성을 유지해 왔다. 1983년 2월 24일 강남구 방배동 981−9호로 옮겨온 총회신학교는 1984년 12월 21일자로 총회신학원 소칙 변경(위치 및 편제 과명 개칭)을 받았다.[374]

1981년 10월 31일에 총회신학교 개교 5주년 기념예배 및 개혁주의 세미나가 학교 강당에서 개최되었다. 교직원과 학생들 그리

---

373) 「백석학원 40년사」, 46; 그리고 「백석학원 30년사」, 64 참조.
374) 「백석학원 30년사」, 66.

고 총회 관계자 등 1300여 명이 참석했다. 세미나 개회예배에서 당시 대한예수교장로회 총회(합동진리) 총회장이면서 총회신학교 연구원장이었던 최순직 목사는 빌립보서 2장 16~17절 말씀을 본문으로 "그리스도의 날에 자랑할 수 있는 학교"라는 제목으로 설교했다. 총회신학교는 모든 소원을 하나님의 기쁘신 뜻에 두어야 한다고 강조하고는, 성경을 신앙과 생활의 유일한 규준으로 삼아 하나님의 생명의 말씀을 밝히는 사명을 위해 일사각오의 결단으로 달려서 그리스도의 날에 자랑할 만한 학교가 되자고 했다.[375]

총회신학교 재단이사장 장종현 목사는 인사를 통해 지난 5년간 많은 어려움 속에서도 학교가 발전할 수 있도록 인도해 주신 하나님께 영광을 돌리며, 수고한 동역자, 교직원 그리고 학생들에게 감사하고, "세속 권력이나 비진리와 타협하지 않고 하나님의 영광만을 위해 복음을 전파하며 진리의 횃불을 밝히는 진리의 도장이 되도록 힘쓰겠다"라고 설립자로서 굳은 각오를 밝혔다.[376]

세미나 주제는 "세상에 있는 교회"였고, 강사는 일본 개혁파 고베신학교 학장 하시모도 목사였다. 총회신학교는 초창기부터 고베신학교와 깊은 유대를 맺고 있었다. 그리고 개교기념 예배 및 세미나에 앞서 10월 28일부터 31일까지 '하나님의 영광'을 주제로 제11회 수련회를 가졌다.[377]

---

375) 「백석학원 30년사」, 67.
376) 「백석학원 30년사」, 67.
377) 「백석학원 30년사」, 67-68.

총신교회 설립

장종현 목사는 대한복음신학교를 설립할 때부터 학교를 복음전
파의 기틀로 삼기를 원했기 때문에, 교회가 학교의 신앙적 구심점
역할을 해야 한다는 생각을 가지고 있었다. 이 생각은 1981년 1월
에 방배본동에 새 교사가 확보된 후 실현되었다. 그해 10월 중순
경에 학교 대강당에서 교직원들과 기숙사 학생들을 중심으로 예배
를 드리기 시작한 것이다. 한 달 채 지나지 않은 1981년 11월 5일,
방배본동 773-10번지 총회신학교 건물에서 총신교회가 설립되었
다. "총신교회"는 교회가 총회신학교 구성원들을 중심으로 설립되
었기 때문에 총회신학교의 약칭인 "총신"을 교회명에 그대로 사용
함으로 붙은 이름이었다.[378]

장종현 목사는 총신교회를 설립했지만, 자신은 학교 일에 전념
하고 목회는 김준삼 목사에게 부탁했다. 김준삼 목사는 육군 장교
로 복무하던 1964년에 대한신학교를 졸업하고, 예편 후 목사 안수
를 받고 유학을 가 1974년 일본 고베개혁파신학교를 졸업했다. 귀
국 후 목회하며 대한신학교에서 신조학과 조직신학을 가르쳤으며,
1979년에는 대한예수교장로회 대신측 제14대 총회장을 역임했다.
1980년 5월 1일 김준삼 목사는 그때까지 시무하던 김포의 운곡교
회를 떠나 영등포의 산성교회로 이임했다. 그달에 대한복음신학교

---

378) 백석대학교회 편, 「백석대학교회 30년사」 (서울: 백석대학교회, 2011),
   63-64.

가 대한예수교장로회(합동진리) 인준 총회신학교로 교명을 변경했고, 김준삼 목사가 재단이사장을 맡게 되었다. 그해 9월부터는 총회신학교 교수로 강의도 했는데, 이듬해인 1981년 11월에 총신교회가 설립되므로 산성교회를 사임하고 총신교회를 맡아 섬기게 되었다.[379]

1981년 11월 5일 설립한 총신교회 외에 장종현 목사는 두 교회를 더 세웠다. 1994년 3월 천안 안서동에 기독신학교와 천안외국어전문대학이 개교했을 때, 천안에 거주하는 교직원 가족을 위해 새 교회를 설립했다. 1994년 3월 13일 당시 기독신학교 별관(현재의 진리관) 202호실을 예배당으로 꾸며 대한예수교장로회 기독대학교회 설립예배를 드렸다. 초대 당회장은 장상선 목사였다. 2013년 11월 3일에는 청수백석대학교회가 설립되었다. 기존 두 교회와 달리 캠퍼스 밖에 대학교회가 처음 섰다는데 의미가 있었다. 현재 세 교회 명칭은 백석대학교회(서울), 백석대학교회(천안), 백석대학교회(청수)이며 설립자 장종현 목사는 세 교회 동사목사(同事牧師)로 섬기고 있다.[380]

379) 백석대학교회 편, 「백석대학교회 30년사」, 67-68; 그리고 김준삼 박사 추모기념집 출판위원회 편, 「김준삼 박사의 생애와 사상」 (서울: 김준삼 박사 추모기념집 출판위원회, 2009), 50-56.
380) 「백석학원 40년사」, 101 참조.

개혁주의신학 천명

설립자 장종현 목사가 개혁주의신학을 가르치는 대한신학교를 졸업했고, 학교 설립 후에 대한신학교 시절 은사였던 김준삼 목사와 최순직 목사를 교수로 초빙해 총회신학교의 주요 보직을 맡아 봉사하게 한 것도 백석학원이 개혁주의신학 노선을 굳게 잡고 나아가는 데 큰 영향을 끼쳤다. 김준삼 목사는 1980년 5월 총회신학교 재단이사장을 맡았고, 1981년 11월에 총신교회 담임을 맡아 15년 동안 개혁주의신학 전통에 서서 말씀 중심의 목회를 함으로 백석학원이 개혁주의신학을 붙들고 나아가게 하는 데 힘을 보탰다. 1980년 9월 총회신학교 가을학기 개강 때 구원론 특강을 통해 총회신학교의 신학적 정체성인 개혁주의신학을 환기시켰던 최순직 목사는 이듬해 3월 총회신학교 신학연구원장을 맡아 개혁신학을 가르치면서 백석학원이 개혁주의 노선을 더욱 확고하게 정립하도록 도왔다.[381]

고려신학 출신으로 총회신학교에서 가르치다가 세상을 떠난 강유중 목사, 그리고 사당동 총회신학교 출신으로 1984년 3월 최순직 목사를 이어 제2대 신학원장 직을 맡아 가르쳤던 최의원 목사의 합류는 백석학원이 개혁주의신학을 굳게 붙드는 데 보탬이 되었다.[382]

---

381) 「백석학원 40년사」, 66.
382) 「백석학원 40년사」, 66-67.

설립자 장종현 목사는 이들을 교수로 초빙해 학교가 개혁주의 신학 노선에 확고히 서있도록 하면서, 동시에 복음전파 사명에 동의하는 인재들을 폭넓게 받아들여 학교를 운영해 나갔다. 성경을 신앙과 삶의 궁극적 표준으로 삼는 개혁주의신학을 확고하게 붙들면서도 유연성 있게 인재들을 품고 등용하는 장종현 목사의 이런 자세는 후에 개혁주의생명신학의 신학회복운동으로 나타났다. 성경을 궁극적 표준으로 삼는 개혁주의신학을 확고히 지지하지만, 개혁주의신학 자체를 성경보다 앞세우는 잘못을 범해서는 안 된다는 이런 자세는 설립자가 초기부터 가지고 있었던 것이다.[383]

개혁주의신학에 회복되어야 할 예수 그리스도의 생명

백석총회의 모체인 대한예수교장로회 복음총회는 대한복음신학교 출신 학생들이 소속되어 섬길 교회가 필요했기에 설립되었다. 그런 복음총회가 합동 비주류와 연합한 것은 대한복음신학교 졸업생들이 작은 교단 소속 목회자라는 이유로 받는 서러움을 떨치고 안정적으로 목회할 수 있게 해주려는 설립자 장종현 목사의 결단 때문이었다. 복음총회측은 합동 비주류 총회와 총회신학교를 존중하며 누가 되는 일이 없도록 주의하며 총회 화합을 위해 애썼다. 교회 하나 됨에 대한 바람이 분명했고 이로 인해 교회연합을 위한 바람직한 자세를 견지할 수 있었다.

---

383)「백석학원 40년사」, 67.

하지만 합동 비주류측에 함께 있던 이들 모두가 복음총회측과 같은 자세는 아니었다. 합동 비주류측이 분열의 길로 들어설 조짐을 분명히 보이자 교회연합에 강한 의지를 가졌던 복음총회측은 결연하게 다시 독자 노선을 걷는 쪽을 택하였다. 복음총회측이 독자 노선을 걷게 된 것은 교회연합의 의지를 꺾은 것이 아니라 합동 비주류측 구성원들의 교회연합에 대한 의지의 한계를 느끼고 본래 자리로 복귀한 것이었다.

비록 매우 짧은 기간이기는 했지만 합동 비주류와 연합했던 경험은 이후 백석총회가 교회연합운동에 대해 어떤 자세를 취해야 할지 그 방향을 잡는데 큰 도움이 되었다. 긍정적으로 인식한 것은 개혁주의신학 계승의 중요성이었고, 부정적으로 인식한 것은 당시 한국장로교회가 개혁주의신학을 주창하기만 할뿐 실천하지 않는다는 현실이었다. 말로만 개혁주의를 외칠 뿐, 개혁주의신학이 표준으로 삼는 성경 말씀의 가르침과 동떨어진 삶을 사는 걸 보면서 개혁주의신학에 예수 그리스도의 생명이 회복되어야 함을 절감했다. 교회분열과 관련해서 항상 자기 잘못은 없고 남 탓만 하는 목회자들을 보면서 회개용서운동이 필요함도 절실히 느꼈다.

제3장
초기 교회연합운동

대한예수교장로회 합동진리연합총회

대한예수교장로회 합동진리총회는 1981년 9월 총회신학교 대강당에서 제66회 총회를 개최했다. 바로 이 총회부터 총회 회차를 초기 장로회 전통을 따라 사용하기로 결정한 결과였다. 총회는 당시 총회신학교 연구원장 최순직 목사를 총회장으로 선출했다.[384] 1978년 9월 설립된 대한예수교장로회 복음총회는 소속 목회자들이 안정된 목회를 할 수 있도록 1979년 9월 대한예수교장로회 합동 비주류와 연합했다. 교회연합에 강한 의지를 가졌던 복음총회

---

384) 「총회 25년사」, 45; 「백석학원 30년사」, 68.

측은 기대와 달리 합동 비주류측이 분열의 길로 들어설 조짐을 분명히 보이자 다시 독자 노선을 걷는 쪽을 택했다. 본래 자리로 돌아온 후 복음총회측은 '합동'이라는 명칭과 '총회신학교'라는 명칭을 사용하기로 했다. 그에 따라 1980년 5월 총회명은 대한예수교장로회 합동진리총회로, 신학교명은 대한예수교장로회(합동진리) 인준 총회신학교로 변경했다. 총회 회차 변경은 이런 일련의 변화에 따른 것이었다. 대한예수교장로회 합동진리총회가 총회 회차를 1912년에 설립된 한국장로교 총회를 기준으로 삼기로 한 것은 총회가 한국장로교회의 전통, 특히 신학전통을 존중하고 따르겠다는 표명이었다.

앞서 기술한 대로, 이때 복음총회측이 '합동'을 총회명칭에 사용하고 '총회신학교'를 신학교 명칭에 사용하기로 한 것은 비주류측 함북노회와 평북노회에서 복음총회측에 합류했던 이들의 요청 때문이었다. 총회 회차 변경도 마찬가지로 그들의 요청 때문이었다. 복음총회 역사보다 한국장로교회 역사가 더 중요하므로 한국장로교회 역사에 맞추어 총회명칭과 총회 회차를 조정하자는 주장이었다. 앞서 설명한 대로, 이런 요청은 복음총회를 설립한 장종현 목사로서는 받아들이기 쉽지 않은 것이었지만, 장종현 목사는 총회화합을 위해 그들의 요청을 선선히 받아들였다. 교회연합에 대한 장종현 목사의 자세는 초지일관했다.

한국장로교 총회 회차를 공유하므로 개혁주의신학 전통에 서있음을 천명한 대한예수교장로회 합동진리총회는 교회연합운동의 의지를 실천하기로 했다. 앞서 밝힌 대로, 합동 비주류와 연합했던 복음총회측이 다시 독자 노선으로 돌아온 것은 교회연합의 의지를 포기한 것이 아니라 합동 비주류측 구성원들의 교회연합에 대한 의지의 한계를 느낀 때문이었다. 합동 비주류측이 하나였던 데서 서로를 탓하며 점점 나뉘고 있는데 반해, 규모 면에서 비교가 되지 않게 작은 총회들이지만 교회연합의 의지가 분명한 이들은 연합을 위해 노력하고 있었다. 합동진리 총회가 교회연합의 분명한 의지를 가진 이들과 연합하는 쪽으로 방법을 전환한 것이다.

1981년 12월 29일 대한예수교장로회 합동진리총회가 대한예수교장로회 연합총회와 통합해서 '대한예수교장로회 합동진리연합총회'를 이루었다.[385] 교회연합의 의지가 분명했던 총회들의 연합이었다. 이 교회연합운동을 주도했던 이들이 오늘날 백석총회가 있도록 그 터를 닦은 이들이었고, 당시 구성원들이 보여준 교회연합운동 실천은 그 후 백석총회 교회연합운동의 본이 되었다.

1981년 12월 29일 합동진리총회와 통합하여 대한예수교장로회 합동진리연합총회를 이룬 연합총회는 합동진리총회와 연합하기 전 그해 초두인 1981년 1월 20일 대한예수교장로회 연합측과 은

---

385) 「총회 25년사」, 45, 48.

혜측이 합하여 이루어진 총회였다.[386] 연합측과 은혜측이 통합한 것은 1980년 신군부가 정권을 잡으면서 군소 교단들이 신학교를 유지하는데 어려움을 겪은 때문이었다. 교회 수 300개가 넘는 교단에 1개 신학교를 허락한다는 규정에 따라 연합측과 은혜측은 생존을 위해 통합을 결정했다.[387]

대한예수교장로회 연합총회의 두 축 중 하나인 연합측은 크리스챤 한국독립교회연합회로 시작했다. 1969년 1월 20일 크리스챤 한국독립교회연합회 설립 준비위원회가 소집되었고, 그해 3월 초대 총회장에 최용문 목사가 선임되었다. 이듬해인 1970년 3월 31일 크리스챤 한국독립교회연합회가 설립되었다. 총회장은 이재선 목사(송정교회), 부총회장은 이영(1915~2006) 목사(평화교회)와 윤병관 목사(장위제일교회)였다. 이재선 목사는 1978년까지 총회장직을 맡았다.[388]

크리스챤 한국독립교회연합회는 1973년 대한예수교장로회 연합회로 명칭을 변경했고, 1975년에는 대한예수교장로회 연합총회로 개명했다. 1975년 9월 14일 연합 총회신학교를 설립했고, 신학교는 1981년 1월 20일 은혜측과 합하기 직전인 1981년 1월 4일까지

---

386) 「총회 25년사」, 46.

387) 홍태희, "연합하여 성장한 총회, 하나님이 택한 장종현 목사," 총회설립45주년준비위원회 기념문집 편찬위원회 편, 「이기는 자에게 주신 이름, 백석: 백석총회 설립 45주년, 하은 장종현 목사 성역 45주년 기념문집」 (서울: 대한예수교장로회총회[백석]), 2023), 439.

388) 「총회 25년사」, 45.

운영되었다. 대한예수교장로회 연합총회는 1976년 10월 19일 대한
예수교장로회(연합)로 명칭을 다시 변경했다. 대한예수교장로회(연
합) 총회장은 1978-79년 회기에는 이영 목사, 1979-80년 회기에는
이종정(1922-2000) 목사, 1980-81년 회기에는 이승일 목사였다.[389]

　대한예수교장로회 연합총회의 두 축 중 다른 하나인 은혜측은
1958년 미국 선교사 레너드 쿠트(Leonard W. Coote)가 설립한 중도
성서신학교 출신 목사들이 주축을 이루어 결성된 총회였다. 쿠트
선교사는 미국 오순절교회 소속 선교사였는데, 극동사도선교회(極
東使徒宣敎會, Far East Apostolic Mission)를 재단법인으로 인가 받아
중도성서신학교를 지원하는 방식으로 선교를 했다.[390] 원래 교단
명은 '대한예수교오순절교회'였다. 쿠트 선교사가 미국 오순절교
회 소속 선교사였기 때문이다. 당시 미국 오순절교회는 기독교 하
나님의 성회와 예수교 오순절교회로 나뉘어 있었고, 그중 예수교
오순절교회가 극동사도선교회를 기반으로 목회자를 많이 양성했
다. 오순절 신앙을 강조하다 보니 성령을 받았다는 증거로 반드시
방언을 해야 한다고 가르치기도 했다. 하지만 당시 오순절교회의

---

389) 「총회 25년사」, 45-46.
390) 「총회 25년사」, 46; cportal, https://www.cportal.co.kr/bbs/board.
　　php?bo_table=qt&wr_id=3960 (2023. 7. 15 접근). 「내한선교사사전」에
　　는 '쿠트 Coote, Leonard Wren'이라는 이름과 함께 적은 '극동사도선교단'
　　이라는 교단명과 1957년이라는 내한 연도 외에 다른 정보가 없다. 내한
　　선교사사전 편찬위원회 편, 「내한선교사사전」 (서울: 한국기독교역사연구
　　소, 2022), 1480.

인지도가 낮아 복음전파에 많은 어려움을 겪었다. 그래서 교단명을 '대한예수교장로회 은혜측'으로 변경했다.[391]

은혜측 총회는 1963년 중도성서신학교 출신 목사들과 외부에서 영입된 목사들이 함께 하여 결성되었는데, 설립 당시에는 중부노회와 호남노회가 있었다. 대한예수교장로회(은혜) 총회장은 1963-65년 윤성덕 목사, 1965-68년 김성환 목사, 1968-71년 곽봉조 목사, 1971-72년 마위인 목사, 1972-74년 윤성덕 목사, 1974-76년 곽봉조 목사, 1976-77년 주풍식 목사, 1977-79년 최철종 목사, 1979-81년 고창훈 목사였다.[392]

1981년 1월 20일 대한예수교장로회 연합측과 은혜측이 합하여 대한예수교장로회(연합)가 되었고, 그해 12월 29일 이 연합총회가 합동진리총회와 하나가 됨으로 '대한예수교장로회 합동진리연합총회'가 된 것이다.[393] 연합측과 은혜측이 합할 때 천명한 성명서의 골자는 '연합'이었다. 한국교회 부흥과 발전의 선봉이 되어야 할 교회들이 하나가 되지 못하고 여러 갈래로 나누인 것을 아파하며 "조건 없이 연합의 정신으로" 하나 되는 시대적 사명을 다하자는 결의를 표명하고 있다.[394] 대한예수교장로회 합동진리연합총회 선언문은 이 연합의 정신을 고스란히 담고 있으면서 한 걸음 더

---

391) 홍태희, "연합하여 성장한 총회, 하나님이 택한 장종현 목사," 439.
392) 「총회 25년사」, 46-47.
393) 「총회 25년사」, 46-48.
394) 「총회 25년사」, 47.

나아가 대한예수교장로회 복음총회가 표명했던 개혁주의신학 계
승을 강조하고 있다.

「대한예수교장로회 합동(진리·연합) 합동 총회 선언문」

선교 백 주년을 눈앞에 바라보는 이때 우리 장로교회는 세계 선
교 사상 보기 드문 부흥의 영광을 하나님께 돌림에 이는 전적인
하나님의 은혜로서 감사와 영광을 굳게 드리는 바이다. 그러나
해방 이후 여러 가지 어려운 신학 사조를 비롯한 많은 문제를 안
고 오던 중 일부 교권주의자들의 인위적인 분쟁 요인으로 인하
여 교단은 부패 속화의 악순환으로 거듭하고 사분오열의 참상
을 빚어 장로교 본연의 원색에서 퇴색하고 말았다. 이제 이 아픔
을 안은 우리는 겸허하게 옷깃을 여미고 우리의 지난날을 엄밀
히 자아반성하고 새로운 우리의 밝은 전망을 추구하여 바른 신
학, 바른 교회관, 성도들의 바른 생활관을 확립하여 참신한 개혁
주의적인 장로교회의 바른 전통을 계승하기를 원하는 뜨거운 마
음에서 여기 결연히 일어섰다. 이제 우리는 폐쇄된 독선과 아집
을 버리고 예수 그리스도의 사랑으로 연합하여 높은 담벽을 헐
고 장로교회사는 물론 한국교회사에 새 장을 열고 오늘의 뜻깊
은 합동 총회의 결실을 1981년 마무리하는 구주 성탄과 송구연
신의 선물로 하나님과 우리 모든 한국교회와 장로교단 앞에 드

리는 바이다. 이는 결코 사람의 뜻으로 이룩됨이 아니요 하나님의 역사 속에서 이루어진 거룩한 뜻으로 확신하면서 대한예수교장로회 연합측과 대한예수교장로회 합동진리측은 기쁨으로 그리스도의 몸 된 지체적 결합으로 연합하여 여기 합동 총회를 열고 다음과 같이 엄숙히 선언한다.

1. 우리는 총회의 명칭을 대한예수교장로회 합동진리연합측으로 하며 제66회 합동 총회를 속회한다.

2. 우리는 전통적인 한국장로교회가 지켜오는 성경적 개혁주의 신학을 고수하고 총회의 헌법과 규례는 웨스트민스터 표준문서인 웨스트민스터 신앙고백서, 대소요리문답, 교회정치, 권징조례, 예배모범에 준한다.

3. 우리 총회의 신학의 체계는 개혁주의신학을 전통으로 삼고 하나님의 주권과 예정, 성경의 절대 권위를 표준으로 하며 이단적 신학과 신앙을 제거하고 개혁주의의 온전한 모습을 추구한다.

4. 우리는 바른 한국교회의 전망이 예수 그리스도의 인격도야를 받은 수준 높은 교역자에 달려 있음을 명심하고 이에 부응하는 바른 신학교육에 전념한다.

5. 우리는 양 교단이 가졌던 정신과 노선을 비교 서로를 이해하며 존중하여 이를 기쁨으로 받아들인다.

6. 우리는 교계의 혼탁과 부패된 책임을 전가하지 말고 과감히 받

아들여 회개와 반성으로 자체 정화와 진리 추구에 선봉이 된다.

7. 우리는 오늘의 교계에 환멸을 느끼며 유랑하는 군소교단과 전 국 교회에게 넓은 문호를 개방하고 환영한다.

8. 우리는 특별히 분열을 거듭하는 많은 한국 장로교단이 주님 의 진리 안에서 연합되는 이 역사적인 사명을 자각하며 이에 선구적 핵이 된다.

9. 우리는 이제 오직 선행(先行)하시는 예수 그리스도의 뜻을 받 들어 제자의 도를 다함에 좌우를 살피지 않는 거룩한 투사로 오직 전진할 뿐이다.

10. 우리의 합동이 하나님으로부터 출발하였기에 결코 인위적인 수단과 방법으로 우리의 앞길을 저해할 수 없으며 끝까지 영 광을 하나님께 돌릴 것이다.

주후 1981년 12월 29일

전권위원

강영희, 강유중, 계정남, 김준삼, 박성근, 박태운, 서상기, 오진성, 이상렬, 이승일, 이 영, 이재선, 이종정, 이홍재, 임완재, 장성운, 장종현, 주풍식, 최순직, 홍찬환.[395]

대한예수교장로회 합동진리연합총회는 합동 총회 선언문에 총회 명칭을 "대한 예수교 장로회 합동진리연합측"으로 한다고 하며 "제66회 합동 총회를 속회한다"라고 했다. 이것은 본 총회가 1912년 설립된 대한예수교장로회 총회를 계승한다는 의미와 1959년에 통합측과 갈라선 합동측 총회를 계승한다는 의미다. 1978년 설립된 자생(自生) 총회인 대한예수교장로회 복음총회가 1979년 9월 합동 비주류와 연합한 후 가지게 된 '합동'이라는 명칭을 계속 보유할 뿐만 아니라 개혁주의신학과 신앙을 적극 계승하겠다는 의지를 표명한 것이라 이해할 수 있다.

　　선언문은 선교 100주년을 앞두고 있던 당시 한국장로교회가 하나님의 은혜로 세계선교 역사에서 보기 드문 성장을 이루었음을 감사드림으로 시작한다. 하지만 해방 후 여러 가지 문제들, 특히 일부 교권주의자들의 분쟁으로 인해 여러 갈래로 나누임으로 장로교 본연의 자세가 흐트러졌음을 엄숙히 반성한다. 그리고 새롭게 나아가기 위해 "바른 신학, 바른 교회관, 성도들의 바른 생활관을 확립하여 참신한 개혁주의적인 장로교회의 바른 전통을 계승하기를 원하는 뜨거운 마음에서 여기 결연히 일어섰다"고 개혁주의신학과 장로교 전통의 올바른 계승을 다짐한다. 선언문은 모두가 독선과 아집을 버리고 예수 그리스도의 사랑으로 연합해 서로 사이에 쌓인 담장을 헐고 장로교회사는 물론 한국교회사에 새 장을 열

어가자고 제의하며 교회연합의 지침을 제시한다.[396]

선언문에 제시된 양 교단 연합의 지침은 열 개인데, 그 중 둘을 개혁주의 천명에 할애하고 있다. 먼저, 두 번째 항목에서 "우리는 전통적인 한국장로교회가 지켜오는 성경적 개혁주의신학을 고수하고 총회의 헌법과 규례는 웨스트민스터 표준 문서인 웨스트민스터 신앙고백서 대소요리 문답, 교회 정치, 권징 조례, 예배 모범에 준한다"고 선언한다. 이어 셋째 항목에서 "우리 총회의 신학 체계는 개혁주의신학을 전통으로 삼고 하나님의 주권과 예정, 성경의 절대 권위를 표준으로 하며 이단적 신학과 신앙을 제거하고 개혁주의의 온전한 모습을 추구한다"고 선언한다. 이것은 대한예수교장로회 복음총회의 교단 선언문에 표명한 개혁주의신학이라는 정체성을 계승하고 있으며, 더 나아가 복음총회 선언문에서는 명시하지 않았던 웨스트민스터 총회의 표준문서들을 열거하며 합동진리연합총회의 표준문서들로 고백함으로 개혁주의신학을 좀 더 명백히 천명한 것이다.[397]

개혁주의신학을 계승하겠다는 의지 표명이 선언문 전반부의 주된 내용이라면, 후반부의 주된 내용은 교회연합운동에 힘쓰겠다는 의지 표명이다. 당시 교계의 혼탁과 부패의 책임을 다른 누군가에게 전가하지 말고 "회개와 반성으로 자체 정화와 진리 추구에 선

---

396) 「백석학원 40년사」, 65-66.
397) 「백석학원 40년사」, 66.

봉이 되자"고 한 점은 오늘날 개혁주의생명신학 7대 실천운동 중 '회개용서운동'과 맥을 같이 하는 선언이라 할 것이다.

이어서 본 총회가 당시 "교계에 환멸을 느끼며 유랑하는 군소교단과 전국 교회에게 넓은 문호를 개방하고 환영한다"라고 하고, "특별히 분열을 거듭하는 많은 한국 장로교단이 주님의 진리 안에서 연합되는 이 역사적인 사명을 자각하며 이에 선구적 핵이 된다"라고 함으로 교회연합운동에 대한 확고한 의지를 표명했다.

요컨대, 대한예수교장로회 합동진리연합총회의 합동 총회 선언문에는 올바른 신학 계승과 교회연합운동에 힘쓰겠다는 의지가 명확하게 표명되어 있었다.

12월 29일 총회신학교 강당에서 열린 진리연합총회에는 전국 350여 교회 대표 400여 명의 교역자가 참석했다. 총회장 이상열 목사가 사회를 맡았고, 이영 목사의 말씀 선포, 홍찬환 목사의 선언문 낭독, 강유중 목사의 격려사, 김준삼 목사의 축사가 있었다.[398]

양 교단이 통합함으로 신학교도 통합하게 되었다. 그런데 이영 목사가 교장으로 있던 예장연합 측 신학교는 정부의 신학교 정비 방침(1980년 11월 18일)에 따라 더 이상 운영할 수 없는 상황이었다. 그래서 당시 예장연합 측 신학교 총무과장이었던 신서균 목사가

---

398) 「백석학원 30년사」, 68.

가교 역할을 해서 신학교도 합치게 되었다.[399]

1981년 3월 신학원 인가를 통해 무인가 신학교 정비의 위기를 벗어나고, 그해 12월 소속 총회가 합동진리연합총회를 이룸으로 교단 규모를 키운 총회신학교는 이제 안정적인 발전을 기대할 수 있었다. 총회 통합 이듬해인 1982년 1월 신·편입생 모집 요강에 대학부는 보육신과 80명, 종교음악과 40명 모집에 각각 2년제로 운영되며, 유치원, 선교원, 어린이집, 탁아소 교사 및 선교원 설립 희망자를 길러내는 것이 목적이라고 밝히고 있다. 신학부는, 4년 제로 신학과 50명, 목회학과 20명, 그리고 2년제로 기독교교육과 20명, 여교역자 연수과 30명을 모집한다고 공고했다. 또한 총회신학교 부설로 신학대학원과 보육과 대학원 과정의 신학연구원생을 모집했다. 신학전공자는 4년제 신학교 졸업자가 지원할 수 있었으며 목회자는 우대했다. 신학연구원 과정은 2년 과정이었다.[400]

1982년 3월 김준삼 목사가 총회신학교 재단이사장으로 취임했다. 그해 12월 26일자 「한국복음신보」에 실린 학생모집 광고에는 재단이사장 김준삼, 학장 최순직, 도서관장 강유중, 교무처장 장종현, 학생처장 신서균, 교무과장 김석한, 보육과주임 이정숙, 종교음악과 주임 송선우라 적혀 있다. 하지만 실제로는 1983년 2월 말까지는 김준삼 목사가 학장으로 섬겼고, 3월부터는 최순직 목사

---

399) 「백석학원 30년사」, 68.
400) 「백석학원 40년사」, 50.

가 학장으로 섬긴 것으로 보인다.[401]

총회신학교와 총회의 위기 극복

백석총회 초기 교회연합운동이 순조롭지만은 않았다. 1981년 12월 29일 대한예수교장로회 진리연합총회를 이룸으로 총회 규모가 커졌고 안정적 발전을 기대할 수 있는 상황이었다. 하지만 총회신학교와 총회는 불과 몇 달 뒤인 이듬해 2월 예측하지 못했던 사태로 인해 오히려 위기를 맞았다. 1982년 2월 27일에 졸업한 제5회 졸업생들이 졸업 직후에 교단 통합 과정에 대한 불만을 이유로 4학년에 진급하는 후배들을 선동해 신학교를 나가도록 하는 일이 일어났다.[402]

당시 교단 통합에 불만을 품고 분열했던 이들의 중심에 허광재 목사가 있었다. 허목사와 그를 좇는 교역자들이 통합에 반대했던 이유는 다음과 같았다. 예장 연합측은 ① 독립교회들을 연합해서 시작했다, ② 핵심 구성원들이 장로교 출신이 아니다, ③ 교역자 중심의 교회정치 형태로 장로교의 정통성을 훼손한다, ④ '목사의 축복권'을 강조하는 '제사장적 목사관'을 가지고 있다.[403]

허광재 목사는 종로구 구기동에 대한예수교장로회총회(합동진

---

401) 「백석학원 40년사」, 50–51; 김준삼 박사 추모기념집 출판위원회 편, 「김준삼 박사의 생애와 사상」, 14; 그리고 백석정신아카데미, 「최순직 박사의 신학사상」 (천안: 백석정신아카데미, 2009), 15.
402) 「백석학원 30년사」, 70.
403) 「백석학원 30년사」, 70–71.

리) 총회 본부와 신학교를 세웠다. 그 일에 제5회 졸업생들이 동조하여 후배들을 설득해 4학년 진급자들 중에 300명이 넘는 학생들이 허광재 목사가 세운 신학교로 갔다. 제5회 졸업생을 배출한 직후 재학생 중 거의 2/3 정도가 나간 셈이었다.[404]

1982년 3월에 일어난 학생들의 대거 이탈 사태는 대한예수교장로회 합동진리연합총회와 총회신학교가 맞은 엄청난 위기였다. 이때 총회신학교 제6회 졸업생들이 될 4학년 진급자들 다수가 따라나갔지만, 3학년 진급자들은 남아 제7회 졸업생이 되었다. 이 7회 졸업생들은 이듬해인 1983년 2월에 총회신학교가 현 방배동 캠퍼스로 옮겨온 후 그곳에서 교육받고 배출된 첫 번째 졸업생이 되었다.[405]

백석총회 초기 교회연합운동이 엄청난 장애물을 만났지만 결국 극복하고 교회연합을 지켜내었다는 점에서 그 의미가 크다 하겠다.

허광재 목사가 이끌던 총회와 신학교는 짧은 기간 성장을 누렸지만, 건물을 사서 제공하는 등 그를 도왔던 사람이 손을 뗌으로 많은 어려움을 겪었다. 허광재 목사는 1990년 3월 미국으로 갔다가 1996년 9월 다시 백석대학교(당시 기독대학교)로 왔다.

---

404) 「백석학원 30년사」, 70-71.
405) 「백석학원 30년사」, 70; 「백석학원 40년사」, 51-52.

대한예수교장로회 합동정통총회

1982년 12월 27일 대한예수교장로회 합동진리연합총회는 총회명을 '대한예수교장로회 합동정통총회'로 바꾸었다. 총회명에 '정통'이란 말을 넣은 것은 혼탁한 시대에 복음을 올바로 전하는 교회가 되자는 의도였다.[406]

대한예수교장로회 합동진리연합총회는 만 1년 전인 1981년 12월 29일 합동 총회를 개최하며 그 선언문에 "제66회 합동총회를 속회한다"라고 했다. 합동 후 이듬해 모인 제67회(제5회) 총회는 1982년 9월 23-24일 총신교회에서 개최되었다. 총회장으로 선임된 이재선 목사 주재로 진행된 회의에서 총회 명칭을 변경하기로 결의하고 총회 명칭 변경 문제를 정치국과 임원회에 위임했다. 정치국과 임원회에서 심의 확정한 것을 실행위원회가 재가함으로 대한예수교장로회 합동진리연합총회는 총회명을 '대한예수교장로회 합동정통총회'로 개명하여 1982년 12월 27일에 공포하였다.[407]

'합동정통'이라는 총회명은 2009년에 '백석'으로 바뀔 때까지 27년 동안 사용하므로, 현재까지는 본 총회의 명칭으로 가장 오랜 기간 사용한 이름이었다. 제67회(제5회) 총회장으로 섬겼던 이재선 목사는 총회 명칭을 '합동정통'으로 바꾼 후 '정통'이라는 용어 때

---

406) 「백석학원 40년사」, 52.
407) 「총회 25년사」, 53-56.

문에 다른 총회들에서 항의 전화를 여러 통 받았다. '당신들 총회
가 정통이면 다른 총회는 이단이란 말인가?'라는 것이 항의의 주
된 내용이었다. 이에 대해 이재선 총회장은 '우리만 정통이고 다른
총회는 이단이다'라는 뜻이 아니라, '올바른 가르침을 지향하자'는
뜻으로 그렇게 이름붙인 것이라고 정중하게 해명하곤 했다.[408]

총회가 교회연합운동에 힘쓰는 것과 궤를 같이 하여 총회신학
교는 해외 신학교 두 곳과 자매결연 협정을 체결했다. 1982년 10
월 30일에는 일본 고베[新戸]개혁파신학교와 자매결연 협정을 맺
었다. 최순직 목사와 김준삼 목사가 고베개혁파신학교에서 수학한
것이 영향을 끼쳤던 듯하다. 자매결연 후 약 10년간 두 학교 사이
에 활발한 교류가 있었다. 고베개혁파신학교는 현재도 있으나 크
게 성장하지는 못했다.[409]

1983년 1월 10일에는 미국 로스앤젤레스에 있는 International
Bible College(IBC)와 자매결연 협정을 체결했다. "성경을 바탕으
로 하는 신앙과 개혁파 노선"으로 인해 협정을 체결했으며, 총회
신학교 학장 최순직과 IBC 학장 김승곤이 대표로 체결했다. 1991
년 2월까지 총회신학교 학생 중 30여 명이 IBC에서 학사, 석사
(M.Div.) 학위를 받았다. 하지만 두 학교 사이의 유대는 더 이상 유

---

408) 이 것은 임원택이 2001년 봄 백석대학교회(천안) 교역자실에서 이재선 목
　　사로부터 직접 들은 내용임을 밝힌다.
409) 「백석학원 40년사」, 52; 그리고 「백석학원 30년사」, 71-72 참조.

지되지는 않았다. IBC가 성장하지 못한 것이 이유였다.[410]

1983년 2월 24일 총회신학교는 현 방배3동 981-7번지에 새로 지은 건물로 교사를 이전했다. 당시 행정구역으로는 강남구 방배2동이었는데 1985년 9월에 방배2동을 갈라 방배3동으로 나눌 때 방배3동이 되었고, 1988년 1월에 강남구에서 서초구가 분리·신설되므로 서초구 방배3동이 되었다. 새 교사는 지하 1층 지상 5층으로 지금의 예술동 자리에 있었다.[411]

새 교사 확보는 이후 총회신학교가 크게 성장할 수 있었던 발판이었다. 총회신학교가 새 교사를 가질 수 있었던 것은 설립자 장종현 목사 자신은 물론 가족과 친지들의 헌신이 있었기에 가능했다. 재일교포인 외삼촌이 설립자를 도왔고 친형들과 매형도 재산을 기꺼이 내어놓았다. 매형은 건물 옥상에 살면서 학교 발전을 위해 헌신했다. 대지를 확보하고 설계하며 건물을 짓는 데 1년 정도 걸렸다. 새로운 건물을 완공함으로 총회신학교는 독자 건물을 갖게 되었고 성장으로 나아갈 발판을 마련했다. 이 무렵 총회신학교는 신학부와 전공부, 둘로 나뉘어 운영되기 시작했다. 전공부 안에는 종교음악과와 보육신과가 있었다. 1983년 2월 26일 새 교사에서 총회신학교 신학부 제6회 졸업식과 연구원 제1회 졸업식

---

410) 「백석학원 40년사」, 52; 그리고 「백석학원 30년사」, 72 참조.
411) 「백석학원 40년사」, 53; 그리고 「백석학원 30년사」, 84 참조.

이 거행되었다.[412]

총신고등기술학교 개교

총회신학교가 방배3동의 독자 건물로 이전한 후인 1983년 3월 15일 학교법인 총신학원(總神學院)의 설립을 위한 총회가 열려 학교법인 설립을 결의했다. 그리고 5월 2일 "학교법인 총신학원의 설립" 인가를 신청했다. 그때까지 설립자 장종현 목사는 복음전파를 위한 신학 교육에 주력했는데, 신학교의 성장과 더불어 기독교 문화 창달의 필요를 절실히 느끼고 있었다. 복음전파와 기독교 문화 사역이 함께 하는 좀 더 효율적인 교육 체계를 갖추기를 원했던 것이다.[413]

1983년 5월 30일 학교법인 총신학원이 설립 인가를 받았다. 설립자 장종현 목사가 학교법인 총신학원 초대 이사장으로 취임했다. 3개월 후인 8월 30일 학교법인 총신학원의 설치 경영 학교인 총신고등기술학교가 설립 인가를 받았다. 총신고등기술학교는 고등학교 과정과 전문대학에 준하는 과정을 인가 받았다.[414]

총신고등기술학교는 1984년 3월 1일 개교해서 전문대학과정 전공부에 주·야 남녀 첫 신입생을 모집했다. 이것이 바로 오늘날 백석예술대학교로 발전하게 되는 총신고등기술학교 전공부의 시작

---

412) 「백석학원 40년사」, 53–54; 그리고 「백석학원 30년사」, 84–85 참조.
413) 「백석학원 40년사」, 54; 그리고 「백석학원 30년사」, 87 참조.
414) 「백석학원 40년사」, 55; 그리고 「백석학원 30년사」, 87–88 참조.

이었다. 우리나라에서 수업 연한 2~3년의 단기 고등교육기관으로서 전문대학은 초급대학과 전문학교를 개편하여 1979년에 시작되었다. 총신고등기술학교는 이런 교육 과정 개편에 부합해 전문대학에 준하는 과정으로 출발했다.[415]

총신고등기술학교 초대 학장으로는 최순직 박사가 취임했다. 최순직 박사는 그 전 해인 1983년부터 총회신학교 학장으로 있었는데 총신고등기술학교 학장을 겸직하게 된 것이다. 최순직 박사는 총회신학교 학장직은 1995년 2월까지, 그리고 총신고등기술학교 학장직은 1994년 8월까지 맡아 섬겼다. 10년 넘게 두 학교 학장직을 겸직하며 섬긴 것이다.[416]

오늘날 백석예술대학교의 시작이 바로 총신고등기술학교다. 총신고등기술학교는 백석학원 발전 과정에서 문화와 예술 분야의 기독교 전문인 양성을 위해 설립된 것이었다. 좀 더 거슬러 올라가면 대한복음신학교가 1978년 9월 통신 교육과정과 별개로 출석 수업으로 진행하는 교육과정으로 개설해 '본과'라고 부르기 시작했던 보육통신과가 그 뿌리라 할 수 있을 것이다.[417]

총회신학교신학원 개원

1983년 9월 총회신학교신학원(3년제, M.Div. equivalent)이 개원했

---

415) 「백석학원 40년사」, 56; 그리고 「백석학원 30년사」, 93-94, 107 참조.
416) 「백석학원 40년사」, 56; 그리고 「백석학원 30년사」, 107 참조.
417) 「백석학원 40년사」, 56.

다. 개원 때부터 이듬해인 1984년 2월까지는 총회신학교 학장 최순직 박사가 초대 신학원장직을 겸직했다. 1984년 3월부터 1997년 2월까지는 최의원 박사가 제2대 총회신학교신학원장으로 섬겼다. 총회신학교신학원은 1997년 3월 기독신학대학원대학교가 되었다.[418]

1983년 9월에 개원한 총회신학교신학원은 3년제 과정이었고, 앞서 1981년 3월에 개원한 총회신학연구원은 2년 과정이었다. 총회신학교신학원 개원 후 총회신학교신학원을 '신학원'이라 부르게 되었고, 그때까지 '신학원'이라 불렸던 총회신학연구원은 '연구원'으로 부르게 되었다.[419]

총회신학교신학원은 대한예수교장로회 총회신학원(합동정통)이라는 이름으로도 불렀는데, 학과 담당은 조직신학 최순직, 구약학 최의원, 신조학 김준삼, 교리학 장종현, 선교학 신서균, 현대신학 조석만, 신약신학 정인찬, 외국어 장국원, 음악과 이유선이 맡고 있었고, 해외 강사진으로 김승곤, 황의영, 김영익이 있었다.[420]

1983년 9월 1일 새벽 사할린 근처 해역에서 소련 전투기가 공대공 미사일로 KAL 007 점보 여객기를 피격한 사건으로 온 국민이 가슴 아파했을 때 대한예수교장로회 합동정통총회와 총회신학

---

418) 「백석학원 40년사」, 59; 그리고 「백석학원 30년사」, 89-90 참조.
419) 「백석학원 40년사」, 59; 그리고 「백석학원 30년사」, 91 참조.
420) 「백석학원 40년사」, 59-60; 그리고 「백석학원 30년사」, 91 참조.

교가 공동으로 나라와 민족을 위한 기도회를 개최했다. 당시 총회
장은 이영 목사였고, 총회신학교 학장은 최순직 목사였다.[421]

　10월 18일에 열린 기도회에는 총회 소속 교역자들과 성도들, 그
리고 교직원들과 학생들이 함께해 700여 명이 참석했다. 기도회
후 채택한 결의문은 이번 사건을 계기로 총회에 속한 전 교역자와
성도가 여호와 하나님 앞에 겸비하여 나라와 민족을 위한 기도를
등한히 했던 잘못을 회개하고 이제부터라도 기도에 힘쓰겠다는 결
의와 더불어, 공산주의자들의 무자비함을 규탄하고, 선교 100주
년이 다가와 있음을 환기시키며 한국교회가 분열해 다투는 잘못을
떠나 소금과 빛의 역할을 회복하자는 결의를 담고 있다. 특별히,
한국교회가 그리스도교의 참 정신으로 돌아가 '제2의 종교개혁'의
자세를 가지고 스스로를 개혁할 것과 그 일에 공감하는 '동지적 교
단'을 찾으며 만나기를 바란다는 교회 연합의 소망과 더불어, 1천
만 이산가족의 만남을 비롯한 민족 통일의 열망을 담고 있다.[422]

　대한복음신학교로 시작해 이제는 총회신학교로 복음전파의 역
군들을 양성해 배출하는 데 온 힘을 쏟고 있던 백석학원에 제2교
사가 생겼다. 학교 설립 9주년 후 한 달쯤 지난 1984년 12월 3일
방배동 981-9번지에 지하 1층 지상 6층으로 된 제2교사인 자유동

---

421) 「백석학원 40년사」, 60; 그리고 「백석학원 30년사」, 88 참조.
422) 「백석학원 40년사」, 60-61; 그리고 「백석학원 30년사」, 88-89 참조.

이 준공되었다. 1987년 9월 1일 서울시 서초구 방배동 981-22번지에 제3교사인 목양동이 준공되었다. 지하 1층 지상 6층 구조였다. 총회신학교가 오늘날 예술동 자리에 지하 1층 지상 5층 구조의 새 교사를 짓고 이전한 것이 1983년 2월 24일이었다. 총회신학교가 방배3동에 새 교사로 이전한 지 4년 반 만에 교사 세 동이 마련된 것이다.[423]

첫 교사 자리에 현재의 예술동이 준공된 것이 2002년 1월이다. 그렇다면 제3교사 준공으로 그 후 거의 20년 동안 백석학원 성장 발전의 기틀이 될 세 동의 건물이 마련된 것이었다. 총회신학교와 총신고등기술학교는 이 세 교사들을 수업을 위해 매우 효율적으로 운용할 수 있었다. 제1교사 자리에 지금은 예술동이 서있지만, 제2교사인 자유동은 39년을, 그리고 제3교사인 목양동은 36년 동안 백석학원의 기틀 역할을 감당하고 있다. 방학 기간에 필요한 개보수 공사를 하며 평소에 세심하게 관리한 때문일 것이다.[424]

대한예수교장로회 합동정통총회 「교단 노선 선언문」

1989년 9월 18-21일 신승교회에서 개최된 제74회(12회) 총회(총회장 김준삼 목사)에서 대한예수교장로회 합동정통총회는 「교단 노선 선언문」을 채택했다.[425] 직전 총회인 제73회(제11회) 회기 총

---

423) 「백석학원 40년사」, 61-62, 71.
424) 「백석학원 40년사」, 71-72.
425) 대한예수교장로회 합동정통총회, 〈제74회 총회 촬요〉(1989. 9. 18-21).

회 중요시정 방침(11개 항) 중에 2항, '교단 정착을 위한 구체적 교육 강화'와 11항, '교단 대회 홍보 강화'가 있었다. 이를 위해 총회의 교리, 정치, 생활, 사명 그리고 대외노선을 드러내는 교단 노선 선언문 초안 작성을 당시 총회신학교 학장 최순직 목사에게 의뢰했다. 제74회(제12회) 총회 셋째날인 9월 20일 초안자 최순직 목사가 교단 노선 선언의 내용을 간략하게 소개하고 홍찬환 목사가 낭독한 것을 총회가 만장일치로 채택했다.[426)]

대한예수교장로회 합동정통총회의 교단 노선은 제1부 교리 편에서는 성경과 교리의 관계를 논하고 성경관이 불분명한 현대신학을 비판하면서, 개혁주의 교리의 역사를 간략하게 설명한 뒤, 총회 노선이 웨스트민스터 신앙고백을 중심으로 하는 '역사적 개혁주의' 입장임을 분명히 했다. 제2부 정치 편에서는 장로교 정치가 성경적 교회의 고유한 정치이며 믿음과 이성의 판단에 의한 최상의 교회 정치 형태라고 했다. 교회 정치에서 중요한 논쟁점인 국가와 교회의 관계에 대해서는 영역주권론에 입각해서 정교분리를 주장했다. 제3부 생활 편에서는 율법주의와 율법폐지론을 함께 반대하면서, "모든 일에 있어서 믿음으로 시작해야 하되 행함에 있어서는 하나님의 뜻인 율법을 기준으로 해야" 한다고 밝히

'교단 노선' 별지 23(113-125면). 이 '교단 노선'은 「총회 25년사」, 147-158에도 수록되어 있다. '대한예수교장로회 합동정통총회 교단 노선 선언'에 대한 좀 더 상세한 논의는 용환규, 「한국장로교회와 신앙고백」, 294-298을 참조하라.
426) 「총회 25년사」, 146-147.

고 있다.[427]

대한예수교장로회 합동정통총회의 교단 노선 선언이 대한예수
교장로회 합동진리연합총회 선언과 다른 점은 각 주제에 대한 총
회의 입장을 주장하는 것에 머물지 않고 상세히 설명하고 있다는
사실이다. 그래서 분량도 훨씬 많고 내용도 구체적이다. 이것은
합동정통총회가 개혁주의신학을 천명한 데서 한 걸음 더 나아가
교역자와 성도들의 삶의 지침을 제공하려 했다는 말이며, 그에 따
라 신앙과 삶에 대한 성경의 가르침을 훨씬 적극적으로 제시하였
다는 말이다.

개혁주의신학 재천명

대한예수교장로회 합동진리연합총회 선언문은 개혁주의신학을
좀 더 명백하게 천명했다. 선교 100주년을 바라보고 있는 한국장
로교회를 이끌어주신 하나님의 은혜에 감사한 후, 여러 갈래로 나
뉘어 있는 분열 상황을 반성하며 개혁주의신학과 장로교회의 바른
전통을 계승하겠다고 다짐했다. 선언문은 독선을 버리고 예수 그
리스도의 사랑으로 연합해 한국장로교회사는 물론 한국교회사에
새 장을 열어가자고 제의하며 교회연합의 지침을 제시했다.

선언문에 제시된 양 교단 연합의 지침은 대한예수교장로회 복
음총회의 교단 선언문에 표명한 개혁주의신학이라는 정체성을 계

---

427) 용환규, 「한국장로교회와 신앙고백」, 294.

승하고 있으며, 더 나아가 복음총회 선언문에서는 명시하지 않았던 웨스트민스터 총회의 표준문서들을 열거하며 합동진리연합총회의 표준문서들로 고백함으로 개혁주의신학을 좀 더 명백히 천명했다. 개혁주의신학 계승과 교회연합운동에 힘쓰되, 교회 분열과 부패를 다른 누군가의 탓으로 돌리지 않고 회개하며 고쳐나가겠다고 다짐한 점은 개혁주의생명신학의 회개용서운동과 맥을 같이 하고 있다 할 것이다.

대한예수교장로회 합동진리연합총회는 합동 총회 선언문을 통해 올바른 신학 계승과 교회연합운동에 힘쓰겠다는 의지를 명확하게 천명했다.

대한예수교장로회 합동정통총회의 교단 노선 선언은 대한예수교장로회 합동진리연합총회 선언문보다 분량이 훨씬 많고 내용도 구체적이다. 이것은 합동정통총회가 개혁주의신학을 천명한 데서 더 발전하여 신앙과 삶에 대한 성경의 가르침을 훨씬 적극적으로 제시하였음을 의미한다.

제4장

「기독교연합신문」창간

창간 준비

　복음전파의 역군을 키우는 신학교와 졸업할 학생들이 섬길 목회 터이며 신학적·신앙적 울타리 역할을 할 총회, 그리고 기독교 문화 창달의 사역을 감당할 예술학교까지 서자 이제는 이런 복음 전파와 기독교 문화 사역을 측면에서 지원하며 때로는 건설적 비판을 할 수도 있는 언론사가 필요했다. 1980년 11월 신군부의 언론통폐합 조치와 그해 말 국가보위입법회의에서 언론기본법을 제정한 후 정부가 언론을 장악하고 통제하던 시대였기에 「기독교연합신문」 창간은 매우 뜻 깊은 일이었다.[428]

---

428) 「백석학원 40년사」, 77.

신문 창간을 위해 1985년 12월에 '주식회사 기독교신문사' 발기인 대회가 열려 정관 제정과 주식 배분을 하고 서울지방법원 상업등기소에 등기해 신문사를 설립했다. 신문발행 준비 과정 중이던 1986년 10월 18일 상호를 '주식회사 기독교연합신문사'로 변경했다.[429]

1987년 11월 6일 문화공보부에 정기간행물 등록을 했다. 주식회사 기독교연합신문사 본사 주소는 서울 방배동 981−9번지였다. 1987년 12월 1일 당시 신문사 임원은 다음과 같았다. 발행인 장종현, 편집인 김준삼, 인쇄인 김준배, 전무 이석헌, 상무 장택현과 박정기, 편집국장 임무본, 총무국장 이찬규.[430]

창간호 발행

2년이 넘는 준비 작업을 거친 후, 1988년 2월 1일(월요일) 「기독교연합신문」 창간호가 발행되었다. 준비 단계와 마찬가지로 발행인은 장종현, 편집인은 김준삼, 편집국장은 임무본이었다. "진리가 너희를 자유케 하리라"라는 사시를 내걸고 초교파 정론지로 출발했다. 창간호는 총 5만 부가 발행되었다.[431]

창간호 1면에 벽해 김송배 화백이 "복음의 '햇살' 온 누리에…"라는 제목으로 일출을 담은 산수화를 올려 창간을 축하했고, 청

---

429) 「백석학원 30년사」, 407.
430) 「백석학원 30년사」, 407.
431) 「백석학원 30년사」, 408.

록파 시인 혜산 박두진이 "해와 달 밝고 밝게-기독교연합신문 창간에 부쳐"라는 제목의 축시로 「기독교연합신문」의 시작을 축하했다. [432]

창간호 2면과 3면에는 한국 기독교 지도자들과 성도들이 「기독교연합신문」에 바라고 기대하는 창간 축하 메시지를 담았다. [433]

일반 성도들이 읽고 도움 받을 수 있는 신문

발행인 장종현은 "한 알의 밀알 되련다"라는 제목의 창간사를 통해, 「기독교연합신문」이 "더 이상 나아갈 길이 없는 역사와 천지만물과 인생의 종점에 서 있는 이들에게 저 건너편에 바라다 보이는 새 하늘과 새 땅과 새 예루살렘으로 들어갈 큰 길을 예비하고자 합니다"라고 말했다. 복음전파가 발행 목적임을 천명한 것이다. [434]

또한 「기독교연합신문」을 통해 세례 요한처럼 이 시대에 "우리의 목소리로 외치고자 합니다"라고 함으로 선지자적 사명을 다하겠다는 의지도 표명했다. "우리의 목소리"는 "천지만물과 인간과 모든 역사를 시작하셨던 말씀"이라고 함으로써 구원의 복음이 바로 공의를 세우는 진리의 복음임을 밝혔다. [435]

창간사에서 장종현 발행인은 「기독교연합신문」이 일반 신자들

---

432) 「백석학원 30년사」, 408-409.
433) 「백석학원 30년사」, 410.
434) 「백석학원 40년사」, 78-79.
435) 「백석학원 40년사」, 79.

을 위한 신문임을 강조했다. 「기독교연합신문」 창간 이전에 다른 기독교 관련 신문들이 발행되고 있었지만, 대부분 목회자들을 주된 독자층으로 겨냥한 신문들이었다. 「기독교연합신문」은 이런 신문들과 달리 일반 성도들을 위한 신문이 되겠다고 밝힌 것이다.[436]

일반 성도들을 위한 신문이라는 발행 목적에 맞추어 10-11면에 "한국교회와 평신도"라는 제목으로 특별 좌담을 실었다. 당시 한국교회는 목회자 신앙지도 중심에서 일반 성도의 적극적인 참여 쪽으로 점점 옮겨가는 상황이었다. 긍정적으로는 "평신도에 대한 관심"이 높아지고 있었고, 부정적으로는 "목회자와 평신도 간의 갈등이 매우 심각한 상태까지 이르고" 있었다. 그래서 "평신도 운동의 개선점과 성숙한 신앙의 양육"을 모색하기 위해 좌담회를 가진 것이었다. 좌담회는 임무본 편집국장이 사회를 맡았고, 홍치모 교수(총신대학 교회사), 홍순우 목사(장충단성결교회 담임), 주선애 교수(장로회신학대학 기독교교육학), 서정원 장로(한국평신도단체 협의회총무)가 의견을 나누었다.[437]

좌담자들은 먼저 한국교회 성장에 기여한 평신도 운동의 역사를 살핀 후, 오늘날 평신도 운동의 방향에 대해 주로 논의했다. 목회자들은 물론이고, 일반 성도들도 신앙과 삶의 일치를 위해 노력해야 한다고 목소리를 모았다. 일반 성도 교육의 내용은 신학교

---

436) 「백석학원 30년사」, 409.
437) 「백석학원 40년사」, 79-80.

교육의 내용과 직결되기에, 신학교 교육을 통해 바람직한 교회 지도자들을 양성하는 것이 중요하다고 했다. 교회 내에 잠재한 고급 인력을 이제껏 제대로 활용하지 못한 것을 자성하고 활용 방안을 모색하자는 의견도 있었다. 목회자 중심의 '모이는 교회'와 일반 성도 중심의 '흩어지는 교회'라는 두 측면이 조화를 이룰 때 한국교회가 좀 더 건강하게 성장하고 발전할 수 있으리라는 기대도 나누었다.[438)]

기독교 문화 창달에 선도적 역할을 하는 신문

복음을 전하고, 교회 연합에 밑거름이 되어 한국교회를 세워나가는 데 쓰임받기 위해 창간된 「기독교연합신문」은 일반 성도들이 읽고 도움 받을 수 있는 내용을 담기 위해 노력하면서 형식에서도 당시 다른 신문사들이 취하지 않았던 건설적 변화를 시도했다. '한글전용'과 '전면 가로쓰기'를 시도한 것인데, 국한문혼용과 세로쓰기를 당연하게 여기던 당시 일반 언론과 기독교계 다른 신문들의 풍토를 감안할 때 획기적인 시도였다. 참고로, 1985년 6월 「스포츠서울」이 창간하며 가로쓰기를 사용했고, 「기독교연합신문」 창간 세 달 뒤인 1988년 5월에 창간된 「한겨레신문」이 한글전용과 함께 가로쓰기를 사용했다. 1990년대 말까지 일반 언론과 교계 신문들 대부분이 가로쓰기를 사용하고 가능하면 한글로 지면을 채우게 된

---

438) 「백석학원 40년사」, 80.

것을 보면 「기독교연합신문」이 창간부터 건전한 언론 문화 창달에 크게 기여했다고 할 수 있다.[439]

1988년 2월 1일 창간호 발행과 함께 기독교연합신문사는 본사 사옥을 서울시 서초구 방배동 981-14번지로 이전했다. 창간 1주년인 1989년 2월 1일에는 팔레스호텔 로얄볼룸에서 기념예배를 드리고 리셉션을 개최했다.[440]

1989년 5월 18일 기독교연합신문사는 영업부라는 명칭을 선교사업부로 변경했다. 이것은 기독교연합신문사가 복음전파를 위해 설립되었음을 환기시킨다는 의미가 있다.[441]

「기독교연합신문」 창간호는 12면이었다. 1989년 12월 17일자(91호)부터 16면으로 증면했다. 1992년 12월 6일자(제235호)부터 20면(컬러 2면, 흑백 18면)으로 증면했다. 하지만 1995년 9월 3일자(제366호)부터 1996년 12월 8일자(제426호)까지는 다시 16면으로 줄여 발행했다.[442]

1993년 12월 8일에 도입한 전산조판방식(CTS; Computerized Typesetting System)은 신문 제작을 훨씬 수월하게 함으로 큰 도움을 주었다. 이는 교계 주간 신문으로는 처음 도입한 것으로 「기독교연합신문」이 내용은 물론 제작 구조도 시대 변화에 부응해서 발전

---

439) 「백석학원 40년사」, 80-81; 그리고 「백석학원 30년사」, 413 참조.
440) 「백석학원 30년사」, 411.
441) 「백석학원 30년사」, 411.
442) 「백석학원 30년사」, 412.

을 추구하는 신문임을 보여주는 예라 할 수 있다. 1994년 1월 9일 최신 매킨토시 컴퓨터를 도입함으로 혁신적 지면편집이 가능했고, 다양한 서체와 그래픽을 사용할 수 있었다. 제작의 선진화가 이루어진 것이다.[443]

이런 변화가 일어나는 사이에 기독교연합신문 경영진에도 변화가 있었다. 1992년 1월에는 창간부터 발행인 겸 대표이사를 맡았던 장종현 목사가 대표직에서 물러나고 최근현 장로가 2대 사장에 임명되었다. 1995년 연말에는 발행인과 이사장을 겸했던 장종현 목사가 이사장직에서 물러나고, 제2대 이사장에 국제평화교회 이영 목사, 제3대 사장은 흰돌교회 홍찬환 목사, 제2대 편집인은 송파성민교회 박대찬 목사가 추대되었다.[444]

1999년 2월 1일 「기독교연합신문」은 창간 11주년을 맞아 '인터넷 서비스'를 본격 가동했다. 처음으로 개설된 홈페이지는 기독교 전문 정보통신업체인 카스텔의 웹 호스팅 서비스를 이용했다. 기사 내용이 카스텔 BBS와 인터넷에 동시에 게재된 것이다. 이 서비스로 독자들은 PC 접속으로 기독교연합신문(http://www.ucn.co.kr)을 만날 수 있게 되었다. 기사는 신문 발행 주간, 수요일에 전제 업데이트 되었다. 기독교연합신문이 교계언론 중에서 가장 먼저

---

443) 「백석학원 40년사」, 81; 30주년준비위원회 편, 「복음에 서다: 기독교연합신문 30년 장종현 목사 언론선교 30년」(서울: 기독교연합신문, 2018), 75.

444) 30주년준비위원회 편, 「복음에 서다」, 70, 76.

인터넷 홈페이지를 구축하고 정보통신 전문업체를 통해 인터넷 뉴스 서비스를 시작한 것이다.[445]

아이굿뉴스TV 개국

2006년 3월 6일 기독교연합신문사가 아이굿뉴스TV(igoodnews. tv)를 개국했다. 이날 기독교연합신문사는 기독교언론의 글로벌 리더가 되길 다짐하며 백석아트홀에서 아이굿뉴스TV 개국 감사예배를 드렸다. 편집인 박대찬 목사의 인도로 드린 예배에서 한기총 대표회장 박종순 목사가 "여기까지 도우신 하나님"이라는 제목으로 설교했다. 사랑의 교회 담임목사 오정현 목사가 축사를, 예장 합동정통 총회장 홍태희 목사가 격려사를 했다. 그리고 기독교연합신문 사장 홍찬환 목사가 인사를 했고, 창간자이며 백석대학교 총장인 장종현 목사가 축도를 했다. 바로 이어 아이굿뉴스TV 발행인 장종현 목사가 개국선포와 함께 방송을 시작했다. 아이굿뉴스 TV 관계자 모두가 '복음으로 만드는 아름다운 세상'을 열어 갈 것을 다짐했다.[446]

아이굿뉴스의 콘텐츠는 다음과 같았다. 첫째, 실시간 업데이트 되는 교계 뉴스와 한 주간의 교계 소식을 전하는 종합뉴스. 둘째, 목회자와 성도들을 위한 설교방송, 성경 66권과 찬송 558곡을 비

---

445) 30주년준비위원회 편, 「복음에 서다」, 79.
446) 「백석학원 30년사」, 415-416.

롯한 CCM이 담긴 말씀과 찬양. 셋째, 설교 예화와 절기 자료. 넷째, 교회학교 자료와 성경 인물 연구 자료. 다섯째, 각종 세미나와 강좌를 제공하는 목회·교육 자료. 여섯째, 목회자의 목회 노하우와 독특한 철학 자료. 일곱째, 생생한 선교 현장을 담은 사람과 교회에 관한 자료. 여덟째, 성경문자, 벨소리, 컬러링, CCM 뮤직비디오 자료. 아홉째, 각종 기독교 만화와 플래시 등을 제공하는 SMS 성경 서비스 등. 목회자를 위한 목회 자료는 물론 성도들의 신앙을 위한 이렇듯 다양한 자료를 제공하게 된 것이었다.[447]

또한 기독교연합신문사는 인터넷 신문과 더불어 e-페이퍼 서비스를 시작했다. 컴퓨터 화면상에 기독교연합신문 지면을 그대로 옮겨 놓아 기사와 광고를 한 번에 검색할 수 있어 독자들에게 컴퓨터를 통한 접근 방법을 열어주었을 뿐 아니라, 광고주로서는 2배 이상의 광고 효과를 기대하게 된 것이었다.[448]

한국교회의 미래를 준비하는 언론

아이굿뉴스 창간으로 온라인과 오프라인을 넘나들며 기독언론을 선도하던 기독교연합신문은 2014년 2월, 창간 26주년을 맞아 제4대 사장으로 영안교회 양병희 목사를 추대했다. 새로운 리더십 아래 기독교연합신문은 한국교회 미래를 이끌어갈 청소년과 신대

---

447) 「백석학원 30년사」, 416.
448) 「백석학원 30년사」, 415.

원생들에 대한 의식조사를 기획해 취재하고 보도했다. 기독교연합신문은 중고생 의식조사 결과를 바탕으로 2014년 1년 동안 연중기획, '미래교회의 희망, 청소년'이라는 주제로 총 18차례 기획기사를 연재하여 한국크리스천기자협회로부터 올해의 기자상 기획부문 우수상을 받았다.[449]

2015년 창간 27주년에는 아이굿뉴스TV 개국 후 처음으로 스튜디오 좌담을 마련해 다양한 방송콘텐트 제작의 가능성을 타진했다. 방송 전문 인력을 대거 확충한 기독교연합신문은 백석예술대학교와 방송제작 및 시설사용 협약을 맺고 전문장비를 활용한 프로그램 제작에 나섰다. 그렇게 제작해서 송출한 뉴스는 현재 유튜브를 통해 전 세계로 공급되고 있다.[450]

2016년에는 한국교회 최초로 신학대학원생들의 의식조사를 실시했다. 신대원생 의식조사는 '한국교회 미래, 10년을 준비하다'라는 장기 기획의 일환으로, 다음 세대를 이끌어갈 목회자후보생들의 생각, 한국교회를 바라보는 시각, 신학교육에 대한 만족도 전반을 알아보기 위해 기획했다. 2016년 연중기획 '신학교육이 변해야 한국교회가 산다'를 총 35회 연재한 기독교연합신문은 2016년 연말 한국기독교언론포럼이 수여하는 '좋은 기사상'과 한국크리스천기자협회가 선정한 '올해의 기자상' 등 2관왕의 영예를 안았다.

---

449) 30주년준비위원회 편, 「복음에 서다」, 103, 105-107.
450) 30주년준비위원회 편, 「복음에 서다」, 107-108.

그중 올해의 기자상 상금 전액을 신대원생 장학금으로 기부하면서 한국교회 변화에 기여하는 언론으로, 책임감 있는 모습을 보였다.[451]

백석총회와 함께 새로운 출발

2018년은 기독교연합신문 창간 30주년이었다. 창간 30주년 전후로 기독교연합신문에 많은 변화가 일어났다. 그동안 초교파지 정체성을 유지하면서 총회와 협력관계를 맺어온 기독교연합신문이 이제 대한예수교장로회 총회 직영 신문사로 탈바꿈을 시작했다. 총 5개의 보도지면 중에 한 면을 할애하던 총회 소식은 2015년 들어 '백석매거진'으로 섹션화되어 4개 면으로 비중을 늘렸다. 총회와 노회, 총회 산하 교회들만의 특화된 소식을 담아내며 교단지 기능을 함께 감당해 나갔다.[452]

2013년 10월부터 백석총회가 추진한 총회관 건립 프로젝트는 기독교연합신문의 환경에도 많은 영향을 미쳤다. 백석총회는 2015년 3월 총회관 건립의 기초가 될 건물을 매입했고, 서초구 방배동 1203-1호에 있는 지하 1층 지상 4층 건물에 신문사가 입주했다. 이전부터 이 건물 5층을 사용하던 총회는 새로운 총회관을 완공할 때까지 임시로 계속 머물렀다. 2017년 11월 27일 총회가

---

451) 30주년준비위원회 편, 「복음에 서다」, 108-111.
452) 30주년준비위원회 편, 「복음에 서다」, 112-113.

서초구 방배동 남부순환로 2221에 있는 지하 4층 지상 7층 건물로 이전했다.[453]

기독교연합신문도 새 총회관으로 이전했다. 2017년 11월 16일 이사를 마치고 총회관 5층에 둥지를 틀었다. 총회 사무실은 3층에 있었다. 총회와 신문사가 더욱 가까워졌으며, 훨씬 더 끈끈한 유대 가운데 취재협력을 해나갈 수 있게 되었다.[454]

2018년 창간 30주년을 맞아 기독교연합신문은 총회장을 당연직 이사장으로, 노회장을 당연직 운영이사로 추대하면서 총회 직영신문의 기능과 제도를 정착시켜 나가고 있다.[455]

'교회를 살리는 신문'

세상의 아픔을 외면하지 않고 함께 아파하고 함께 호흡해온 기독교연합신문은 창간 초기부터 결식아동돕기 캠페인과 수해복구 지원 캠페인, 교도소와 해외동포에게 신문 보내기 등 섬김과 나눔을 위한 다양한 사업을 전개해왔다.[456]

기독교연합신문은 출발부터 복음전파와 정론직필, 즉 복음전파라는 선교 사명과 정론직필이라는 언론 사명, 이 2가지에 초점을 맞추고 있었다. 그런데 이제 기독교연합신문은 언론의 공적 역할

---

453) 30주년준비위원회 편, 「복음에 서다」, 113.
454) 30주년준비위원회 편, 「복음에 서다」, 113.
455) 30주년준비위원회 편, 「복음에 서다」, 114.
456) 30주년준비위원회 편, 「복음에 서다」, 114.

에 대해 훨씬 큰 부담을 갖게 되었다. 그래서 기독교연합신문은 창간 30주년을 맞아 '교회를 살리는 신문'이라는 기치를 내걸었다.[457]

엄청난 속도로 변화하는 세상 속에서 누구보다 발 빠르게 적응해 나가야 하는 것이 언론이지만, 변화하는 속에서도 변하지 않는 것이 복음의 능력과 가치라는 것을 확신한다. 변화로 인해 분별이 어렵고 절대적 가치마저 상대화 시키는 이 시대에 기독교연합신문은 오직 하나님 말씀을 기준으로 정론직필의 사명을 감당할 것이다. 믿음의 사람들과 더 깊은 교제로 신앙공동체가 견고히 유지되도록 돕고 가치를 잃고 방황하는 이들에게 복음으로 위로와 기쁨을 주는 언론이 될 것이다. 그것이 바로 '교회를 살리는 신문'인 것이다.[458]

"세 겹 줄은 쉽게 끊어지지 아니하느니라"

대한복음신학교와 대한예수교장로회 복음총회는 복음전파의 열정으로 설립된 신학교와 총회다. 복음총회는 합동 비주류와 연합했다가 복귀한 후 규모는 좀 작지만 분열의 여지가 없는 교단과 연합해 합동진리연합총회를 이루었고, 합동정통으로 이름을 변경해 점점 성장하고 있었다. 총회신학교로 이름을 변경한 신학교도 계속 성장해 총회신학교는 신학교로 남고 총신고등기술학교가 따

---

457) 30주년준비위원회 편, 「복음에 서다」, 115-117.
458) 30주년준비위원회 편, 「복음에 서다」, 117-119.

로 섰다. 총회신학교는 목회자후보생을 길러내는 학교로, 총신고등기술학교는 학생들에게 복음을 전하는 터[場]와 같은 학교로 여겼다. 총회신학교신학원을 개원해 목사후보생을 배출할 준비도 했다. 그런데 학교와 총회를 외부에서 도와줄 기관이 필요했다. 그래서 「기독교연합신문」을 만들었다. 기독교연합신문사가 설립됨으로 백석총회가 예수 그리스도의 교회의 지체로서 복음을 전파하고 하나님 나라를 확장할 때 함께 쓰임 받을 삼겹줄(전 4:12)이 완성되었다. 백석총회가 복음전파에 앞장서고 백석학원이 그 일에 헌신할 영적 지도자들을 길러낼 때 「기독교연합신문」은 그 기쁨과 아픔에 동참하는 또 다른 동반자가 되었다.

제5장
신학교 총회 헌납과 반려

총회신학교 총회 헌납

1976년 11월 대한복음신학교 설립 때 함께 세운 대한복음선교회가 총회의 역할을 할 수는 없었기에, 1978년 9월 대한예수교장로회 복음총회가 설립되었다. 1979년 9월 대한예수교장로회 복음총회가 대한예수교장로회 합동 비주류와 연합한 후, 그해 10월 대한복음신학교는 대한예수교장로회 평북노회·함북노회 직영 대한복음신학교가 되었다. 하지만 합동 비주류가 분열의 조짐을 보임으로 복음총회 관계자들은 다시 독자 노선을 걷게 되었다. 그에 따라 1980년 3월 대한예수교장로회 대한복음신학교로 명칭을 변경했고, 5월에 대한예수교장로회 총회(합동진리)가 구성되므로 대한예수교장로회(합동진리) 인준 총회신학교가 되었다. 1981년 12월 대한예수교장로회 합동진리측이 연합측과 통합해서 대한예수교장로회 합동진리연합총회가 되고, 1982년 12월 총회명을 합동정통으로 바꾸었다. 대한예수교장로회 합동진리총회 구성과 그 후 연합측과의 통합을 통해 대한예수교장로회 합동진리연합총회를 이루는 과정에서 총회신학교는 통합의 구심점 역할을 했다.[459]

하지만 총회신학교와 대한예수교장로회 합동정통총회가 함께 성장하는 과정에 총회신학교 운영에 대해 다른 의견을 가진 이들이 하나 둘 나타났다. 한 예로, 1988년 9월 6-8일 총신교회에서 열린 제73회(제11회) 총회 회원심의 과정에서 서울노회 한용택 (1931-2015) 목사가 "총회신학교는 직영이 아닌데, 총신 어느 부서의 대표가 총대로 되었는데 인정할 수 있겠는가?"라고 질의했다. 이에 당시 총회장 홍찬환 목사가 총회신학교의 역사와 현실을 고려해야 한다고 하며, 합동선언문에 근거할 때 "직영은 아니지만, 연합을 이루기 위하여 적법과 같은 효력을 발생하고 있다"라고 답했다.[460]

1989년 9월 총회부터 두 해 동안 부총회장이었고, 1991년 9월 총회부터 두 해 동안 총회장을 지낸 이종정 목사는 총회신학교 설립자 장종현 목사에게 신학교를 총회직영 신학교로 헌납하기를 두 번이나 요청했다. 깊이 고민한 끝에 장종현 설립자는 총회신학교

---

459) 「백석학원 40년사」, 83.
460) 대한예수교장로회 합동정통총회, 〈제73회 총회 촬요〉(1988. 9. 6-8). 그리고 「백석학원 30년사」, 95, 각주 26 참조.

를 총회에 바치기로 작정했다. 그래서 이사회를 소집해 신학교를 총회 관할 아래 두도록 운영권을 넘겨주는 절차를 밟았다.[461]

　설립자 장종현 목사에게 신학교는 마치 자식과 같은 존재다. 총회직영을 명분으로 헌납을 요청하는 이들 입장에서는 신학교 하나를 내어놓는 것이었지만, 장종현 목사에게 그것은 자신의 살을 떼어내고 뼈를 깎는 것과 같았다. 1976년 대한복음신학교 설립 때는 물론이고 헌납 요청을 받던 당시에도, 그리고 설립 47년이 지난 지금까지도 남들에게 손 한번 벌려본 적 없었다. 방배동에 첫 교사를 지을 때 도움을 준 것은 가족뿐이었다. 일본에서 사업을 하시던 외삼촌이 도와주셨고, 형님과 매형이 힘을 다해 도와주었다. 매형은 건물 옥상에 기거하면서 불철주야 학교를 위해 헌신했다. 학교를 운영하며 재정 형편이 어려워 점심을 제대로 챙겨 먹기 어려울 때도 많았다. 그럴 때면 직원들이 라면 끓여먹도록 두고, 자신은 사무실을 나와 수돗물로 배를 채운 적도 있었다. 버스 토큰이 없어 노량진에서 학교까지 걸어간 적도 있었다. 그런데 그렇게 일구어온 학교를 총회에 헌납하라고 하니 기가 막힐 일이었다.

　장종현 목사는 신학교 헌납 요청을 받고 처음에는 말도 안 되는 요청이라 여겼다. 하지만 거듭 요청 받고 잠 못 이루고 있을 때 문득 이런 말씀이 들렸다. "내 거라며?" 그때 깨달았다. 예수 그리스도를 위해 복음을 전하고 오직 주님을 위해 신학교를 운영하겠다

---

461) 「백석학원 30년사」, 95.

고 시작해서 여기까지 달려왔는데, 어느 순간 내 자신이 신학교의 주인이 되어버렸구나 하는 깨달음이었다. 회개했다. 가족에게 뜻을 말했을 때 만류하기도 했지만 돌이키지 않았다.

총회신학교 반려

총회신학교 설립자 및 운영이사장인 장종현 목사가 총회신학교를 총회에 헌납하기 위해 필요한 자료, 즉 총회신학교 이사회 의결회의록과 총회신학 헌납 공문을 제출했다. 이에 1991년 3월 4일 총회 실행위원회는 자료 내용에 대한 보고와 설명을 듣고, 총회 정책 자문위원회, 신학 연구위원회 및 총회교육국으로 전문 소위원회를 구성하고 이 건을 연구 검토하도록 했다.[462]

두 달 뒤인 5월 6일 총회 실행위원회에서 신학 연구위원장 신서균 목사는 총회가 신학교를 직영할 수 있는 제반 능력이 아직은 준비되어 있지 않은 실정이고, 신학교 당국이 지금까지 신학교를 잘 운영하여 크게 발전시켰고 앞으로도 적절히 운영해 발전시켜 나가리라 기대됨으로 현 체제를 유지하는 것이 더 좋을 것이라고 소위원회에서 결정했다고 보고했다. 소위원회의 결정대로 하자는 동의와 재청이 있은 후 만장일치로 가결되었다. 이로써 신학교 헌납은 반려하는 것으로 결정되었다.[463]

---

462) 「총회 25년사」, 187.
463) 「총회 25년사」, 187.

이에 따라 대한예수교장로회 합동정통총회는 총회장 김준삼 목사와 총무 서상기 목사의 명의로 학교법인 총신학원 이사장에게 "총회신학교 헌납처리 통보"라는 제목의 공문을 발송했다. 공문번호는 "총본 제75-127호"였다. 공문은 총회가 "총신학원 제29호(1991. 2. 25 일자)의 '신학교 헌납 건'"에 대해 "교단과 신학교를 위한 헌신적인 결단을 높이 치하"하는 것으로 시작한다. 하지만 "본 총회 실행위원회가 위촉한 직영 신학교 소위원회에서 3차에 걸쳐 심의한 결과 본 교단의 형편과 여건으로 보아 불가하므로 본 총회 실행위원회(1991. 5. 6)에서 본 교단의 신학교 운영을 설립자 장종현 목사에게 반려하기로 결의"했다는 것이 주된 내용이었다. 이에 통보하니 총회신학교가 주의 영광을 위해 배전의 노력을 기울여 달라는 당부와 앞으로 총회도 최선을 다해 신학교의 발전을 위해 협력하겠다는 다짐도 들어있었다.[464]

총회신학교가 신학교 당국에 반환된 것은 헌납 당시에는 예상치 못한 결과였다. 총회신학교를 총회에 헌납하기로 작정하기는 결코 쉬운 일이 아니었다. 사랑과 땀을 쏟은 학교였기에 어려운 결정이었지만, 마지막 단계에서 학교의 주인은 주님이시라는 깨달음이 장종현 목사로 하여금 헌납하기로 결단하게 만들었다. 반려라는 귀결은 총회신학교가 주님이 세우시고 맡기신 학교이기에 신

---

464) 「총회 25년사」, 187-188.

실한 청지기로 관리할 사람에게 돌아간 것이리라.[465]

　신학교 총회 헌납과 반려를 통해 장종현 목사는 새로운 깨달음
을 얻었다. 학교 설립 후 15년간 온갖 시련을 겪으며 애써 키워온
학교를, 그것도 교육 당국으로부터 정식 학교법인 인가를 받은 시
점에 총회에 헌납하겠다고 결단을 내리기는 결코 쉬운 일이 아니
었다. 그러나 모든 것을 주님의 교회를 위해, 궁극적으로는 하나
님 앞에 내려놓았더니 결과는 그에게 학교가 반환된 것이다. 설립
자로서 가진 당연한 권한을 주장했더라면 하나님의 이런 놀라운
역사를 경험하지 못했을 것이고 총회와 불편한 관계가 되었을 것
이다. 그런데 주님의 뜻에 순종하는 마음으로 모든 것을 내려놓았
을 때 주님은 그 중심을 보시고 학교 발전을 위해 학교 운영이라
는 '멍에'를 다시금 그의 목에 메어주셨다.

총회신학교에서 기독신학교로 교명 변경

　1992년 4월 1일 총회신학교가 기독신학교로 교명을 변경했다.
1976년 11월 1일에 대한복음신학교로 시작해서, 1979년 10월 대
한예수교장로회 평북노회·함북노회 직영 대한복음신학교로 바뀌
었다가, 1980년 5월 대한예수교장로회(합동진리) 인준 총회신학교
가 되면서 '총회신학교'로 불렀던 교명이 바뀐 것이다. 1981년 12
월 총회명이 대한예수교장로회 합동진리연합총회로 바뀌었고,

---

465) 「백석학원 40년사」, 85.

1982년 12월 대한예수교장로회 합동정통총회로 바뀌었지만 학교명은 계속 총회신학교였다.[466]

1983년 5월 학교법인 총신학원이 설립되고 그 경영 학교로 총신고등기술학교가 인가를 받았다. 총신고등기술학교는 이듬해인 1984년 3월 개교해서 전문대학에 준하는 교육과정인 전공과에 신입생을 받아들였다. 좀 더 거슬러 올라가면 대한복음신학교가 1978년 9월 통신 교육과정과 별개로 출석 수업으로 진행하는 교육과정으로 개설했던 보육통신과가 그 뿌리라 할 수 있다. 1992년 4월 총회신학교가 기독신학교로 교명을 변경했지만, 총신고등기술학교는 1997년까지도 총신전공부로 불릴 만큼 행정의 여러 부분에서 총회신학교와 통합 운영되었던 것이다.[467]

1992년 4월 총회신학교가 기독신학교로 교명을 변경한 것은 이제 기독신학교와 총신고등기술학교가 점진적으로 분립함을 뜻한다. '분립'(分立)은 원래 '갈라져서 따로 섬'이라는 의미인데, 기독신학교와 총신고등기술학교의 분립은 갈라짐이 아니라 따로 섬, 즉 서로 독립해서 발전해 가는데 중점이 있었다.[468]

총회신학교가 기독신학교로 교명을 변경하고 반 년 뒤인 1992년 9월 4일 총회신학원이 기독신학원으로 명칭을 변경했다. 총회신학교가 기독신학교로 교명을 바꾼 것에 상응한 변경이었다.

---

466) 「백석학원 40년사」, 87.
467) 「백석학원 40년사」, 87-88.
468) 「백석학원 40년사」, 88.

1981년 3월 총회신학교가 서울시 교육위원회로부터 명칭과 위치 변경 인가를 받은 총회신학원 인가증은 당시 정부가 주도했던 무인가 신학교 정비라는 위기를 극복하는데 결정적 역할을 했다. 그 후 10년 여 동안 총회신학원 인가증은 총회신학교가 합법적으로 교육하는 근거 역할을 했다. 이제 '기독신학교'와 '기독신학원'이 '총회신학교'나 '총회신학원'이라는 이름을 대체한 것이다.[469]

　총회신학교가 기독신학교로 명칭을 변경한 것은 한국장로교회 역사를 볼 때 뜻 깊은 변화였다. 1970년대 말 대한예수교장로회 합동측 총회가 분열하기 시작한 후 갈라진 교단들이 각기 운영하는 신학교 명칭이 하나같이 '총회신학교'였다. 분열된 교단들 각각이 자신들의 신학교를 '총회신학교'라 부른 것은 적어도 합동측 총회의 정통성을 자신들이 계승했다는 의미에서 그리했다고 볼 수 있다. 하지만 10년이 넘어가며 분열이 해소되지 않고 오히려 고착되어가니, '총회신학교'라는 명칭이 개혁주의신학과 신앙을 온전히 계승한 한국장로교회의 정통성을 대변하기보다는 합동측 총회의 분열을 두드러지게 하는 셈이었다. 이에 반해 '기독신학교'는 '그리스도'라는 이름으로 예수 그리스도의 복음전파를 위해 헌신해야 할 목회자 후보생 양성의 요람이어야 할 신학교의 특성을 잘 드러내는 명칭이었다.

---

469) 「백석학원 40년사」, 90: 그리고 「백석학원 30년사」, 64, 66 참조.

설립자 장종현 목사 단국대학교 행정학 박사학위 취득

백석학원과 총회가 장족의 발전을 하고 있던 이즈음 큰 경사가 있었다. 1992년 8월 21일 설립자 장종현 목사가 단국대학교 행정학 박사학위를 취득한 것이다. 설립자는 일찍이 1974년 단국대학교를 졸업하고 1977년 대한신학교를 졸업했다. 1976년 대한복음신학교를 설립한 후 10년 여 동안 교육에 매진했던 설립자는 총회신학교와 총신고등기술학교를 함께 일구어 가던 1988년 8월 단국대학교에서 행정학 석사학위를 취득했다. 그리고 1992년 8월 "한국 대도시 교회행정의 구조 및 운영 개선에 관한 연구"로 행정학 박사학위를 취득했다.[470] 학교와 총회 발전을 위해 불철주야 섬기는 중에 맺은 열매였기에 더욱 뜻 깊고 감사한 일이었다.

"내 거라며?"

설립 초기 생존을 위해 몸부림치던 시기를 지나 총회신학교가 튼실하게 성장하고 있을 때 설립자 장종현 목사가 총회로부터 받은 신학교 헌납 요청은 엄청난 아픔이었다. 마치 자식처럼 돌보며 키워온 신학교를 내어놓으라고 하니 기가 막힐 일이었다. 신학교 헌납 요청을 받고 처음에는 말도 안 되는 요청이라 여겼다. 하지만 거듭 요청 받고 잠 못 이루고 있을 때 문득 이런 말씀이 들렸

---

470) 학교법인 백석대학교 역사편찬위원회 편, 「사진으로 보는 백석 장종현 박사 육영 30년」 (천안: 학교법인 백석대학교 역사편찬위원회, 2007), 28-29.

다, "내 거라며?" 그때 깨달았다. 예수 그리스도를 위해 복음을 전하고 오직 주님을 위해 신학교를 운영하겠다고 시작하며 여기까지 달려왔는데, 어느 순간 '나 자신'이 신학교의 주인이 되어버렸구나 하는 깨달음이었다. 회개했다. 그리고 신학교를 총회에 기꺼이 바쳤다.

몇 달 뒤 총회는 설립자 장종현 목사에게 신학교를 반려했다. 헌납 요구도 그랬지만 반려는 예상치 못한 것이었다. 헌납 결정은 결코 쉬운 일이 아니었다. 하지만 마지막 단계에서 학교의 주인은 주님이시라는 걸 깨닫고는 기꺼이 헌납했다. 그런데 그걸 다시 돌려주신 것이다.

신학교 총회 헌납과 반려를 통해 장종현 목사는 새로운 깨달음을 얻었다. 모든 것을 주님의 교회를 위해, 궁극적으로는 하나님 앞에 내려놓았더니 결과는 그에게 학교가 반환된 것이다. 이 체험은 그 후 장종현 목사로 하여금 무언가 붙들기 위해 최선을 다하다가도 주님이 끝내 아니라고 하시면 선선히 내려놓을 수 있는 믿음을 갖게 했다.

제6장
천안 캠퍼스 시대 개막

기독신학교와 천안외국어전문대학 개교

학교법인 총신학원이 4년제 대학에 준하는 각종학교인 가칭 "기독신학교"의 설립계획을 승인받은 것은 1990년 11월이었다. 한 해 반 지난 1992년 4월 천안시 안서동 85−1번지에 진리관이 준공되었다. 그런데 학교 설립 인가는 예상했던 것보다 늦은 1993년 12월에 받았다. 학교법인 백석학원에 속한 천안외국어전문대학은 1992년 9월에 설립계획 승인을 받았는데, 이듬해인 1993년 11월에 학교 설립 인가를 받았고, 12월에는 천안시 안서동 393번지에 자유관이 준공되었다. 이것이 기독신학교와 천안외국어전문

대학이 공교롭게도 함께 개교하게 된 이유였다.[471]

1994년 3월 1일 기독신학교가 개교했다. 최순직 박사가 초대 학장으로 취임했다. 같은 날 천안외국어전문대학도 개교했다. 설립자 장종현 박사가 초대 학장으로 취임했다.[472]

설립자 장종현 목사가 1979학년도부터 대한복음신학교의 교훈으로 삼아 총회신학교로 이어 내려왔고, 1984년에 개교한 총신고등기술학교의 교훈이며, 천안외국어전문대학과 동일한 날 개교한 기독신학교의 교훈이기도 한, "진리가 너희를 자유케 하리라"가 마찬가지로 천안외국어전문대학의 교훈이었다. 오늘날 백석학원에 속한 4개 학교가 "진리가 너희를 자유케 하리라"라는 동일한 교훈을 가지고 있음은 4개 학교의 연원이 대한복음신학교임을 드러내는 상징적 의미가 있다.[473]

기독신학교, 기독신학대학으로 승격

1994년 3월 1일 개교한 기독신학교가 그해 12월 2일 기독신학대학으로 승격했다. 4년제 대학에 준하는 각종학교에서 4년제 정규 대학으로 승격 인가를 받은 것이다. 개교 후 채 1년도 되지 않아 맞은 경사였다.[474]

---

471) 「백석학원 40년사」, 93.
472) 「백석학원 30년사」, 157, 269.
473) 「백석학원 40년사」, 97-98.
474) 「백석학원 40년사」, 103-104; 그리고 「백석학원 30년사」, 159 참조.

1995년 2월 28일 기독신학대학 제2대 학장에 장상선 박사가 취임했다. 같은 날 장상선 박사는 기독신학대학 초대 학장인 최순직 박사가 겸직하고 있던 서울 방배동의 기독신학교 학장직도 승계해 제4대 학장으로 취임했다. 1983년 총회신학교 학장으로 취임해 기독신학교로 명칭이 바뀐 뒤까지 12년 동안 수고한 최순직 박사는 기독신학교 명예학장으로 추대되었다.[475]

기독신학대학, 기독대학교로 개편 인가

1995년 12월 16일 교육부는 4년제 신학대학인 기독신학대학을 기독대학교로 개편 인가했다.[476]

4년제 대학에 준하는 각종학교인 기독신학교가 개교한 것이 1994년 3월 1일이었고, 같은 해 12월 2일 4년제 정규 대학인 기독신학대학으로 승격했다. 그런데 기독신학대학으로 승격한 지 1년 만에 기독신학대학이 기독대학교로 개편하도록 인가를 받은 것이다. 기독신학교를 기독신학대학으로 승격 인가했을 때 개교 예정일이 1996년 3월 1일이었는데, 승격 후 개교 예정일이 되기도 전에, 승격된 후의 개편을 인가했다는 말이다. 학교법인 총신학원이 1990년 11월 기독신학교 설립계획을 승인받은 후, 학교 설립 인가는 예상했던 것보다 늦은 1993년 12월에 받았는데, 이 때 지체된

---

475) 「백석학원 40년사」, 104; 그리고 「백석학원 30년사」, 118, 159.
476) 「백석학원 30년사」, 160.

시간들을 만회하고도 남을 정도로 엄청난 속도의 성장이었다.[477]

학교의 이런 고속 성장은 당시 교직원들의 노고의 결실이었다. 설립자를 중심으로 당시 교직원들은 퇴근하는 것도 미루며 밤낮을 가리지 않고 학교를 위해 헌신했다. 밤나무 숲이 우거졌던 안서골에 복음전파를 위한 신앙 교육이라는 백년대계를 위해 견고한 건물을 세워가는 일만큼이나 자타가 공인하는 기독교 대학의 조직과 행정을 확고히 세우기 위해 학교 구석구석에서 땀 흘리며 수고했다.[478]

하지만 순발력과 열정, 그리고 노력이 있다고 해서 학교의 성장이 보장되는 것은 아니다. 당시 학교 법인 팀에서 수고했던 한 인사는 그때를 회상하며, "이런 결과는 하나님의 특별한 은혜가 아닐 수 없었다. 우리 학교를 도우시는 살아계신 하나님의 손길을 느낄 수 있었다"고 고백했다. 일반적으로 학교의 승격과 개편 인가는 어느 정도의 기간이 지나고 실적이 있을 때 가능한 일이다. 따라서 각종학교인 기독신학교가 개교 후 1년도 되지 않아 기독신학대학으로 승격하고, 바로 1년 뒤 종합대학교인 기독대학교로 개편 인가를 받은 것은 상식을 뛰어넘는 일이었다. 여기서 우리는 설립자를 비롯한 모든 교직원의 열정과 노고를 오병이어처럼 받아주신 여호와 하나님의 특별하신 도우심의 손길을 고백할 수밖에

---

477) 「백석학원 40년사」, 105.
478) 「백석학원 30년사」, 160.

없다. 하나님의 특별하신 도우심으로 백석학원은 급속도로 성장할 수 있었다.[479]

기독대학교, 천안대학교로 교명 변경

1996년 12월 14일 기독대학교가 천안대학교로 교명을 변경하도록 승인 받았다. 변경된 명칭은 1997년 3월 1일부터 사용할 수 있었다. 교명 변경은 당시 교수회의와 이사회를 통과해 내린 결정이었다. 1996년 12월 6일 교수 회의록에 따르면, 주도홍 교수가 기독교 대학의 정체성을 이유로 '기독대학교'라는 교명을 계속 사용하자고 발언했고 김성욱 교수가 이에 동의했다. 하지만 절대 다수가 교명 변경에 찬성함으로 주도홍 교수의 동의와 김성욱 교수의 재청으로 교명 변경안이 통과되었다. 이때 설립자 장종현 박사는 교명으로 기독교 대학의 정체성을 표명해야 한다는 데 마음을 같이 했기에 마음에 갈등이 있었지만 교수회의 절대 다수의 의견을 존중해 변경안을 받아들였다.[480]

기독신학교와 기독대학교, 그리고 며칠 후 설립 인가를 받을 기독신학대학원대학교라는 교명을 고려할 때 역사적 상관성이 자연스럽게 드러날 뿐 아니라, '기독'(基督)은 '그리스도'의 음역(音譯)으로 기독교 대학의 정체성을 잘 드러내고 있었다. 복음전파를 위해

---

479) 「백석학원 30년사」, 160.
480) 「백석학원 30년사」, 163-164.

설립된 학교 설립 정신을 고려할 때 기독대학교라는 이름이 갖는 의미는 큰 것이었다. 하지만 치열한 대학입시 현장을 고려하고 학교 발전이라는 목표를 염두에 둘 때 교명 변경을 하는 것이 좋겠다는 실용론에 훨씬 더 큰 힘이 실렸다.[481]

기독대학교가 천안대학교로 교명을 변경함의 의미는 다음과 같았다. 첫째, 지금까지의 신학교 이미지에서 벗어나 백석대학교가 신학을 포함한 일반 학문 전체를 아우르는 대학교로서 한국 대학 교육 역사 속에 뛰어든 것이다. 둘째, 신학대학이 아니라 종합대학교로서 출발함을 표방한 것이다. 셋째, 지금까지는 교육 대상을 신자에 국한시킨 것과 달리, 앞으로는 비신자인 학생들도 받아 복음을 전하겠다는 본격적인 학원 복음화 시대 진입을 표명한 것이다. 1997년 3월 1일 천안대학교 초대 총장에 설립자 장종현 박사가 취임했다.[482]

1999년 4월 9일 백석홀이 준공되었다. 그 해 가을, 즉 1999년 10월 20일에는 본부동이 준공되었다.[483] 백석홀 건립은 백석총회에는 매우 뜻 깊은 일이었다. 백석총회는 특별한 상황을 제외하고는 거의 매년 천안 백석홀에서 정기총회를 개최했다. 백석총회와 백석학원의 동반 관계를 가장 잘 보여주는 상징적 건물이 바로 백석홀일 것이다.

---

481) 「백석학원 40년사」, 117-118.
482) 「백석학원 30년사」, 164.
483) 「백석학원 40년사」, 146-147.

1999년 11월 2일 천안대학교는 교육부로부터 4개 대학원, 즉 신학전문대학원과 신학대학원, 평신도지도자대학원, 그리고 상담대학원의 설치를 인가 받았다. 입학정원은 신학전문대학원 석사 40명, 박사 20명, 신학대학원 석사 60명, 평신도지도자대학원 석사 80명, 상담대학원 석사 70명, 그래서 석사학위과정 250명이 증원되고 박사학위과정 20명이 처음으로 주어졌다. 신학전문대학원에 박사학위 과정이 설치된 것이 주목할 부분이다.[484]

2000년 7월 4일 교육부는 고등교육법 제4조 3항과 동법시행령 제2조 제3항에 의거해 천안대학교 신학전문대학원의 위치 변경을 인가했다. "현 위치: 충남 천안시 안서동 산 85-1"을 "변경 위치: 서울 서초구 방배동 981-56"으로 변경 인가한 것이다.[485]

천안대학교, 군종사관후보생 선발대상 학교 지정

1999년 11월 12일 국방부가 천안대학교와 대한예수교장로회 합동정통총회를 군종사관후보생 선발대상 학교 및 군종장교 선발추천 종교단체로 지정했다. 이제 천안대학교도 군종사관후보생을 선발해 양성할 수 있게 된 것이다. 1976년 대한복음신학교가 설립될 때부터 백석학원의 한결같은 목적은 복음전파이기에, 군 장병들에게 복음을 전하고 신앙 양육을 할 수 있는 군목을 길러낼 수

---

484) 「백석학원 30년사」, 207-208.
485) 「백석학원 30년사」, 208.

있게 된 것은 하나님의 큰 선물이며 백석학원과 백석총회 구성원 모두의 기쁨이었다.[486]

총신고등기술학교, 총신예술고등기술학교로 교명 변경

천안 캠퍼스에 새롭게 선 두 대학이 일취월장 성장하고 있을 때 서울 캠퍼스에 있는 학교들도 함께 성장하고 있었다.

1984년 3월에 개교한 총신고등기술학교 초대 학장으로 취임한 최순직 박사는 10년 넘게 학장으로 섬겼다. 1994년 3월 최순직 박사가 기독신학교의 초대 학장으로 취임한 후 반 년 뒤인 1994년 9월 1일 신서균 박사가 총신고등기술학교 제2대 학장으로 취임했다.[487]

1996년 9월 19일 총신고등기술학교가 총신예술고등기술학교로 교명을 변경했다. 교명에 '예술'이라는 용어를 추가한 것은 학교의 특성화를 이루기 위함이었다. 그 이면에는 음악과 미술에 대한 통념을 넘어 성경의 가르침에 바탕을 둔 기독교음악과 기독교미술을 추구하려는 이상이 있었다.[488]

기독신학대학원대학교 개교

1996년 12월 11일 학교법인 총신학원은 교육부로부터 기독신

---

486) 「백석학원 40년사」, 139-140.
487) 「백석학원 40년사」, 115; 그리고 「백석학원 30년사」, 107-108 참조.
488) 「백석학원 40년사」, 115-116; 그리고 「백석학원 30년사」, 108 참조.

학대학원대학교 설립 인가를 받았다. 기독신학대학원대학교는 우리나라 최초로 인가 받은 '대학원대학교'였는데, 교육법 95조 규정에 따른 "특수대학원 석사과정" 3년제였다. 위치는 서울시 서초구 방배동 981−22번지였고, 입학정원은 신학과 주간 60명, 야간 60명, 총 120명이었다. 신학석사 과정과 더불어 신학연구과정을 인가 받았다. 기독신학대학원대학교는 천안대학교와는 별개의 학교로 출발했다. 1997년 3월 21일 천안대학교 학교 관리법인이 총신학원에서 백석학원으로 변경된 후에는 다른 학교법인에 속한 채 수 년 간 독자적으로 성장했다.[489]

설립자 장종현 박사는 교육부로부터 기독신학대학원대학교 설립 인가를 통보받고 다음과 같이 감사와 포부를 밝혔다. "이번 설립 인가를 받게 돼 먼저 하나님께 영광을 돌리며 학교가 속한 예장 합동정통 총회와 학교법인 총신학원 산하 교직원 및 학생들과 함께 기쁨을 나누고 싶습니다. 물질만능 시대에 정신적 지주 역할을 담당할 목회자들의 자질 향상을 통한 세계 복음주의 신학의 요람으로 육성, 발전시켜 나가겠습니다."[490]

1997년 3월 1일 기독신학대학원대학교가 개교했다. 초대 총장으로 장상선 박사가 취임했다. 대한예수교장로회 합동정통 총회의 목회자 양성 과정으로서 기독신학대학원대학교의 뿌리는 1981년

---

489) 「백석학원 40년사」, 121; 그리고 「백석학원 30년사」, 161 참조.
490) 「백석학원 40년사」, 121.

3월 개원한 총회신학연구원이다. 총회신학연구원은 2년 과정으로서 총회신학교에 처음으로 생긴 대학원 성격의 과정이었다.[491]

1983년 9월에 총회신학교신학원이 개원했는데, 3년제로 목회학석사에 준한 과정(M.Div. equivaltent)이었다. 총회신학교신학원이 개원한 후 그전에 '신학원'이라 불렀던 총회신학연구원은 '연구원'이라 부르게 되었고, 총회신학교신학원을 '신학원'이라 부르게 되었다.[492]

1981년에 개원한 연구원 즉 총회신학연구원과, 1983년에 개원한 신학원 즉 총회신학교신학원이 1997년 3월 기독신학대학원대학교로 발전한 것이다. 이전과 차이는 교육부 인가를 받았다는 점이다. 제도권 밖에서 행해지던 목회자 양성 교육이 제도권 속으로 들어간 것을 뜻한다. 참고로, 총신대와 장신대 그리고 고신대가 교육부로부터 신학대학원 설치 인가를 받은 것은 1980년 11월 3일이었다.[493]

한편, 기독신학대학원대학교는 종교개혁 481주년인 1998년 10월 31일에 「기독신학저널」을 창간했다. 「기독신학저널」은 그 후 발간이 중단되었다가 4년 후인 2002년 3월에 복간하게 되어 통권 제2호가 나왔다.[494]

---

491) 「백석학원 40년사」, 122.
492) 「백석학원 40년사」, 123.
493) 「백석학원 40년사」, 123.
494) 「백석학원 40년사」, 123.

기독신학교의 독자 생존 추구

1992년 4월 총회신학교에서 기독신학교로 교명을 변경한 서울 방배동의 기독신학교는 1984년 3월 개교한 총신고등기술학교가 점진적으로 분립 발전하고, 10년 뒤인 1994년 3월 천안 안서동에 각종학교인 기독신학교 그리고 천안외국어전문대학이 개교함으로 나름대로 생존 발전을 추구해야 했다. 1997년 3월 개교한 기독신학대학원대학교의 뿌리도 기독신학교의 전신인 총회신학교에서 1983년 9월에 개원한 총회신학교신학원(3년 과정)과 그보다 두 해 전인 1981년 3월에 개원한 총회신학연구원(2년 과정)이었다.[495]

기독신학교는 백석학원의 시작점임에도 불구하고, 1998년 당시 총신예술고등기술학교, 천안대학교, 천안외국어대학, 그리고 기독신학대학원대학교로 분립 발전하고 있던 다른 학교들에 비해 상대적으로 성장권에서 비껴나 있었다. 천안 안서동의 기독신학교가 1994년 개교 때부터 신학과를 중심으로 출발했기에 학력인정 학부 과정은 천안대학교에 있었다. 또한 대한예수교장로회 합동정통 총회의 목회자 양성 과정이었던 신학원과 연구원 과정은 대학원에 해당하는 과정들로 기독신학대학원대학교로 넘어가 있었다. 따라서 기독신학교는 학부 형태를 유지하면서 나름의 생존을 추구해야 했다. 그 방법은 학점은행제 운영이었다.[496]

---

495) 「백석학원 40년사」, 135.
496) 「백석학원 40년사」, 135-136.

1998년 9월 1일 기독신학교는 교육부로부터 학점은행제 시범 교육기관으로 지정되었다. 처음 인가 받은 것은 5과목(신약 개론, 기독교윤리학 개론, 공관복음해석, 교리사, 기독교교육사)이었고, 운영 기간은 2000년 8월 31일까지 2년이었다. 이듬해인 1999년 3월 학점인정에 관한 법률 제3조 제1항 및 동법률시행 제4조 제3항 규정에 의해 학점은행 학습과목 5과목을 평가 인정받아 학사 학위를 받을 수 있는 교육 과정을 추가 운영할 수 있게 되었다. 이때 인가 받은 5과목은 구약 개론, 기독교교육 개론, 성서 배경사, 한국문화와 기독교, 신학 영어였고, 운영 기간은 1999년 3월 1일부터 2001년 2월 28일까지 2년이었다. 학습 과목 운영 기간이 만료되면 학점은행제 학습 과목 재평가 인정을 받는 방식으로 학사 학위를 받을 수 있는 교육 과정을 지금까지 운영해 오고 있다. 1998년 11월 17일 서울시 서초구 방배3동 981-7번지에 진리동이 준공되었다. 지하 1층, 지상 8층의 건물이었다.[497]

아시아신학협의회와 신학사와
목회학 석사 과정 인정 협정 체결

1997년 3월에 개교한 기독신학대학원대학교는 이듬해인 1998년 11월 30일 아시아신학협의회(Asia Theological Association, ATA)와 학점 인정 협정을 체결하고 신학사(B.Th.)와 목회학 석사

---

497) 「백석학원 30년사」, 120-121, 137.

(M.Div.) 학위 과정을 인정받게 되었다. 인정 증명서(Certificate of Accreditation)에 명기된 협정 기간은 1998년부터 2003년까지였다.[498]

그런데 인정 증명서에 기입된 학교명은 "Christian Theological University, Seoul"인데, '기독신학대학원대학교'로 번역할 수도 있지만 '기독신학교'로 번역할 수도 있다. 「학교법인 백석대학교 30년사」에는 ATA와 학점 인정 협정을 체결한 주체가 기독신학교와 기독신학대학원대학교로 중복 기술되어 있다.[499]

추정해 본다면, "Christian Theological University, Seoul"은 기독신학교와 기독신학대학원대학교 둘 다를 지칭할 수 있다. 공교롭게도 당시는 장상선 박사가 기독신학교 학장과 기독신학대학원대학교 총장을 겸임하고 있을 때였다. 장상선 박사는 1995년 3월부터 기독신학교 제4대 학장을 맡았고, 1997년 3월 기독신학대학원대학교 개교 때 초대 총장으로 취임해, 1999년 2월말까지 두 기관 기관장으로 섬겼다. 기독신학교는 학부 과정에 준한 과정을 운영하고 있었고, 기독신학대학원대학교는 목회학 석사 학위 과정을 운영하고 있었다. 그렇다면 ATA는 기독신학교의 신학사 과정과 기독신학대학원대학교의 목회학 석사 과정을 각각 인정한 것으로 해석할 수 있을 것이다.[500]

ATA와 협정을 체결한 주체가 기독신학교와 기독신학대학원대

---

498) 「백석학원 40년사」, 143.
499) 「백석학원 30년사」, 119와 162.
500) 「백석학원 40년사」, 143-144.

학교 둘 다라는 이런 추정은 1998년 9월 23일 기독신학대학원대학교 장상선 총장이 합동정통 제83회 총회에 보고한 내용을 볼 때 설득력이 있다. 보고서 제목이 "신학교 보고(기독신학대학원대학교/기독신학교)"라고 달려 있고, 보고서 내용 중에 학교를 지칭할 때 "기독신학대학원대학교(신학부 포함)"라 말해 기독신학대학원대학교와 기독신학교가 공동 주체임을 밝히고 있다. 보고서 내용은 그해 8월 기독신학대학원대학교와 기독신학교가 ATA 정규 회원학교로 가입되어 모든 재학생들에게 국제적으로 공인받는 신학사 학위(Th.B.)와 목회학석사 학위(M.Div.)를 수여할 수 있게 되었다는 내용이다.[501] 협정 체결 전이므로 협정 체결에 대한 보고는 아직 없다. 하지만 ATA와 협정을 체결한 주체가 기독신학대학원대학교와 기독신학교 둘 모두였음은 분명하다.[502]

학교법인 총신학원과 학교법인 백석학원의 동반 성장

1983년 5월 설립된 학교법인 총신학원이 그해 8월 총신고등기술학교 설립 인가를 받았고, 10년 뒤인 1993년 3월 설립된 학교법인 백석학원은 그해 11월 천안외국어전문대학 설립 인가를 받았다. 바로 다음 달인 1993년 12월 학교법인 총신학원은 천안에 기독신학교 설립 인가를 받았다. 두 학교법인 모두 설립자 장종현

---

501) 「총회 25년사」, 527.
502) 「백석학원 40년사」, 144.

목사가 초대 이사장을 지냈다. 학교법인 총신학원은 1992년 2월 김준삼 목사가 이사장으로 취임해 제2대와 제3대 이사장을 연임했고, 학교법인 백석학원은 1993년 12월 이석헌 장로가 제2대 이사장으로 취임했다. 1994년 3월을 기준으로 보면, 학교법인 총신학원 산하에는 방배동의 총신고등기술학교와 안서동의 기독신학교가 있었고, 학교법인 백석학원 산하에는 천안외국어전문대학이 있었다.[503]

1996년 12월 학교법인 총신학원이 기독신학대학원대학교 설립 인가를 받으므로 총신학원 산하에 총신고등기술학교와 기독대학교, 그리고 기독신학대학원대학교가 있게 되었다. 하지만 며칠 후 기독대학교가 천안대학교로 교명 변경을 승인받은 후 이듬해인 1997년 3월 천안대학교의 학교 관리법인이 총신학원에서 백석학원으로 변경되었다. 그래서 1997년 3월 말을 기준으로 보면, 학교법인 총신학원 산하에 총신예술고등기술학교와 기독신학대학원대학교가 있었고, 학교법인 백석학원 산하에 천안외국어전문대학과 천안대학교가 있었다. 학교법인 총신학원은 서울 방배동에 있는 두 학교를 경영하고, 학교법인 백석학원은 천안 안서동의 두 학교를 경영하는 구조였다.[504]

1999년 2월 24일 설립자 장종현 박사가 학교법인 총신학원 제4

---

503) 「백석학원 40년사」, 145.
504) 「백석학원 40년사」, 145-146.

대 이사장으로 취임했다. 1992년 2월에 취임해 제2대와 제3대 이
사장을 연임한 김준삼 박사는 이사장직에서 물러나 장상선 박사를
이어 기독신학대학원대학교 제2대 총장으로 취임했다. 김준삼 박
사는 그때까지 장상선 박사가 맡고 있던 방배동의 기독신학교 학
장직도 계승해, 1999년 3월 1일 제5대 학장으로 취임했다.[505]

천안 캠퍼스 시대 개막

1994년 3월 1일 천안 안서동에 기독신학교와 천안외국어전문
대학이 동시 개교한 것은 백석학원이 서울 방배동과 천안 안서동,
두 곳에 기틀을 마련했음을 뜻한다. 방배동의 기독신학교와 총신
고등기술학교는 나름대로 발전하고 천안의 두 학교는 방배동의 두
학교와 독자적으로 발전하는 방식이면서도, 그 뿌리는 하나로 뭉
쳐져 있는 구조였다.[506]

서울 캠퍼스와 별개로 천안 캠퍼스가 생기게 된 직접적 계기는
1990년 11월 학교법인 총신학원이 4년제 대학에 준하는 각종학교
의 설립계획을 승인받은 것이었다. 앞으로 학교 발전을 위해 넓은
부지에 학교 건물을 세울 필요가 있었다. 안양, 수원, 평택 등에
서 학교 부지를 물색하던 중 서울에서 1시간 거리인 천안시 안서
동에서 적절한 대지를 발견한 설립자는 이재선 목사, 김준삼 목사

---

505) 「백석학원 40년사」, 146.
506) 「백석학원 40년사」, 107.

와 함께 현재 학교가 위치한 일대를 둘러본 후 매입을 결정했다. 천안이 서울에서 가까운 중부권의 교통 요충이라는 점도 고려되었고, 설립자가 고등학교까지 공부했고 처음 신앙을 갖게 된 곳이라는 점에서도 의미 있는 결정이었다.[507]

개교 때 전공을 보면 기독신학교는 신학교 성격이 강했고, 천안외국어전문대학은 일반 대학 성격이 강했다. 천안외국어전문대학을 고려할 때 천안 안서동에 캠퍼스를 마련한 것은 탁월한 선택이었다. 기독신학교와 천안외국어전문대학 설립 당시 천안시는 인구 약 20만 명이 사는 우리 국토의 중핵 도시로서 수도권의 배후와 충남 서부지역의 관문, 국·철도, 고속도로·도로 및 삼남 분기의 교통 요충지였다. 28개 업체 지역 산업체들이 자리 잡고 있는 산업도시이기도 했다. 그런데 4년제 대학은 4개가 있었지만, 전문대학은 공학 분야의 전문 기술인을 양성하는 천안공업전문대학이 유일했다. "외국어에 관한 전문교육을 실시"하는 2년제 전문대학은 전무한 실정이었기에 전문 직업인이 필요한 산업 환경을 고려할 때 수급을 위해 아주 적절한 입지였다.[508]

천안 안서동에 기독신학교와 천안외국어전문대학이 섬으로 백석학원은 서울 방배동의 기독신학교와 총신고등기술학교만 있을 때보다 훨씬 넓은 권역에 영향을 미치고 훨씬 많은 학생들을 양성

---

507) 「백석학원 40년사」, 107.
508) 「백석학원 40년사」, 108.

할 수 있게 되었다. 복음전파를 위해 설립된 백석학원이기에, 지역과 대상 규모 면에서 영향 범위가 엄청나게 확대되었다는 의미가 있다. 안서동의 기독신학교와 천안외국어전문대학은 천안은 물론 충남 지역에서 복음을 전하고 복음전파 역군을 길러내는 전진기지의 역할을 감당하게 되었다.[509]

복음전파 사역 범위의 급속 확대

천안 캠퍼스가 서울 캠퍼스에 비교할 수 없을 정도로 교지 면적이 넓은데다, 교육부로부터 인가받은 입학정원이 급속도로 늘어났기에, 복음전파 사역의 범위가 매우 확대되었다. 대한복음신학교를 설립할 때와 마찬가지로, 안서동에 두 학교를 세우면서도 설립자가 가진 '복음에 의한 대학교육'이라는 확신은 굳건했다. 고등교육 기관을 통해 국가와 시대가 필요로 하는 인재를 양성하고 공급하겠다는 의도는 분명했다. 하지만 그게 다가 아니었다. 그가 바라는 대학은 이미 서있던 다른 대학들과 비슷한 또 하나의 대학이 아니었다. 설립자가 꿈꾸는 기독교 대학은 젊은이들에게 복음을 전해 예수 그리스도를 믿어 구원 받도록 돕고, 참다운 삶의 의미와 사명을 깨달아 올바른 가치관을 가지고 교회와 민족을 위해 헌신하도록 양육하는 그런 대학이었다.[510]

---

509) 「백석학원 40년사」, 108-109.
510) 「백석학원 40년사」, 109.

2001년 백석학원 건학 25주년에 장종현 박사는 과거를 회고하며 대학 설립과 관련해 자신의 비전을 다음과 같이 말했다.

> 나에게는 '복음에 의한 대학교육'에 대한 확신이 있습니다. 대학 교육을 통해 복음을 전파함으로써 건강한 그리스도인을 양성하여 사회로 배출하는 것이 나의 변함없는 목표입니다. 이것이 나의 대학 교육의 목표이며, 이것이 또한 오늘날 우리의 젊은이들을 사랑하는 최선의 길이라고 믿습니다. 우리나라에 이미 많은 대학들이 있는데, 목사인 내가 무엇 때문에 또 하나의 대학을 더 세워야 했겠습니까? 나는 '복음에 의한 대학교육'이라는 일념을 가지고 학교를 설립하였고, 그 일념은 지금도 변함이 없습니다.[511]

서울 캠퍼스의 두 학교에 더하여 천안 캠퍼스에 두 학교가 더 섬으로 인해, 설립자 장종현 박사가 바라는 복음전파의 사역 범위는 급속도로 확대되었다. 백석학원에 속한 각 학교의 발전은 복음전파 어장이 늘어남을 뜻한다. 백석학원에 속한 4개 학교는 하나의 뿌리에서 나와 서로 갈라져 따로 섬으로 서로 독립해 발전하면서도 복음전파의 사명으로 하나로 묶여 있었다.[512]

---

511) 장종현, 「진리와 자유」, 백석 장종현 박사 육영25년 기념문집 간행위원회 편 (서울: 기독교연합신문사, 2001), 79-80.
512) 「백석학원 40년사」, 110.

제7장

기독교대학의 정체성 정립

45년은 반세기에 가까운 시간이기에 길다고 여길 수 있지만 홀로 시작한 작은 총회가 9천 교회가 넘는 총회로 성장하기에는 매우 짧은 시간이다. 1978년 백석총회가 설립된 때 전후로 시작한 많은 총회가 있지만 백석총회만큼 성장한 총회는 없다. 백석총회가 이렇게 성장한 것은 '오직 하나님의 은혜'라고 백석총회 구성원들은 모두 한 마음으로 고백한다. 백석총회 구성원 설립자 장종현 목사가 "무릎 꿇고 받은 사명"을 또한 내 사명이라고 여기며 복음 전파를 위해 매진했고 그것을 어여삐 여기시는 주님께서 지금 여기까지 이끌어 주셨다.

　백석총회 역사를 곰곰이 살펴보면 다른 교단들과 분명히 다른 하나를 발견하게 된다. 그것은 바로 백석총회의 동반자인 백석학원의 행보다. 138년 전 언더우드와 아펜젤러 선교사가 입국한 후 우회선교 일환으로 학교와 병원을 세웠다. 그렇게 기독교 학교들이 세워졌고, 그 뒤에는 우리나라 교육자들도 나서서 많은 기독교 학교들을 세웠다. 설립 당시 대한복음신학교도 그런 기독교 학교들 중에 하나였다. 그런데 시간이 지나며 조금씩 변화가 나타났다. 분명히 복음전파를 위해 설립된 기독교 학교들이 일반 학교들과 거의 같은 길로 나아가고 있었다. 가장 큰 이유는 '성장발전을 위해서'였다. 기독교 정신으로 설립된 학교라 해도 일단 어느 정도 성장하고 나면, 학교가 배출할 졸업생들의 장래와 학교에 몸담고 있는 교직원들의 복리증진을 의식하지 않을 수 없다. 그런 기대는 물론 교육 당국의 요구를 충족시키기 위해 애쓰다 보면 복음전파라는 설립목적이 어느새 뒷전이 되고 만다. 많은 기독교 학교들이 이런 실제적 요구를 충족하는 방향으로 나아갔다. 학교가 가파른 성장을 하고 있을 때 백석학원 내에서도 이런 요구가 중론이 된 적이 있었다. 그런 중론을 막아선 것은 백석학원과 백석총회 설립자 장종현 목사였다.

2000년 국제학술포럼 개최

천안대학교는 2000년 8월 7일 천안캠퍼스 연구동 강당에서 '2000년 국제학술포럼'을 개최했다. 장종현 총장과 미국 칼빈대학교 바이커(Gayln J. Byker) 총장이 주제 강연을 했는데, 장종현 총장

은 "21세기 기독교대학의 사명"이라는 주제로 발표했다.[513]

강연에서 장종현 총장은 크게 두 가지 내용, 즉 "기독교 대학은 어떤 대학인가?"와 "기독교 대학의 사명은 무엇인가?"를 다루었다. 먼저, 기독교대학의 정체성에 대해서는 요한복음 14장 10-11절 말씀을 근거로 진정한 의미의 기독교 대학은 '대학이 하나님 안에 있고, 하나님께서 그 대학 안에 계시면서, 하나님의 일을 하시는 대학'이라고 정의했다. 이것은 뒤에 "하나님이 함께, 이웃과 함께, 너와 내가 함께하는 대학"이라는 〈백석인의 책임〉으로 자리 잡게 된다.[514]

같은 강연에서 장종현 총장은 우리 학원은 지식 교육을 넘어 복음적 인성 교육으로 나아가야 하며, 모든 학문 영역에서 기독교적 가치와 의미를 창출하고, 마침내 하나님 나라를 이 땅에 구현하기까지 나아가야 한다고 역설했다. "기독교 대학은 과학적인 진리만을 추구하는 대학들과는 근본적으로 다른 사명을 가지고 있습니다. 기독교 대학은 지식과 기술을 교육하는 것을 넘어서, 인간의 참된 삶의 원리와 자세를 가르쳐야 하는 것입니다. 이를 위해 기독교 대학은 모든 학문과 예술에서 기독교적인 가치와 의미를 찾아야 합니다. 기독교 대학은 하나님의 나라를 이 땅에 건설하기 위해서 세워진 대학이기 때문입니다."[515]

---

513) 「백석학원 30년사」, 136.
514) 「백석학원 40년사」, 163; 그리고 「백석학원 30년사」, 136 참조.
515) 「백석학원 30년사」, 136.

유럽과 북미의 수 백 년 된 대학들은 물론이고 우리나라에서도 기독교 학교로 시작된 많은 대학들이 지금은 본래의 설립목적에서 벗어나 세속화의 길을 걷고 있음을 지적하며, 장종현 총장은 천안대학교를 포함한 백석학원이 변질되지 않고 기독교 대학으로 존재해야 한다고 강조했다. "새로운 시대를 맞이하였다고 해서, 기독교 대학이 본래 가지고 있는 교육의 사명이 달라질 수는 없습니다. 기독교 대학은 이 세상의 소금과 빛으로서 기독교 대학의 변함없는 목적을 계속해서 유지해 갈 때에만 기독교 대학이라고 불릴 수 있는 것입니다."[516]

상대적으로 볼 때 그리 오래지 않은 기간에 고속성장을 한 백석학원은 2000년 국제학술포럼을 계기로 복음전파라는 본래의 설립목적을 되새기며, 그 목적에서 벗어나지 않기 위해 기독교 대학으로서의 정체성을 확립해야 할 필요를 확인하게 되었다. 학교 설립과 성장이 학교의 외적 구조 구축이라면 이제 기독교 대학이라는 정체성을 확립함으로 내실을 다지게 된 것이다.[517] 학교가 설립 25주년을 앞두고 있을 즈음 설립자 장종현 목사가 고민한 것은 백석학원이 100년 후에도 기독교 대학으로서 굳건히 서있을 수 있는 방법이었다.

---

516) 「백석학원 30년사」, 137.
517) 「백석학원 40년사」, 164.

백석학술원 개원

백석학원의 신학적 정체성을 확립하고 기독교 대학으로서 확고히 서기 위해 2001년 2월 5일 백석학술원이 개원했다. 백석학원 설립자이며 천안대학교 총장인 장종현 박사가 총재였고, 원장 허광재, 책임연구위원 심재승, 연구위원은 윤화석, 이경직, 장동민, 최갑종, 최태연이었다. 출범 당시 중요 사업은 백석학원 교육 정체성 연구, 담임 교수제 실시에 대한 연구, 백석학원 교육 정체성 교육을 위한 정기 교육 시행, 백석기독학회 설립, 정기 및 비정기 간행물 제작, 백석 대상 제정 등이었다.[518]

천안대학교 2000년 대학종합 평가 최우수대학 선정

2001년 2월 23일 천안대학교가 2000년도 전국 대학종합 평가 최우수대학으로 선정되었다. 한국대학교육협의회(이하 대교협)는 전국 4년제 대학을 대상으로 대학 운영의 자주성을 높이고 공공성을 함양하며, 대학의 상호 협조를 통해 대학교육의 건전한 발전을 도모함을 목적으로 한국대학교육협의회법(법률 제3727호)에 의해 설립된 기관이다. 이런 설립 목적을 달성하기 위해 대교협은 1982년부터 대학평가를 실시했다. 대학의 학사 및 운영 전반에 관한 대학종합평가를 5년 주기로 실시하도록 했다. 1987년 대통령 자문기구였던 교육개혁심의회는 대학평가제를 좀 더 강화해 대학평

---

518) 「백석학원 30년사」, 242.

가인정제로 전환했다. 1992년부터는 학과평가 인정제도를 도입하고, 1994년부터는 대학종합평가인정제를 실시하되 7년 주기로 하도록 했다. 대학종합평가인정제의 목적은 대학교육의 수월성, 효율성, 책무성, 자율성, 협동성, 재정의 확충을 통해 대학을 발전시키기 위해 대학의 질적 수준을 체계적으로 평가해 그 결과를 사회에 공포함으로써, 그에 관한 사회적 인정을 얻게 하는 것이었다.[519]

대교협이 2000년도 대학종합 평가 및 학문분야 평가에 대한 평가인정결과를 의결해 통보한 것이 2001년 2월 23일이었다. 25개 대학이 학부 평가를 받았는데, 천안대학교는 6개 부문 중 5개 부문에서 각각 90점 이상을 받아 우수대학으로 선정되는 영예를 안았다. 또한 우수대학들 중 상위 3개 대학을 뽑는 심사에서도 4개 영역에 선정되었다. 교육부분 상위 3개 우수대학은 세명대, 천안대, 한동대, 연구부분 상위 3개 우수대학은 경주대, 부경대, 천안대, 사회봉사 부분 상위 3개 우수대학은 경일대, 부경대, 한서대, 교수 부분 우수대학은 경일대와 천안대, 시설 및 설비분야 상위 3개 우수대학은 경일대, 동양대, 천안대, 재정 및 경영 부분 우수대학은 경일대, 위덕대, 한서대가 선정되었다. 평가 영역 총 6개 부문 중 천안대학교는 재정 및 경영부문을 제외한 5개 부문에서 우수대학으로 인정받았고, 그 중 상위 3개 대학을 뽑는 심사에서도 4개 영역에서 선정되어 우리나라 중부권에서는 물론이고 전국 대

---

519)「백석학원 40년사」, 171-172; 그리고「백석학원 30년사」, 172-174 참조.

학교들 중에서도 상위에 속한 대학으로 인정받은 것이다.[520]

한국대학교육협의회가 발표한 우수대학 목록 중 기독교대학을 표방하는 천안대학교가 상위에 자리 잡은 것은 상당히 큰 의미가 있다. 학문성을 강조하는 대학교육에 기독교 신앙교육이 큰 비중을 차지할 경우 자칫 학문 수준 저하로 나아갈지 모른다는 우려를 하는 이들이 적지 않기 때문이다. 그런데 신앙교육을 강조하는 천안대학교가 대학종합 평가 우수대학에 선정됨으로 복음전파 사명이라는 학교 설립 목적의 실현이 더 공고해질 수 있게 되었다.[521]

기독신학대학원대학교와 천안대학교 신학대학원을 천안대학교 기독신학대학원으로 통합

학교법인 총신학원이 학교법인 백석학원으로 통합됨으로, 학교법인 총신학원에 속해 있던 기독신학대학원대학교와 학교법인 백석학원에 속한 천안대학교 신학대학원도 2001년 2월 28일 통합했다. 통합 후 명칭은 천안대학교 기독신학대학원이었다. 입학정원은 석사 302명이었다.[522]

---

520) 「백석학원 40년사」, 172-173; 그리고 「백석학원 30년사」, 173-174 참조.
521) 「백석학원 40년사」, 174.
522) 「백석학원 40년사」, 175.

천안대학교 신학전문대학원, 기독교전문대학원으로 명칭 변경

2001년 7월 26일 천안대학교 신학전문대학원이 기독교전문대학원으로 명칭을 변경했다. 기독교전문대학원(박사 50명)과 기독신학대학원(석사 20명) 입학정원도 증원하게 되었다. 조정 후 기독교전문대학원 입학정원은 박사학위과정 100명, 석사학위과정 40명이었고, 기독신학대학원 입학정원은 석사학위과정 322명이었다.[523]

천안대학교 목회대학원 설치 인가

신학전문대학원이 기독교전문대학원으로 명칭을 변경하도록 교육인적자원부로부터 인가를 받은 날, 즉 2001년 7월 26일 천안대학교는 목회대학원 설치도 인가받았다. 입학정원은 석사학위과정 20명이었다.[524]

목회대학원 설치의 의미는 되짚어 볼 필요가 있다. 대한예수교장로회 합동정통 총회의 목회자 양성 과정으로서 기독신학대학원의 뿌리는 1981년 3월 개원한 총회신학연구원이다. 총회신학연구원은 2년 과정이었다. 1983년 9월에 총회신학교신학원이 개원했는데, 3년제로 목회학석사에 준한 과정이었다. 총회신학교신학원 개원 후 총회신학연구원은 '연구원'이라 불렸다. 총회신학연구원

---

523) 「백석학원 40년사」, 176.
524) 「백석학원 40년사」, 177.

과 총회신학교신학원이 1997년 3월 기독신학대학원대학교로 발전했다. 기독신학대학원대학교 개교는 제도권 밖에서 행해지던 목회자 양성 교육이 교육부 인가를 받고 제도권 속으로 들어갔음을 뜻한다. 이때 총회신학교신학원의 3년제 학제는 기독신학대학원대학교의 3년제 학제로 자연스럽게 연결되었다. 문제는 2년제 학제로 운영되던 총회신학연구원 과정의 자리매김이었다.[525]

1997년 3월 기독신학대학원대학교 개교 후인 그해 10월 15일 기독신학대학원대학교는 장상선 총장의 사회로 임시 교수회의에서 "교단 실행위원회에서 논의 제안된 '연구원 학제 존속 건'에 대한 본교 방안을 심의하자는 안건"을 다루었다. 이는 "교단과 학교가 조화롭게 발전할 수 있는 길을 찾아 학사 운영에 반영해야 한다"는 설립자 장종현 박사의 간곡한 제안에 따른 것으로, 전 교수가 적극 동의해 안건을 진지하게 심의했다. 그 결과 "연구원 2년제 학제는 연구원이라는 명칭 자체가 목회자 양성 정규과정 학제가 아닌 심화 학습과정이므로 차제에 과도기에 있던 연구원 학제를 기독신학대학원대학교 부설 목회신학대학원으로 개편 통합하여, 종전의 모든 연구원 학사를 그대로 보완 유지하되 단, 학제 연한은 국내외적으로 인정하지 않는 2년제를(연한과 학점 미달) 보완하여 국제적으로 공인하는 3년제로 바꾸고 교단과 학교의 위상을" 높이

---

525) 「백석학원 40년사」, 177.

도록 하자고 결정했다.[526]

교수회의의 결정에 따라, 기독신학대학원대학교는 1997년 10월 21일자로 합동정통총회에 "연구원 학제 존속 요청에 대한 신학교 결정 보고"라는 제목의 공문을 보냈다. "지금은 대학원대학교로 정규 인가된 학제를 확보한 시점(1997년)에서 기독교계와 국제적으로 목회자 양성의 정규과정 학제로는 인정하지 않는 '연구원'이란 명칭과 학제를 그대로 존속할 수가 없기 때문에 기왕 인가된 정규 대학원대학교의 정관 규약에 따라 부설된 '목회신학대학원'으로 개편하고 종전의 연구원의 학사를 그대로 보완하여 학제의 위상을 높이고 현실에 맞게 학제 명칭을 교체하기로 하였"다는 내용이었다. 이에 따라 기독신학대학원대학교(부설) 목회신학대학원의 운영을 위한 학칙이 1997년 11월 29일에 열린 1997년 2학기말 교수회의에 안건으로 보고되었다.[527]

2001년 7월 천안대학교 목회대학원 설치 인가는 기독신학대학원의 뿌리이면서도, 제도권 속으로 이미 들어간 목회학석사(M.Div.) 과정과 별개로 자기 자리를 찾아야 하는 '연구원' 과정의 새로운 자리매김으로 볼 수 있다. 참고로, 목회대학원 설립 취지를 살펴보는 것이 이해에 도움이 될 것이다. "목회대학원은 변화하는 목회현장에서 발생할 수 있는 다양한 형태의 문제점을 예견·

---

526) 「백석학원 40년사」, 177-178.
527) 「백석학원 40년사」, 178.

분석·탐구하고, 목회전문 소양 교육과 재교육을 통하여 목회현장에 적용할 수 있는 능력과 리더십을 배양할 목적으로 설립되었다." 현장에서 목회하는 목회자들을 대상으로 하는 목회대학원은 실질적인 목회 프로그램을 지향하고 있으며, 매주 월요일에 수업을 진행했다. 목회자로서 학사학위 과정 졸업(예정)자 또는 동등학위 이상 학력자에게 입학 자격이 허용되며, 5학기를 이수해야 하는데, 논문은 외국어 종합시험을 통과한 자로서 선택 사항이고, 수여 학위는 실천신학 석사(Th.M. in P.T.)다.[528]

「백석학원의 사명 선언문」 채택

2002년 6월 28일부터 29일까지 안성 사랑의교회 수양관에서 제3회 백석학원 교직원 연수회가 개최되었다. 연수회 이틀째인 29일에 백석학원 교직원들은 〈백석학원의 사명 선언문〉을 채택했다. B5 크기의 장식이 없는 흰 표지에 총 7면으로 이루어진 〈백석학원의 사명 선언문〉은 백석학술원에서 작성한 것이었다. 〈백석학원의 사명 선언문〉은 먼저 이론 부분에 4면을 할애해서 "성경," "개혁주의 신앙," "기독교 세계관과 하나님의 나라," "복음전파와 기독교 커리큘럼," "기독교 인성교육" 등 다섯 부분을 다루었다. 나머지 3면은 실천 부분으로 "백석학원의 실천 강령"인 "5대 실천 강령"과 "책임교육의 요람"을 실현하기 위한 "교수의 자질," "직원의

---

528) 「백석학원 40년사」, 178.

자질,""교직원의 공동체 생활원리"를 담고 있다.[529)]

〈백석학원의 사명 선언문〉은 신앙과 학문의 통합과 학원복음화를 강력하게 추진하려는 의지를 명확히 천명한다.

> 우리는 구원의 복음을 전파하고, 창조세계의 모든 사물과 활동들이 하나님의 섭리 안에 있다는 사실을 인정하고, 그러한 원리 위에서 학교를 운영하고, 학문과 교육의 사명을 담당하고자 한다. 기독교 대학의 학문과 교육이 하나님의 나라를 확장하는 데에 매우 중요한 도구임을 인식하면서 우리는 우리에게 주어진 사명이 소중함을 재확인한다.

〈백석학원의 사명 선언문〉은 정통개혁주의 입장에 서서 성경을 "정확 무오한 하나님의 말씀으로서 우리의 신앙과 생활의 규범"으로 인정한다. 또한 "삶의 모든 부분들이 하나님의 구원의 대상인 것을 인식하면서" 동시에 문화변혁 사명을 잊지 않음으로 균형 잡힌 '개혁주의 신앙'을 지향한다. 건전한 기독교적 가치관 위에서 하나님의 나라가 삶의 모든 영역에 이루어지도록 이론적 체계 구축은 물론 섬김의 실천으로 나아가도록 힘쓸 것이라 다짐한다.[530)]

〈백석학원의 사명 선언문〉은 바람직한 기독교 대학을 이루기

---

529) 「백석학원 30년사」, 244.
530) 「백석학원 30년사」, 244.

위해 '복음전파와 기독교 커리큘럼'을 두 축으로 삼는다고 천명한다. 모든 학생들에게 복음을 전하기 위해 '기독교의 이해' 과목을 필수로 하고, 교목실, 인성교육원, 담임목사제도, 동아리 활동 등 모든 방법을 동원할 것을 제시한다. 백석학원의 교수는 기독교 신앙과 전공 학문의 통합을 이루기 위해 연구하고, 그 내용을 커리큘럼에 적용해 가르쳐야 한다고 명시하고 있다. '기독교 인성교육'은 하나님의 형상으로 창조된 인간 이해에서 시작하며, 죄로 타락한 인간이 그리스도의 구속을 통해 하나님이 본래 의도하셨던 인간으로 회복될 수 있다는 믿음을 바탕으로 한다고 설명하고 있다.[531]

천안대학교 BK21사업 지원대학 선정

2003년 3월 1일 천안대학교 3대 총장으로 장종현 박사가 취임했다.[532]

2003년 4월 10일 천안대학교가 한국학술진흥재단이 추진하는 BK21사업 인문사회분야 종교학 부문에서 지원대학으로 선정되었다. 그동안 학술분야에서 주변으로 밀려있던 기독교 학문이 학술로서 자리매김을 했다는 점에서 상당한 의미가 있다. BK21, 즉 '두뇌한국21'은 국가경쟁력 강화와 학문적 우수 두뇌 양성에 목적이 있는 사업이기에, 기독교계도 국가경쟁력 강화와 우수 인재 배

---

531) 「백석학원 30년사」, 244-245.
532) 「백석학원 40년사」, 181.

출에 다른 학문 분야와 어깨를 나란히 할 만큼 성장했음을 보여주었다는 점에서도 의미가 있는 일이었다. 천안대학교 BK21사업 팀의 팀장은 이경직 교수이며, 김경진, 장동민, 최태연 교수가 팀원으로 함께 수고했다.[533]

기독교 대학의 정체성 확립 모색

2003년 3월 1일 천안외국어대학 제3대 학장으로 허광재 박사가 취임했다. 허광재 학장은 설립자 장종현 박사와 함께 대한복음신학교를 시작한 원로로서 기독신학대학원대학교 행정부총장, 천안대학교 신학부총장을 역임하고 취임 당시 백석학술원 사무총장을 겸직하고 있었다. 백석학술원이 백석학원의 신학적·신앙적 정체성 확립을 위해 설립된 기구인 만큼, 허광재 학장은 기독교 대학의 정체성 확립을 강조했다.[534]

2004년 5월 18일 「기독교의 이해」 출판기념회에서 설립자 장종현 박사는 "학원복음화의 필요성과 전략"에 대해 말하며 모든 교직원이 기독교 대학의 목자라는 사명 의식을 가지고 나아가기 위한 생활 지침 5가지를 제시했다. '믿고, 믿게 하고, 그리스도 안에서, 하나 되어, 자유한다'는 내용이었다.[535] 허광재 학장은 기독교

---

533) 「백석학원 30년사」, 176−177.
534) 「백석학원 30년사」, 323−324.
535) 장종현, 「생명을 살리는 교육」 (서울: 백석대학교 백석신학연구소, 2008), 97.

대학의 정체성 확립을 위해서 모든 교직원이 백석학원의 실천 강령인 이 5대 지침을 이행해야 한다고 역설했다. 이것을 좀 더 구체적으로 적용하면, 교수 자신과 가족이 대학교회에 출석해 신앙생활을 우선하고, 학원복음화를 위해 최선을 다하며, 백석학원 안에서 서로 이해하며 용납하고 배려하며, 자유롭고 행복한 삶을 살자는 것이다. 허광재 학장은 교직원들이 기독교대학의 정체성을 확실히 가지도록 이 실천 강령을 벽에 걸어 놓기를 요구했고, 후에 백석학술원에서 위원들과 심사숙고한 후 2004년 11월에 학교법인 설립 28주년을 기념해 백석학원에 속한 교직원의 책임과 생활지침, 그리고 교육원리를 기록한 〈백석인의 지표〉를 제작해 각 사무실과 연구실에 걸어 놓도록 액자로 제작했다.[536]

〈백석인의 지표〉는 설립자 장종현 박사가 설교와 강연에서 수시로 강조했던 내용들을 하나로 모아 제시했다는 점에서 의미가 크다.

<백석인의 지표>
백석인은 기독교적인 삶과 신학과 교육목표를 아는 사람입니다.

<백석인의 책임>
하나님이 함께, 이웃과 함께, 너와 내가 함께하는 대학

---

536) 「백석학원 30년사」, 324-325.

<백석인의 생활지침>

믿고, 믿게 하고, 진리 안에서, 하나 되어, 자유한다

<백석인의 교육원리>

성경에 기초한 인성교육, 기독교 세계관에 기초한 학문연구, 인류를 섬기는 인재교육[537]

허광재 학장은 기독교 대학의 정체성 확립이라는 장기적 과제와 더불어 입학정원 충원이라는 눈앞의 과제를 가지고 있었다. 교육인적자원부는 2002년부터 수 년 안에 전문대학 입학정원을 4만 5천 명 이상 감축시킬 계획을 가지고 있었지만, 교육 현장에서는 학령인구의 급속 감소로 이 정도의 감축으로는 미충원 문제가 해결이 안 될 것이며 오히려 점차 심화될 거라고 전망하고 있었다. 취임 후 한 달 뒤인 4월 1일 허광재 학장은 전 학과가 학과장 중심으로 학과 현황, 전년도 취업률, 학과의 당면 문제들, 자구책을 다룬 보고서를 제출하도록 하고, 대학 전체에 신입생 유치 전략과 취업률을 증대시키기 위한 방안에 대한 제안서를 제출하고 교수회의에서 보고하도록 지시했다. 2003학년도 신입생 입학전형 결과를 접하며 교직원들도 이전과는 전혀 다른 교육환경이 다가오고 있음을 체감하고 있었다. 이에 대처하는 방안으로 새로운 비전과

---

537) 「백석학원 40년사」, 188.

대안이 제시되었다.[538]

「기독교의 이해」 발간

백석학원은 하나님의 복음만이 인간을 참되게 변화시킨다는 확신에서 학원 복음화를 최고 사명으로 알고 끊임없이 힘써왔다. 〈백석학원의 사명 선언문〉에 밝히 말한 대로, '기독교의 이해'를 필수 교양과목으로 가르치기 위해 백석학술원은 앞서 2001년 3월부터 교재 발간을 시작했다. 「기독교의 이해」 시리즈 첫 권인 「Chrixplorer 1.0」을 2001년 3월 19일 발행한 후 만 3년 뒤인 2004년 2월에 12권을 출간했다.[539]

「기독교의 이해」 시리즈 엮은이 장종현 박사는 「Chrixplorer 1.0」 머리말에서 이 시리즈가 "누구든지 예수 그리스도를 통하여 창조주 하나님을 믿을 때만 비로소 자신의 존재 가치와 삶의 의미와 목표와 방향을 확실하게 정할 수 있다는 진리를 일깨워 주기" 위해 발간되었다고 말한다. 좀 더 구체적으로는 "우리 대학생들 중에 기독교 신앙을 가지고 있지 않은 젊은이들에게는 기독교 신앙을 접할 수 있는 기회를 주고, 이미 기독교 신앙을 가지고 있는 이들에게는 세상의 소금과 빛이 될 수 있는 성숙한 기독교인으로서 생활할 수 있도록 하려고" 발간했다고 한다. 특별히 "백석학원

---

538) 「백석학원 30년사」, 325.
539) 「백석학원 30년사」, 245-246.

산하의 고등교육기관인 천안대학교, 천안외국어대학, 총신예술학교, 기독신학교에 입학한 학생들을 염두에 두고 씌어졌다"고 밝히 말한다.[540]

「기독교의 이해」시리즈 12권은 크게 4부로 나누어져 있다. 처음 세 권으로 구성된 제1부는 기독교의 기본적 가르침을 설명하고, 기독교에 호감을 갖게 하는 데 목적이 있다. 제1권 「Chrixplorer 1.0」은 사도신경의 순서를 따라 기독교의 가르침을 소개하며, 제2권 「애덤 앤 이브」는 인생의 단계를 따라 기독교가 우리 삶에 주는 의미를 분석한다. 제3권 「X파일 기독교」는 기독교에 대한 의문점을 합리적으로 변증한다. 제4권부터 제6권까지로 구성된 제2부는 성경의 기본적인 내용을 설명한다. 제4권 「바이블로드 구약」은 구약 성경을 연대순, 각 권별로, 제5권 「바이블로드 신약」은 예수님과 사도들의 행적과 글을 정리했고, 제6권 「WhoRu, JESUS?」는 예수님의 행적과 가르침을 집중 조명하고 있다. 제7권부터 제9권까지로 구성된 제3부는 윤리적 문제와 기독교적 학문을 다룬다. 제7권 「사랑의 윤리」는 개인적 삶에서 부딪히는 문제에 대한 기독교적 해답을 찾으며, 제8권 「정의의 윤리」는 사회의 변화를 위한 기독교적 대안을 제시하며, 제9권 「God & 월드뷰」는 기독교 세계관과 이에 기초한 학문의 영역을 소개한다. 제10권부터 제12권까지로 이루어진 제4부는 세상에서 기독교인

---

540) 「백석학원 40년사」, 203-204.

의 소명을 다룬다. 제10권 「인물과 신앙: 세계」는 기독교회 형성과 기독교문화 확장에 기여한 인물들을 소개하고, 제11권 「인물과 신앙: 한국」은 한국교회 역사 중 신앙적 귀감이 되는 인물들을 소개하며, 제12권 「직업@비전.com」은 직업 선택과 직업 윤리, 성공관과 재물관 등을 다루고 있다.[541]

「기독교의 이해」 시리즈 12권을 완간하며, 마지막 제12권인 「직업@비전.com」 머리말에서 장종현 박사는 다음과 같이 소감을 밝히고 있다.

> 「기독교의 이해」 시리즈의 마지막 제12권을 발간하며 열두 권의 구상에서부터 완성까지 간섭하신 하나님의 손길을 느끼면서 영광을 돌립니다. 처음 이 시리즈를 시작할 때는 오늘날의 기독교 대학에서 학업을 수행하고 있는 모든 학생에게 가까이 다가갈 체계적인 기독교 과목 교재들이 시급하다는 열망으로 출발했습니다. 이 시리즈가 시작된 지 3년 만에 이루어진 결과를 보면서 하나님께서는 우리 안에 소원을 두고 행하게 하신다(빌 2:13)는 말씀을 다시 확인하게 됩니다.

2004년 5월 27일 백석학술원은 「기독교의 이해」 시리즈 완간을 기념하며, 400여 명의 교장, 교감, 교목을 초청해 출판감사예배를

---

541) 「백석학원 30년사」, 247–248.

드렸다.[542]

「기독교의 이해」 시리즈 12권 발간은 백석학원의 역사에는 물론이고, 우리나라 기독교 대학 역사에 길이 남을 귀한 일이다. 대학 4년 8학기의 교양과목을 위해 여러 교수들이 함께 펜을 들어 직접 집필해 12권의 균형 잡힌 신앙 교재를 출판한 것이다. 다른 대학들과 구별되는 백석학원의 기독교 대학으로서의 정체성을 확실히 드러내는 업적이라고 할 수 있을 것이다.[543]

백석학술원, 백석정신아카데미로 명칭 변경

2005년 3월 1일 백석학술원이 백석정신아카데미로 명칭을 변경했다. 영문명은 'Baekseok Christian Academy'였다. 장종현 총재, 허광재 사무총장, 성종현 사무처장, 장동민 기획실장 외에 연구위원으로는 강요열, 신현호, 유원열, 이경직, 이용태, 임원택, 최태연 교수가 함께 했다. 백석정신아카데미의 주요 업무는 교직원연수회, 백석강좌, 기독교의 이해 워크숍, 학교법인 백석대학교 중직자 심령부흥회, 신임교수 정체성교육을 위한 심령부흥회 또는 교수개발 세미나 및 영성수련회 등을 주관하는 것이었다.[544]

백석정신아카데미는 백석학원의 기독교적 정체성을 확립하고 백석학원에 속한 학교들을 개혁신학의 틀 위에서 건전한 기독교대

---

542) 「백석학원 30년사」, 246.
543) 「백석학원 40년사」, 205-206.
544) 「백석학원 30년사」, 243.

학으로 세워가기 위해 설립되었다. 성경이 가르치는 기독교세계관, 그리고 그런 기초 위에 세워진 기독교 학문을 온 학교에 전파하기 위해 정기적 학술연구, 발표회, 교재 개발, 교직원 연수, 신임 교직원 정체성 교육, 기독교의 이해 세미나 등의 프로그램을 개발하고 운영하고 있다. 또한 학술지 「백석저널」 발간, 해외교류 업무 등을 추진한다. 해외교류 업무란 백석학원이 기독교대학으로 성장해 가는 데 필요한 정보와 교육을 얻기 위해 해외의 유수한 대학, 기독교대학 협의회와 긴밀한 협조와 교류 관계를 유지함을 의미한다.[545]

　실제로, 백석정신아카데미는 백석학술원이라는 명칭으로 있던 때 백석학원의 기독교적 정체성 확립을 위한 일들을 시행하고 있었다. 2002년부터 교직원 연수회를 주관하게 되어 성경에 기초한 교직원 연수회를 개최했다. 그 해부터 천안대학교는 고신대학교와 한동대학교, 그리고 미국의 칼빈대학교(Calvin College)가 함께 하는 ICHES(the International Conference on Christian Higher Education and Scholarship), 즉 국제기독교대학교육학술대회에 참여했다. 2004년부터는 IAPCHE(the International Association for the Promotion of Christian Higher Education), 즉 국제기독교고등교육협의회와 교류를 시작했다. 백석학술원은 천안대학교, 더 넓게는 백석학원을 대표해 이런 일들의 실무를 담당했다. 2003년부터 해외석학초청강

좌인 〈백석강좌〉도 주관했다. 2004년부터는 여름방학과 겨울방학 때 '기독교의 이해 강의교수 세미나'를 개최해 백석학원 산하 학교들에서 기독교 교양필수 과목을 가르치고 있는 교수들이 좀 더 효과 있게 「기독교의 이해」를 가르칠 수 있도록 돕기 시작했다. 백석정신아카데미로 명칭을 변경하기 직전인 2005년 2월 15일과 16일 백석학술원은 '2005년 기독교의 이해 강사 워크숍 및 신임교수 정체성 세미나'를 개최해 기독교 교양필수 과목 담당 강사들 워크숍과 함께 신임교수 정체성 세미나를 주관했다. 그 이듬해인 2006년부터는 '성경에 기초한 신임교수 정체성 세미나'를 별도로 개최하게 되었다.[546]

성경에 기초한 신앙과 학문 연구
그리고 신앙과 행정 연구 주관

백석정신아카데미는 2007년 9월부터 '성경에 기초한 신앙과 학문 연구 I'(Faith and Learning Seminar I) 과정을 시작했다. 신앙과 학문의 관계를 고찰하되 특히 백석학원의 설립정신이 교수 개개인의 전공분야에 어떻게 녹아들어갈 수 있나 연구하는 과정이다. 2023년 9월 현재 제28기가 진행 중이다.[547]

2009년 3월부터는 '성경에 기초한 신앙과 학문 연구 II' 과정을

---

546) 「백석학원 40년사」, 206-207.
547) 「백석학원 40년사」, 288.

시작했다. 신앙과 학문의 관계를 연구하는 심화과정인데, 2023년 9월 현재 제26기가 진행 중이다.[548]

2012년 9월부터는 '성경에 기초한 신앙과 학문 연구 III' 과정이 시작되어, 2016년 11월 현재 제5기가 진행 중이다.[549]

백석정신아카데미는 2014년 9월부터 '성경에 기초한 신앙과 행정 연구 I'(Faith and Administration Seminar I) 과정을 시작했다. 이 과정은 직원들을 대상으로 백석학원의 설립정신을 좀 더 이해하고 그것을 각자 업무에 효과적으로 적용하도록 돕기 위해 강의와 토론 형식으로 진행된다. 2023년 1학기에 제13기가 진행되었다.[550]

2016년 3월부터는 '성경에 기초한 신앙과 행정 연구 II' 과정이 시작되어, 2023년 9월 현재 제10기가 진행 중이다.[551]

교목실의 주요 사역들

백석대학교와 백석문화대학교, 그리고 백석예술대학교는 복음전파를 위해 설립된 학교들이다. 학교이기에 학부들과 학과들, 그리고 전공들이 구조를 이루고 있지만, 이런 구조를 엮고 있는 끈은 교목실이다. 복음전파를 위해 교목실이 힘 쏟은 일들은 다음과 같다. 채플, 기독교 교양필수 과목, 신앙성장을 위한 양육과 활동,

---

548) 「백석학원 40년사」, 288.
549) 「백석학원 40년사」, 289.
550) 「백석학원 40년사」, 289.
551) 「백석학원 40년사」, 289.

신앙상담, 각종 행사와 교직원 예배, 교직원중보기도회와 금주 금연운동 등이다.[552]

　백석대학교와 백석문화대학교, 그리고 백석예술대학교에 속한 모든 학생들은 대학예배 참석이 의무다. 예수님을 만나고 알아가는 가장 좋은 방법이 바로 예배이기 때문이다. 각 학부를 담당하고 있는 담임목사들은 학생들에게 복음을 전하기에 가장 적합한 예배를 개발하고 시행하기 위해 노력해 왔다. 학부에 따라서는 아직 기독교에 대해 알지 못하는 학생들을 위한 예배와 기독교 신자들에게 더 깊이 있는 말씀을 전하기 위한 예배를 구별해 운영하기도 했다. 백석대학교와 백석문화대학교, 그리고 백석예술대학교의 일반 학부들의 채플은 주 1회 가지며, 학생들과 교수들이 함께 참석해 하나님께 찬양과 기도를 드리고 말씀을 듣는다. 채플에서는 담임목사의 설교, 또는 외부 강사들을 초빙해 설교를 듣기도 하고, 현대적 찬양, 뮤지컬, 드라마, 영상, 연극, 간증집회 등 다양한 방식을 사용해 신자가 아닌 학생들이 쉽게 기독교에 접근하도록 노력해왔다. 학생들은 매주 정해진 시간에 지정된 좌석에 앉도록 했다. 각 학부 담임목사들은 선교부장 제도를 활용해 열심 있는 학생들과 동역하며, 출석 체크 등을 돕도록 해 학원복음화 사역을 더욱 효율적으로 이끌어왔다. 담임목사들은 선교부장들을 모집해 제자훈련도 하고, 전도훈련도 한다. 선교부장들이 학부 채플

---

552) 「백석학원 30년사」, 233 참조.

때 경배와 찬양을 맡기도 한다. 매학기 학생들에게 본인의 신앙상태에 대한 설문 조사에 참여하도록 해서, 이 결과를 근거로 교목실이 시행한 일들의 효과를 점검하고 학원복음화를 위한 구체적인 계획을 수립하고 있다. 거의 100%가 기독교인으로 구성된 천안대학교 기독교학부 채플은 전체 예배와 전공별 예배로 나누어 주 2회 가지는데, 학생들의 소명 의식과 비전을 점검하고 확고히 하는 시간이다.[553]

백석대학교와 백석문화대학교, 그리고 백석예술대학교가 채플 시행만큼 중점을 두는 신앙교육이 기독교 교양필수 과목 교육이다. 담임목사들은 물론 다수의 목사들이 강사로 이 과목들을 맡아 가르친다. 백석대학교의 경우, 4년 8학기 동안 8과목을 배우고, 백석문화대학교나 백석예술대학교의 경우 2년 4학기 동안 4과목을 필수로 배운다. 기독교와 성경에 대한 이해, 기독교적 세계관 및 윤리의식을 지니도록 가르친다. 강의는 각 학부 담임목사들과 함께 이 과목들을 전담해서 맡는 강의 교수들이 맡는다.[554]

신앙상담은 직접 학부 담임목사를 찾아가 이루어지기도 하며, 사이버 상담을 할 수도 있다. 교목실은 신입생들 중 기독교 신자들이 학교생활에 잘 적응하고 캠퍼스 선교의 주역이 될 수 있도록 신입생수련회를 인도하기도 했다. 그 외 신앙 행사들로는 대내·외

---

553) 「백석학원 30년사」, 233-234 참조.
554) 「백석학원 40년사」, 220 참조.

기념행사의 예배, 부활절, 추수감사절, 성탄절 같은 특별 절기 행사, 선교주간 행사, 생일축하 SMS 서비스, 신앙상담, 학과별 찬양 경연대회, 각 학과별 찬양 팀 및 선교부장들의 연 2회 신앙수련회, 각종 전시회, 학원 선교를 위한 정오기도회, 기독 동아리들과의 연합활동, 2000년에 창간된 교직원 예배 설교집 「백석춘추」 발간, 대사회봉사 및 구제 등을 계획 실행하는 일이었다.[555]

1999년 11월 국방부가 백석대학교(당시 천안대학교)를 군종사관 후보생 선발대상 학교로 지정한 후, 백석대학교 교목실은 군복음화를 위해 헌신할 군종사관후보생을 배출하기 위해 노력하고 있다.[556]

또한 천안 캠퍼스의 백석대학교와 백석문화대학교 교목실은 교직원들을 대상으로 한 사역으로 월요일 아침 교직원 예배, 천안대학교와 백석대학의 목사들이 모여 매주 수요일 오전 7시30분에 갖는 수요조찬기도회, 1999년 9월 1일에 시작된 연속 릴레이 기도(학기 동안 오전 9시에서 오후 6시까지 기도실에서 3인 1조로), 혹은 한 사람이 1시간 집중 기도를 드리는 교직원 중보기도회 등을 관장해 왔다.[557]

---

555) 「백석학원 30년사」, 234-235.
556) 「백석학원 40년사」, 221 참조.
557) 「백석학원 40년사」, 221 참조.

담임목사 제도의 활성화

백석대학교와 백석문화대학교, 그리고 백석예술대학교 교목실 사역의 중심은 담임목사 제도다. 천안대학교의 경우, 2000학년도 2학기부터 담임목사제도를 시작해 임상 과정을 거쳐 그 가능성을 확인한 후, 2001년 2학기부터 학부별 담임목사 제도를 본격적으로 실시했다.[558]

담임목사 제도는 복음전파와 기독교 정신 구현이라는 백석학원의 설립이념과 교육목적을 따라, 모든 학생들을 학부별로 나누어 한 두 명의 교수목사가 담임이 되어 예배, 신앙훈련, 상담, 봉사 등을 통해 영적 지도를 수행하면서 학원복음화의 사명을 책임 있게 감당하는 목양 제도다. 백석학원의 설립이념과 교육목적을 구현하는 핵심 전략이며 근간이 되는 제도인 것이다.[559]

학부별로 드리는 채플이 담임목사 사역의 핵심이다. 각 채플단위는 대부분 학부별로 구성되는데, 일부 소규모 학부는 여러 학부를 연합해 한 개의 채플단위로 구성해 운영하기도 한다. 담임목사별 담당 학생의 수는 약 600-1,800여명으로 구성되어 있어, 1,000명을 넘어설 경우에는 예배 효율성을 위해 2개의 채플로 나누어 예배를 드리도록 하고 있다. 채플에는 세례식이 포함된다. 매 학기 실시하는 세례식은 예수님의 가르침을 실천하며, 담임목사제도

---

558) 「백석학원 30년사」, 235 참조.
559) 「백석학원 30년사」, 235.

의 근본 목적인 복음화의 열매를 확인하는 의미 있는 예식이다.[560]

담임목사들은 수업에 들어가 기독교 교양 필수 과목들을 가르치고, 자신이 맡은 학부 교수들을 돌아보아 학원복음화 사역의 동역자로 이끄는 역할도 감당하고 있다. 기독교 교양 필수 과목들을 가르친 담임목사들과 강사들은 백석학원에서 자체 개발한 교재가 필요함을 점점 더 느꼈고, 그런 바람은 「기독교의 이해」 시리즈 출간으로 성취되었다.[561]

채플과 기독교 교양필수 과목을 통한 신앙 교육 강화

백석학원에 속한 4개 학교 중 신학생들을 교육하고 양성하는 기독신학교를 제외한 다른 학교들은 기독교 신자인 학생들보다 비신자인 학생들이 더 많은 학교들이었다. 하지만 설립자 장종현 박사가 백석예술대학교와 백석대학교, 그리고 백석문화대학교를 설립한 주된 이유는 학교를 통해 복음을 전파하는 것이었다.[562]

1984년에 설립된 백석예술학교는 설립 때부터 교목실을 중심으로 채플을 운용해 학생들이 매주 참석하도록 했다. 1994년에 개교한 백석대학교와 백석문화대학교도 학생들의 채플 참석은 처음부터 필수였다.[563]

---

560) 「백석학원 30년사」, 236.
561) 「백석학원 30년사」, 237-238.
562) 장종현, 「생명을 살리는 교육」, 67; 「백석학원 40년사」, 231 참조.
563) 「백석학원 40년사」, 231 참조.

그런데 개교한지 몇 년 밖에 안 된 백석대학교(당시 천안대학교)가 엄청난 속도로 성장하고 발전하자 설립자를 도와 학교를 운영하던 중진들 다수가 학교 방침을 수정하기를 제안했다. 입학 후 졸업 때까지 매 학기 채플을 필수로 수강하게 하는 방침을 완화하자는 주장이었다. 천안대학교를 일류 명문대학으로 만들려면 기독교 색채를 탈색해야 한다는 이유였다. 그 근거로, 한국교회 초기 선교사들이 세웠거나 역사가 오랜 '기독교대학들'이 일류 명문대가 되기 위해서, 또는 그런 자리에 있는 걸 유지하기 위해서 점점 더 기독교 색채를 탈색하고 있다고 했다. 역사가 오랜 기독교대학들도 명문대가 되기 위해 '미션 스쿨'이라 여겨지는 걸 꺼려하고, 실제로 8학기 중에 6학기나 4학기만 채플을 이수하도록 축소하는 추세라고 했다. 만약 후발주자인 우리 학교가 채플과 성경과목 이수를 지금처럼 강하게 요구하면 학생 모집은 물론이고 학교 운영이 점점 어려워질 것이니, 우리도 채플과 성경과목 이수 부담을 줄여주자고 했다. 사면초가와 같은 상황이었다.

하지만 설립자 장종현 박사의 의지는 확고했다. 평소에 그가 신뢰하는 중진들이지만 채플과 성경과목 이수를 축소하자는 그들의 주장은 받아들일 수 없었다. 그때 장종현 박사는 그들에게 분명히 말했다. "내가 학교를 세운 것은 복음을 전하기 위해서인데, 채플도 안 하고 성경도 가르치지 않을 거라면 학교를 계속할 이유가 없다. 그럴 거면 학교를 천안시에 넘겨주는 것이 더 낫겠다." 장종현 박사의 굳은 결의에 채플과 성경과목 이수를 축소하자는 목소리는 더 이상 들리지 않았다.

실제로 장종현 박사는 백석학원 설립 때부터 복음전파를 최우선 과제로 여겨 학교를 이끌어왔으며, 복음전파 사명 준수를 훼손할 여지가 있는 것들은 초기부터 과감히 제거해 나갔다. 백석예술대학교와 백석문화대학교 학생들은 4학기 동안, 백석대학교 학생들은 8학기 동안, 매학기 채플을 이수하게 한다는 방침은 한 번도 흐트러짐이 없었다.[564]

개교 때 장종현 박사가 초대학장으로 취임해 복음전파의 틀을 확고히 다져둔 백석문화대학교와 달리, 백석대학교의 경우 초기에 기독교 교양필수 과목 운용에 일관성이 부족했다. 1996년 2학기까지는 등급제와 통과제(P/F, Pass/Fail)가 혼재했다. 1997년 3월 천안대학교 초대총장으로 취임한 장종현 총장은 무엇보다도 먼저 기독교 교양필수 과목 평가 방법을 모두 등급제로 하도록 만들었다. 1997학년도 1학기부터 기독교 교양필수 과목 평가에 등급제가 전면 실시된 것이다. 어떤 과목이 A, B, C, D, F 등으로 등급을 매기는 등급제가 된다는 것은 통과와 과락만을 나누는 통과제에 비해 비중이 훨씬 커진다는 말이다.[565]

기독교 교양필수 과목 평가에 등급제가 전면 실시될 뿐 아니라, 매학기 적어도 한 과목을 반드시 수강하도록 한 것은 상당히 큰

---

564) 「백석학원 40년사」, 231-232 참조.
565) 「백석학원 40년사」, 232.

의미가 있다. 오랫동안 기독교대학이라 자부해온 대학들이 이제는 신앙교육을 위한 기독교 교양필수 과목 이수 학점 수를 줄이고, 채플 이수 학기 수도 점점 줄여가는 상황에서 천안대학교의 이런 결정을 위시한 백석학원에 속한 학교들의 이런 방침은 시대의 역류요 상황의 역류였기 때문이다.[566]

앞서 말한 대로, 1997년 천안대학교가 신앙교육 강화 의지를 분명히 드러낸 것은 당시 천안대학교 총장과 천안외국어전문대학 학장을 겸하고 있던 백석학원 설립자 장종현 박사 때문이었다. 복음전파를 위해 학교를 설립했는데, 수업을 통해 신앙교육을 하지 못하거나 채플을 통해 복음을 전할 수 없다면, 천안대학교가 군이 존재할 필요가 없다는 것이다. 복음전파에 대한 그의 의지는 항상 이처럼 확고했다.[567]

"세상을 바꾸는 것은 지식이 아니라 예수님의 사랑입니다"

2006년 3월 교명이 변경된 후 백석대학교는 기독교대학의 정체성을 광고를 통해 더욱 분명히 드러내었다. 2006년부터 현재까지 필요에 따라 내용을 조금씩 달리해서 광고를 내보냈는데, 3가지 버전(version)이 있었다. 광고문구만 보아도 백석대학교가 예수 그리스도를 자랑하고 그 사랑을 전하려는 의도를 알 수 있다.[568]

---

566) 「백석학원 40년사」, 232-233.
567) 「백석학원 40년사」, 233.
568) 「백석학원 40년사」, 252.

첫 번째는 교계 및 케이블 방송용 60초 길이의 버전이다.

느낄 수 없는 것을 느끼는 가슴

보이지 않는 것을 보는 가슴

말하지 않는 것을 아는 가슴

들리는 않는 것을 듣는 가슴

세상을 바꾸는 것은 지식이 아니라

예수님의 사랑입니다.

사랑을 배웁니다.

기독교대학의 글로벌리더 백석대학교[569]

다음은 교계 및 케이블 방송용인데 20초 길이의 버전이다. 가장 널리 알려진 버전일 것이다.

내가 참 많이 변했다.

하루를 기도로 시작하고 감사하는 마음으로 산다.

내가 받은 사랑을 다른 사람에게도 나누어주고 싶다.

세상을 바꾸는 것은 지식이 아니라

예수님의 사랑입니다.

사랑을 배웁니다.

---

569) 「백석학원 40년사」, 252.

기독교대학의 글로벌리더 백석대학교[570]

마지막으로, 공중파 방송용 20초 길이의 버전이다. '예수님'이라는 말을 넣지는 못했지만 기독교대학의 정체성은 충분히 드러내고 있다.

내가 참 많이 변했다.
하루를 기도로 시작하고 감사하는 마음으로 산다.
내가 받은 사랑을 다른 사람에게도 나누어주고 싶다.
세상을 바꾸는 것은 지식이 아니라
우리의 가슴입니다.
사랑을 배웁니다.
기독교대학의 글로벌리더 백석대학교[571]

이 광고 내용을 최종 결정하기까지는 어려움이 있었다. 당시 백석대학교를 이끌어가고 있던 중진들 상당수가 광고에 기독교적 색채를 줄이는 쪽으로 의견을 모은 터였다. 기독교 색채가 짙을 경우 신입생 모집에 지장을 줄 수 있다는 것이 주된 이유였다. 하지만 장종현 총장의 생각은 달랐다. 백석대학교는 학생들에게 복음

---

570) 「백석학원 40년사」, 252-253.
571) 「백석학원 40년사」, 253.

을 전하기 위해서 세운 학교인데, 기독교 색채를 드러내기를 꺼린다면 광고를 할 필요가 없다는 생각이었다. 그래서 광고 시안들 중에 복음을 전하고 예수 그리스도를 드러내는데 불필요한 것들은 솎아내고 복음에 가장 가까운 내용으로 만든 것들이 위의 버전들이었다. "세상을 바꾸는 것은 지식이 아니라 예수님의 사랑입니다. 사랑을 배웁니다. 기독교대학의 글로벌리더 백석대학교"라는 카피(copy)는 2006년에 방송을 타기 시작해서 10년이 지난 지금 백석대학교와 백석학원을 드러내는 표어가 되었다.[572]

2007년 10월부터는 "내가 참 많이 변했다. 내가 받은 사랑을 다른 사람에게도 나누어주고 싶다. 세상을 바꾸는 것은 지식이 아니라 예수님의 사랑입니다. 사랑을 배웁니다. 기독교대학의 글로벌리더 백석대학교"라는 휴대전화 통화 대기음 서비스를 사용할 수 있었다.[573]

복음전파가 '하나님의 일'

백석학원 설립자 장종현 박사는 복음전파가 하나님께서 가장 기뻐하시는 하나님의 일이라는 확신을 가지고 있었다. 그래서 학교를 이끌어갈 때 혹시 다른 것들은 양보하거나 포기하더라도 복음전파와 관련된 것은 결코 양보하지 않았다. 그의 확신은 2002년

---

572) 「백석학원 40년사」, 253-254.
573) 「백석학원 40년사」, 254.

2월 8일 신학대학원 개강수련회에서 한 설교에서도 분명히 드러
난다.

저는 짧은 기간에 우리 백석학원이 이토록 비약적인 발전을 하
게 된 주된 원인이 제가 유능하다거나, 혹은 우리 학교 교직원이
유능하기 때문이라고 생각하지 않습니다. 우리 학교의 주인이신
하나님께서 하나님의 일을 하기 위해서라고 믿고 있습니다. 그
래서 저는 천안대학교에 입학한 모든 학생들에게 의무적으로 예
배에 참석하게 함은 물론, 4년 동안 매 학기 기독교 관련과목을
한 과목 이상 필수로 이수하도록 하고 있습니다. 이 일을 위해
서 저는 각 학부마다 담임목사를 배정하였고, 전국의 어느 대학
에서도 찾아볼 수 없을 만큼 많은 교목들을 초빙하였습니다. 그
래서 현재 통계적으로 보면, 입학할 때는 불신 학생 비율이 80%
가까이 되었으나, 졸업할 때는 오히려 80% 이상이 크리스천이
되어서 졸업을 합니다. 이 얼마나 놀라운 기적입니까?[574]

천안대학교를 포함한 백석학원의 놀라운 성장의 원인은 바로
복음전파라는 하나님의 일을 열심히 했기 때문이라는 고백인 것이
다. 하나님의 일에 힘쓰므로 하나님께서 복 주심이 분명한데, 하

---

574) 장종현, 「생명을 살리는 교육」, 68.

나님의 일을 포기할 리가 있겠는가?[575]

천안 캠퍼스가 백석학원의 중심이 되기 시작한 1990년대 후반부터 10여 년은 천안 캠퍼스의 백석대학교와 백석문화대학교, 그리고 서울 캠퍼스의 백석예술대학교 학생들에게 채플과 기독교 교양필수 과목을 통해 복음을 전하는 일에 온 힘을 쏟은 시기였다. 이것은 그 이후는 물론이고, 백석학원이 존재하는 한 앞으로도 반드시 지속할 일인데, '학원 복음화 사역'이라고 흔히 말하는 복음 전파를 위한 구조와 체계가 이 때 형성되었다. 세 학교의 채플과 기독교 교양필수 과목을 위해 교목들을 많이 선발해 학부 담임목사로 사역하게 함으로 복음전파 사역에 많은 열매를 맺었다.[576]

교목들이 영적 전쟁터 제일선에서 싸우는 장수들이라면, 2001년에 백석학술원으로 개원해 2005년 명칭을 새롭게 한 백석정신아카데미는 후방의 군수사령부 역할을 감당했다. 백석정신아카데미가 2001년부터 간행하기 시작해서 지금까지 갱신하고 있는 「기독교의 이해」 시리즈는 기독교 교양필수 과목 교재로 사용되고 있는데, 복음의 내용과 성경적 세계관을 쉽게 설명할 뿐 아니라, 기독교 대학으로서 백석학원의 신앙적 정체성을 잘 드러내고 있는 교재다.[577]

장종현 박사의 지속적인 가르침을 통해 백석학원 교직원들은

---

575) 「백석학원 40년사」, 233–234.
576) 「백석학원 40년사」, 234 참조.
577) 「백석학원 40년사」, 234.

자신들이 속한 학교가 진정한 기독교대학이 되도록 하는 방법이 바로 기도성령운동임을 깨닫게 되었다. 기도성령운동을 통해 교수와 직원이 먼저 변하면, 그 속에 역사하실 예수 그리스도의 생명이 학생들에게 전해질 것이다. 대학에 속한 교직원들과 학생이 예수 그리스도의 생명을 누리면 그 대학이 바로 '그리스도의 대학,' 즉 기독교대학인 것이다.[578]

---

578) 「백석학원 40년사」, 339.

제8장

대한예수교장로회 백석총회

대한예수교장로회 백석총회

　대한예수교장로회 합동정통총회가 대한예수교장로회 백석총회로 명칭을 변경했다. 2009년 9월 21일부터 24일까지 수원명성교회에서 개최된 제94회(32회) 총회에서 내린 결정이었다. 1982년 12월 27일 대한예수교장로회 합동진리연합총회에서 총회명을 합동정통총회로 변경하고 27년이 지난 후에 일어난 변화였다.[579]

---

579) 대한예수교장로회 합동정통총회, 〈제94회 총회 촬요〉(2009. 9. 21−24); 「백석학원 40년사」, 305.

백석학원 산하 대학들, '백석'으로 명칭 변경

백석총회가 '백석'이라는 이름을 가지기 전에 백석학원에 속한 학교들이 먼저 '백석'이라는 이름을 가지게 되었다. 백석학원에서 처음 '백석'이라는 명칭을 사용한 것은 1993년 3월 11일 설립 허가를 받은 '학교법인 백석학원'이다. 당시 학교법인 백석학원에 속한 유지학교는 천안외국어전문대학이었다.[580] 1997년 3월 21일 천안대학교 관리법인이 총신학원에서 백석학원으로 변경되었다. 학교법인 백석학원이 천안 안서동의 두 대학을 경영하게 된 것이다. 2001년 2월 6일 교육인적자원부는 학교법인 총신학원을 학교법인 백석학원으로 통합함을 인가했다. 이로써 학교법인 총신학원에 속해 있던 기독신학대학원대학교와 학교법인 백석학원에 속한 천안대학교 신학대학원이 통합되어 2001년 2월 28일 천안대학교 기독신학대학원이 되었다. 1993년부터 학교법인 백석학원이 '백석'이라는 이름을 사용하고 있었지만, 법인 산하 학교들 중에는 '백석'이라는 명칭을 사용하는 학교가 없었다.

2001년 2월 학교법인 총신학원이 학교법인 백석학원으로 통합되므로, 법인 통합 이전에 학교법인 총신학원 아래 있던 총신예술학교가, 법인 통합 후 학교법인 백석학원 아래 있게 되었다. 이듬해인 2002년 3월 1일 총신예술학교가 백석예술학교로 교명을 변

---

580) 「백석학원 40년사」, 91, 146, 169-170, 175.

경했다.[581] 예술학교의 관리법인 명칭이 총신학원에서 백석학원으로 바뀐 데 따른 자연스러운 변경이었지만, 백석학원에 속한 다른 대학들이 '백석'이라는 명칭을 학교명으로 사용하지 않고 있었기에 눈에 띄는 변화였다.

2004년 3월 1일 천안외국어대학이 백석대학으로 교명을 변경했다.[582] 학교 관리법인 명칭을 따라 자연스럽게 명칭을 변경한 백석예술학교의 경우와 달리 천안외국어대학이 백석대학으로 교명을 변경한 것은 오랜 논의를 거친 뒤 얻은 실제적 결과였다. 교명 변경이 논의되기 시작한 것은 2003년 1학기를 시작하며 신입생 충원에 큰 어려움을 겪으면서였다. 당면한 난국을 타개하기 위한 방법으로 4년제인 천안대학교와 통합하거나 독립된 4년제 대학으로 변화하는 방안이 논의되었다. 이 문제와 더불어 제기된 것이 학교 명칭 변경 문제였다. 당시 허광재 학장은 천안대와 통합하는 것보다는 독립된 4년제 대학이 되는 것을 선호했다. 그럴 경우 한 캠퍼스 내에 2개의 4년제 대학이 있을 수 없기 때문에 천안외국어대학이 현재의 전문대학 이름으로 이전하고 난 후 4년제 대학으로 가기 위한 준비를 하자는 것이 그의 생각이었다. 이런 중대한 문제를 논의하기 위해 4월 25일 설립자 장종현 박사가 참석

581) 「백석학원 40년사」, 183.
582) 「백석학원 40년사」, 191.

한 가운데 임시 교수회의를 열었다. 교수들의 진지한 토론이 있은 후, 투표에서 '외국어대학'이란 이름은 유지하고 '천안'이라는 이름만 떼어 새로운 이름으로 교명을 개명하는 것에 찬성한 교수들이 거의 70% 정도였고, 4년제로 가는 것에 대해서는 59% 정도 동의했다.[583]

새 교명을 이사회의 동의를 거쳐 '백석외국어대학'으로 정해 교육인적자원부에 서류를 올리고 7월부터 변경하기 위해 준비를 했지만 어려운 문제에 직면하게 되었다. '백석'이란 명칭에 대해 부정적인 의견과 개명 반대 전화들이 쇄도하고, 홈페이지에도 개명 절차와 불법성을 항의하는 의견이 제기된 것이다. 이런 상황에서 교명 변경을 일단 보류한 채, 6월 20일에 열린 긴급 교수회의에서 이 문제를 다루었다. 학장의 현황 설명과 대학의 미래를 교수들의 민주적이며 집약된 뜻에 따르겠다는 설립자의 견해를 청취한 후 교명 변경에 대한 투표결과, 참석 인원 97명(교수 80명, 직원 17명) 중 '백석대학'이 95명, '천안외국어대학'이 2명으로 나왔다. 이 회의에서 허광재 학장은 결론적으로 4년제 대학의 비전을 가지고 앞으로 나아갈 것이며, 교명 개명도 정확한 절차를 밟기로 했다. 7월 7일에 다시 백석대학이라는 새 교명으로 교육인적자원부에 교명변경 신청서를 내고 7월 24일 인가를 받아 2004년 3월 1일부터 교

---

583) 「백석학원 30년사」, 325-326.

명을 백석대학으로 변경 사용하게 되었다.[584]

　천안외국어대학이 백석대학으로 교명을 변경하고 2년 뒤 천안대학교가 백석대학교로 교명을 변경했다. 학교법인 백석대학교는 2005년 7월 4일 교육인적자원부에 천안대학교를 백석대학교로 교명을 변경하는 인가를 신청해, 두 주 뒤인 18일 교명 변경을 인가받았다. 교명 변경 시행일은 2006년 3월 1일이었다. 이때 학교법인 백석대학교 산하에 함께 속해 있는 백석대학도 백석문화대학으로 교명을 변경하는 인가를 받았다.[585]

　천안대학교가 백석대학교로 교명을 변경한 것은 다음과 같은 이유에서였다.[586] 첫째, 교명을 통해 학교의 신앙 정체성 즉 기독교대학의 비전을 명료하게 제시하기 위해서였다. '천안'은 학교가 속한 도시명이지만, '백석'은 요한계시록 2장 17절의 "…이기는 그에게는 내가 감추었던 만나를 주고 또 흰 돌을 줄 터인데…"라는 말씀 가운데 나오는 '흰 돌'[白石]을 이르는 한자다. '백석'은 믿음으로 승리한 이에게 주시는 상으로 궁극적으로는 예수 그리스도를 가리킨다. '백석대학교'는 학교가 기독교대학임을 잘 드러내는 이름인 것이다.

　둘째, '천안'은 도시 이름이기에 지역적 한계를 갖고 있어 지구

584)「백석학원 30년사」, 326.
585)「백석학원 40년사」, 249.
586)「백석학원 40년사」, 250-251.

촌 시대에 걸맞은 새로운 이름이 필요했다. 지역적 한계를 갖지 않으면서 신앙적 정체성을 담은 '백석'을 택한 이유다.

셋째, 천안 캠퍼스와 함께 서울 캠퍼스를 가진 학교가 지방도시 이름을 교명으로 가지고 있기에 겪고 있던 실제적 어려움과 오해를 극복하기 위해서였다.

넷째, 우리나라는 물론 세계 곳곳에 복음을 전파하겠다는 학교 설립목적을 더욱 분명하고 확고하게 하기 위해서였다.

2006년 8월 21일 그해 2학기 교직원 채플 개강예배 때 장종현 총장은 이사야 28장 16절, "그러므로 주 여호와께서 가라사대 보라 내가 한 돌을 시온에 두어 기초를 삼았노니 곧 시험한 돌이요 귀하고 견고한 기초 돌이라 그것을 믿는 자는 급절하게 되지 아니하리로다"라는 본문을 근거로 "백석학원의 기초돌"이라는 제목의 말씀을 선포했다. "이제 우리가 예수님을 상징하는 '백석대학교'라는 새 교명을 갖고 출범한 이상, 우리 대학이 정말 깨끗하고 투명해야 한다는 하나님의 음성을 들어야 할 것입니다. 이름은 그 사람이나 단체의 인격과 정체성 혹은 사명이나 비전을 대변하는 것입니다." 교명 변경을 계기로 학교의 정체성과 사명 그리고 비전을 더욱 분명하게 하고 이름에 걸맞은 학교로 만들어가자는 제시였다. 예수 그리스도가 학교의 기초돌이시기에 반드시 승리할 것이라는 소망도 표현했다. "우리의 생각과 마음을 다하여 예수님을 기초로 삼으면 우리는 귀하게 쓰임을 받는 자가 됩니다." 백석학원에 속한 교직원 모두가 하나님을 존귀하게 여기는 아름답고 귀

한 믿음을 가지고 살아 하나님께 귀하게 쓰임 받자는 다짐과 함께였다.[587]

2008년 12월 2일 기독신학교가 백석신학원으로 교명을 변경했다. 백석학원에 속한 다른 학교들이 훨씬 앞서 '백석'이라는 이름으로 교명을 변경한 것을 고려할 때, 당연한 변경이었다.[588]

요컨대, 백석총회가 '백석'이라는 이름을 가지기 전에 백석학원에 속한 학교들이 먼저 '백석'이라는 이름을 가지게 되었다. 2002년 3월 1일 총신예술학교가 백석예술학교로 교명을 변경했고, 2008년 3월 1일 백석예술대학으로 개교했다. 2004년 3월 1일 천안외국어대학에서 백석대학으로 교명을 변경한 백석대학은 2006년 3월 1일 백석문화대학으로 교명을 변경했다. 천안대학교는 2006년 3월 1일 백석대학교로 교명을 변경했다. 2008년 12월 2일 기독신학교가 백석신학원으로 교명을 변경함으로 백석학원에 속한 4개 학교 모두가 '백석'이라는 이름을 가지게 되었다.[589]

'백석'총회와 '백석'학원

2009년 9월 백석학원과 31년을 함께 달려온 총회가 '백석'이라

---

587) 「백석학원 40년사」, 251.
588) 「백석학원 40년사」, 295.
589) 「백석학원 40년사」, 259, 282, 295-296, 305-306.

는 이름을 함께 가지게 됨으로 이제 백석학원과 백석총회의 동반 관계가 더욱 확연히 드러나게 되었다.[590]

총회명칭을 총회 인준 신학교 명칭과 동일하게 하자는 의견은 그 전에도 제기되었다. 한 예로, 1997년 9월 22-25일 천안대학교 회의장에서 개최된 제82회(제20회) 총회(총회장 최낙중 목사)에서 경기노회(노회장 양원규 목사)가 올린 헌의안은 당시 합동정통총회가 "예장 합동총회에서 분파된 총회"처럼 인식되어 총회 확장과 위상 정립에 결정적인 지장을 받고 있으므로 총회명칭을 "대한예수교 장로회 기독총회"로 하자고 제안했다.[591] 참고로, 당시 백석학원 학교들 중에서는 두 학교가 '기독'이라는 명칭을 가지고 있었다. 1992년 4월 1일 총회신학교에서 '기독신학교'로 교명을 변경한 기독신학교와 1997년 3월 1일 개교한 기독신학대학원대학교가 그에 해당한다. 기독신학대학원대학교는 우리나라 최초로 인가받은 '대학원대학교'로서 1981년에 개원한 연구원, 즉 총회신학연구원, 그리고 1983년에 개원한 신학원, 즉 총회신학교신학원이 발전해서 이룬 합동정통총회 목회자 양성 기관이었다.[592] 1994년 3월 1일 천안 캠퍼스에 개교한 '기독신학교'는 '기독신학대학' 그리고 '기독대학교'로 바뀌면서도 '기독'이라는 명칭을 유지했지만, 1997년 3월 1일 '천안대학교'로 교명을 변경하면서 더 이상 '기독'이라는 명

---

590) 「백석학원 40년사」, 306.
591) 대한예수교장로회 합동정통총회, 〈제82회 총회 촬요〉 (1997. 9. 22-25).
592) 「백석학원 40년사」, 87, 121-123.

칭을 사용하지 않게 되었다.[593] 헌의안 제출자들은 이런 변화를 모두 고려하면서 기독신학대학원대학교를 기준 삼아 '기독'이라는 명칭을 총회명칭으로 사용하자고 제안했다.[594] 당시 총회와 학교 간의 유대는 지금과는 달랐던 것으로 보인다. 총회가 신학교와 동일한 명칭을 쓰는 것에 대해 부정적 생각을 가진 이들이 많다고 헌의안에서 가정하고 있기 때문이다.

총회명칭을 기독신학대학원대학교와 맞추어 '기독총회'로 하자는 이 헌의안에 대해, 현행대로 두자는 경남노회 이종승 목사의 동의와 수도노회 김득환 목사의 재청이 있었고, 원안대로 개명하자는 강남노회 홍찬환 목사의 동의와 경기노회 양원규 목사의 재청이 있어 표결에 들어갔다. 결과는 현행대로 '합동정통총회'로 두자는 안이 190표, 개명해서 '기독총회'로 하자는 안이 75표를 얻어 총회명칭 개명건은 허락하지 않기로 했다.[595] 총회와 신학교가 함께한 지 20년이 다 되어가는 때였지만 좀 더 우리 자신다운 이름을 갖자는 의견보다는 당시 총회나 신학교가 가진 대외적 위상이 좀 더 올라가기를 기다리자는 의견이 강했던 것 같다.

2009년 정기총회 때는 총회명칭이 갖는 의미에 대해 총대들이 가진 생각이 그 전에 비해 많이 바뀌어 있었다. 먼저는 총회명칭

---

593)「백석학원 40년사」, 94, 103-104, 117-118.
594) 대한예수교장로회 합동정통총회, 〈제82회 총회 촬요〉 (1997. 9. 22-25).
595) 대한예수교장로회 합동정통총회, 〈제82회 총회 촬요〉 (1997. 9. 22-25).

에 대한 의식이 바뀌어 있었다. 교단통합을 위해 대신총회측과 오래 교섭한 것이 중요한 요인이었던 걸로 추정한다. 대신측과는 여러 차례 통합논의가 있었지만 그때마다 가장 큰 걸림돌은 '통합 후 총회명칭을 무엇으로 하는가?'라는 문제였다. 백석측은 상대를 배려하며 제3의 명칭에 대해 마음을 열어두고 있었지만, 대신측은 언제나 '대신'이라는 명칭 말고는 받아들일 수 없다는 입장이었다. 백석측이라고 해서 '우리 것'이 중요하지 않은 것이 아닌데, 왠지 자신들만 애먼 양보를 하고 있다는 생각이 들곤 했다. 대신측과 매우 오랜 기간 여러 차례 만나면서 백석측 대표들이 그런 느낌을 갖게 되었고, 통합 논의 결과를 보고받는 총대들 상당수가 그런 느낌을 공유하게 되었다. 그 결과, '우리 것'이 무엇인지 궁금하게 되었다. '우리 총회의 고유한 이름은 무엇인가?'

총회 구성원들 안에 '우리 이름'을 찾아야 한다는 공감대가 형성될 무렵 학교 구성원들은 이미 '우리 이름'을 사용하고 있었다. '백석'이었다. 백석학원 산하 학교들이 오랜 고민 끝에 확인한 우리 이름이었다. 그 과정에 '흰 돌'이라는 의미를 가진 '백석'(白石)은 요한계시록 2장 17절 말씀대로 믿음으로 승리한 사람에게 주시는 상으로 바로 예수 그리스도를 가리킨다는 사실이 널리 알려졌다. 그렇다면 '백석'은 바로 예수 그리스도를 의미하니, 기독교대학의 명칭으로는 물론이고 총회명칭으로도 참 적절하다는 생각을 하게 되었다. 총회명칭에 대한 의식이 바뀐 데다 '백석'이라는 이름이 바로 예수 그리스도를 의미한다는 걸 분명히 알고 나니, '우리 총회'

의 고유한 명칭이 바로 '백석'이라는 결론을 얻게 된 것이다.

총회 회기 변경

대한예수교장로회 백석총회 2009년 총회는 '백석'이라는 총회명칭을 확정하면서 총회 회기도 1978년을 뿌리로 여겨 '대한예수교장로회 백석측 32년차 총회'로 변경했다. 1978년 9월에 설립된 대한예수교장로회 복음총회가 대한예수교장로회 백석 총회의 뿌리임을 선언한 것이다.[596)]

총회 회기를 교단 역사에 맞추어 조정하자는 의견은 총회 석상에 매우 자주 개진되었다. 2001년 9월 17-20일 수원명성교회에서 개최된 제86회(제24회) 총회(총회장 장효희 목사, 1948-2003) 헌의안 중에 정치국에서 "본 교단 역사와 정체성에 관한 건"이라는 제목 아래 "본 교단의 회기 문제를 3교단 합동시기를 시작으로 24회기로 수정하자"는 제안을 했다. 이 때 바로 다음 헌의안이 정치국에서 "교단명칭 개명의 건"이라는 제목 아래 "본 교단의 역사와 전통을 생각하며 이제는 교단 명칭을 독창적이고 교단 정체성에

---

596) 대한예수교장로회 합동정통총회, 〈제94회 총회 촬요〉 (2009. 9. 21-24);
「백석학원 40년사」, 305.

맞게 개명하자는 헌의"인 점도 흥미롭다. 총회 명칭과 회기가 떼어서 생각할 수 없는 문제임을 알 수 있다. 두 헌의안은 모두 부결되었다.[597] 하지만 총회 회기 변경 건은 역사편찬위원회에 위임되었다.[598]

2002년 9월 23−26일 천안외국어대학 백석홀에서 개최된 제87회(제25회) 총회(총회장 서상기 목사)에서는 역사편찬위원회와 관련해 증경총회장 한용택 목사가 역사를 기록할 때 회기를 "제87회"로 표기해 줄 것을 동의했는데, 인천노회 박지수 목사가 "합동정통총회 제25회"로 표기하자고 개의동의하여, 표결에 부친 결과 동의안에 158명이 찬성하고 개의안에 45명이 찬성하여 회기를 "제87회"로 두기로 했다.[599] 2003년 9월 22−25일 천안외국어대학 백석홀에서 개최된 제88회(제26회) 총회(총회장 조광동 목사)에서는 정치국 당석헌의안에 대해 서울서노회 김재갑 목사가 장로교단은 88회기가 옳다고 한 뒤, 증경총회장 홍찬환 목사가 26회로 조정하자는 헌의안 설명을 한 후 표결에 부친 결과 88회기를 그대로 두자는 개의안에 135표, 26회기로 조정하자는 원안에 51표가 나와 헌의안이 부결되었다.[600] 총회 회기 조정과 관련한 표결 결과를 본다면, 2002년과 2003년 당시 총대들 다수가 회기 조정에 부정적이

---

597) 대한예수교장로회 합동정통총회, 〈제86회 총회 촬요〉(2001. 9. 17−20).
598) 대한예수교장로회 합동정통총회, 〈제89회 총회 촬요〉(2004. 9. 13−16) 참조.
599) 대한예수교장로회 합동정통총회, 〈제87회 총회 촬요〉(2002. 9. 23−26).
600) 대한예수교장로회 합동정통총회, 〈제88회 총회 촬요〉(2003. 9. 22−25).

었다.

2004년 9월 13-16일 천안 백석대학교회에서 개최된 제89회(제27회) 총회(총회장 안용원 목사, 1939-2015)에서는 정치국 보고 때 총회 회기 변경을 제안한 안양노회 유용원 목사의 설명을 들은 후 찬반 간에 여러 의견이 있었지만, 서울서노회 김재갑 목사가 이건은 이미 86회기에 역사편찬위원회에 위임하여 역사책이 편찬되는 중에 있으므로 편찬완료 후 편찬된 역사에 따라 회기를 찾는 것이 절차상 합당할 것이라 했다. 이에 의장 안용원 목사가 김재갑 목사의 발언대로 받는 것에 대해 물으니 총대들이 가하다 하므로 그대로 받았다.[601]

2005년 9월 12-15일 천안 백석대학교회에서 개최된 제90회(제28회) 총회(총회장 홍태희 목사)에서는 회의심의보고 때 회기 문제가 제기되었다. 서울서노회 김재갑 목사가 회기 조정 없이 회의가 진행될 수 없다고 하며 회기 변경 건에 대해 공문으로 보내온 전회 의록 일부 복사본 내용이 본인의 발언 의도와 다르게 기록되었다고 했다. 이에 총회 회차에 대한 찬반 논란이 있은 후 제89회 회의 중 해당부분에 대한 비디오를 살펴본 후, 경북노회 김경수 목사가 총회 헌번 제83조에 의해 총회 개회 1개월 전 총회 소집 공고에 제90회 총회로 발송이 되었으므로 공문에 명시된 그대로 제90회 회의를 진행하고 회기를 바꾸는 문제는 총대들의 의견을 물어 법대

601) 대한예수교장로회 합동정통총회, 〈제89회 총회 촬요〉 (2004. 9. 13-16).

로 처리해 줄 것을 발의했다. 이에 총회장 안용원 목사가 임원을 대표해 총대들에게 회차 조정에 대해 전 회기 결의 사항 이해 부족과 진행에 문제가 있었음을 사과하고 법대로 90회 총회로 정하여 진행할 것을 선포하니 총대들이 박수로 화답하고 격려했다.[602] 제90회(제28회) 총회(총회장 홍태희 목사) 실행위원회 중에는 총회 회기 조정을 위한 공청회를 갖자는 의견을 두고 토론을 벌이기도 했다.[603]

총회 회기 조정과 관련해서는 이렇게 오랜 논의가 있었기에, 2009년 총회가 '백석'이라는 총회명칭을 확정하면서 총회 회기도 1978년을 뿌리로 여겨 '대한예수교장로회 백석측 32년차 총회'로 변경한 것은 매우 큰 변화였다. 결정은 되었지만, 문제는 시행이었다.

2011년 9월 19-22일 천안 백석대학교회에서 개최된 제34회 총회에서 신임총회장으로 선출된 유중현 목사는 취임 후 당시 총회가 "제96회(백석 34차) 대한예수교장로회 총회"로 되어 있는 것을 "대한예수교장로회 총회(백석 34회)"로 변경하자고 제안했다. 찬반 토론 후 표결에 붙인 결과, 현행대로 두자는 안 158표, 의장 제안대로 변경하자는 안 231표가 나와 그 후로는 '백석총회 제34회'처

---

602) 대한예수교장로회 합동정통총회, 〈제90회 총회 촬요〉(2005. 9. 12-15).
603) 대한예수교장로회 합동정통총회, 〈제91회 총회 촬요〉(2006. 9. 18-19).

럼 총회 회기를 표기하게 되었다.[604] 참고로, 총회 회기를 복음총회 설립에 맞추어 변경하기로 의결한 2009년 9월 21−21일 개최된 총회 촬요는 '제94회'라는 회차로 남아있다.[605] 이듬해인 2010년 9월 13−16일 개최된 총회 촬요는 '제95회(백석 33차)'로 두 회차를 병기했다.[606] 그러므로 제34회 총회에서 총회장 유중현 목사가 제안한 대로 총회 회를 실제로 적용하도록 결의한 것은 2009년 총회에서 총회 명칭과 회기 변경을 결의한 후 총회명칭은 변경한 명칭을 쓰면서 총회 회차는 과거 회차와 변경한 회차를 병기하므로 어색했던 것을 정리한 적절한 결정이었다.

제94회(32회) 총회가 총회명칭을 '백석총회'로 변경하고 1978년을 기점으로 총회 회차를 잡기로 변경한 것은 '백석총회를 만들자'고 하는 총회원들 내의 주장이 총회에 받아들여진 결과였다. '백석총회'를 추진한 이들은 총회 명칭 변경과 회기 변경, 여성안수와 경안노회 목사 안수권 부여 건을 하나로 묶어 주장했다. 매우 중대한 사안들이 함께 묶여 있는 주장이라 자칫하면 총회가 위기를 맞을 수도 있는 상황이었다. 하지만 대한예수교장로회 합동정통총회에서 대한예수교장로회 백석총회로 총회 명칭을 변경하고 회기를 변경하는 건 모두 받아들여졌다. 경안노회는 백석학원 소속 교

---

604) 대한예수교장로회 백석총회, 〈제34회 총회 촬요〉(2011. 9. 19−22).
605) 대한예수교장로회 합동정통총회. 〈제94회 총회 촬요〉(2009. 9. 21−24).
606) 대한예수교장로회 백석총회, 〈제95회(백석 33차) 총회 촬요〉(2010. 9. 13−16).

직원 목사들로 구성된 특수 노회인데, 경안노회에 목사 안수권을 허락해 달라는 헌의안도 허락되었다. 여성안수 건은 노회에 수의하여 시행하자고 하여 받아들여졌다.[607] 하지만 여성안수 건은 많은 진통을 겪은 후에야 시행될 수 있었다.

'백석,' '우리 것'

백석대학교 신학대학원과 신학교육원은 백석총회 직영 신학교가 아니라 인준 신학교다. 일반적으로는, 직영 신학교와 총회의 관계가 인준 신학교와 총회의 관계보다 훨씬 긴밀하다. 그런데 백석대학교는 물론이고 백석학원 전체와 백석총회의 유대는 우리나라에 있는 어떤 다른 교단 총회와 직영 신학교 사이 유대보다 훨씬 끈끈하다. 백석총회와 백석학원의 이런 긴밀한 유대는 설립자가 동일하기 때문일 것이다.

설립자 장종현 목사는 복음전파에 헌신할 역군을 양성하기 위해 신학교를 세웠고, 제자들이 소속되어 일할 교회가 필요해서 총회를 세웠다. 작은 교단이라서 당하는 서러움을 풀어주기 위해 합동 비주류와 연합했지만 교회 하나 됨에 대한 의지가 없음을 보고 바로 복귀했다. 합동 비주류 함북노회와 평북노회에서 복음총회측에 합류했던 이들이 '합동'이라는 명칭을 유지해야 소속 목회자들이 총회명칭으로 인한 어려움을 덜 겪을 것이라며 요청함으로 총

---

607) 대한예수교장로회 합동정통총회, 〈제94회 총회 촬요〉 (2009. 9. 21-24).

회 명칭도 회기도 예장 합동총회를 기준으로 삼아 사용했다.

　그 후 하나님이 백석총회에 큰 성장을 허락하셨다. 다른 교단들에서는 유사한 예를 찾기 힘들 정도로 백석총회와 백석학원이 서로 북돋우어 주며 하나가 되어 무럭무럭 성장했다. 이제 다른 총회와 신학교가 '우리 것'을 인정할 뿐 아니라 때로는 부러워하기도 한다. 백석총회는 다른 교단들과 통합하는 과정을 통해 '우리 것'이 무엇인지 깨닫게 되었다. 그 '우리 것'이 바로 '백석'이다. 많은 진통을 겪었지만 그 과정을 통해 백석총회는 '백석'이 바로 '우리 것'임을 깨달았다. 총회 명칭 변경과 회기 조정은 백석총회가 '우리 것'을 제자리에 놓은 뜻 깊은 일이었다. 그로 인해 백석총회는, 다른 어떤 교단의 경우에서도 볼 수 없는, 백석학원이라는 친밀한 동반자를 다시금 확인할 수 있었다.

제9장

개혁주의생명신학 정립과 확산

개혁주의생명신학과 교회연합운동

천안 캠퍼스가 백석학원의 중심이 되기 시작한 1990년대 후반부터 10년 동안 천안 캠퍼스의 천안대학교와 백석대학, 그리고 서울 캠퍼스의 백석예술학교는 학생들에게 채플과 기독교 교양필수 과목을 통해 복음을 전하는 일에 온 힘을 쏟았다. 채플과 성경과목을 강화함으로 기독교대학이라는 정체성 정립에 최선을 다했다. 복음전파를 위해 설립된 백석학원이 설립목적을 향해 흐트러짐 없이 나아가도록 스스로를 점검하는 시간이기도 했다.

하지만 신학교육은 또 다른 문제였다. 채플과 성경과목을 통해 학생들에게 복음을 전하는 사역이 중심인 천안대학교와 백석대학, 그리고 백석예술학교와 달리 신학대학원은 복음전파를 책임질 목회자후보생을 양성하는 기관이다. 신학대학원 졸업자들이 바로 백석총회의 목회자들이 되는 것이므로 신학대학원의 교육은 백석학원 신앙과 신학 교육의 중심이라고 할 수 있다. 그런데 후발주자라는 부담 때문에 역사가 오랜 신학교들의 행보를 의식하다보니 신학대학원의 신학교육이 대한복음신학교를 세울 때 설립자가 바랐던 방향과 많이 다른 방향으로 나아가고 있었다. 한국교회 성장이 정체되면서 무슨 문제가 있다고 모두가 생각하면서도 그 문제가 무엇인지 어느 누구도 정확하게 진단은 못하고 있는 상황이었다. 백석학원과 백석총회 설립자 장종현 목사가 개혁주의생명신학을 주창한 것이 바로 그때였다.

개혁주의생명신학: 백석총회의 신학

백석총회와 백석학원의 신학은 개혁주의생명신학(Reformed Life Theology)이다. 개혁주의생명신학은 개혁신학 또는 개혁주의신학(Reformed Theology)과 다른 신학이 아니라 동일한 신학이다. 백석총회와 백석학원을 설립한 장종현 목사는 개혁주의생명신학을 다음과 같이 정의한다.

개혁주의생명신학은 성경의 가르침과 개혁주의신학을 계승하여, 사변화된 신학을 반성하고, 회개와 용서로 하나 되며, 예수 그리스도께서 주신 영적 생명을 회복하고자 하는 신앙운동이다.

그리하여 성령의 도우심으로 삶의 모든 영역에서 예수 그리스도의 주권을 실현함으로써 오직 하나님께 영광을 돌린다. 이를 위해 나눔운동과 기도운동과 성령운동을 통해 자신과 교회와 세상을 변화시키는 역동적인 실천을 도모한다.[608]

개혁주의생명신학은 개혁주의신학에 예수 그리스도께서 주신 영적 생명력을 회복시키기를 도모하는 신앙운동인 것이다.[609]

장종현 목사는 개혁주의신학은 요한 칼빈을 비롯한 16세기 종교개혁자들의 가르침에 뿌리를 둔 신학으로, 우리가 계승하고 발전시킬 매우 좋은 신학이라고 믿는다. 그런데 개혁주의신학이 아무리 좋은 신학이라 해도 그것이 예수 그리스도의 생명이 빠진 학문적 노력에 불과하다면 사람을 살리는 신학이 되지 못한다고 말한다. 오늘날 많은 교회와 신학교가 개혁주의신학을 표방하고 있지만 개혁주의신학을 바로 알고 실천하지 못함으로 인해 교회와 신학교가 점점 영적 생명력을 잃어가고 있다. 그러므로 개혁주의신학이 예수 그리스도의 생명력을 회복해야 하는데, 이를 위한 실천운동이 바로 개혁주의생명신학이라는 말이다.[610]

먼저, 개혁주의생명신학은 개혁주의신학과 동일한 신학이기에 개혁주의신학의 핵심인 5대 표어 즉 '오직 성경, 오직 그리스도,

---

608) 장종현, 「백석학원의 설립정신」, 17.
609) 「백석학원 40년사」, 239-240.
610) 장종현, 「백석학원의 설립정신」, 22-23; 「백석학원 40년사」, 240.

오직 믿음, 오직 은혜, 오직 하나님께 영광'을 강조하면서 이를 계
승하고 발전시키려 한다.[611]

개혁주의생명신학회 설립

장종현 박사가 개혁주의생명신학을 주창했지만 개혁주의생명신
학이 무엇인지 이해하는 신학자는 드물었다. 장종현 박사가 2003
년 '신학은 학문이 아니다'라는 선언을 하고 그 후로도 신학자와
목회자들이 어떻게 변화되어야 하는지 기회 있을 때마다 가르쳤지
만 그를 이해하고 지지하는 이들이 별로 없었다. 6년 쯤 지났을 때
드디어 변화가 일어났다. 오늘날 한국교회의 난감한 현실을 타개
하는 길이 바로 개혁주의생명신학이라는 것을 깨달은 신학교수들
이 나타난 것이다.

2009년 11월 14일 개혁주의생명신학회가 백석대학교 서울 캠
퍼스 백석아트홀에서 제1차 학술대회 및 창립총회를 가졌다. 학회
임원진은 회장 최갑종(백석대학교), 부회장 김진섭(백석대학교), 이승
구(합동신학대학원대학교), 총무 임원택(백석대학교) 등으로 구성되었
다. 총회에 앞서 열린 학술대회에서는 개회예배 때 학회 대표고문
인 장종현 박사가 마가복음 7장 6절부터 9절을 본문으로 "영적인
생명을 전하는 학자"라는 제목의 말씀을 선포했고, 이상규 교수(고
신대학교)가 "개혁주의생명신학과 한국교회," 그리고 박찬호 교수

---

611) 장종현, 「백석학원의 설립정신」, 17–18; 「백석학원 40년사」, 240.

(백석대학교)가 "개혁주의생명신학과 신학 교육"이라는 제목의 발제를 했다.[612]

개혁주의생명신학회는 학회 정관에 설립 취지를 다음과 같이 밝히고 있다.

> 개혁주의생명신학은 하나님의 말씀을 따라 예수 그리스도의 생명으로 자신과 교회와 온 세상을 개혁하기를 지향한다. 16세기 종교개혁자들은 중세 로마 가톨릭 교회가 하나님의 말씀인 성경보다 신학 체계를 앞세우므로 그릇된 길로 간 데 맞서서 성경을 신앙과 삶의 절대적인 기준으로 삼고 성경 자체를 가르침으로 교회 가운데 복음의 능력을 회복시켰다. 개혁주의생명신학은 하나님의 말씀에 비추어 자신과 교회와 세상의 그릇된 것은 바로잡고 올바른 것은 북돋우려는 개혁신학의 전통을 계승한다. 더나아가 개혁주의생명신학은 오늘날 개혁신학이 다시금 전통과 교리 중심의 신학에 치중함으로 간과하고 있는 하나님의 말씀 가운데 나타나는 예수 그리스도의 생명의 역사(役事)가 회복되기를 소망한다. 이를 위해 성령님의 인도하심을 따라 말씀과 기도 가운데 먼저 자신을 개혁하고, 예수 그리스도의 생명으로 교회를 새롭게 하고, 예수 그리스도의 복음과 사랑으로 세상을 변화시키기를 지향한다. 이러한 염망(念望)을 이루기 위해 개혁주

---

612) 「백석학원 40년사」, 307.

의생명신학회를 결성한다.[613]

개혁주의생명신학회는 창립 후 매학기 정기학술대회를 개최해 개혁주의생명신학 정립에 힘을 쏟았다. 2010년 6월 12일 제2회 정기학술대회는 "개혁주의생명신학의 성경적 토대모색 I"이라는 주제 아래 미국 웨스트몬트대학(Westmont College) 구약학 트렘퍼 롱맨(Tremper Longman III) 교수가 "비평적 방법론들의 약속과 함정들: 개혁주의생명신학의 토대 놓기"라는 주제 강연을 했다. 2010년 11월 13일에 개최된 제3회 정기학술대회는 "개혁주의생명신학의 성경적 토대모색 II"라는 주제 아래 스웨덴 룬트대학교(Lund University) 신약학 크리스 카라구니스(Chrys C. Caragounis) 교수가 "신약 석의에서의 지식과 신앙"이라는 주제 강연을 했다.[614]

2011년 5월 21일에 개최된 제4회 정기학술대회는 "개혁주의생명신학의 성경적 토대모색 III: 그 아름다운 해답"이라는 주제 아래 미국 풀러신학대학원(Fuller Theological Seminary) 조직신학 윌리엄 더니스(William A. Dyrness) 교수가 "하나님나라운동으로서의 개혁주의생명신학: 일반은총과 '시적 신학'의 관점에서"라는 주제 강연을 했다. 특별히 이 날은 「개혁주의생명신학 선언문」을 한국교계에 공표한지 만 1년이 되는 날로 "Remember 5·21!"이라는 구

---

613) "개혁주의생명신학회 정관" 중 '학회 창립 취지,' 「생명과 말씀」 1 (2010): 219.
614) 「백석학원 40년사」, 308.

호를 주제와 함께 붙였고, 학회 대표고문인 장종현 박사가 요한복음 4장 13절과 14절을 본문으로 "영원한 생명수 예수 그리스도"라는 제목의 말씀을 선포했다.[615]

제4회 정기학술대회 9일 후인 2011년 5월 30일 "그 아름다운 해답"을 실천하는 선봉으로서 "개혁주의생명신학 실천신학회"라는 분과학회가 "개혁주의생명신학의 실천적 토대 모색"이라는 주제로 개혁주의생명신학회 대표자문위원인 오정현 목사가 시무하는 사랑의교회 은혜채플에서 출범했다.[616]

제5회 정기학술대회는 "백석학원 건학 35주년 기념 공동 국제학술대회"로 한국복음주의신학회 제58회 정기학술대회와 공동으로 개최했다. 2011년 10월 28일과 29일, 이틀 동안 백석대학교 천안캠퍼스 본부동 국제회의실에서 열렸는데, 주제는 "Back to the Bible: Life, Gospel and Church"(성경으로 돌아가자: 생명, 복음 그리고 교회)였다. 학회 자문위원인 미국 캘빈신학대학원(Calvin Theological Seminary) 역사신학 리처드 멀러(Richard A. Muller) 교수가 "칼빈은 칼빈주의자였는가?"라는 주제 강연을 했고, 그 외 7명의 국외 학자들과 국내 21명의 학자들이 발표를 맡았다. 학회 대표고문 장종현 박사는 개회예배 때 "개혁주의생명신학과 한국교회"라는 제목의 말씀을 선포했다.[617]

---

615) 「백석학원 40년사」, 308–309.
616) 「백석학원 40년사」, 309.
617) 「백석학원 40년사」, 309–310.

2012년 5월 21일에 개최된 제6회 정기학술대회는 "생명을 살리는 교회: 개혁주의생명신학과 교회 회복"이라는 주제 아래 영국 암노스 교회 개척학교(Amnos Church Planting) 신약학 최종상 박사가 "사도 바울의 삶과 사역에 나타난 개혁주의생명신학: 그 원리와 21세기 적용"이라는 제목의 주제 강연을 했다.[618]

개혁주의생명신학회는 그 후로도 매학기 정기학술대회를 개최해 한국교회 현장의 요구를 살피고 개혁주의생명신학 관점에서 실천 방안을 찾기 위해 노력하고 있다. 개혁주의생명신학 정기학술대회에는 주제 강연 외에도 매번 2~3명의 발제자들이 나서서 개혁주의생명신학 정립에 힘을 보탰다.[619]

개혁주의생명신학회가 정기학술대회만큼 힘을 쏟는 것이 학회 저널인 「생명과 말씀」 발간이었다. 2010년 6월 4일에 제1권이 나온 이후 제10권까지는 영문 저널 *Life and Word*가 함께 간행되었는데, 2014년 가을에 제10권이 나온 후 *Life and Word*는 더 이상 간행되지 않고, 「생명과 말씀」만 간행되고 있다.[620]

「생명과 말씀」에는 개혁주의생명신학 정기학술대회 때 발표된 주제 강연과 발제 논문들과 더불어 개혁주의생명신학과 관련된 주제를 다룬 자유기고 논문들이 실려 있다. 개혁주의생명신학 관련

---

618) 「백석학원 40년사」, 310.
619) 「백석학원 40년사」, 310.
620) 「백석학원 40년사」, 310.

논문들이 축적되고 있는 점에서 의미가 크다. 또한 지금은 더 이상 간행되지 않고 있지만, *Life and Word*에는 장종현 박사의 설교들과 국외 학자들이 강연한 내용들, 그리고 국내 신학자들이 쓴 개혁주의생명신학 관련 논문들이 영문으로 실려 있어, 개혁주의생명신학을 외국에 알리고 전파하는데 유용한 자료가 될 수 있다.[621]

「개혁주의생명신학 선언문」

2010년 5월 21일 수원월드컵 경기장에서 백석총회 4만 명 성도들이 함께한 백석전진대회가 열렸다. 백석전진대회에서 백석학원 설립자 장종현 목사는 「개혁주의생명신학 선언문」을 선포했다. 다음은 그 전문(全文)이다.

> 한국교회는 복음을 받은 후 125년 동안 하나님의 은혜로 비약적인 성장을 거듭하였다. 그러나 오늘날 한국교회는 영적인 생명력이 약화되고 세속의 가치를 따라가며, 성장이 둔화되고 세상의 비난을 받기에 이르렀다. 그 책임의 중심에 신학자와 신학 교육이 자리 잡고 있음을 부인하기 어렵다. 신학자들이 하나님의 말씀과 그리스도를 통한 구원보다 인권 개선과 사회개혁을 더

---

621) 「백석학원 40년사」, 310-311.

중요하게 생각하거나 혹은 바른 교리를 가졌다고 자부하면서도 그 가르침대로 자기를 개혁하지 않는 것은 가슴 아픈 일이다. 이와 같은 현상이 발생하는 가장 근본적인 원인은 신학교에서 신학을 학문으로 가르침으로써 예수 그리스도의 영이 말씀을 통해 우리 자신을 지배하지 못하는 데 있다.

학교법인 백석학원의 신학적 근간(根幹)은 개혁주의신학이다. 우리는 종교개혁자 특히 칼빈의 신학을 뼈대로 삼아 발전해온 개혁신학이 하나님의 말씀인 성경을 가장 잘 해석할 수 있도록 해 주는 신학이라고 확신한다. 그러나 훌륭한 신학체계를 붙들고 있다고 해서 구원이 주어지는 것은 아니며 학문으로서의 신학의 발전이 교회를 부흥시키는 것도 아니다. 신학은 자신을 개혁하며 그리스도의 영이 자신을 지배함으로써 생명을 부여하는 말씀이 되어야 한다. 신학은 학문이 아니다.

개혁주의신학이 아무리 좋은 것이라고 해도 예수 그리스도의 생명이 빠진 학문적 노력에 불과하다면 사람을 살리는 신학이 되지 못한다. '오직 성경'(sola Scriptura)을 외친다 해도 성경을 인간 이성의 잣대로 평가한다면, 하나님의 말씀이 우리 삶을 지배하지 못하게 된다. '오직 그리스도'(solus Christus)를 말하면서도 우리의 삶 속에서 그리스도께서 주인이 되시지 않으면 우리의 신앙은 껍데기뿐인 죽은 신앙에 지나지 않는다. '오직 믿음'(sola fide)으로 구원을 얻는다고 하면서도 우리가 성령 안에서 하나님을 전적으로 신뢰하지 않으면 그것은 하나의 신념으로 추락하고 만다. '오직 은혜'(sola gratia)를 부르짖으면서도 우리가 자기부인과 용서를 실천하지 않는다면 그것은 자기자랑과 교만을 앞세움에 지나지 않는다. 이런 일을 하는 자는 자신의 이익과 명예를 위하여 일할 뿐, '오직 하나님께 영광'(soli Deo gloria)을 돌려드릴 수 없다.

우리는 우리의 신학적 근간인 개혁주의신학을 따르며, 이를 실천할 수 있게 해 주는 분이 우리 안에 살아계신 그리스도이심을 고백하면서, 개혁주의신학의 본질을 회복하기 위한 실천적 운동을 '개혁주의생명신학'이라고 부른다. 이는 새로운 신학을 만들려는 것이 아니요, 가장 위대한 신학 체계인 개혁주의에 생명을 불어넣음으로써 개혁주의신학을 활성화하려는 것이다. 개혁주의생명신학은 자신의 지성과 의지의 교만을 철저하게 부정하고 오직 하나님의 말씀에 귀를 기울이면서 기도운동과 성령운동에 힘쓰고자 한다. 개혁주의생명신학은 하나님 앞에 무릎을 꿇는 무릎신학이요, 가슴 깊은 곳에서부터 그리스도의 생명력이 흘러나오는 가슴신학이다.

그리스도의 생명이 역동하는 성도가 성경을 볼 때 그 말씀은 우리 자신을 찔러 쪼개는 살아 있는 말씀이 된다. 성령으로 충만한 목회자가 말씀을 대언할 때 죽은 사람의 생명이 살아나고 교회가 세상의 소금과 빛의 역할을 감당하게 된다. 자신의 지성을 하나님께 의탁하고 매일 무릎 꿇는 신학자를 통하여 교회 개척을 두려워하지 않는 목회자가 길러진다. 예수님께서 항상 자신과 함께 계심을 확신하는 선교사를 통하여 복음이 왕성하게 전파된다. 하나님께서는 예수님의 생명이 충만한 종들을 통하여 조국의 교회를 살리고 사회를 변화시키고 온 땅에 복음을 전파하실 것이다.

나는 학교법인 백석학원의 설립자로서 백석학원에 속한 교수와 목사와 직원을 대표하여 '개혁주의생명신학'의 정신을 따를 것을 결심하면서, 백석전진대회에 즈음하여 다음과 같이 '개혁주의생명신학'을 선언한다.

1. 개혁주의생명신학은 성경이 우리의 신앙과 삶의 유일한 표준임을 믿고 개혁주의신학을 계승하려는 신앙운동이다.

2. 개혁주의생명신학은 지나치게 사변화된 신학을 반성하고 하나님과 그의 말씀으로 돌아가고자 '신학이 학문이 아님'을 강조하여 그 본래적인 의미를 회복코자 하는 신학회복운동이다.

3. 개혁주의생명신학은 예수 그리스도의 복음으로 사람을 변화시키며 우리 속에 그리스도의 영을 회복시키는 영적생명운동이다.

4. 개혁주의생명신학은 성령의 도우심으로 사회, 경제, 교육, 문화, 예술 등 우리의 신앙과 삶의 모든 영역에서 예수 그리스도

의 주(主)되심을 실현하려는 하나님나라운동이다.

5. 개혁주의생명신학은 신앙운동, 신학회복운동, 영적생명운동 그리고 하나님나라운동을 실천하기 위해 하나님의 도우심을 간절히 구하는 기도운동이다.

6. 개혁주의생명신학은 사람의 힘이 아닌 오직 성령만이 이 일을 가능하게 하심을 고백하며 모든 일에 성령의 인도하심을 따르는 성령운동이다.

7. 개혁주의생명신학은 자신과 교회와 세상을 변화시키는 역동적인 실천을 추구하며 그리스도께서 세상을 위하여 자신을 희생시킨 것같이 우리에게 주어진 모든 것들을 세상과 이웃을 위하여 나누고 섬기는 데 앞장서는 나눔운동이다.

2010년 5월 21일[622]

개혁주의생명신학 7대 실천운동 개정

2014년 11월 1일 개혁주의생명신학 7대 실천운동을 개정했다.

---

622) 장종현, 「백석학원의 설립정신」, 39–43; 「백석학원 40년사」, 240–243. 「개혁주의생명신학 선언문」에 대한 좀 더 상세한 논의는 용환규, 「한국장로교회와 신앙고백」, 304–310을 참조하라.

개정안은 이전 내용을 크게 바꾸지 않고 '회개용서운동'을 셋째 실천운동으로 첨가했다. 이전의 '5. 기도운동'과 '6. 성령운동'을 '7. 기도성령운동'으로 통합해, 일곱 개 항목을 유지했다. 다음은 개정한 7대 실천운동 전문이다.

개혁주의생명신학 7대 실천운동

1. 개혁주의생명신학은 성경이 우리의 신앙과 삶의 유일한 표준임을 믿고, 개혁주의신학을 계승하려는 신앙운동이다.

2. 개혁주의생명신학은 지나치게 사변화된 신학을 반성하고 하나님과 그의 말씀으로 돌아가고자 '신학이 학문이 아님'을 강조하여 그 본래적인 의미를 회복코자 하는 신학회복운동이다.

3. 개혁주의생명신학은 하나님 앞에서 자신을 돌아보고 서로를 용납하여 하나 되는 것을 추구하는 회개용서운동이다.

4. 개혁주의생명신학은 예수 그리스도의 복음으로 사람을 변화시키며 우리 속에 그리스도의 영을 회복시키는 영적생명운동이다.

5. 개혁주의생명신학은 성령의 도우심으로 사회, 경제, 교육, 문

화, 예술 등 우리의 신앙과 삶의 모든 영역에서 예수 그리스도의 주(主)되심을 실현하려는 하나님나라운동이다.

6. 개혁주의생명신학은 자신과 교회와 세상을 변화시키는 역동적인 실천을 추구하며 그리스도께서 세상을 위하여 자신을 희생시킨 것같이 우리에게 주어진 모든 것들을 세상과 이웃을 위하여 나누고 섬기는 데 앞장서는 나눔운동이다.

7. 개혁주의생명신학은 오직 성령만이 신앙운동, 신학회복운동, 회개용서운동, 영적생명운동, 하나님나라운동, 그리고 나눔운동을 가능하게 하심을 고백하며, 모든 일에 간절한 기도를 통하여 성령의 인도하심과 역사하심을 구하는 기도성령운동이다.[623]

개혁주의생명신학 7대 실천운동 개정의 핵심은 회개용서운동 추가와 기도성령운동을 방법으로 제시한 것이다. 실천운동은 혼자서가 아니라 함께 이루어져야 하는데 서로를 용납하지 않고는 함께 함이 불가능하기에 용서를 추가했다. 그런데 참된 용서는 예수 그리스도 때문에 나 자신이 하나님께 어떤 용서를 받았는지 기억할 때 가능하기에 회개를 우선한 것이다. 그래서 회개용서운동이

---

623) 장종현, 「백석학원의 설립정신」, 44-45; 「백석학원 40년사」, 243-244.

추가되었다. 또한 7대 실천운동의 방법은 기도성령운동이다. 오직 성령님만이 신앙운동, 신학회복운동, 회개용서운동, 영적생명운동, 하나님나라운동, 그리고 나눔운동을 가능하게 하심을 고백하는 사람은 모든 일에 기도하며 성령님의 인도하심과 역사하심을 구한다. 따라서 개혁주의생명신학 실천운동들을 대표하는 운동은 바로 기도성령운동인 것이다.[624]

개혁주의생명신학 정립

개혁주의생명신학은 백석학원 설립자 장종현 박사가 학교 설립 때부터 가지고 있던 신앙과 오늘날 한국교회가 처한 어려운 상황에 대한 판단, 그리고 그 상황을 극복할 수 있는 방안을 담은 것이라 할 수 있다.[625]

백석학원이 설립된 1976년 한국교회는 1950년대 세 차례에 걸쳐 일어난 장로교회의 분열로 인해 이미 상당히 갈라져있었고, 그나마 유지하지 못하고 계속 갈라지고 있는 실정이었다. 개혁주의신학은 성경에 비추어 보아 올바른 것은 계승하고 잘못된 것은 고쳐나간다는 신학이다. 그런데 한국장로교회는 말로만, 그리고 강단에서만, 개혁주의신학을 표방할 뿐, 실제 삶에서는 성경을 기준으로 살지 않는다는 것이 문제라고 장종현 박사는 판단했다. 삶

---

624) 「백석학원 40년사」, 245.
625) 「백석학원 40년사」, 245.

가운데 예수님의 생명이 없다는 것이다.[626]

장종현 박사는 한국교회가 다시 생명력을 회복하게 하려면, 목회자들이 먼저 생명력을 회복해야 하고, 그러기 위해서는 목회자 후보생을 양성하는 신학교 교육이 변해야 한다고 판단했다. 장종현 박사는 신학교육은 물론이고, 기독교대학의 교육은 모름지기 생명을 주는 교육이 되어야 한다고 강조해 왔다. 2005년 6월 23일 백석학원 교직원연수회 때 "생명을 주는 교육"이라는 설교에서 그는 다음과 같이 말했다.

> 우리 대학이 추구하는 교육은 생명을 주는 교육입니다. 이 생명은 우리를 위해 자신의 생명을 십자가 위에서 나누어주신 예수님의 생명입니다. 이 생명을 소유하고 이 생명을 나누어 주는 것이 바로 하나님의 일입니다. 바로 이것이 우리 기독교대학이 해야 할 일입니다. 예수님의 생명을 확산시키는 것이 하나님이 함께하는 대학이 해야 할 일인 것입니다.[627]

개혁주의생명신학의 '생명'은 바로 '영원한 생명'이신 '예수님의 생명'인 것이다.[628] 신학은 "예수님의 생명을 더 풍성히 받아서 그

---

626) 「백석학원 40년사」, 245-246.
627) 장종현, 「생명을 살리는 교육」, 115.
628) 장종현, 「생명을 살리는 교육」, 120; 「백석학원 40년사」, 246.

제2부 백석총회 45년사 499

생명을 죽어가는 이 세상에 주는 신학"이어야 한다.[629]

그러므로 신학은 이론에 머무는 학문이 아닌 것이다. "신학은 생명을 받고, 생명을 주는 신학이어야" 한다. 복음은 "영원한 생명을 주는 능력"이기에, 신학은 단지 이론적 학문이 아니라 영원한 생명을 주는 능력을 지향해야 한다. 신학이 복음으로 채워질 때 한국교회도 다시 일어날 수 있는 것이다.[630]

개혁주의생명신학 포럼 개최

백석정신아카데미가 개혁주의생명신학의 정립과 확산에 기여한 것들 중 가장 두드러진 것이 바로 개혁주의생명신학 포럼이었다. 백석정신아카데미는 2008년 12월 1일 백석아트홀에서 제1회 개혁주의생명신학 포럼을 개최했다. 제1회 개혁주의생명신학 포럼은 백석대학교 총장 장종현 박사의 설교로 시작했다. 김진섭 교수(백석대학교)가 구약 성경이 말하는 개혁주의생명신학에 대해, 정흥호 교수(아세아연합신학대학교)가 개혁주의생명신학과 기독교의 중심 진리에 대해 주제발표를 했다.[631]

개혁주의생명신학 포럼 때마다 장종현 박사는 주제 설교나 주제 발표를 맡아 주제에 관한 논의의 기본 방향을 제시했다. 제2회 개혁주의생명신학 포럼은 2009년 11월 2일에 열려 한영태 교수(서

---

629) 장종현, 「생명을 살리는 교육」, 249; 「백석학원 40년사」, 246.
630) 장종현, 「생명을 살리는 교육」, 248; 「백석학원 40년사」, 246-247.
631) 「백석학원 40년사」, 290.

울신학대학교)는 존 웨슬리의 관점에서 본 개혁주의생명신학을, 이양호 교수(연세대학교)는 요한 칼빈의 관점에서 본 개혁주의생명신학을 주제로 발표했다.[632]

제3회 포럼은 2010년 10월 25일에 개최되었는데, 장종현 박사가 베드로후서 1장 20절과 21절을 본문으로 "성경이 답이다!"라는 말씀을 선포했다. 김명혁 목사(강변교회 원로목사)와 정성구 교수(칼빈대학교 석좌교수)가 발표했다.[633]

제4회 개혁주의생명신학 포럼은 2011년 9월 5일에 열렸다. "개혁주의생명신학과 생명을 살리는 기도"가 주제였는데, 장동민 교수(백석대학교), 장영일 총장(장신대학교), 민경배 교수(백석대학교 석좌교수), 그리고 박영환 교수(서울신학대학교)가 발제를 맡았다.[634]

2012년 10월 15일에 열린 제5회 개혁주의생명신학 포럼의 주제는 "개혁주의생명신학과 신학회복운동"이었다. 이영훈 목사(여의도순복음교회)와 김의원 교수(백석대학교)가 발제를 맡았다.[635]

2013년 11월 25일에 열린 제6회 개혁주의생명신학 포럼의 주제는 "개혁주의생명신학과 교회연합운동"이었다. 특별히 제6회 포럼은 제9회 개혁주의생명신학회 정기학술대회와 연합으로 개최되었다. 이날 말씀을 전한 장종현 박사는 교회연합운동은 오늘날 한국

632) 「백석학원 40년사」, 290.
633) 「백석학원 40년사」, 290.
634) 「백석학원 40년사」, 290-291.
635) 「백석학원 40년사」, 291.

교회가 풀어야할 숙제라고 한 후, 예장 백석과 예장 개혁의 교단 통합을 언급하면서 "예장 백석의 입장에서 교회연합은 실제상황"이며 "이제 4천 교회로 증대된 백석총회는 더욱 무거운 책임을 의식하며 다른 교단들과 더불어 한국교회가 나아가야 할 바람직한 방향을 모색하기 위해 힘쓰고 있다"고 밝혔다. 장종현 박사는 "참된 신학은 학문이 아니라 복음"이어야 하기에 자신이 배운 신학이 아니라 하나님 말씀인 성경을 붙들고 예수 그리스도만 바라볼 때 연합의 길이 열릴 것이라고 말했다. 김명혁 목사(한국복음주의협의회 회장)는 "개혁주의생명신학과 교회연합운동," 정성구 교수(한국칼빈주의연구원 원장)는 "개혁주의생명신학과 교회연합," 그리고 박종화 목사(경동교회)는 "에큐메니칼 운동의 신학: 생명, 정의, 평화"를 주제로 발표했다.[636]

제7회 개혁주의생명신학 포럼은 2014년 10월 13일에 개최되었는데, 주제는 "개혁주의생명신학 실천을 위한 신앙운동: 회개와 용서로 하나 되는 한국교회"였다. 이날 주제설교를 한 장종현 박사는 한국교회가 위기에 처해 있고, 한국사회에 분열과 불신이 퍼져가고 있는 오늘날 회개와 용서를 통한 화합이 일어나지 않는다면 한국교회와 한국사회의 상처는 치유되지 않을 것이라고 하며, 개혁주의생명신학을 실천하면 회개와 용서가 가능할 수 있다고 그 해법을 제시했다. 김명용 총장(장신대학교)은 "회개와 용서의 성경

---

636) 「백석학원 40년사」, 291.

적 조명," 소강석 목사(새에덴교회)는 "하나 됨을 위한 한국교회의
과제"를 주제로 발표했다.[637]

제8회 개혁주의생명신학 포럼은 2015년 10월 26일에 개최되었
는데, 주제는 "십자가 신앙으로 하나 되는 한국교회"였다. 김인환
총장(대신대학교)은 "한국교회가 하나 되는 길," 고명진 목사(수원중
앙침례교회)는 "십자가 신앙과 목회의 회복," 그리고 정성진 목사(거
룩한빛광성교회)는 "거룩한빛광성교회, 무엇을 하는가?"라는 주제로
발표했다.[638]

제9회 개혁주의생명신학 포럼은 2016년 10월 24일에 개최되었
는데, 주제는 "개혁주의생명신학과 한국교회의 개혁과제"였다. 줄
메이던블릭(Jul Medenblik) 총장(미국 칼빈신학대학원)은 "서구교회의
위기와 성경적 해결책," 민경배 교수(백석대학교 석좌교수)는 "개혁주
의생명신학과 한국교회 개혁의 과제," 그리고 임석순 목사(한국중
앙교회)는 "종교개혁 500주년과 개혁주의생명신학 실천"이라는 주
제로 발표했다.

제10회 개혁주의생명신학 포럼은 2017년 10월 31일에 개최되
었는데, 제17회 개혁주의생명신학회 정기학술대회와 연합하여 진
행되었다. 장종현 총장(백석대학교)은 "종교개혁 500주년과 개혁주
의생명신학"이라는 제목의 개회예배 설교를 통해 "종교개혁 500

---

637) 「백석학원 40년사」, 291-292.
638) 「백석학원 40년사」, 292.

주년을 맞이하여 우리는 제2의 종교개혁을 기대하는 마음으로" 이 자리에 모였지만 우리의 힘만으로 개혁할 수 없으며 "하나님의 말씀을 붙잡고 하나님 앞에 무릎 꿇고 기도"하여야 한다고 말했다. 존 윌리스(Jon Wallace) 총장(아주사퍼시픽 대학교)의 "종교개혁 500주년과 기독교대학의 정체성"이라는 제목의 주제강연 후에 개혁주의 5대 솔라에 대한 임원택 교수(백석대학교)와 최윤배 교수(장로회신학대학교), 그리고 이은선 교수(안양대학교)와 장동민 교수(백석대학교)의 발표가 이어졌다.

제11회 개혁주의생명신학 포럼은 2018년 10월 22일에 개최되었는데, 주제는 "개혁주의생명신학 7대 실천운동"이었다. 민경배 교수(백석대학교 석좌교수)는 "개혁주의생명신학과 기도성령운동," 권성수 목사(대구동신교회)는 "개혁주의생명신학과 생명사역," 그리고 김연희 목사(신생중앙교회)는 "개혁주의생명신학으로 바라본 생명공동체 교회의 성경적 고찰"이라는 주제로 발표했다.

제12회 개혁주의생명신학 포럼은 2019년 10월 21일에 개최되었는데, 주제는 "개혁주의생명신학과 다음 세대"였다. 민경배 교수(백석대학교 석좌교수)는 "개혁주의생명신학과 다음 세대," 임석순 목사(한국중앙교회)는 "성경을 통해 본 개혁주의생명신학과 다음 세대 목회," 그리고 김은호 목사(오륜교회)는 "인구절벽 시대의 새로운 목회 패러다임: 원 포인트 통합교육을 중심으로"라는 주제로 발표했다.

이후 2020년부터는 백석총회 목회자 영성 대회와 함께 개혁주의생명신학 포럼을 진행하기로 하였지만 코로나 팬데믹으로 제13회와 제14회 포럼은 진행하지 못하였다.

제15회 개혁주의생명신학포럼은 2023년 1월 2-4일까지 백석총회 목회자 영성대회와 함께 "신학은 학문이 아닙니다"라는 주제 아래 개최되었는데, 성종현 교수(백석대학교)는 "개혁주의생명신학 연혁과 과제," 곽인섭 목사(백석대학교회)는 "신학은 학문이 아닙니다와 생명을 살리는 기도," 그리고 김윤태 교수(백석대학교)는 "신학은 학문이 아닙니다와 생명을 살리는 교리"라는 주제로 발표했다.

2008년부터 매년 개최된 개혁주의생명신학 포럼은 한국교회와 한국사회 상황 가운데 제기된 문제를 개혁주의생명신학 관점에서 접근하고 해법을 제시하려는 노력을 기울여 왔다. 그 결과 개혁주의생명신학에 대한 이해를 좀 더 잘 할 수 있게 도움을 주었다. 특히 개혁주의생명신학 포럼의 기본 대상은 백석학원 교직원들로서, 교직원들이 개혁주의생명신학의 내용을 이해하는 데 상당한 공헌을 했다.[639] 현재 백석총회 목회자 영성대회와 함께 이루어지는 개혁주의생명신학 포럼은 신학이 학문으로 머물러있지 않고 예수 그리스도의 복음으로 생명을 살리기 위해서는 영적인 능력이 필요함을 깨닫는 도전의 시간이 되고 있다.

---

639)「백석학원 40년사」, 292.

기독신학대학원 신학대학원으로 명칭 변경

2009년 3월 1일 기독신학대학원이 신학대학원으로 명칭을 변경했다. 백석대학교 기독신학대학원에서 백석대학교 신학대학원으로 바뀐 것이다. 신학대학원 앞에 '기독'이란 이름이 있었던 것은 2001년 2월 천안대학교 신학대학원과 기독신학대학원대학교가 통합해 천안대학교 기독신학대학원이 되었기 때문이다. '기독신학대학원대학교'의 '기독'이 이제 신학대학원 이름에서 빠지게 된 것이다.[640]

신학대학원 교과과정 개정

2010년 5월 21일 수원월드컵 경기장에서 열린 백석전진대회에서 백석학원 설립자 장종현 박사가 「개혁주의생명신학 선언문」을 선포했다. 그 선언문 끝에는 개혁주의생명신학 7대 실천운동이 나온다. 그 둘째가 신학회복운동인데, 그 내용은 다음과 같다. "개혁주의생명신학은 지나치게 사변화된 신학을 반성하고 하나님과 그의 말씀으로 돌아가고자 '신학이 학문이 아님'을 강조하여 그 본래적인 의미를 회복코자 하는 신학회복운동이다."[641]

백석대학교 신학대학원은 「개혁주의생명신학 선언문」이 선포되기 한 해 전에 신학회복운동을 먼저 시작했다. 2009년 2학기 신학

---

640) 「백석학원 40년사」, 299.
641) 「백석학원 40년사」, 300.

대학원 교과과정 개정이 그 시작이었다.[642]

신학대학원에서 개설하는 과목들은 크게 다섯 분야로 나뉜다. 구약신학, 신약신학, 역사신학, 조직신학, 실천신학이 그것들이다. 구약신학은 히브리어를 기초로 모세오경, 역사서, 선지서, 성문서로 나누어 구약 39권을, 신약신학은 헬라어를 기초로 복음서/사도행전, 요한문헌/공동서신, 바울서신으로 나누어 신약 27권을 가르친다. 역사신학은 교회 역사를 초대, 중세, 종교개혁, 근대, 현대교회사, 그리고 한국교회사로 나누어 가르친다. 조직신학은 서론, 신론, 인간론, 기독론, 구원론, 교회론, 종말론, 그리고 기독교윤리를 가르친다. 실천신학은 예배학, 설교학, 목회상담학, 선교학, 기독교교육학과 교회헌법, 교회행정 등을 가르친다. 이 과목들의 종류는 교과과정 개정 전이나 후에 큰 변화가 없었다. 다만 각 분야에 배당된 시수를 대폭 줄여서 경건훈련 관련 교과목 배정 시수를 늘린 것이 주된 변화였다.[643]

신학대학원은 2009년 2학기 교과과정 개정 전에도 경건훈련을 강조해, 전체 경건회와 반별 경건회를 매주 드리도록 할 뿐 아니라, 매일 수업 전 기도회에 자발적으로 참석하도록 격려하고 있었다. 수업 전 기도회는 자진 출석을 기본으로 하되, 매 학기 실시하는 성경고사에 어느 정도 반영해 혜택을 주기도 했다. 매학기 실

---

642) 「백석학원 40년사」, 300.
643) 「백석학원 40년사」, 300-301.

시하는 성경고사는 여섯 학기로 나누어 3년 과정 동안 신구약 성경 66권을 최소한 한 번 이상 숙독하도록 했다. 성경고사를 통과하지 못할 경우 졸업을 할 수 없었다.[644]

하지만 2009학년도에 변화가 시작되었다. 2009학년도 이전에는 '경건실천'(1학점)에 전체 예배와 반별 소그룹 참여를 통합해 통과제(P/F, Pass/Fail)로 평가하고 있었다. 2009학년도 2학기에 '성경 읽기와 필사'(2학점)가 처음 개설되었다. '성경 읽기와 필사' 과목은 시작부터 등급제였다. 참고로, 신학대학원과 함께 백석신학원도 이때 '성경 읽기와 필사' 과목을 개설했다. '성경 읽기와 필사' 과목 개설로 매 학기 실시하던 성경고사는 폐지되었다.[645]

신학대학원은 2010년 1학기와 2012년 1학기, 두 번의 교과과정 개정을 통해 기존의 신학 과목들 시수를 대폭 줄이고 그 줄인 만큼을 경건훈련 과목에 배정했다. 2010학년도에 '개혁주의 영성' 과목이 신설되었다. 또한 '경건실천'(1학점)을 '예배'(1학점)와 '소그룹'(1학점)으로 분리하고 등급제(A/B/C/F)로 운영했다. 또한 '소그룹' 교과목은 '소그룹'(1~2학년)과 '목회실습'(3학년)으로 세분했다.[646]

2013학년도에는 '소그룹' 관련 교과목을 '소그룹'(1학년), '인턴십'(2학년), '목회실습'(3학년)으로 나누었다. 또한 '개혁주의 영성'을

---

644) 「백석학원 40년사」, 301.
645) 「백석학원 40년사」, 301.
646) 「백석학원 40년사」, 301.

'개혁주의생명신학'으로 변경했다. 교과과정 개편과 함께 실시했던 신입생영성수련회 기간을 한 주간에서 두 주간으로 확대한 것이 이 때였다. 2013년 2월에 실시하는 신입생영성수련회 때 '개혁주의생명신학' 과목을 가르치도록 했다.[647]

2014학년도부터는 '소그룹' 관련 교과목을 '경건훈련'(1~3학차)과 '목회진로'(4~6학차)로 분리했다.[648]

2016학년도부터는 '개혁주의생명신학'을 일반 학기에 개설하고, 신입생영성수련회 기간에는 '기도의 신학과 실제' 과목을 가르치도록 했고, 2016년 2월 수련회 때 시행했다. 2016학년도부터는 '소그룹' 관련 교과목 중 '목회진로' 교과목을 상세하게 표기하도록 했다. '목회진로 I(복음전도와 방법),' '목회진로 II(목회방향 모색),' '목회진로 III(교회개척과 진로)'으로 구분했다.[649]

2008년과 2010년을 비교하면, '경건실천' 부분을 경건훈련으로 변경해 이를 대폭 강화한 것이 그 특징이다. 2008년에 6학점이던 '경건실천'을 26학점의 경건훈련으로 대폭 강화한 것이다. 대신에, 전공필수 일반 교과목은 56학점에서 54학점으로, 선택과목은 30학점에서 18학점으로 각각 축소시켰다. 2010학년도 졸업이수 요구학점은 2008년 총 100학점에서 4학점이 늘어난 104학점이었다. 필수과목은 86학점으로, 전공필수 54학점, 성경원어 6학점, 경건

---

647) 「백석학원 40년사」, 302.
648) 「백석학원 40년사」, 302.
649) 「백석학원 40년사」, 302.

훈련 26학점으로 이루어져 있었다. 2008학년도 필수학점이 70학점인 점을 고려하면 필수학점이 많이 늘어난 것이다.[650]

교과과정 개정의 핵심은 '성경 읽기와 필사' 6시수였다. 이는 2010년 10월 25일 제3회 개혁주의생명신학 포럼에서 베드로후서 1장 20절과 21절을 본문으로 "성경이 답이다!"라는 말씀을 선포한 백석학원 설립자 장종현 박사의 신학이 반영된 결과였다.[651]

2009년 8월에 대학원에 교목본부가 설치되고, 신학대학원 학생들을 위해 교목들을 대거 선발한 것은 '성경 읽기와 필사'를 비롯한 경건훈련 과목들의 운용과 수련회 등을 통한 기도운동을 이끌어가게 하기 위함이었다.[652]

2018년 1학기부터는 '성경강해와 설교'로 구약 4과목과 신약 4과목이 편성되어 졸업을 위해 최소 8학점을 필수적으로 이수토록 하였으며, 2021년 1학기부터는 구약 2과목(사무엘서와 시편)과 신약 2과목(사도행전과 고린도서)이 온라인 강의로도 제작되어 제공되고 있다.

2023년 현재 신학대학원 경건훈련 과목은 예배 6학점, 경건/목회 6학점, 성경 읽기와 필사 12학점, 총 24학점이다.

---

650) 「백석학원 40년사」, 302.
651) 「백석학원 40년사」, 302.
652) 「백석학원 40년사」, 302-303.

개혁주의생명신학 정립과 신학교육 개혁

2010년 5월 21일 백석총회 4만 명 성도들이 함께한 백석전진대회에서 선포된 「개혁주의생명신학 선언문」은 백석총회 신학인 개혁주의생명신학의 기틀이다. 2014년 11월 1일 개혁주의생명신학 7대 실천운동을 개정할 때 그 틀은 크게 바꾸지 않으면서 기도성령운동을 강조했다.[653)

백석학원과 백석총회 설립자 장종현 박사가 개혁주의생명신학 정립을 위해 가장 많은 힘을 쏟은 것은 신학교 교과과정 개정이었다. 백석대학교 신학대학원은 2009학년도 2학기부터 교과과정 개정을 통해 기존의 신학 과목들 시수를 대폭 줄이고 그 줄인 만큼을 경건훈련 과목에 배정했다. 교과과정 개정을 통해 '성경 읽기와 필사' 6시수를 확보했다. 신학보다 성경을 가르치고 배우기에 힘써야 한다는 장종현 박사의 믿음이 반영된 결과였다. 이것은 개혁주의신학의 5대 표어 중 하나인 '오직 성경'의 정신을 제대로 계승하는 것이기도 하다.[654)

한때 장종현 박사는 학생들에게 복음을 전하는 일은 교목과 교수들에게 맡기고 자신은 교직원들이 예수 그리스도를 온전히 알고 섬기도록 이끄는 일에 전념해야 하겠다고 생각했다. 하지만 시간이 지나며 그는 깨닫게 되었다. 복음사역을 함께 하고 성령 충

---

653) 「백석학원 40년사」, 337.
654) 「백석학원 40년사」, 337.

만한 목회자후보생을 길러내자고 선발한 신학교수들이 말씀과 기도보다는 신학 연구와 전수에 몰두한다는 사실을 깨닫게 된 것이다. 기회가 주어지는 대로 설교를 통해서나 대화의 자리에서나 말씀 읽기와 기도에 힘쓰며 신학생들을 가르쳐주길 당부했지만 교수들은 쉬이 바뀌지 않았다.[655]

신학대학원 신입생영성수련회 기간을 두 주간으로 확대한 것은 기도하는 신학생들을 만들기 위함이다. 하지만 이 수련회에는 신학대학원 강의를 하는 교수들도 반드시 참석해야 한다. 교수들이 먼저 본을 보여야 학생들이 그 본을 따를 것이기에 당연한 요구라 할 것이다. 설립자 장종현 박사는 이 시간을 통해 학생들과 함께 교수들이 변하기를 기대하고 있음이 분명하다. 2008년 9월 9일 신학대학원 채플 때 장종현 박사는 요한복음 17장 3절을 본문으로 "신학은 학문이 아니다"라는 제목으로 말씀을 선포하며, "신학교에서도 마찬가지입니다. 교수님들도 기도와 믿음을 통해서 성령의 역사를 경험하고 있어야만 강의실에서 이런 영적인 것을 전달할 수 있습니다"[656]라고 기도성령운동의 필요를 이미 강조했다. "옛날에는 방배동에 훌륭한 신학자가 없었어도 산에 가서 기도하고 말씀을 열심히 보는 분들이 있었습니다. 지금은 환경도 향상되고, 세계가 부러워할 정도로 방배동에 신학자들이 모여 있지만, 예전

---

655) 「백석학원 40년사」, 373.
656) 장종현, 「생명을 살리는 교육」, 244.

과 같은 기도와 말씀이 있는지 우리가 잘 살펴보아야 합니다."[657]
기도와 말씀, 이 둘은 신학생들에 앞서 신학을 가르치는 교수들이
먼저 힘 쏟아야 할 과제인 것이다.[658]

---

657) 장종현, 「생명을 살리는 교육」, 241.
658) 「백석학원 40년사」, 337-338.

제10장
여성목사 안수 시행

여성목사 안수 요청과 반대

2천 년대 들어서며 대한예수교장로회 합동정통총회 안에 여성
목사 안수를 요청하는 소리가 점점 커져갔다. 하지만 여전히 반대
입장이 훨씬 많아 2001년 9월 17-20일 수원명성교회당에서 개최
된 제86회(제24회) 총회(총회장 장효희 목사)는 "여자목사 안수의 건은
본 교단에서 시기상조이므로 연구과제로 남기기로" 했다.[659] 2002
년 9월 23-26일 천안외국어대학 백석홀에서 개최된 제87회(제25
회) 총회(총회장 서상기 목사)에서는 여목사 안수 청원 건이 86회기

---

659) 대한예수교장로회 합동정통총회, 〈제86회 총회 촬요〉 (2001. 9. 17-20).

상정안이기에 연구사항으로 허락하지 않는다고 했다.[660]

하지만 여자목사 안수 청원은 계속되었다. 2003년 9월 22-25일 천안외국어대학교 백석홀에서 개최된 제88회(제26회) 총회(총회장 조광동 목사)는 21세기 교단발전위원회에서 헌의한 여자목사 안수 건은 재석 376명 중 찬성 101, 반대 226으로 부결되었다.[661] 2004년 9월 13-16일 천안 백석대학교회당에서 개최된 제89회(제27회) 총회(총회장 안용원 목사)에서도 여성목사 안수 건이 본회의에 상정되었으나 부결되었다.[662]

2005년 9월 12-15일 천안 백석대학교회당에서 개최된 제90회(제28회) 총회(총회장 홍태희 목사)에서 21세기 발전위원회 제안자로서 증경총회장 최낙중 목사가 여성목사 안수가 시대적 요구라고 설명하였지만 반대 의견이 있었다. 이때는 여성목사와 함께 여성장로 안수 건이 함께 헌의안으로 올라왔는데, 무기명 투표 결과 총 투표 345명 중 찬성 104, 반대 236, 무효 5로 여성 목사안수 및 장로임직 건이 부결되었다. 이때 이 안건은 3년 동안 계속 헌의안으로 올라와 부결되었으므로 앞으로 3년 동안 헌의안으로 받지 말자는 동의가 있었고 그대로 받아들였다.[663] 〈제90회 총회 촬요〉에는 기타 자료 보고로 여목사 제도에 대해 반대하는 입장과 찬성하

---

660) 대한예수교장로회 합동정통총회, 〈제87회 총회 촬요〉(2002. 9. 23-26).
661) 대한예수교장로회 합동정통총회, 〈제88회 총회 촬요〉(2003. 9. 22-25).
662) 대한예수교장로회 합동정통총회, 〈제89회 총회 촬요〉(2004. 9. 13-16).
663) 대한예수교장로회 합동정통총회, 〈제90회 총회 촬요〉(2005. 9. 12-15).

는 입장에서 쓴 총대들의 주장을 담고 있다.[664] 3년 후인 2008년 9월 22-25일 양산 온누리선교교회에서 개최된 제93회(제31회) 총회(총회장 장원기 목사, 1953-2020)에서 여성장로 안수 건이 절대다수의 의견에 의해 기각되었다.[665] 여성목사 안수에 대한 요청이 이제 끝인가 싶었다.

여성목사 안수 결의

그런데 2009년 9월 21-24일 수원명성교회에서 개최된 제94회(제32회) 총회(총회장 유만석 목사)에서 여성목사 안수가 급물살을 탔다. 앞서 기술한 대로, 바로 이 총회 때 총회 명칭이 백석총회로 변경되었고 총회 회기도 대한예수교장로회 복음총회가 설립된 1978년을 기점으로 삼아 변경되었다. 이때 '백석총회'를 추진한 이들은 총회 명칭 변경과 회기 변경, 여성안수와 경안노회 목사 안수권 부여 건을 하나로 묶어 주장했다. 매우 중대한 사안들이 함께 묶여 있는 주장이라 자칫하면 총회가 위기를 맞을 수도 있는 상황이었다. 다행히 대한예수교장로회 합동정통총회에서 대한예수교장로회 백석총회로 총회 명칭을 변경하고 회기를 변경하는 건 모두 받아들여졌다. 경안노회에 목사 안수권을 허락해 달라는 헌의안도 허락되었다. 다만 여성안수 건은 노회에 수의하여 시행하

---

664) 대한예수교장로회 합동정통총회, 〈제90회 총회 촬요〉(2005. 9. 12-15), 별지 115-118.
665) 대한예수교장로회 합동정통총회, 〈제93회 총회 촬요〉(2008. 9. 22-25).

자고 하여 받아들여졌다.[666)]

문제는 '노회 수의'에 대한 유권해석이었다. 제94회(제32회) 총회에 제출된 헌의안 중에 경안노회가 여성안수 연구와 관련해 제출한 의견이 있었다. 신학교수 중 여성안수의 성경적 타당성에 대한 연구 위원을 선정해 1년간 연구한 후 그 결과를 차기 총회에 제출하도록 허락해 달라는 헌의였다. 헌의안 처리 결과, "여성목사를 허락하되 1년간 법적, 제도적 장치를 마련하기 위해 학교측 인사 4인과 총회측 인사 4인을 두어 연구한 후 차기 총회에 보고하여 노회 수의를 거쳐 시행하자"는 재개의안이 절대다수의 찬성으로 가결되었다.[667)]

여성안수연구위원회 보고

이 결정에 따라 제32회 총회 임원회에서 학교측 인사 4인(고영민, 김진섭, 장동민, 최갑종)과 총회측 인사 4인(총회부서기 김동기, 김봉태, 이창신, 장원기)을 선정했다. 이 8인이 여성안수연구위원회를 구성했는데, 직전 총회장인 장원기 목사가 위원장을, 총회 부서기 김동기 목사가 위원회 서기를 맡았다.[668)] 여성안수연구위원회는 여성안수에 관해 제33회 총회에 다음과 같이 보고했다.

---

666) 대한예수교장로회 합동정통총회, 〈제94회 총회 촬요〉(2009. 9. 21-24).
667) 대한예수교장로회 합동정통총회, 〈제94회 총회 촬요〉(2009. 9. 21-24).
668) 대한예수교장로회 백석총회, 〈제95회(백석 33차) 총회 촬요〉(2010. 9. 13-16). 8인 위원 중 이창신 위원은 위원회를 구성하고 임무를 확인하는 제1차 모임 후 개인사정으로 사임했다.

(전문 생략)

2. 여성안수에 관한 제94회 총회 결의사항 재확인

위원회가 총회회의록을 통해 확인한 제95회 총회결의사항은 다음과 같다.

"(정치국) 헌의안 10번(여성목사 안수 건)은 허락하는 것이 가하다 하니, 안양노회 목사 서태원 씨가 1년간 연구하자는 경안노회 안을 개의안으로 하고, 직전총회장 목사 장원기 씨가 여성목사를 허락하되, 1년간 법적, 제도적 장치를 마련하기 위해 학교측 인사 4인과 총회측 인사 4인을 두어 연구한 후 차기 총회에 보고하여, 노회 수의를 거쳐 시행하는 재개의안을 제의하니, 의장 목사 유만석 씨가 가부를 표결에 붙이니 재개의안이 절대다수이므로 가결하다."

위원회는 총회결의사항의 검토를 통해 다음의 사항을 재확인하였다.

(1) 제94회 총회는 여성목사 안수를 원칙적으로 허락하는 결의를 하였으며, 이것은 교단의 발전은 물론 시대적 요구(한국사회와 교회에서 여성의 역할 증대, 신학대학원여학생 비율 약 30% 증가, 정부의 여성군목과 여성 ROTC 설치 검토)에 부응하는 진일보

한 선택이었다. 따라서 연구위원회가 여성안수 자체의 가부를 연구하거나 재논의하여 총회의 결의를 원인무효화하는 것은 옳지 않다.

(2) 여성안수를 시행함에 있어서 부작용을 최소화하기 위하여 필요한 법적, 제도적 장치를 마련해야 한다.

3. 노회 수의와 관련한 검토

(1) 여성안수와 관련하여 필요한 법적, 제도적 장치를 마련하기 위해 위원회는 먼저 여성안수 허락과 관련하여 헌법 자체에 대한 변경이나 수정이 필요한가를 검토하였다. 본 교단 헌법 제28조는 목사의 자격에 관하여 다음과 같이 서술하고 있다.

"목사 될 자는 신학대학원을 졸업하고, 학식이 풍부하며 행실이 선량하고 신앙이 진실하며 교수에 능한 자가 할지니, 모든 행위가 복음에 적합하여 범사에 존절(尊節)함과 성결함을 나타낼 것이요, 자기 가정을 잘 다스리며 외인에게서도 칭찬을 받는 자이어야 하며 연령은 27세부터다(딤전 3:1-7). 총회에서 시행하는 강도사 고시에 합격되어 노회의 강도사 인허 후 1년 이상 교역에 종사하고 노회 목사고시에 합격되고 청빙을 받은 자라야 한다."

위원회가 헌법이 규정하고 있는 목사의 자격을 검토한 결과 목사의 자격에 성차별에 관한 내용이 없다는 사실과, 참조 성경구절인 디모데전서 3:1-7을 헌법에 그대로 두어도 여성안수에 문제가 되지 않는다는 것을 확인하였다.

① 디모데전서 3:2에 감독의 자격으로 "한 아내의 남편이 되며"를 항존직에 대한 성차별의 구절로 이해하기보다도 건전한 가정생활을 유지하는 자로 이해해야 하기 때문이다. 같은 성경 디모데전서 3:8-13의 집사의 자격을 논하는 구절에서도, 8-10절에서 남집사, 11절에 여집사의 자격을 논하면서도, 12절에서 남집사의 자격을 "한 아내의 남편이 되며"라고 말씀한다. 여집사도 건전한 가정생활을 해야 하지만, 남집사의 가정생활만 대표적으로 서술한 것이다.

② 여성안수를 이미 시행하고 있는 예장 통합측 헌법 제5장 제26조 목사의 자격에 "목사는 신앙이 진실하고 행위가 복음에 적합하며, 가정을 잘 다스리고 타인의 존경을 받는 자(딤전 3:1-7)"로, 그리고 기장측 헌법 제3장 제20조 목사의 자격에 "목사는 신앙이 진실하고 교수능력이 있는 사람으로서 신체가 건강하고 행위가 복음선교에 적합하며 가정을 잘 다스리고 타인의 존경을 받으며(딤전 3:1-7)"라고 하면서 목사의 자격에 동일한 성경구절을 인용하고 있다.

(2) 참고로 예장 통합교단은 제79차 총회(1994년)에서 여성안수를 허락하는 기본법을 통과한 다음, 헌법 개정위원회가 발의한 당시 헌법 제5장 제25조 목사의 자격 제2항에 있는 "30세 이상 된 남자"를 "30세 이상 된 자"로 변경하는 안을 노회 수의를 거치도록 하였다. 노회 수의가 통과된 다음 제80차 총회(1995년)에서 여성안수를 최종적으로 확정하여 지금까지 시행하고 있다. 예장통합총회는 헌법 자체에 목사의 자격에 "30세 이상 된 남자"라는 성차별에 대한 문구가 있었고, 이를 "30세 이상 된 자"로 변경하여야 하는 헌법수의사항이 발생하였기 때문에 노회 수의를 거쳤다. 하지만 본 교단 헌법의 경우 목사의 자격에 이미 성차별에 관한 언급이 삭제되어 있기 때문에 구태여 헌법을 고칠 필요가 없다.

(3) 위원회는 여성안수문제와 관련하여 헌법에 명시하고 있는 목사 자격의 변경여부에 대한 최종적 결정은 헌법위원회의 유권해석에 따라야 한다는 점을 확인하였다.

4. 법적 제도적 장치 마련

(1) 위원들은 본 교단의 여성안수 건이 교단의 발전은 물론 교단의 안정과 화합에 장애가 되지 않아야 한다는 데 다시 한 번 공감하고, 무분별한 여성목사 안수를 제한하는 법적 제도적 장치

를 다음과 같이 마련하기로 하였다.

본 교단 여성안수 대상자는 다음에 준하기로 하다.
① 2010년 9월 13일 현재 대한예수교장로회(백석)에 소속된 여
강도사
② 2010년 9월 13일 이후 헌법에 따라 목사임직 자격을 갖춘 자
③ 본 교단 출신이었지만 이미 교단을 탈퇴하여 타 교단에서 목
사안수를 받은 여목사의 경우 본 교단 가입을 불허한다.

(2) 위원회는 위와 같은 제한을 ① 헌법에 두는 안, ② 헌법세칙
에 두는 안, ③ 총회규칙에 두는 안, ④ 노회법에 두는 안 등 가
능한 한 여러 안을 검토하였다.
위원회는 이미 헌법에 여성차별에 대한 언급이 없는데 여성안
수에 관한 별도의 안을 추가하는 것은 헌법 취지에도 맞지 않고,
이미 여성안수를 시행하고 있는 다른 장로교단(예를 들면 예장 통
합, 기장) 헌법에도 그와 같은 별도의 추가 내용이 없기 때문에
헌법에 명시하는 것은 바람직하지 않다고 의견을 모았다. 헌법
세칙이나 총회규칙에 두는 안이 타당하다.

2010년 7월 22일

연구위원장 장원기 목사

서기 김동기 목사

위원: 김봉태, 고영민, 김진섭, 장동민, 최갑종 목사.[669]

여성안수연구위원회는 백석총회 헌법에 여성안수 시행과 관련하여 수정해야 할 내용이 없고, 무분별한 여성목사 안수를 제한하는 조항은 헌법세칙이나 총회규칙에 두면 된다고 보고한 것이다. 그렇다면 헌법 자체에 대한 변경이나 수정에 대해 의견을 묻는 노회 수의는 불필요한 것이다.

여성목사 안수 관련 갈등 해소

그럼에도 백석총회는 여성안수를 바로 시행할 수 없었다. 여성안수를 반대하는 이들이 총회 제33회기에 행해진 노회 수의가 '헌법에 어긋난 행위'라고 비판하며 노회 수의를 통해 여성안수에 대한 찬반을 물었어야 한다고 주장했기 때문이다.[670] 마냥 길어질 수도 있는 상황이었다. 이때 물꼬를 튼 것은 노회 수의 결과였다. 제33회 총회에 헌법위원회가 보고한 내용에 따르면, 여성목사 안수건에 대한 법적·제도적 장치마련을 위해 전국 노회에 요청한 수의는 다음과 같았다.

---

669) 대한예수교장로회 백석총회, 〈제95회(백석 33차) 총회 촬요〉(2010. 9. 13-16). 이 인용에서 원문 중 번호 표기는 그대로 따랐지만 밑줄이나 굵은 글씨는 무시했음.
670) 이현주, "헌법 강조하는 '반대 여론' 법의 덫에 빠져," 「기독교연합신문」, 2011. 8. 14.

전국노회는 아래 6개 조항에 대한 찬반을 결정해 주기 바랍니다.

— 아래 —

① 2010년 9월 13일 현재 본 총회에 소속된 여성강도사에 한한다.

② 2010년 9월 13일 이후 목사의 자격을 갖춘 여성강도사에 한한다.

③ 타교단에서 목사안수를 받은 자는 본 교단의 여성목사가 될 수 없다.

④ 타교단 신학교 출신은 본 교단의 여성강도사가 될 수 없다.

⑤ 여성목사는 총회 총대가 될 수 없다.

⑥ 여성목사는 목사 안수위원이 될 수 없다.[671]

2011년 8월 17일 총회 신구임원들이 만나 여성안수 수의 내용 중 ①-③ 항에 대해서만 인정하기로 하고, 인권 침해 논란 소지가 있는 ④-⑥ 항에 대해서는 수의 결과를 폐기처리 했다. 그리고 백석총회는 8월 30일 실행위원회를 열고 전국 노회가 개최한 임시노회 수의 결과를 공개했다. 60여 노회에서 진행된 여성목사 안수 관련 수의는 총투표수 6,036표에 유효 투표수 5,280표, 찬성 3,031표, 반대 2,349표, 무효 756표로 과반수 이상의 찬성을 얻어 시행방법을 확정했다. 노회 수의는 헌법위원회 보고 후 총회장 서명과 공포로 효력이 발생한다. 노문길 총회장은 헌법위원장 보고

---

671) 대한예수교장로회 백석총회, 〈제34회 총회 촬요〉 (2011. 9. 19-22).

를 받은 후 여성목사 안수 시행방법에 관한 노회 수의 안건이 통과되었다고 공포했다. 이에 따라 백석총회는 여성목사 안수를 시행하게 되었다.[672]

이렇게 법적·제도적 장치를 마련했지만 여성목사 안수를 둘러싼 갈등이 해소된 것은 아니었다. 2011년 9월 19-22일 천안 백석대학교회당에서 개최된 제34회 총회(총회장 유중현 목사)에서는 여성목사 안수 건으로 인한 갈등이 점점 깊어지고 있었다. 절차에 문제가 있다고 지적하는 측과 여성안수는 노회 수의와 공포로 이미 시행이 확정되었기에 화합을 위해 정쟁을 중단하자는 의견이 대립했다. 끝이 보이지 않는 대립이 풀리기 시작한 것은 증경총회장들의 기도부터였다. 20일 오전 정회 후 잠시 모임을 가진 증경총회장들은 "갈등을 계속하면 하나님의 영광을 가릴 수 있다"고 하며 회개 기도를 드리기로 했다. 오후 회무가 재개되었을 때 증경총회장 양병희 목사가 총대들에게 총회를 위해 함께 기도하자고 통성기도를 제안했다. 모든 증경총회장들이 단상에 올라 두 손을 들고 기도하며 총회의 혼란에 대해 하나님께 눈물로 회개했다.[673]

통성기도 후 32회기 총회장 유만석 목사가 갈등을 풀 해법을 제시했다. 이번 총회 때 헌법 '목사의 자격' 조항에 "여성목사도 남성

---

672) 이현주, "예장 백석 '여성목사 안수' 전격 시행," 「기독교연합신문」, 2011. 9. 4.

673) 이현주, "여성목사 안수 논란 '극적 대화합,'" 「기독교연합신문」, 2011. 9. 25.

목사에 준한다"라는 문장을 삽입해 과반수로 통과하되 가급적 만장일치로 이에 협조해 주기를 요청했다.[674] 이것은 여성안수에 대해 임시 노회를 열어 수의를 거쳤다는 점을 인정하며, 단 모법인 헌법에 "여성목사도 남성목사에 준한다"라는 내용을 삽입해 과반수의 동의를 얻어 갈등을 풀자는 동의안이었다. 이 동의안을 받아들인 후 노문길 총회장이 유만석 목사와 함께 총대들에게 인사하고 포옹하며 총회의 화합을 위해 갈등을 봉합했다. 정회 후 유중현 부총회장이 의장을 맡아 진행된 회의에서 여성안수과 관련한 문구 삽입을 위해 무기명 비밀투표와 거수, 기립박수 중 어떤 방식으로 중재동의안을 통과시킬 것인가를 묻자 총대들은 기립박수로 화답했다. 2/3가 훨씬 넘는 총대들이 헌법에 "여성목사도 남성에 준한다"는 조항을 삽입하는 데 찬성하며 총회의 화합에 박수를 보냈다. 이로써 지난 2009년 제32회 총회에서 여성목사 안수 건이 통과한 후 두 해 동안 끌어온 법적·제도적 장치 마련을 위한 갈등이 끝났다. 백석총회는 「헌법」 정치 제5장 제28조 목사의 자격에 "여성목사는 남성에 준한다"라는 문구를 삽입해 여성목사 안수를 위한 모든 법적 제도를 마무리했다.[675]

현재 백석총회 「헌법」에 있는 '목사의 자격'은 다음과 같다.

---

674) 대한예수교장로회 백석총회, 〈제34회 총회 촬요〉(2011. 9. 19-22).
675) 이현주, "여성목사 안수 논란 '극적 대화합.'"

목사 될 자는 신학대학원(M.Div.) 3년 과정을 졸업하고 학식이 풍부하며 행실이 선량하고 신앙이 진실하며 교수에 능한 자가 할지니 모든 행위가 복음에 적합하여 범사에 절제와 겸손함과 성결함을 나타낼 것이요, 자기 가정을 잘 다스리며 외인에게서도 칭찬을 받는 자이어야 하며 연령은 27세부터다(딤전 3:1-7). 총회에서 시행하는 강도사 고시에 합격되어 노회의 강도사 인허후 1년 이상 교역에 종사하고 노회목사 고시에 합격되고 청빙을 받은 자라야 한다. 여성목사는 남성에 준한다.[676)]

더 이상 들리지 않는 우려의 소리

여성목사 안수는 찬성하는 이들이나 반대하는 이들 모두 성경의 가르침이 무엇인가 물으며 성경의 가르침을 따르기를 바란다. 헌법에 목사의 자격과 관련한 인용구절인 디모데전서 3장 1-7절 중에서도 2절 "한 아내의 남편이 되며"를, 문자 그대로 보아 여성목사 안수를 반대하든지, 항존직에 대한 성차별 구절로 이해하기보다 건전한 가정생활을 유지하는 자로 이해해야 한다고 보아 여성목사 안수를 찬성하든지, 성경해석에서 입장 차이를 좁히기는 불가능해 보인다.

결국 여성목사 안수에 대한 찬반의 차이는 '전통적 입장을 따르

---

676) 대한예수교장로회총회(백석), 「헌법」 (서울: 대한예수교장로회 총회(백석) 예장백석출판사, 2023), 제2편 정치, 제5장 목사, 제28조 목사의 자격(세칙 제2장 제25조) [147면].

느냐? 시대의 요청에 부응하느냐?'인 듯하다. 여성목사 안수를 반대하는 이들은 여성신학과 해방신학 같은 사조가 우리 총회에 발붙일 수 없도록 해야 한다고 주장하며, 여성목사 안수를 찬성하는 이들은 우리 총회내 여성 사역자들의 현실과 총회의 미래를 위해 여성안수를 시행해야 한다고 주장한다.[677] 양측 모두 일리 있는 주장이다. 그래서 여성목사 안수 건을 두고 찬반 토론을 하며 오래 고민했다.

마침내 총회는 여성목사 안수 시행을 결의했다. 여성목사 안수를 반대하는 이들의 우려를 무시해서가 아니라, 우리 총회 여성 사역자들이 복음전파 사역에 더 힘을 낼 수 있도록 그리 결정한 것이다.

백석총회가 여성목사 안수를 결의했을 때 개혁신학을 공유하는 형제 교단들이 우려의 소리를 내기도 했다. 하지만 그들과 논쟁하기보다는 그들이 우려하는 것들이 기우가 되도록 스스로 더 삼갔다. 그와 동시에 형제 교단들과 함께 하기 위해 더 노력했다.

백석총회가 여성목사 안수를 결의한지 14년이 지났다. 여성안수 때문에 우려했던 안팎의 소리가 더 이상 들리지 않는 듯하다. 신학 면에서 백석총회의 개혁주의생명신학보다 더 성경적인 신학이 없기 때문일 것이다. 앞으로도 백석총회는 개혁주의생명신학을

---

677) 대한예수교장로회 합동정통총회, 〈제90회 총회 촬요〉 (2005. 9. 12-15), 별지 115-118.

바탕으로 성경적이면서 오늘날 한국교회에 적절한 결정을 해나갈 것이다. 그리고 이제 조심스럽게 말할 수 있을 것이다. 백석총회는 여성목사 안수 또한 '우리 것'으로 만들었다고.

제11장

백석총회와 대신총회 통합

대신총회

대한예수교장로회 대신총회는 1961년 6월 김치선 박사가 설립했다. 김치선(1899-1968)은 일제강점기에 일생의 절반을 살았기에 많은 고초를 겪었다. 3·1 만세운동 때 함흥의 영생학교를 중심으로 하는 만세운동을 준비하는 학생 대표로 활동하다가 일본 경찰에 구속되어 서대문형무소에서 1년간 복역했고, 미국 유학을 마치고 일본에서 사역할 때 조선말로 설교했다고 끌려가 수개월 수감생활을 하기도 했다. 그런 중에도 김치선은 연희전문학교와 평양신학교에서 공부했고 1930년 고베중앙신학교를 졸업했다. 이듬해인 1931년 웨스트민스터신학교 한국인 최초 유학생이 되었고, 1935년 구약 전공자로서는 한국인 최초로 달라스신학교에서 신학 박사학위를 받았다. 미국 유학 후 영재형(榮在馨, Luther L. Young, 1875-1950) 선교사와 일본에 있는 동포들을 위한 목회를 했다. 1944년 한국에 돌아와서도 목회자로 섬겼다.[678]

목회에 전념하던 김치선 박사는 1948년 8월 남대문교회 내에 장로회야간신학교를 설립했다. 장로회야간신학교는 2년 뒤 대한신학교로 명칭을 변경했다. 김치선 박사가 대한신학교를 설립한 것은 월남한 신학생들의 간곡한 요청과 그들의 앞날을 열어주어야 한다는 그의 사명감 때문이었다. 대한신학교 학생들은 대부분 월남한 사람들이어서 생활이 어려웠다. 그래서 낮에는 일하고 밤에 공부하는 주경야독의 제도를 도입했다. 대한신학교는 야간학교로 시작했고 이 전통은 32년간 지켜졌다. 대한신학교가 주간 신학생을 받기 시작한 것은 1980년부터였다.[679]

김치선 박사는 6·25 전쟁 중이었던 1951년 대구에서 총회신학교가 개교했을 때 교수진에 합류했다. 1953년 9월 2일 총회신학교 박형룡 교장 취임식 때 김치선과 계일승 두 교수의 취임식도 거행된 사실은 한국장로교회사에서 김치선 박사의 위치를 분명히 보여준다. 한국장로교회 특히 정통보수측의 기대를 받는 신학자였지만 김치선 박사의 마음은 대한신학교에 있었다. 장로교 총회는 강도사 고시나 노회에서 실시하는 목사 고시 때 대한신학교를 졸업한

---

678) 총회 50년사 편찬위원회 편, 「총회 50년사」(안양: 대한예수교장로회 총회 출판국, 2012), 94, 187, 359, 365-368.
679) 총회 50년사 편찬위원회 편, 「총회 50년사」, 142.

후보생들을 일부러 떨어뜨리며 김치선 박사를 압박했다. 대한신학교를 총회에 넘기라는 의미였다. 시험에 떨어진 후보생들은 그를 찾아와 교단을 만들어 나가자고 요청했다. 그럴 때마다 김치선 박사는 그들을 다독거리며 내년에 다시 강도사 시험을 보라고 했다. 그렇게 근 10년 이상이 지났다. 1959년에 장로교 총회가 합동측과 통합측으로 분열하자 김치선 박사는 교단을 세워야겠다는 마음을 갖게 되었다. 총회는 대한신학교를 총회 야간신학교로 헌납하라는 요구를 해왔다. 더 이상 머뭇거릴 수 없었다. 1960년 9월 6일 3개 교회로 구성된 경기노회가 조직되었다. 이듬해인 1961년 6월 21일 대한신학교 강당에서 대한예수교장로회 대신총회 제1회 총회가 개최되었다.[680]

백석학원과 백석총회 설립자 장종현 박사가 야간에 대한신학교에서 신학을 공부하고 1977년 2월 대한신학교를 졸업했다는 사실은 백석총회가 다른 어떤 교단보다 대신총회를 가깝게 느끼는 이유 중 하나일 것이다. 또한 장종현 박사가 대한신학교 시절 스승인 최순직 목사와 김준삼 목사를 매우 이른 시기에 신학교 교수로 초빙해서 개혁주의신학을 전수하며 아울러 총회를 이끌어가도록 한 것은 오늘날 백석학원과 백석총회가 개혁주의신학에 뿌리를 둔 건강한 신학교와 총회로 성장하는데 큰 보탬이 되었다. 최순직 목사는 1968년부터 1975년까지 대한신학교에서 가르치면서 대신

---

680) 총회 50년사 편찬위원회 편, 「총회 50년사」, 184-187, 369-371.

총회가 개혁주의신학 정체성을 갖도록 하는 데 결정적 공헌을 했다.[681] 이처럼 학맥으로만 본다면, 백석과 대신은 거의 형제와 같은 관계라 할 것이다.

초기 통합 시도

대한예수교장로회 백석측과 대신측이 연합하려는 시도는 매우 여러 차례 있었다. 가장 이른 시도는 1981년에 있었다. 1981년 9월 대한예수교장로회 합동진리 총회에서 당시 총회신학교 연구원장 최순직 목사가 총회장으로 선출되었다. 그 후 대한예수교장로회 대신측과 연합하려는 시도가 있었다. 최순직 목사가 대신측 증경총회장이었고 최순직 목사의 처남인 김세창 목사가 대한신학교 학장으로 있었기에 그런 시도가 있었던 것 같다. 당시 총회 총무를 맡고 있던 서상기 목사가 시무하던 교회에서 총회가 열려 교단 연합의 분위기가 조성되었는데, 최순직 목사의 반대로 연합이 무산되었다.[682]

1991년 9월 9-12일 총회신학교 대강당에서 개최된 제76회(제14회) 총회(총회장 이종정 목사)에서 총무 서상기 목사가 합동정통총회와 대신총회의 교단합동 문제를 구두로 상정하고 가결해 주기를 건의했다. 찬반 의견이 오고간 후에 홍찬환 목사가 8인 전권위

---

681) 총회 50년사 편찬위원회 편, 「총회 50년사」, 371-377.
682) 「백석학원 30년사」, 68-69.

원회(김준삼, 이종정, 서상기, 최순직, 장종현, 이영, 김승신, 홍찬환)를 조직해 모든 전권을 위임해 추진하고 그 결과를 실행위원회를 거쳐 각 노회 임원들을 소집해 공청회를 가지고 합동을 결정하자고 동의했다. 이것이 받아들여져 8인 전권위원회에 전권을 위임하고 그 결과에 따르기로 하자는 개의까지 가결되었다.[683] 이와 관련해 「기독교연합신문」은 합동정통총회가 교단합동추진위원회를 구성하고 대신측과 합동을 계속 추진할 뿐 아니라 문호를 개방하여 교리와 신조가 같은 교단과 언제든지 합동을 추진하기로 했다고 보도했다.[684] 하지만 교단통합 가능성에 대해서는 기대는 그리 크지 않은 상황이었다. 통합 논의가 제기된 뒤 양 총회 총무들이 만나 통합 후 총회 명칭을 "정통대신"으로 할지, "대신정통"으로 할지 논의하기도 했지만, 양 측에 소속된 신학교를 총회직영으로 할지 아닌지에 대한 논의로 난항을 겪고 있을 뿐 아니라 양 총회 내부에서조차 통합에 대한 의견을 하나로 모으지 못하고 있었기 때문이다.[685]

1999년-2000년 통합 시도

새 천년을 앞두고 합동정통총회와 대신총회는 다시 통합을 모색했다. 합동정통총회 제83회기(총회장 최낙중 목사) 총회 실행위원

---

683) 대한예수교장로회 합동정통총회, 〈제76회 총회 촬요〉 (1991. 9. 9-12).
684) "예장(합동정통) 교리 같은 교단 합동 추진: 총회장 이종정 목사, 부총회장 장종현 목사 선임," 「기독교연합신문」, 1991. 9. 15.
685) "예장(합정)," 「기독교연합신문」, 1991. 9. 8.

회는 1999년 7월 12일 회의에서 대신총회와 통합하기 위한 교단 합동 추진위원회(7인)를 구성했다. 실행위원회 8월 2일 회의에서 통합 추진위원회는 위원을 9인으로 확대하고 그 중 3인을 대표위원으로 하기로 대신측과 합의했다고 보고했다.[686] 합동정통총회는 1999년 9월 13-16일 천안대학교회에서 개최된 제84회(제22회) 총회(총회장 손양도 목사)에서 대신총회와 통합하기로 만장일치로 결의했다.[687] 대신총회도 동일한 기간에 안양 새중앙교회에서 개최된 제34회 총회(총회장 김재규 목사)에서 합동정통총회와 통합하는 건을 총회 임원회 청원안으로 통과시켰다. 하지만 대신총회의 분위기는 합동정통총회와 많이 달랐다. 총회 마지막 날 2시간에 걸친 찬반토론 끝에 교단통합 9인 전권위원회를 구성하자는 동의안과 노회 수의와 통합추진위원회 연구를 병행하며 2년간 검토하자는 개의안을 두고 표결에 붙였고, 그 결과 통합전권위원회를 구성하게 되었다. 통합전권위원회는 전국 노회장 연석회의에서 노회장들의 추천을 받아 구성하되 통합과 관련한 전권을 위임하기로 결의했다.[688] 총회 임원과 신임노회장 간담회에서 직전 총회 때 전권위원회에 맡기고 시행하지 않기로 결정했던 노회 수의가 다시 등

---

686) 대한예수교장로회 합동정통총회, 〈제84회 총회 의사자료〉(1999. 9. 13-16).

687) "대신측과 통합 결의·21세기 선진교단 다짐," 「기독교연합신문」, 1999. 9. 19. 제84회(22회) 총회에 제출된 "교단통합 추진 합의문"은 「총회 25년사」, 521-522 참조.

688) "합동정통과 통합·연금제도 실시 '결의,'" 「기독교연합신문」, 1999. 10. 3.

장했다. 교단통합으로 총회 분립 등 총회에 상처가 생기면 안 된다는 이유로 노회 수의를 하기로 결정한 것이다. 노회 수의를 위해 1999년 12월 말까지 임시노회를 개최해 의견을 제출해 달라고 모든 노회에 요청하기로 했다.[689] 대신총회가 노회 수의를 거치기로 하면서 두 총회를 통합하는 건은 실제로 어려워지게 되었다.[690]

교계 안팎에서 '통합이 물 건너갔다'는 비관론이 대두될 즈음 합동정통총회와 대신총회의 통합전권위원들이 다시 만났다. 2000년 3월 31일 양 총회 통합전권위원들이 중점적으로 논의한 것은 교단통합 방법이었다. 합동정통총회 위원들은 그해 9월 총회 이전에 모든 문제를 매듭짓고 9월 총회를 통합총회로 치르자고 했다. 대신총회 위원들은 우선 연립총회를 구성한 뒤 구체적 사안들을 분야별로 처리해 나가자고 했다. 이때 대신측이 제시한 연립총회는 '같은 이름으로 총회를 구성하되 총회조직을 이원구조로 한다'는 원칙에 따라 통합총회 직전 형태로 이끌어가는 과도총회를 의미했다. 총회 때 만장일치로 통합을 결의한 합동정통총회와 달리 대신측 내부에서는 아직 통합에 반대하는 노회들이 있었기에, 연립총회를 구성해 일단 통합 분위기를 조성한 후 이에 따르는 모든 갈등요소를 처리해나가는 한편 반대의견을 보이는 이들을 서서히 설

---

689) "'노회수의' 통해 '통합안' 처리: 예장대신 임원·노회장 간담회, 12월말까지 마무리," 「기독교연합신문」, 1999. 11. 14.
690) 정광준, "무리한 통합으로 교단 갈라져선 안된다: 예장대신 '노회수의' 거치면서 통합 열기 식어," 「기독교연합신문」, 1999. 12. 12.

득해 나가겠다는 의도로 볼 수 있다.[691] 이렇듯 서로 간에 입장 차이가 있었기에 두 총회의 통합은 난항을 겪을 것이 분명했다. 하지만 다수의 우려를 깨는 통합이 일어났다.

합동정통총회와 대신총회가 교단통합을 선언했다. 2000년 5월 30일 합동정통총회(총회장 손양도 목사)와 대신총회(총회장 김재규 목사)는 한국교회백주년기념관 회의실에서 통합전권위원회 선언식을 갖고 양측이 합의한 통합선언문을 한국교회 앞에 내어놓았다. 그리고 다가오는 9월 총회를 거쳐 12월 안에 통합총회를 열겠다고 밝혔다. 구체적으로는 신학교, 재단, 헌법, 행정 등 4개 분과 합의서를 9월 총회 전에 교부하기로 했다고 밝혔다.[692] 전격적 합의였다.

통합 논의 전에 난제가 되리라 예상했던 신학교 문제는 기독신학 설립자 장종현 목사의 희생적 결단으로 쉬이 풀렸다. 2000년 8월 14일 천안대학교 백석홀에서 열린 교단통합 설명회 및 기도회에서 통합전권위원회 신학교분과는 "양 교단이 '통합하는 날' 기독신학대학원대학교 이사는 물론 대신측 역시 모든 이사들이 퇴진키로 했다"고 밝힌 뒤, 명칭은 '대한신학대학원대학'으로 하고, 학교는 현 방배동 981-22에 두기로 합의하고 공중까지 마쳤다고 밝혔다. 장종현 목사는 '통합을 위해서라면 모든 권리를 포기할 수 있

691) "대신·합동정통, 주춤하던 통합논의 '급물살,'" 「기독교연합신문」, 2000. 4. 9.
692) "새 천년 '교단통합 새 장'; 합정-대신 '역사적 요청에 결연히 일어섰다' 선언," 「기독교연합신문」, 2000. 6. 4.

다'고 강조한 뒤, 학교는 통합 후 6개월 이내에 교단에서 이사회를 구성해 책임지고 운영하면 될 것이라고 했다.[693] 대국적 차원의 결단일 뿐 아니라 하나님을 전적으로 신뢰하는 결단이었다.

전격 통합의 발목을 잡은 것은 교단명칭이었다. 예상하지 못한 것은 아니었지만 예상을 넘어서는 난관이었다. 2000년 9월 5일 방배동 총회본부에서 열린 통합전권위원회 행정·헌법 분과 연석회의에서 대신총회측은 통합후 총회명칭은 반드시 '대신'이어야 하고 그 외 다른 이름은 생각할 수 없다는 강경한 입장이었다. 합동정통총회측은 2, 3개 안을 각 총회에 올려 논의하자고 주장했다. 양측 주장이 팽팽히 맞서다가, 대신측은 '대신'만을, 합동정통측은 '대신'과 '한국예수교장로회'를 1안과 2안으로 총회에 상정한다는데 합의했다. 그리고 열흘 뒤인 16일 다시 만나 총회명칭과 총회회기 그리고 총대수 등 주요 쟁점들을 다시 논의하기로 했다.[694] 하지만 16일 회의에서 합동정통총회와 대신총회의 통합은 무산되었음이 분명해졌다. 각자 총회에서 통합에 관한 전권을 위임 받아 1년간 협상을 벌여온 양측은 통합을 위한 마지막 합의를 시도했지만 총회 명칭과 회기를 다루는 행정분과의 이견과 대신측 일부 위원들의 통합유보 요청이 맞물려 '합의문' 대신에 '보고서'를 채택하

---

693) 장형준, "대신측과 통합 '하나님께 맡긴다.'"「기독교연합신문」, 2000. 8. 20.

694) 장형준, "교단명 이견, 합정·대신 교단통합 막판 진통,"「기독교연합신문」, 2000. 9. 10.

는 것으로 마무리했다. 양측 통합전권위원회는 이날 채택한 보고
서에서 "총회가 위임한 사항을 4개 분과로 나눠 통합논의를 진행,
신학교와 재단분과는 합의를, 헌법분과는 대략적 합의를 보았으나
행정분과의 총회명칭과 대신측 신학교의 법적소송 등이 얽혀 끝내
합의를 이루지 못했다"고 밝혔다.[695] 역사적 통합을 눈앞에 두었던
시점에서 통합이 무산된 책임이 어느 쪽에 있는가는 누가 봐도 쉬
이 알 수 있었다.

2005년 통합 시도

5년 뒤 합동정통총회와 대신총회의 통합이 다시금 논의되고 있
었다. 2005년 3월 31일 서울 반포 팰레스호텔 2층에서 열린 합동
정통·대신 교단합동추진위원회에서는 양 교단의 합동을 원칙으로
한다는 합의문을 채택하고 양 총회장이 서명했다. 합동정통총회
(총회장 안용원 목사)와 대신총회(총회장 유덕식 목사)가 교단통합에 전
격 합의한 것이다. 5년 전 교단통합의 발목을 잡았던 교단명칭은
'대신합동정통총회'로 변경하는 것으로 가닥을 잡았다. 이번 합의
때도 가장 오랜 시간을 끈 것은 총회명칭이었다. 합동정통측이 양
교단의 현재 명칭 외에 제3의 명칭을 사용하는 것이 좋겠다고 제
안했지만, 대신측은 자신들은 "자생교단으로서 신학과 교단의 뿌

---

695) 장형준, "교단통합(합동정통·대신총회) 사실상 '무산,'"「기독교연합신문」,
     2000. 9. 24.

리가 명확하기 때문에 다른 명칭은 고려하지 않고 있다"며 물러서지 않았다. 합동정통측이 합동총회나 통합총회를 예로 들며 '연합총회'라는 명칭을 제안했으나 대신측이 받아들이지 않았다. 결국 양 총회의 현재 명칭을 합해서 새로운 이름을 만들되 가나다순으로 하자고 해서 '대신합동정통총회'로 되었다.[696] 양 교단 통합추진 위원들은 큰 고비를 넘겼다고 여겼다.

합동정통총회는 통합안을 적극 지지하며 통합안에 힘을 실었다. 2005년 4월 8일 총회본부 회의실에서 임시실행위원회를 열고 총회명칭 변경을 포함해 교단합동추진위원회가 합의한 사항들을 받아들임으로 법 절차에 따라 교단통합이 진행되도록 했다.[697]

대신총회 상황은 많이 달랐다. 대신측이 2005년 3월 31일 합동정통측과 합동하겠다고 합의한 것은 그 며칠 전인 3월 28일 경기도 안양 새중앙교회에서 전체 실행위원회를 열어 합동정통총회와 합동하는 건을 대신총회 산하 41개 노회가 참여하는 봄노회에 수의하기로 한 데 따른 것이었다.[698] 대신총회가 시행하는 교단통합 노회 수의는 '노회원 과반수 찬성, 전체 노회 과반수 찬성, 전체 노회원 2/3 이상 찬성'으로 결의된다. 따라서 노회원 수가 많은 큰

---

696) 윤영호, "대신·합정, 교단통합 원칙적 합의," 「기독교연합신문」, 2005. 4. 10.
697) 이석훈, "합동정통, 대신과 통합안 적극지지," 「기독교연합신문」, 2005. 4. 17.
698) 윤영호, "대신, 합동정통과 통합 만장일치 결의; 28일 오전 실행위서 전격 경의, 4월 봄노회서 수의키로… 2/3 찬성하면 '급물살,'" 「기독교연합신문」, 2005. 4. 3.

규모 노회의 찬성 여부가 중요하다. 그런데 교단통합 문제를 놓고 대신측 노회들 안에서 설전이 잇따랐다.[699] 설상가상으로 4월 22일 대신총회 법규위원회는 교단합동 논의를 가을총회에서 안건으로 다룬 후 가을노회에서 수의하는 안이 바람직하다고 결정했다. 그 전 달에 실행위원회가 결의한 노회 수의가 적법하지 않다고 판단한 것이다.[700] 결국 2005년 9월 12-15일 안양 새중앙교회에서 개최된 제40회 총회에서 대신총회(총회장 최복수 목사)는 '교단합동 유보 결의'를 했다.[701] 합동정통총회와 대신총회의 통합 추진이 다시 한 번 무산된 것이다.

백석총회와 개혁총회 통합

대한예수교장로회 합동정통총회에 큰 변화가 일어났다. 앞서 적은 대로, 2009년 9월 21-24일 수원명성교회에서 개최된 제94회(제32회) 총회에서 총회명칭을 백석총회로 변경하고, 총회 회기도 1978년을 기점으로 삼아 변경한 것이다. 대한예수교장로회 합동정통총회 제94회 총회가 대한예수교장로회 백석총회 제32회 총

---

699) 윤영호, "예장대신, 통합안 '수의 중': 41개 노회 '찬반 팽팽.'" 「기독교연합신문」, 2005. 4. 17; 그리고 윤영호, "차분·격앙 '극명대조' 엇갈려: 대신측 봄 정기노회서 교단통합 놓고 설전 잇따라." 「기독교연합신문」, 2005. 4. 17.

700) 윤영호, "대신총회, 통합 추진과정 적법성 논란: 법규위 '9월 총회 후 노회 수이 적법.'" 「기독교연합신문」, 2005. 5. 1.

701) 윤영호, "교단통합 '유보' 관련 적법성 논란 확산: 직전총회장 등 찬성측 조직적 반발 움직임." 「기독교연합신문」, 2005. 10. 2.

회가 된 것이다.

그로부터 4년 뒤인 2013년 9월 9-10일 백석대학교 백석홀에서 개최된 백석총회 제36회 총회에서 백석총회(총회장 정영근 목사)는 개혁총회(총회장 전하라 목사)와 통합해 하나가 되었다. 양측은 통합선언을 발표함과 동시에 통합총회장에 백석총회 설립자 장종현 목사를 추대했다. 백석측과 개혁측은 2013년 6월 양측 전권위원회 첫 만남을 시작으로 교단합동을 본격적으로 논의했으며 7월 18일 개혁측이 먼저 속회 총회를 열어 교단합동을 결의하고, 이튿날인 7월 19일 백석측이 임시총회를 열어 개혁측과 합동함을 추인함으로 사실상 한 총회가 되었다. 새 회기 임원진도 백석과 개혁 양측 인사들을 공동으로 구성했다. 그래서 부총회장으로 이종승 목사(백석측)와 민홍기 목사(개혁측) 2인을 함께 추대했다.[702]

2011년 이후 통합 시도

대신총회 외에 다른 총회와 통합을 추진해 교회연합운동의 열매를 거두는 중에도 백석총회는 대신총회와 통합을 계속 모색했다. 2011년 9월 19-22일 개최된 제34회 총회를 앞두고도 백석총회 통합추진위원회(위원장 장원기 목사)는 대신총회 통합추진위원회(위원장 유덕식 목사)와 함께 백석측과 대신측의 통합을 위한 항목들

---

702) 이현주, "백석-개혁 합동선언…통합총회장에 장종현 목사," 「기독교연합신문」, 2013. 9. 15.

을 조율했다.[703] 하지만 그해 총회에서도 통합의 열매는 맺히지 않았다. 총회 때 장원기 통합추진위원장이 통합을 위해 준비해온 과정을 설명한 후 당 총회에서 대신측과 통합하는 것을 정식으로 결의해 줄 것과 통합을 위한 전권위원을 선임해 줄 것을 요청했다. 찬반 토론 후 양병희 목사가 미래 전진을 위해 통합을 허락할 뿐 아니라 대신 외에 다른 교단과 통합도 허락하자고 동의해 만장일치로 가결되었고 전권위원 선임은 임원회에 위임하기로 가결했다.[704] 이듬해인 2012년 9월 17−20일 개최된 제35회 총회에서 유중현 목사는 대신측과 통합을 추진하는 전권위원회가 별 진전이 없다고 보고했다. 하지만 외빈인사 때 대신총회 총회장 황수원 목사가 양 교단 간에 연합과 협력에 대한 당부의 인사를 한 것은 주목할 만하다.[705] 2014년 9월 22−25일 개최된 제37회 총회에서 통합전권위원 유만석 목사는 대신측과 통합은 하나님께서 주신 연합의 사명으로 알고 진행하고 있다고 보고했다.[706] 외빈인사 때 대신총회 총회장 전광훈 목사가 대신교단이 백석교단과 형제의 사랑과 하나님 안에서 하나라고 한 후 백석교단과 하나 되게 된 것을 감사히 여긴다고 하며 인사하자 전 총대들이 기립박수로 화답했

---

703) 이석훈, "백석−대신, 통합을 위한 5개항 합의," 「기독교연합신문」, 2011. 8. 21.
704) 대한예수교장로회 백석총회, 〈제34회 총회 촬요〉 (2011. 9. 19−22).
705) 대한예수교장로회 백석총회, 〈제36회 총회 의사자료〉 (2013. 9. 9−10).
706) 대한예수교장로회 백석총회, 〈제37회 총회 촬요〉 (2014. 9. 22−25).

다.[707] 백석총회와 대신총회 통합의 기운(氣運)이 서서히 높아지고 있었다.

백석총회와 대신총회 통합

대한예수교장로회 백석총회가 대한예수교장로회 대신총회와 통합했다. 2014년 12월 16일 천안캠퍼스 백석홀에서 양 교단 증경 총회장과 임원 및 관계자 등 1,500여 명이 참여한 가운데 '대한예수교장로회 대신백석 통합총회'가 개최되었다. 참석자들은 함께 통합선언문을 낭독하며 "두 교단이 하나 되어 거룩한 하나님의 종으로서 분열된 한국교회에 경종을 울리고, 상처를 치유하며 다시 한 번 부흥의 시대를 만들자"고 다짐했다.[708]

장종현 총회장은 "갈라진 교단들의 하나 됨은 예수 그리스도의 명령이며 한국교회 갱신을 위한 최선의 방법"이라고 하며, "교리와 헌법, 신학적 정서가 비슷한 교단 간 연합이 일어나고 다시 전통이 같은 교단들이 하나 되어 한국교회가 분열의 역사를 끝내기를 바란다"고 말했다. 이제 하나가 된 통합 총회가 성경을 기준으로 모든 일을 행하며 예수 그리스도의 생명이 살아 넘치는 교회를 섬기고 세우는 일에 헌신하도록 최선을 다하겠다는 다짐도 밝혔다.[709]

---

707) 대한예수교장로회 백석총회, 〈제37회 총회 촬요〉(2014. 9. 22-25).
708) 「백석학원 40년사」, 335; 이현주, "대신-백석, '하나의 교단'으로 새출발," 「기독교연합신문」, 2014. 12. 21.
709) 「백석학원 40년사」, 335-336.

백석총회와 대신총회가 통합한 것은 한국교회 역사에 길이 남을 사건이었다. 백석총회가 '합동정통'이라는 이름으로 있을 때 두 교단 사이에 통합 추진 논의가 몇 차례 있었다. 그 시도들 중에는 교단통합에 매우 가까이 다가간 경우도 있었다. 1999년부터 2000년까지 행해진 통합 논의가 그 대표적 예라 할 수 있다. 하지만 그때 통합을 가로막은 것이 통합 후 총회명칭이었다. 총회명칭 문제로 논의가 지지부진하다가 결국 통합이 무산되고 말았다. 2005년에 진행된 통합 논의도 매우 고무적이었다. 총회명칭을 조율해 가며 교단통합에 상당히 접근했다. 대신총회는 교단통합 건을 노회수의하면서 적극성을 보였다. 하지만 대신총회 내에서 통합에 반대하는 이들이 노회 수의가 적법하지 않다고 하면서 교단통합은 유보되었다. 그 뒤에도 교단통합을 위한 여러 시도가 있었지만 큰 성과를 거두지 못했는데, 2014년 12월 16일 백석총회와 대신총회가 통합하여 대신백석총회를 이룸으로 거의 한 세대 동안 두 총회 사이에 존재했던 통합 논의가 그 열매를 맺은 것이다. 대신백석총회의 탄생은 백석총회와 대신총회 양 총회가 그 동안 시행착오를 딛고 이룬 쾌거였다. 개인과 개인이 만나 한 몸을 이루는 결혼도 쉽지 않은데, 이제껏 둘로 있던 총회가 하나 되는 것이니 이 일에 베풀어주신 하나님 아버지의 은혜는 말로 표현할 수 없을 만큼 컸다.[710]

---

710) 「백석학원 40년사」, 336 참조.

총회명칭 문제

통합이라는 큰 획이 그어져 가장 큰 산은 넘었지만, 통합과 관련한 구체적 조정 작업도 상당히 어려운 문제였다. 교단통합 추진위원회에 거의 매번 만장일치로 힘을 실어준 백석측과 달리 대신측 내에는 통합에 반대하는 이들이 상당히 있었다. 막상 통합이 이루어지니 대신측 내에 통합 전과는 좀 다른 양상이 나타났다. 백석측과 통합한 데 반대하며 통합총회에 참여하지 않고 그냥 있겠다는 이들이 나타났다. 이렇게 되니 백석측에서도 볼멘소리가 나왔다. 자신들과 마찬가지로 대신측도 당연히 모두 함께하리라는 기대로 '대신백석'이라는 이름에 기꺼이 동의하며 양보했는데, 기대와 전혀 다른 상황이 전개되니 생각이 바뀐 것이다.

대신총회가 총회명칭을 유지하고 싶은 만큼 백석총회도 총회명칭을 유지하고 싶은 마음이었다. 특히 백석신학교가 모교인 목회자들은 '백석'이라는 총회명칭을 유지하고 싶어 했다. 그런데 이 '제자들'을 설득해 명칭 변경 문제를 풀어낸 이가 바로 백석학원과 백석총회 설립자 장종현 목사였다. 2015년 6월 29일 백석연수원에서 열린 대신-백석 통합협상단 전체회의 첫날 간담회에서 백석총회 총회장 장종현 목사는 통합이 하나님의 뜻이기에 희생과 양보를 감수하자고 했다.[711] 그날 간담회 자리에서 장종현 목사가 나

---

711) 이현주, "통합은 결과보다 '과정'이 중요… 하나님 은혜 넘치길," 「기독교연합신문」, 2015. 7. 5.

눈 얘기는, 가까이는 두 교단의 통합, 더 멀리는 한국교회연합운동과 관련해 그의 지론을 담고 있기에 귀 기울여 들을 만하다.

장종현 목사 자신은 백석학원과 백석총회를 설립한 후 늘 후배와 제자 목사들의 목회에 초점을 맞추었다. '합동정통'이라는 총회 명칭이나 '방배신학'이라는 학교명칭이 지명도가 낮아 목회가 어렵다는 얘기를 들으면 늘 가슴이 아프고 한이 맺혔다. 일찍이 대신측과 통합을 추진할 때 총회 명칭과 역사 등 모든 것을 양보하면서까지 통합을 하려했던 것은 제자들에게 목회하기 좋은 총회를 만들어주고 싶어서였다. 앞으로도 신학교가 건강하지 못하면 교단이 흔들리는 시기가 올 것이고, 작은 교단들은 목회하기 점점 어려운 상황에 처하게 될 것이다. 하지만 대신총회와 통합을 추진한 것은 그런 이유에서가 아니다. 학생 모집이 어려운 것도 아니고, 백석총회는 이미 5,400 교회로 성장했다. 백석만으로도 아쉬움이 없다. 사실 통합을 먼저 제안한 것은 대신이었다. 항상 대신측에서 먼저 통합을 요청하고 무산시키곤 했다. 매번 실패하면서도 또다시 대신과 통합을 추진하는 이유는 대신이라는 교단이 가진 전통과 순수성 때문이다. 자신도 백석이 좋지만, 통합은 하나님이 원하시는 일이며 두 교단이 한국교회 앞에 선언한 것이다. 하나님의 영광을 위해서 통합은 반드시 이루어야 한다. 대신과 백석 양 교단 모두 '이름'에 대한 상당한 자부심을 가지고 있다는 점에서 교단의 역사나 이름이 중요하지만 그것이 구원을 주는 것이 아니다. 통합 논의 중에 대신측이 90% 이상 오면 '대신'이라는 이름을 사용하기로 한 것은 양 교단 합의다. 반드시 지켜야 한다. 대신은 지금 90% 이상 참여하기 위해 노력하고 있다고 들었다. 실제로 그렇게 되기를 바란다. 백석이 다 주는 것 같아도, 참고 포용할 수 있어야 한다. 평화와 화목을 위해 양보하자. 대신과 백석이 하나되어 한국교회에 기도운동, 성령운동을 뜨겁게 일으키자. 한국교회가 분열된 현 상황에서 영적 지도자라면 교회사적인 미래를 내다볼 수 있어야 한다. 다음세대 목회자들을 위해서, 하나님의 영광을 위해서, 또한 성경이 답이라고 고백한다면 지금 우리는 모든 것을 내려놓고 통합에만 충실해야 한다. 마지막에 상처받는 일이 없도록 성공하는 회의를 해주기 바란다.[712] 이것이 장종현 목사가 간담회에서 나눈 대화의 요지인데 한국교회를 위한 그의 고뇌와 사랑이 고스란히 느껴질 것이다.

2015년 9월 14-15일 경기도 화성시 라비돌 리조트 신텍스 컨벤션에서 대한예수교장로회 대신-백석 통합총회가 개최되었다. 교단통합 총회장에는 장종현 목사가 만장일치 기립박수로 추대되었다.[713] 장종현 총회장은 "대신과 백석의 통합은 모두 하나님께서 이루신 일입니다. 남들이 하지 못하는 일을 한 것이고, 십자가 사랑의 정신으로 이룬 일이라고 말씀드리고 싶습니다"라고 한 후,

---

712) 이현주, "통합은 결과보다 '과정'이 중요… 하나님 은혜 넘치길."
713) 대한예수교장로회 대신-백석총회, 〈의사자료〉(2016. 9. 5-8); 이현주, "대신-백석 역사적 통합… '제3의 대형교단' 탄생,"「기독교연합신문」, 2015. 9. 20.

"수차례 통합 협상이 무산되곤 했습니다. 그러나 지금에 와서 통합이 완성된 것은 하나님의 때에 하나님께서 허락하신 것"이라고 확신했다.[714] 마침내 통합을 이룬 대신-백석총회는 백석측 5,588 교회와 대신측 1,440 교회가 통합함으로 7,028 교회가 되었다. 이는 국내 교단 가운데 예장 합동측 1만 2천여 교회, 통합측 8천 700 여 교회 다음으로 세 번째 큰 규모였다.[715] 교단통합 후속작업의 일환으로 대신-백석총회는 새로운 헌법책도 출간했다. 교단통합 전인 2015년 2월부터 법제위원회를 구성해 수차례 논의를 거쳐 초안이 마련되었고, 9월 통합총회에서 총대들의 만장일치 허락을 받은 후 자구수정과 미진한 부분을 보완해 새로운 헌법이 출판되었다.[716]

교단통합은 이루어졌지만 확정되지 않은 문제들이 너무 많았다. 그 중에서도 총회명칭 확정이 가장 난제였다. 통합합의서에 따르면 구(舊) 대신에서 통합에 함께 한 교회수가 90% 이상이면 '대신'이라는 명칭을 쓰기로 했는데, 실제로 통합한 구 대신 교회 수는 그보다 적었다. 그럼에도 통합총회의 명칭은 대외적으로 '대신'을 사용하고 있었다. 자연히 구(舊) 백석 총대들 가운데 불만이

---

714) 이현주, "통합된 총회의 힘으로 회개와 부흥운동 이끌 것," 「기독교연합신문」, 2015. 9. 20.
715) 이현주, "총회 교회수 7,028개… 국내 교단 중 세 번째," 「기독교연합신문」, 2016. 1. 3.
716) 이현주, "대신-백석, 신앙고백과 헌법도 통합됐다," 「기독교연합신문」, 2016. 5. 1.

터져 나왔다. 그럼에도 구 백석 쪽이 그 문제를 들고 나오지 않은 것은 당시 구 대신 쪽이 교단통합 결의의 적법성 여부를 두고 통합 반대측과 법적분쟁 중에 있었기 때문이었다. 구 대신 쪽은 그 소송을 반드시 이겨야 통합결의가 유효한 상황이라고 하며, 패소할 경우 큰 혼란을 초래하므로 부득불 총회명칭을 '대신'으로 사용해야 한다고 실행위원회에서 양해를 구했다. 구 백석 쪽은 이런 상황을 구 백석 노회들이나 목회자들에게 소상하게 설명하고 이해를 구할 수 없는 상황이라 어려움이 많았다.[717]

2017년 9월 11-14일 백석대학교 백석홀에서 개최된 총회(총회장 유충국 목사)에는 구 백석 쪽 일부 노회가 총회명칭을 '대신'에서 '백석'으로 변경해달라는 헌의안을 올렸다. 6천여 교회 교단과 1천여 교회 교단이 합하면서 1천여 교회 교단명칭을 사용하는 것이 불합리함에도 총회를 사랑하는 마음으로 받아들였는데, 대신총회 수호측이 백석총회와 통합한 대신통합측을 상대로 한 소송에서 법원이 백석과 통합을 결의한 대신측 제50회 총회가 무효라는 판결을 함으로 통합이 무효가 되었고 '대신' 명칭의 정통성은 수호측이 갖게 되었다고 했다. 한국교회연합 임원회에서도 법원판결을 근거로 대신수호측 회원 자격을 회복하기로 한 반면, 대신통합측은 행정보류 상태다. 이런 정황을 볼 때 본 총회명칭은 '백석'으로 돌아가야 한다는 내용이었다. 이와 반대로, 구 대신 쪽 노회에서 올린

---

717) 대한예수교장로회 총회, 〈의사자료〉 (2016. 9. 5-8).

헌의안 중에는 '대신'이라는 총회명칭을 계속 사용해야 할 뿐 아니라 백석대학교 신학대학원 명칭에도 삽입해야 한다고 주장도 있었다.[718] 총회명칭과 관련한 의견이 분분했지만, 당시 항소심이 진행 중인데 '대신'이라는 명칭을 다른 명칭으로 교체할 경우 대신총회 유지재단 소속 교회들의 목사 및 재산 관련 문제가 발생할 수 있으므로 재판 완료 때까지 총회명칭은 그대로 '대신'으로 하고, 만약 패소할 경우 구 대신측이 모든 권한을 내려놓는 것으로 하자는 유만석 목사의 동의안이 만장일치로 통과되었다.[719]

2018년 9월 10-13일 백석대학교 백석홀에서 개최된 총회(총회장 이주훈 목사)에서는 개회 후 절차보고 때 모든 절차 진행 전에 먼저 교단명칭 문제를 결정하자고 하여 의장 유충국 목사가 정책자문단 정영근 목사에게 보고하도록 했다. 이에 양 교단측 협상에 의거해 "회기는 제41회기로 명칭은 대한예수교장로회 총회 백석대신"으로 하기로 했다고 보고하자 이 합의안이 그대로 가결되었다.[720] 2014년 12월 16일 양 교단 통합 후 총회 명칭과 회기가 처음으로 합의되고 결정된 것이다.

2019년 9월 2-4일 평창 한화리조트 대강당에서 개최된 제42회 총회(총회장 장종현 목사)에서는 총회명칭을 '백석'으로 변경하기로

---

718) 대한예수교장로회 총회, 〈의사자료〉 (2017. 9. 11-14).
719) 대한예수교장로회 총회, 〈의사자료(총회촬요)〉 (2018. 9. 10-13) 중 "총회 전차 회의록(2017 정기총회)."
720) 대한예수교장로회 총회, 〈의사자료(총회촬요)〉 (2019. 9. 2-4) 중 "총회 전차 회의록(제41회 정기총회)."

만장일치로 가결했다.[721]

교회연합운동의 해법은 회개용서운동

백석총회와 대신총회의 통합은 오랜 시간이 걸렸다. 2014년 양 총회가 통합을 선언한 뒤에 많은 변화가 있었다. 통합에 반대하는 이들이 대신측에 많았기에, 통합 추진과정에서 대신측 내에서는 법정소송까지 겪으며 많은 고통을 당했다. 대신측과는 또 다른 이유로 백석측도 많은 어려움을 겪었다. 양 측 모두 통합과정에 받은 상처가 상당히 컸기에 치유를 위해서는 아직도 오랜 시간이 필요할 것 같다. 이런 아픔에도 불구하고 백석총회와 대신총회의 통합은 한국교회 특히 한국장로교회의 분열 상황을 고려할 때 매우 뜻 깊고 소중한 일이었다.

백석총회와 대신총회의 통합과정에서 통합이라는 대의(大義)가 흔들리지 않도록 그 중심을 잡았던 사람이 장종현 목사다. 백석측을 대표하는 목회자이지만 백석측 대부분 목회자들의 스승이기도 한 그로서는 통합과정에서 마음 아파하는 이들을 보듬어 안는 일이 결코 쉽지 않았을 것이다. 다 되었다고 예상하다가 뜻밖의 반대나 변수로 인해 어그러진 경우가 무수했다. 실망은 물론이고 그 아픔이나 상처는 매우 컸다. 그런데도 장종현 목사가 하지 않는

---

721) 대한예수교장로회 총회, 〈의사자료〉(2020. 9. 22) 중 "총회 전차 회의록 (제42회 정기총회)."

것 하나가 있다. 자신과 다른 주장을 하거나 때로는 매우 깊은 상처를 주는 이에 대해 험담하는 일을 하지 않는다. 통합에 반대하며 처음부터 대신 수호를 주장한 이들이나, 통합과정에 갈라져나간 이들 등 여러 가지 이유로 자신과 뜻을 함께 하지 않는 이들에 대해 험담하지 않는 것이다. 그렇게 하는 이유는 언젠가 마음이나 상황이 바뀌어 통합에 대해 마음이 열렸는데, 과거에 겪은 아픔이나 상처로 인해 그 좋은 뜻을 꺾는 일이 없도록 하기 위함인 듯하다. 장종현 목사가 한국교회 연합을 위해 회개용서운동을 그 해법으로 제시하는 것은 나 자신이 하나님께 회개하고 스스로를 돌아볼 때 다른 사람을 용서하고 품을 수 있기 때문이다. 교회연합을 위한 회개용서운동은 다른 누군가가 아니라 바로 나 자신이 먼저 실행해야 할 운동인 것이다.

백석총회와 대신총회의 통합은 아직 미완성이다. 비록 지금 함께하지 않지만 언젠가 함께할 수 있는 이들을 향해 마음을 열고 서로를 위해 기도할 수 있다면 통합이 완성되는 그 날이 속히 올 수 있을 것이다.

제12장
총회관 건립

100주년 기념 총회본부 건립기금(1985)

백석총회 총회본부 건립의 역사는 1985년으로 거슬러 올라간다. 그 전 해인 1984년 3월 8일 대한예수교장로회 합동정통총회는 총신교회에서 '100주년 기념 총회 단합대회'를 개최했다.[722] 1978년 9월에 설립된 복음총회가 1979년 9월 합동 비주류와 연합했다가 거의 바로 복귀했지만, 그 후로도 '합동'이라는 명칭을 유지하기로 했기 때문에 1980년 9월 합동진리총회가 되었다. 1981년 12월 29일 합동진리총회가 연합측과 합하여 합동진리연합총회가 되면서는 총회 회기를 예장 합동총회에 준해 사용했다. 이렇게 합동

---

722) 「총회 25년사」, 67-68.

총회의 역사를 기준으로 삼았기에 한국 선교 100주년을 기해 '100주년 기념 총회 단합대회'를 가진 것이다.

제69회(제7회) 총회(총회장 이영 목사) 실행위원회는 1985년 5월 6일 '100주년 기념 총회본부 건립기금'을 위한 각 노회 찬조금을 할당함으로 총회본부 건립을 추진하기 시작했다.[723] 1985년 9월 17–19일 총신교회에서 개최된 제70회(제8회) 총회(총회장 이상열 목사) 중 100주년 기념사업회는 "세계 선교사상 그 유례가 없는 부흥의 성과를 거둔 한국선교 100주년을 맞이하여 본 교단에서는 교단적인 가장 값있는 기념사업으로 총회관을 건립하기로 하고 총회관 건립 기금으로 ① 노회 분할 부담금, ② 부흥회, ③ 헌신예배, ④ 자발적인 참여 등의 행사를 거 교단적으로 총력을 집약하여 추진하게 되었다"고 보고했다.[724] 합동정통총회는 1985년 9월 26일 총회본부를 서울시 강남구 방배2동 981–7에서 방배1동 912의 10 성암빌딩 2층 52평(전세 3,000만원)으로 확장 이전하고 10월 7일에 이전예배를 드렸다.[725]

총회관 건립 준비 위원회(1987)

1987년 9월 22–24일 관악교회에서 개최된 제72회(제10회) 총회(총회장 홍찬환 목사) 각기관보고 중에 100주년 기념 사업회(위원장 이

---

723) 「총회 25년사」, 73.
724) 「총회 25년사」, 77–79.
725) 「총회 25년사」, 82.

종정 목사) 총무 홍찬환 목사가 주된 사업인 총회관 건립을 위하여 기념 사업회 명칭을 '총회관 건립 준비 위원회'로 변경하고 새로 조직을 하겠다고 보고했다. 1987년 10월 19일 총회 실행위원회는 이 건을 총회 임원회에 위임했고, 11월 16일 총회 임원회는 총회관 건립 추진 위원회를 조직했다. 총회관 건립 추진 위원회 위원장은 홍찬환 목사가 맡았다.[726]

총회관 건립 추진 위원회가 조직된 지 8년 후인 1995년 10월 2일 제80회(제18회) 총회(총회장 박대찬 목사) 실행위원회는 서울시 서초구 방배3동 981-13에 있는 대지 101평, 건평 420평, 지하 2층 지상 6층의 건물을 매입하기로 결의하고, 10월 10일 매매 계약을 체결했다. 합동정통총회는 1995년 12월 11일 총회 본부를 이전했다. 총회관 이전예배는 1996년 2월 5일에 드렸다.[727]

1998년 6월 25일 합동정통총회(총회장 최낙중 목사)는 양재동 햇불회관에서 총회관 봉헌 감사 예배를 드리고 총회 부흥 및 통일 선교대회를 가졌다.[728]

---

726) 대한예수교장로회 합동정통총회, 〈제72회 총회 촬요〉(1987. 9. 22-24); 「총회 25년사」, 117.

727) 대한예수교장로회 합동정통총회, 〈제81회 총회 촬요〉(1996. 9. 16-19); 「총회 25년사」, 343.

728) 대한예수교장로회 합동정통총회, 〈제83회 총회 촬요〉(1998. 9. 21-24); 「총회 25년사」, 460-474.

총회관 이전 추진위원회(2001)

2000년부터 총회관을 넓은 주차장 설치가 가능하고, 장래성이 있으며, 교통이 원활한 곳으로 이전하자는 논의가 있었다. 제85회(제23회) 총회(총회장 노영호 목사, 1937-2010) 실행위원회는 2001년 1월 2일 회의에서 총회관을 매도하되 전권을 총회 임원회에 위임하기로 만장일치 가결했다. 2001년 2월 1일 총회 임원회는 총회관 이전문제는 총회 실행위원회에서 여론을 수렴한 후 추진하기로 했다. 그런데 당일 총회 실행위원회는 총회관 이전 건은 특별위원회를 구성해 위임하기로 했다. 8인 특별위원회는 그 명칭을 '총회관 이전 추진위원'이라고 했다. 총회관 이전 추진위원회는 2001년 2월 9일 총회 정관을 검토하고 총회정관상 임원과 이사의 임기가 이미 만료되었으므로 총회관 이전 추진위원회에서 총회관 매매, 이전문제를 다루어도 별 문제가 없음을 확인했다. 그리고 2001년 2월 19일 총회 긴급실행위원회에서 총회관 이전에 관한 사항은 총회관 이전 및 유지재단 설립 추진위원회에 일임하기로 가결했다.[729]

제86회(제24회) 총회(총회장 장효희 목사) 실행위원회는 2002년 1월 7일 회의에서 총회관 이전 건에 대하여 총회관을 학교측에 넘겨주는 것을 원칙으로 하고 건물을 매입하는 것으로 해서 전권을 총회장에게 위임했다. 2002년 1월 11일 총회관 이전 전권위원회

---

729) 대한예수교장로회 합동정통총회, 〈제86회 총회 촬요〉(2001. 9. 17-20); 「총회 25년사」, 739.

는 서울시 서초구 방배동 1031-3번지 건물 1층(157평)을 매입하기로 만장일치 가결하고, 서울시 서초구 방배3동 981-13의 건물을 학교법인 백석학원에 일금 15억원에 매도하기로 만장일치 가결했다. 총회관 이전 전권위원회는 2002년 1월 15일 구 총회관 건물 매도계약을 하고 15억원에 매도했다. 2002년 1월 11일에는 새 총회관 매입계약(계약금 1억원)을 했고 2002년 1월 30일 구입잔금 7억 9천만 원을 지불했다.[730]

합동정통총회는 2002년 3월 11일 새로 구입한 총회관으로 이전하고 이전 감사예배와 5·150운동본부 발대식을 가졌다. '5·150운동'은 2001년 10월 15일 총회 실행위원회에서 가결한 것으로, 본 총회의 교세를 5,000 교회 150만 성도로 성장시키자는 부흥운동이었다. 5·150운동 총재는 홍찬환 목사가 맡았다.[731]

대한예수교장로회 합동정통총회 유지재단(2007)

2007년 5월 23일 대한예수교장로회 합동정통총회(총회장 양병희 목사)는 서울시로부터 유지재단 설립 허가를 받았다. 이제 합동정통총회가 비영리 종교법인으로서 지 교회 및 산하 선교단체들이 그 법적 보호를 받는 가운데 복음사역을 감당할 수 있게 된 것이

---

730) 「총회 25년사」, 740-742.
731) 「총회 25년사」, 746-748; 이석훈, "전국노회 협력, 교단발전 이루자: 합·정 총회관 이전 및 5·150운동본부 출발예배," 「기독교연합신문」, 2002. 3. 17.

다.[732] 2007년 11월 10일 강성교회에서 합동정통총회 유지재단 초대 이사장 박요일 목사 취임 감사 예배를 드렸다.[733]

총회관 확장위원회(2011)

2011년 9월 19−22일 천안 백석대학교회에서 개최된 제34회 총회(총회장 유중현 목사)에서 총회관 이전 건은 총회관 확장위원회 위원장 양병희 목사의 설명을 들은 후 총회관 확장위원회에 매매든 임대든 총회관 이전에 관한 전권을 허락하기로 했다.[734] 이에 총회관 확장위원회는 2011년 12월 당시 총회관 건물 맞은편에 있는 방배동 1024−4번지 덕산빌딩 4층 367평을 매입하기로 결정했고, 2012년 1월 13일 유지재단 이사회의 동의를 얻어 2월 21일 덕산빌딩 4층을 구입하고 총회본부를 이전했다. 백석총회는 3월 8일 총회회관 매입 및 이전 감사예배를 드렸다.[735] 그런데 문제가 있었다. 총회관(덕산빌딩 4층) 전체를 사용할 때 관리운영비가 과도하게 발생함에 따라 그에 따른 대책을 강구해야 했다.[736]

---

732) 윤영호, "총회 숙원인 유지재단 드디어 설립," 「기독교연합신문」, 2007. 6. 3.
733) 이석훈, "유지재단 허락하신 하나님께 감사," 「기독교연합신문」, 2007. 11. 18.
734) 대한예수교장로회 백석총회, 〈제34회 총회 촬요〉(2011. 9. 19−22).
735) 대한예수교장로회 백석총회, 〈제35회 총회 의사자료〉(2012. 9. 17−20); 이현주, "민족복음화·세계선교 중심되는 거룩한 터전: 예장 백석, 지난 8일 회관 매입 및 이전 감사예배," 「기독교연합신문」, 2012. 3. 18.
736) 대한예수교장로회 백석총회, 〈제36회 총회 의사자료〉(2013. 9. 9−10).

총회관 건립 추진위원회(2013)

2013년 9월 9–10일 백석대학교 백석홀에서 개최된 제36회 총회에서 총회장으로 추대된 장종현 목사는 총회장 취임 후 총회관 건립을 첫 사업으로 공표했다. 당시 덕산빌딩 4층을 총회관으로 사용하고 있었지만, 21억 정도의 부채까지 있어 새 총회관 건립은 쉽지 않은 목표였다. 무리한 계획이라는 우려가 많았지만, 총회원들이 안정된 목회를 하기 위해 총회관이 반드시 필요하다는 장종현 총회장의 의지는 확고했다.[737]

2013년 10월 18일 '총회관 건립 추진위원회'를 발족하고, 11월 7일 천안 백석대학교 국제회의실에서 가진 '제1차 총회관 건립을 위한 전진대회'에서 장종현 총회장은 총회관이 필요한 이유를 분명하게 선언했다.

> 내가 헌 옷을 입어도 자식은 깨끗하고 좋은 옷을 입히고 싶은 것이 아버지의 마음입니다. 총회관 건립은 우리를 위해서가 아니라 다음세대를 위해 세우자는 믿음으로 한다면 반드시 이뤄낼 수 있습니다. 우리가 백석의 미래를 이어갈 후배들을 사랑한다면 지금 보금자리를 지어야 합니다. 물질은 2차 문제입니다. 이 일은 우리 기도로 얼마든지 가능합니다.[738]

---

737) 이인창, "건립 추진부터 헌당까지 '은혜의 여정 10년'…'하나님 감사합니다.'" 「기독교연합신문」, 2023. 7. 23.
738) 이인창, "건립 추진부터 헌당까지 '은혜의 여정 10년'…'하나님 감사합니

장종현 총회장의 강력한 의지에 공감한 총회원들의 헌금 약정이 줄을 이었다. 장종현 총회장과 가족, 백석학원 산하 교수들과 교직원들이 먼저 기도와 물질로 헌신하며 종자돈이 마련되었고, 총회 대형교회와 원로들이 적극 동참하자 작은 교회들까지 십시일반 마음을 모았다. 건립 추진위원회가 발족한 지 불과 2개월 만에 총회원들이 약정한 헌금액이 100억 원을 훌쩍 뛰어넘었다.[739]

2014년 1월 6일 중랑구 묵동에 있는 영안교회에서 개최된 제36회기 제1차 임시총회에서 총대들은 백석 총회관 건립을 만장일치로 통과시켰다. 기존에는 '총회관 확장'이 목표였지만 이제는 '총회관 건립'으로 목표가 변경된 것이다. 4,250 교회가 총회관 건립 약정헌금에 참여하고 노회별 건축헌금 약정, 상비부 예산 절감 등의 건의안들도 일괄 통과시켰다.[740]

총회관 건립을 추진한 지 1년 6개월 후인 2015년 5월 7일 백석총회(총회장 장종현 목사) 유지재단이사회는 방배동 1203−1호 연건평 700여 평의 서암빌딩 매입을 완료했다. 21억 원의 부채를 안고 시작했는데 부채를 모두 청산한 것은 물론이고 102억 원 상당

다'"; 그리고 이현주, "백석인의 보금자리, 아버지의 마음으로 세우자,"「기독교연합신문」, 2013. 11. 17 참조.
739) 이인창, "건립 추진부터 헌당까지 '은혜의 여정 10년'…'하나님 감사합니다.'"
740) 이현주, "백석 총회관 건립 '만장일치' 통과,"「기독교연합신문」, 2014. 1. 12.

의 총회관 건립 부지 건물을 매입한 것이다.[741] 7월 6일 백석총회는 총회관 건립을 위해 마음을 모아준 고마운 분들을 초청해 '백석총회관 구입 감사예배'를 드렸다.[742]

백석총회관(2017)

총회관 건립을 위해 총회 구성원 모두가 한마음으로 달려왔는데, 건축비용이 많이 든다는 것이 문제였다. 총회관 건립 추진위원회는 건축비용 절감 차원에서 단독총회관 건물을 물색하던 중 2017년 9월 29일 서초구 방배동 남부순환로 2221에 있는 지하 4층 지상 7층 건물을 매입했다.[743] 리모델링 공사를 마친 후 11월 15일 총회본부 직원들은 총회관 이사를 마무리하고 남부순환로 시대를 시작했다.[744]

2017년 11월 27일 백석총회는 총회관 건립 추진 4년 만에 새로운 총회관을 가지게 되었다. 1,500일 만에 새 총회관에 입주한 것은 백석총회 구성원들이 사랑과 헌신을 통해 경험한 '기적'이었

---

741) 이현주, "백석 총회관 1단계 매입사업 마무리," 「기독교연합신문」, 2015. 5. 17.

742) 이현주, "총회관 매입은 '성령에 사로잡힌' 백석인의 결실," 「기독교연합신문」, 2015. 7. 12.

743) 이현주, "총회관 준공 및 입주감사예배 '11월 27일' 확정," 「기독교연합신문」, 2017. 10. 29.

744) 이현주, "자랑스러운 총회관, 11월 27일 감사예배로 첫 선," 「기독교연합신문」, 2017. 11. 19.

다.[745] 전국 55개 노회 2,240 교회가 동참했다. 총회관 건립을 추진할 당시 3,200 교회였던 교세는 교단통합으로 오히려 증가해 4년 만에 8,000 교회로 성장했다. 300여 평에 불과했던 총회 공간이 다섯 배인 1,500평으로 늘어났다.[746]

'백석인의 보금자리'가 마련되었지만, 해결해야 할 과제가 남아 있었다. 바로 '헌당'이다. 헌당을 위해서는 남아있는 부채를 완전히 청산해야 했다. 남은 부채는 약 20억 원으로, 총회관 건립 규모를 생각하면 충분히 감당할 수 있는 수준이었다. 하지만 기대와 달리 2년이 지나도록 모금 활동은 제자리걸음 상황이었다. 총회관 건립 추진위원회 본부장을 지낸 이승수 목사가 헌당을 위해 다시 나섰다. 봉헌위원회 위원장을 맡아 '100만원 더내기 운동'을 전개했다. 봉헌위원들이 전국을 돌며 교회들을 방문하고 사람들을 독려했다. 다시 크고 작은 정성이 모이기 시작해 헌당이 목전에 다가왔다. 헌당까지는 3억원이 채 남지 않을 때였다. 그런데 뜻밖의 암초를 만났다. 2019년 헌당을 목표했지만, 당시 구 대신측 목회자들이 이탈하는 일이 발생했다. 어수선한 분위기는 금방 일단락되었지만, 이번에는 코로나19라는 사상 초유의 전염병이 닥쳐 약

---

745) 이현주, "1,500일 만에 새 총회관 입주…'하나님이 기적을 이루셨다.'" 「기독교연합신문」, 2017. 12. 3.
746) 이인창, "건립 추진부터 헌당까지 '은혜의 여정 10년'…'하나님 감사합니다.'"

3년 동안 목회 현장을 어렵게 만들었다.[747]

그 난국을 타개할 수 있는 계기가 된 것이 총회 45주년 기념 사업 추진이었다. 기념사업 중 총회관 헌당이 핵심사업으로 계획되었고, 제2부총회장 이규환 목사가 책임을 맡았다. 헌당본부장과 실행위원들이 먼저 솔선수범했고, 약정했던 헌금을 미처 드리지 못했던 이들도 힘을 내었다. 그 결과 총회관 입주 후 6년 만에 하나님께 총회관을 헌당할 수 있었다.[748]

대한예수교장로회 백석총회는 2023년 7월 17일 총회관 헌당 감사예배를 드렸다. 총회관 헌당감사예배는 총회관 건립 추진부터 헌당까지 10년을 인도하신 하나님을 향한 총회원 모두의 마음을 담은 감사와 찬양의 시간이었다. 백석총회 총회관은 서울시 서초구 남부순환로 2221에 있으며 지하 4층 지상 7층 1,500여 평 (4,810㎡) 규모 건물이다.[749]

'백석인의 보금자리'

백석 총회관 건립과 헌당은 백석총회가 총회 소속 교회들과 성도들의 보금자리를 온전히 가지게 되었음을 의미한다. 이제 총회

---

747) 이인창, "건립 추진부터 헌당까지 '은혜의 여정 10년'···'하나님 감사합니다.'"
748) 이인창, "건립 추진부터 헌당까지 '은혜의 여정 10년'···'하나님 감사합니다.'"
749) 이인창, "총회관은 하나님이 세우신 역사적 기념비," 「기독교연합신문」, 2023. 7. 23.

관은 비약적으로 성장해서 한국교회의 중심에 서게 된 백석총회가 담을 넘은 요셉의 무성한 가지처럼 점점 더 외연을 확대할 수 있도록 항상 넉넉한 수액을 공급하는 샘(창 49:22)이 되어줄 것이다.

무리한 계획이라며 모두가 마음을 닫고 있을 때 총회 구성원들이 안정된 목회를 하기 위해서는 그들이 힘들고 어려울 때라도 언제나 품어줄 든든한 둥지가 있어야 한다는 설립자 장종현 목사의 결단이 총회관 건립의 시작이었다. 그런데 총회관 건립 과정에서 백석총회 구성원들이 함께 헌신하며 체득한 것은 '나를 위해서'가 아니라 '하나님 나라와 주님의 교회를 위해서' 애쓸 때 불가능을 뛰어넘을 수 있다는 믿음이었다. 백석 총회관 건립은 대외적으로는 백석총회의 저력과 구성원들이 가진 결속력을 보여준 쾌거였지만, 백석총회 구성원들에게는 비록 자신들이 부족하더라도 예수 그리스도의 교회를 위해 전심으로 헌신할 때 주님이 자신들을 사용해 '기적'을 이루게 하심을 깨닫게 된 소중한 체험이었다.

제13장

"개혁주의생명신학으로
민족과 세계를 살리다"

2023년 9월 11일 백석총회가 총회 설립 45주년을 맞는다. 백석총회는 개혁주의생명신학을 붙들고 예수 그리스도의 생명이 온 세상에 넘치는 세상을 만들기 위해 45년을 달려왔다. 여전히 나뉘어 반목하고 있는 한국교회가 바뀌고 회복되어야 함은 한국교회 구성원들 모두가 인정한다. 백석총회는 자신들이 바로 그 변화와 회복의 선봉에 서야 한다고 생각하며 최선의 노력을 다하고 있다. 한국교회에 예수 그리스도의 생명이 회복되는 것은 개혁주의생명신학으로 가능하다고 믿기에 "개혁주의생명신학으로 민족과 세계를 살리다"라는 슬로건을 내걸고 내일을 향해 달리고 있다.

백석총회 설립 45주년 준비위원회

백석총회는 총회 설립 45주년을 맞아 다양하고 뜻 깊은 행사와 사업을 통해 지금까지 베풀어주신 은총에 감사하며 하나님께 영광을 돌렸다. 백석총회는 2021년 6월 28일 총회관 2층 대강당에서 '백석총회 설립 45주년 준비위원회' 출범 감사예배를 드렸다. 준비위원회 위원장을 맡은 증경총회장 양병희 목사는 앞서서 헌신하며 총회 설립 45주년 관련 모든 사업과 행사를 이끌고 독려했다. 준비위원회는 각 사업과 행사를 맡아 주관할 본부들을 두고 본부장들과 총무들을 세워 45주년을 준비하도록 했다.

대회장	장종현		
준비위원장	양병희		
총괄본부장	정영근		
상임본부장	이영주		
상임위원장	장형준	**상임총무**	임요한
기획총무	유영삼	**기획총무**	용환규
정책총무	김강수	**재무총무**	김만열

사업명(본부명)	본부장	총무
45주년기념대회	이승수	성두현
백석인의날	박응순	설충환
45주년기념선교대회	조용활	이수재
목회자영성대회	유재명	김동기ⓑ
개혁주의생명신학국제포럼	성종현	김태철
총회관헌당	이규환	김효정
45주년기념교회건립	이정기	이석원
백석인한마당	이병후	박덕수
글로벌인재양성	박경배	공규석
역사편찬	임원택	용환규

역사관건립	이경직		강태평
한국교회연합운동본부	이경욱		이선대
백석문화예술제	진동은		배영진
기도성령운동	백대현		송영화
45주년다큐	성종현		이현주
다음세대본부	공규석		선양욱
기념논문집출간위원회	박찬호		유선명

예배위원장	나종원	의전위원장	이호준 김교순
대외협력위원장	홍호수	행정위원장	박종호 이상호
복지위원장	김양원 남세도	안내위원장	함석종 장재혁
찬양성가위원장	김상국	시설위원장	신만섭 이해우
홍보위원장	이진해 이석훈	진행위원장	임병재 설충환
사회위원장	음재용 마종열	동원위원장	김종만 박희곤
섭외위원장	최도경 정 권	기록위원장	정현진 임형만
정보통신위원장	신장환 이동현	청년위원장	황 빈
여성위원장	박찬양 이명옥	장로위원장	오우종 김경식
지도위원	전국증경노회장, 전국노회장, 신학교학장		
실무위원	총회상비국 국장, 위원회 위원장, 전국노회서기		
실행위원장	박철규		
실행위원	강대진 강인환 고강은 고기웅 권미선 권영구 김 철 김권필 김기인 김대성 김도경 김사울 김자종 김장명 김재일 김정훈 김종길 김종진 김종택 김종환 김창욱 김태규 김평세 남문현 도상엽 라미화 문강원 문인수 문정선 민상봉 박기호 박대순 박만영 박상호 박영래 박운규 박윤민 박인순 박재신 박정식 박종식 박효진 배석찬 백명곤 서미순 성실환 소진우 손세종 손재홍 손호육 송기창 송선우 신기범 신성우 심동섭 심웅기 엄교성 여상기 온재천 윤장희 이갑재 이기쁨 이군원 이명옥 이석우 이수관 이순기 이정호 이종율 이종일 이주영 이준일 이진호 이찬용 이충하 이희순 임영선 장권순 장권태 장기철 장성기 정종현 정찬숙 조경석 조광익 조래자 조성호 조주원 조한권 조희서 주인선 차명수 천영수 최성호 최영민 최진수 한경희 한상윤 한용준 함재홍 홍정식 (가나다순)		

사무총장	김종명	서기	김광호
대변인(공보실)	공규석	대변인(공보실)	이현주
행정총무	나상운	행정국간사	권민경

기도성령운동본부

백석총회는 기도하는 총회다. 총회 설립 45주년을 맞으며 다양한 사업과 행사를 준비했지만, 그 중심에는 기도성령운동본부가 있었다. 본부장 백대현 목사와 총무 송영화 목사, 부총무 정제호 목사가 '총회 설립 45주년 준비를 위한 기도 성회'를 이끌어 왔다. 기도성령운동본부는 매월 첫 주 목요일 45주년 기념사업 준비를 위한 기도 성회를 이어오고 있다.

2023년 목회자 영성대회

2023년 1월 4-6일 백석총회는 천안 백석대학교회에서 총회 설립 45주년을 여는 '2023년 목회자 영성대회'를 개최했다. 목회자 영성대회는 영적 지도자인 목회자들부터 성령 충만함으로 새해를 시작함과 동시에 구원의 감격을 회복하고 다시 부흥의 길로 나설 용기와 희망을 얻기 위해 마련된 백석총회의 전통이다. 특히 올해는 2020년 1월 대회 이후 코로나 팬데믹으로 2년 간 중단되었다가 재개된 점에서 의미가 있었고, 총회 설립 45주년을 기념하는 목회자 영성대회라는 점에서 또 다른 의미가 있었다. 1,500여 명의 목회자가 참석한 가운데, 첫째날 저녁집회는 사랑의 교회 오정현 목사가, 둘째날 저녁에는 화광교회 윤호균 목사가 말씀을 전했다.

성역 45주년 기념 헌정논문집, 문집, 화보집 발간

총회장 장종현 목사의 성역 45주년을 축하하고 기념하는 기념 문집, 기념논문집, 기념화보집을 발간하였다. 기념문집에는 총회 와 교계 인사 160여 명이 글을 실었으며, 기념화보집은 총회 역사 를 한눈에 살펴볼 수 있는 1,500여 장의 사진을 실었다. 기념논문 집에는 교파를 초월한 68명의 신학자들의 논문 78편이 수록되었 는데, 장종현 목사가 주창한 개혁주의생명신학을 주제로 한 논문 들을 집대성했다는 점에서 그 의미가 크다. 본부장은 박찬호 목사 였고, 총무는 유선명 목사였다.

백석인의 날

백석총회는 2023년 4월 10일 여의도 63빌딩 컨벤션센터에서 '백석인의 날' 행사를 개최했다. 한결같은 사랑으로 45년을 인도하 신 하나님을 찬양하고 민족과 세계를 살리는 백석의 비전을 선포 한 백석인의 날 행사에는 전국 노회를 대표하는 목회자들과 내외 빈 인사 등 1천여 명이 참석해 하나님의 은혜를 나누었다. 총회장 장종현 목사의 성역 45주년을 축하하고 기념하는 헌정식을 통해 장종현 목사에게 기념문집, 기념논문집, 기념화보집을 증정했다. '백석을 빛낸 사람들' 시상식 중 특별공로상은 백석신학교 출신으 로 한국교회를 대표하는 목회를 해온 연세중앙교회 윤석전 목사 가 수상했다. '축하와 비전선포' 시간에는 극동방송 이사장 김장환 목사, 예장 통합 증경총회장 김삼환 목사, 예장 합동 권순웅 총회장, 그리고 국토교통부 원희룡 장관을 포함해 많은 이들의 축하와 기대의 메시지가 나누어졌다. '백석인의 날' 행사 본부장은 박응순 목사였고, 총무는 설충환 목사였다.

백석역사관 건립

백석총회와 백석대학교 그리고 백석문화대학교는 2023년 5월 12일 백석대학교 창조관 12층 하은갤러리에서 백석역사관 개관 예배를 드렸다. 설립자 장종현 목사를 중심으로 백석학원과 백석 총회 역사를 망라한 백석역사관은 '지상의 과수원에서 영혼의 과수원으로'라는 주제 아래 창조관 13층에 1관과 2관으로 구분해 세 워졌다. 1관 '은혜의 숲'은 설립자 장종현 목사의 신앙여정과 함께 백석학원 산하 대학들의 태동과 발전 과정을 보여준다. 2관 '생명의 숲'은 개혁주의생명신학에 뿌리를 둔 백석총회의 역동적 사역을 보여준다. 백석역사관은 기존 역사관을 갈음한 것인데, 역사관 재구축 사업은 백석문화예술관장 문현미 교수가 총괄진행을 맡았으며, 총회에서는 백석역사관 건립 본부장 이경직 목사와 총무 강태평 목사가 함께 했다.

개혁주의생명신학 국제포럼

백석총회는 2023년 5월 29일 백석대학교 국제회의실에서 '개혁주의생명신학 국제포럼'을 개최했다. 2023년은 백석총회 설립 45주년이면서, 백석학원과 백석총회 설립자 장종현 박사의 '신학은 학문이 아닙니다' 선언 20주년이기도 하기에 이 날 포럼은 매우 의미 있는 행사였다. '개혁주의생명신학으로 민족과 세계를 살리다'라는 주제로 진행된 포럼의 주제발표는 미국 휘튼대학교 총장 필립 라이큰(Philip Ryken) 박사, 미국 칼빈대학교 총장 비베 보어(Wiebe Boer) 박사, 대구동신교회 원로목사 권성수 박사, 백석대학교 장동민 박사가 맡았다. 이번 개혁주의생명신학 국제포럼은 개혁주의생명신학이 이미 백석총회를 넘어 한국교회와 세계교회로 뻗어가고 있음을 확인할 수 있는 시간이었다. 국제학술대회 본부장은 성종현 목사였고, 총무는 김태철 목사였다.

백석인 한마당

2023년 6월 20일 천안 유관순체육관에서 '백석인 한마당' 잔치가 열렸다. 백석인 한마당에서는 개회예배 후 운동회로 친목을 도모함으로 전국 노회가 하나 되어 어울리는 화합의 장을 이루었다. 각 노회원들은 각 노회별로 단체복을 맞추어 입고 참석해 선의의 경쟁을 하면서도 백석총회 안에 하나 되게 하신 주님의 은총을 감사하며 즐거운 시간을 보냈다. 백석인 한마당 본부 본부장은 이병후 목사였고, 총무는 박덕수 목사였다.

1만교회운동

총회 설립 45주년을 맞아 1만 교회를 이루자는 목표로 진행중인 운동이다. 2022년 1,160여 교회가 백석총회에 가입했고 2023

년 6월 27일에는 2,215 교회가 합류하면서 백석총회 교회수가 9,500을 넘었다. 2023년 9월 9일 개최되는 '백석총회 설립 45주년 기념대회' 초청 메시지에서 장종현 총회장은 9,720 교회라고 했다. 1만교회운동본부 본부장은 이경욱 목사이고, 총무는 이선대 목사다.

글로벌 인재양성(장학사업)

총회 설립 45주년을 맞아 장학기금을 마련하여 총회와 우리 사회에 빛과 소금이 될 인재를 양성하려는 취지로 계획한 사업이다. 글로벌인재양성을 위한 헌금을 이미 총회로 전달했다. 글로벌 인재양성 본부장 박경배 목사는 총회 설립 45주년을 기념해 장학사업을 시행했지만, 백석총회의 이름으로 지속적인 기독교 인재 양성이 이루어지길 바란다고 했다. 총무는 공규석 목사다.

총회관 헌당

대한예수교장로회 백석총회는 2023년 7월 17일 서울시 서초구 남부순환로 2221에 있는 총회관에서 총회관 헌당 감사예배를 드렸다. 총회관 건립 과정과 헌당에 관해서는 앞서 '총회관 건립'을 기술한 장에서 상술했다. 총회관 헌당 본부 본부장은 이규환 목사였고, 총무는 김효정 목사였다.

총회 설립 45주년 기념 다큐멘터리

백석총회는 2023년 7월 24일 방배동 백석대학교 백석비전센터 하은홀에서 총회 설립 45주년 역사를 담은 기념 다큐멘터리 '백석, 은혜와 기적의 45년' 시연회를 가졌다. '백석, 은혜와 기적의 45년'은 촬영 기간만 2022년 2월에 시작해서 2023년 4월까지 16개월이 걸렸다. 1부 '이기는 자에게 주신 이름, 백석'과 2부 '개혁주의생명신학으로 민족과 세계를 살리다,' 각각 50분으로 편집된 다큐멘터리 제작은 제이리미디어(이종은 대표)가 맡았다. 다큐 본부 본부장은 성종현 목사였고, 총무는 기독교연합신문사 이현주 국장이었다.

역사편찬

백석총회는 총회 설립 45주년을 맞아 1978년 설립된 대한예수교장로회 복음총회로부터 오늘날 백석총회까지 역사를 담은 총회 역사를 출간한다. 「한국교회사」로 출간하는 것은 기존 한국교회사들에 백석총회의 역사가 제대로 담기지 않았기 때문이다. 제1부는 1885년 언더우드 선교사 입국 후 한국 선교 초기부터 1970년대 말 백석총회가 설립되기 전까지 역사를 다루고 있으며, 제2부는 백석총회 45년 역사를 담고 있다. 역사편찬 본부장 임원택 목사가 백석총회 역사를, 총무 용환규 목사가 백석총회 전사(前史)를 각각 맡아 집필했다.

백석총회 설립 45주년 기념대회

백석총회는 2023년 9월 9일 서울 올림픽 체조경기장에서 '백석총회 설립 45주년 기념대회'를 갖는다. 총회 설립 45주년 기념 행사와 사업의 대미를 장식할 이 대회에는 백석총회 소속 목회자들은 모든 성도가 함께 해 45년 동안 우리 백석총회에 베푸신 하나님의 은총과 사랑을 감사하는 시간을 가질 것이다. 백석총회 설립 45주년 기념대회 본부에서는 이 날 대회가 백석총회 구성원들이 함께 모여 총회는 물론 한국교회와 민족을 위해 기도하는 성령 집회가 되도록 기도하며 준비하고 있다. 본부장은 이승수 목사, 총무는 성두현 목사다.

이상이 백석총회 설립 45주년 준비위원회가 주관해서 시행한 사업들이다.

제14장

오직 하나님께 영광

백석학원과 백석총회가 설립된 1970년대 말 한국 사회는 많은 사람들이 농촌을 떠나 도시로 몰려드는 산업화 시대를 맞고 있었다. 그때 한국교회에는 대중전도운동의 바람이 불고 있었다. 1973년 빌리 그래함 목사의 서울전도대회 이후, 1974년 엑스플로 74대회, 1977년 민족복음화대성회, 1980년 '80 세계복음화대성회, 그리고 1984년 한국선교 100주년대회까지 대규모 전도집회가 이어지고 있었다. 하지만 이런 대중전도운동의 열기도 1950년대 이후 점점 더 심해져가는 한국교회의 분열과 반목을 해소하지는 못했다. 대중전도운동이 연이어 일어났던 10년 동안 오히려 한국교회는 더 분열하고 갈라졌다. 분열의 명분은 신학의 차이를 내세웠지만, 실제로는 주도권 다툼이 분열의 이유인 경우가 대부분이었다.

그런 한국교회를 보며 장종현 전도사는 예수 그리스도의 복음을 전파해 영혼을 하나님께 돌아오게 하는 일에 전념하는 사람들을 길러내고 싶었다. 여러 교단들로 나뉘어 싸우는 이유가 신학 때문이라면, 그런 신학은 내려놓고 성경 말씀을 붙들어야겠다고 생각했다. 하지만 하나가 더 필요했다. 기도였다. 한국교회가 나뉘고 갈라져 싸우는 것은 교회 지도자들 속에 예수 그리스도가 아니라 자아(自我)가 자리 잡고 있어서였다. 내가 죽고 내 속에 그리스도가 사는 것은 기도로만 가능하다고 확신했다. 일찍이 고등학생 때 자신도 무릎 꿇고 기도하는 가운데 복음전파 사명을 받았다. 기도의 맛을 알기에, 신학교를 세우기 전에도, 신학교를 세운 후에도, 시간을 내어 기도원을 찾았다. 말씀과 기도! 장종현 전도사는 말씀과 기도에 전념하는 신학생들을 길러내는 학교를 세우고 싶었다.

영적 아버지이신 김영철 목사님의 동의를 얻어 대한복음신학교를 세웠다. 그런데 문제가 있었다. 복음전파의 열정을 가지고 말씀과 기도에 전념하는 신학생들을 길러내어도 그들이 소속되어 일할 수 있는 총회가 없었다. 기성(旣成) 교단들이 대한복음신학교 졸업생들을 받아주지 않았기 때문이다. 대한복음선교회는 장종현 전도사가 대한복음신학교를 세울 때 학교를 뒷받침하는 교단과 같은 역할을 하도록 함께 세운 선교회였다. 하지만 선교회가 교회는 아니었으므로 신학교에서 배우고 졸업할 학생들이 장차 소속되어 섬길 교회, 즉 총회가 필요했다. 그 사이 장종현 전도사는 대한신학교를 졸업하고 대한예수교감리회 총회에서 목사 안수를 받았다. 1978년 9월 11일 장종현 목사는 대한예수교장로회 복음총회를 설립했다. 이제 대한복음신학교를 졸업할 학생들을 품어줄 총회가 생긴 것이다. 이것이 대한예수교장로회 백석총회의 시작이었다. 복음전파를 위해 설립된 대한복음신학교와 마찬가지로 대한예수교장로회 복음총회도 복음전파 열정이 낳은 산물이었다.

1978년 9월에 설립된 대한예수교장로회 복음총회의 교단 선언문은 복음총회가 개혁주의신학 전통에 서있음을 표명하고 있다. 성경을 토대로 삼고 있으면서 건전한 신학 전통을 존중함으로, 대한예수교장로회 복음총회가 장로교 신앙고백서의 표준인 웨스트민스터신앙고백서가 서있는 신학적 토대와 동일한 토대 위에 서있음을 드러내는 것이다.

대한예수교장로회 복음총회에 속한 대한복음신학교의 모든 학년 교육과정에 장로교 교리, 칼빈신학, 그리고 장로교헌법과 같은 과목들이 편성되어 있었음은 대한복음신학교가 학생 모집 첫 광고에 '초교파적 복음의 역군 양성'을 목표로 명시해 복음전파의 사명을 천명하면서도, 실제 신학교육의 내용은 개혁주의신학에 바탕을 둠으로 초기부터 개혁주의신학이라는 신학적 정체성을 지향했음을 보여준다.

신학교와 총회의 명칭, 그리고 총회 신앙선언문을 통해 분명히 드러난 대로 대한복음신학교와 대한예수교장로회 복음총회는 복음전파의 열정으로 설립된 신학교와 총회이며, 그 신학정체성은 성경을 토대로 삼고 있으면서 건전한 신학 전통을 존중하는 개혁주의신학이었다.

신학생들은 몰려왔다. 신학생들을 받아줄 총회도 있었다. 하지만 이제는 작은 총회라는 이유로 신학 정체성을 트집 잡는 서러움을 겪었다. 학생들을 위해서 그런 상황은 타개해야 했다. 설립자 장종현 목사에게는 졸업생들이 작은 교단 소속 목회자라는 이유로 받는 서러움을 떨치고 안정적으로 목회할 수 있게 해주고 싶은 마음, 그 마음뿐이었다. 1979년 9월 대한예수교장로회 복음총회는 대한예수교장로회 합동 비주류와 연합했다. 복음총회측은 합동 비주류 총회와 총회신학교를 존중하며 누가 되는 일이 없도록 주의하며 총회 화합을 위해 애썼다. 교회 하나 됨에 대한 바람이 분명했고 이로 인해 교회연합을 위한 바람직한 자세를 견지할 수 있었다.

1979년 12월 합동 비주류 내에서 대한복음신학교측으로 연합의 손을 내민 이들이 있었다. 비주류측 함북노회와 평북노회 목회자들이었다. 합동 비주류측 내에서 이루어진 일이었지만, 복음총회측에 합동측 함북노회와 평북노회가 합류한 모양이었다. 합동 비주류측 함북노회와 평북노회 목회자들이 복음총회측에 합류한 것은 대한복음신학교 때문이었다. 3년밖에 안 된 학교였지만 당시 대한복음신학교에는 많은 신학생들이 있었다. 안정적 성장은 누구라도 부러워할 만한 대한복음신학교의 최대 장점이었다.

비주류와 연합한 복음총회측은 교회연합의 정신에 따라 최선을 다했지만 합동 비주류측에 함께 있던 이들 모두가 복음총회측과 같은 자세는 아니었다. 합동 비주류측이 분열의 길로 들어설 조짐을 분명히 보이자 교회연합에 강한 의지를 가졌던 복음총회측은 결연하게 다시 독자 노선을 걷는 쪽을 택하였다. 복음총회측이 독자 노선을 걷게 된 것은 교회연합의 의지를 꺾은 것이 아니라 합동 비주류측 구성원들의 교회연합에 대한 의지의 한계를 느끼고 본래 자리로 복귀한 것이었다. 본래 자리로 돌아온 후 복음총회측은 '합동'이라는 명칭과 '총회신학교'라는 명칭을 사용하기로 했다. 그래서 1980년 5월 대한예수교장로회 합동진리총회를 구성하면서 신학교 명칭은 '대한예수교장로회(합동진리) 인준 총회신학교'로 변경했다.

이때 복음총회측이 '합동'을 총회명칭에 사용하고 '총회신학교'를 신학교 명칭에 사용하기로 한 것은 비주류측 함북노회와 평북노회에서 복음총회측에 합류했던 이들의 요청 때문이었다. 복음총회 역사보다 한국장로교회 역사가 더 중요하므로 한국장로교회 역사에 맞추어 총회명칭과 신학교 명칭을 사용하자는 이유였다. 그들로서는 '총회신학교'라는 이름을 놓치는 순간 자신들의 모교가 사라진다는 불안과 함께, '합동'이라는 명칭이 자신들의 신학 정체성을 보장해준다는 의식이 있었던 것 같다. 그런데 이것은 대한복음신학교와 복음총회를 설립한 장종현 목사로서는 받아들이기 쉽지 않은 요청일 수 있었다. 하지만 설립자 장종현 목사에게는 이름보다는 화합이 중요했다. 그래서 그 요청을 받아들였다. 설립자의 이런 생각과 자세는 그 이후로도 이와 유사한 상황에서 그로 하여금 항상 동일한 선택을 하게 했다. 백석총회와 대신총회가 통합을 모색하는 과정에 '대신'이라는 이름을 다른 이름으로 대체하는 것은 절대불가라는 대신측과 달리 총회명칭 변경에 대해 백석측이 유연하게 대처할 수 있었던 것은 설립자의 이런 자세 때문이었다.

비록 매우 짧은 기간이기는 했지만 합동 비주류와 연합했던 경험은 이후 백석총회가 교회연합운동에 대해 어떤 자세를 취해야 할지 그 방향을 잡는데 큰 도움이 되었다. 긍정적으로 인식한 것은 개혁주의신학 계승의 중요성이었고, 부정적으로 인식한 것은 당시 한국장로교회가 개혁주의신학을 주장하기만 할 뿐 실천하지 않는다는 현실이었다. 말로만 개혁주의를 외칠 뿐, 개혁주의신학이 표준으로 삼는 성경 말씀의 가르침과 동떨어진 삶을 사는 걸 보면서 개혁주의신학에 예수 그리스도의 생명이 회복되어야 함을 절감했다. 교회분열과 관련해서 항상 자기 잘못은 없고 남 탓만 하는 목회자들을 보면서 회개용서운동이 필요함도 절실히 느꼈다. 그 무렵 무인가 신학교 정비라는 위기가 닥쳤지만 지혜를 발휘해 극복함으로 신학교 구성원들의 결속력은 오히려 더 단단해졌다.

합동 비주류와 연합에서 복귀한 후 이번에는 규모는 좀 작지만 교회연합의 의지가 확고한 교단과 연합했다. 그 결과 대한예수교 장로회 합동진리연합총회가 되었다. 대한예수교장로회 합동진리 연합총회 선언문은 개혁주의신학을 좀 더 명확하게 천명했다. 선교 100주년을 바라보고 있는 한국장로교회를 이끌어주신 하나님의 은혜에 감사한 후, 여러 갈래로 나뉘어 있는 분열 상황을 반성하며 개혁주의신학과 장로교회의 바른 전통을 계승하겠다고 다짐했다. 선언문은 독선을 버리고 예수 그리스도의 사랑으로 연합해 한국장로교회사는 물론 한국교회사에 새 장을 열어가자고 제의하며 교회연합의 지침을 제시했다.

선언문에 제시된 양 교단 연합의 지침은 대한예수교장로회 복음총회의 교단 선언문에 표명한 개혁주의신학이라는 정체성을 계승하고 있으며, 더 나아가 복음총회 선언문에서는 명시하지 않았던 웨스트민스터 총회의 표준문서들을 열거하며 합동진리연합총회의 표준문서들로 고백함으로 개혁주의신학을 좀 더 명백히 천명했다. 개혁주의신학 계승과 교회연합운동에 힘쓰되, 교회 분열과 부패를 다른 누군가의 탓으로 돌리지 않고 회개하며 고쳐나가겠다고 다짐한 점은 개혁주의생명신학의 회개용서운동과 맥을 같이 하고 있다 할 것이다.

대한예수교장로회 합동진리연합총회는 합동 총회 선언문을 통해 올바른 신학 계승과 교회연합운동에 힘쓰겠다는 의지를 명확하게 천명했다.

1989년 대한예수교장로회 합동정통총회의 교단 노선 선언은 대한예수교장로회 합동진리연합총회 선언문보다 분량이 훨씬 많고 내용도 구체적이다. 이것은 합동정통총회가 개혁주의신학을 천명한 데서 더 발전하여 신앙과 삶에 대한 성경의 가르침을 훨씬 적극적으로 제시하였음을 의미한다.

신학교는 계속 성장했다. 총회신학교는 신학교로 남고 총신고등기술학교가 따로 섰다. 총회신학교는 목회자후보생을 길러내는 학교로, 총신고등기술학교는 학생들에게 복음을 전하는 터[場]로 여겼다. 총회신학교신학원을 개원해 목사후보생을 배출할 준비도 했다.

그런데 학교와 총회를 외부에서 도와줄 기관이 필요했다. 그래서 「기독교연합신문」을 만들었다. 기독교연합신문사가 설립됨으로 백석총회가 예수 그리스도의 교회의 지체로서 복음을 전파하고 하나님 나라를 확장할 때 함께 쓰임 받을 삼겹줄(전 4:12)이 완성되었다. 백석총회가 복음전파에 앞장서고 백석학원이 그 일에 헌신할 영적 지도자들을 길러낼 때 「기독교연합신문」은 그 기쁨과 아픔에 동참하는 또 다른 동반자가 되었다.

설립 초기 생존을 위해 몸부림치던 시기를 지나 총회신학교가 튼실하게 성장하고 있을 그 즈음 설립자 장종현 목사가 총회로부터 받은 신학교 헌납 요청은 엄청난 아픔이었다. 마치 자식처럼 돌보며 키워온 신학교를 내어놓으라고 하니 기가 막힐 일이었다. 신학교 헌납 요청을 받고 처음에는 말도 안 되는 요청이라 여겼다. 하지만 거듭 요청 받고 잠 못 이루고 있을 때 문득 이런 말씀이 들렸다. "내 거라며?" 그때 깨달았다. 예수 그리스도를 위해 복음을 전하고 오직 주님을 위해 신학교를 운영하겠다고 시작해서 여기까지 달려왔는데, 어느 순간 '나 자신'이 신학교의 주인이 되어버렸구나 하는 깨달음이었다. 회개했다. 그리고 신학교를 총회에 기꺼이 바쳤다.

몇 달 뒤 총회는 설립자 장종현 목사에게 신학교를 반려했다. 헌납 요구도 그랬지만 반려는 예상치 못한 것이었다. 헌납 결정은 결코 쉬운 일이 아니었다. 하지만 마지막 단계에서 학교의 주인은 주님이시라는 걸 깨닫고는 기꺼이 헌납했다. 그런데 그걸 다시 돌려주신 것이다.

신학교 총회 헌납과 반려를 통해 장종현 목사는 새로운 깨달음을 얻었다. 무엇이든 하나님이 우리가 내려놓거나 내어주기를 요구하실 때 기꺼이 순종하는 것이 참 믿음이라는 걸 깨달았다. 진심으로 내어드렸을 때, 혹시 그것이 우리가 감당해야 할 사명이라면, 그걸 다시 우리에게 맡기신다는 것도 깨달았다. "내 거라며?"라고 말씀하실 때 기꺼이 순종했던 그 체험은 그 후 장종현 목사로 하여금 무언가 붙들기 위해 최선을 다하다가도 주님이 끝내 아니라고 하시면 선선히 내려놓을 수 있는 믿음을 갖게 했다.

얼마 지나지 않아 천안에 두 학교가 새로 서게 되었다. 기독신학교와 천안외국어전문대학의 개교는 백석학원에 이전과는 다른 변화를 요구했다. 교수와 직원을 대거 충원하는 과정에서 신앙 공동체 의식이 희석될 수 있었다. 하지만 복음을 전할 대상인 학생들이 엄청나게 늘어 복음전파 사역 범위가 급속히 확대된 것은 반가운 일이었다.

천안 캠퍼스가 서울 캠퍼스에 비교할 수 없을 정도로 교지 면적이 넓은데다, 교육부로부터 인가받은 입학정원이 급속도로 늘어났기에, 복음전파 사역의 범위가 매우 확대되었다. 대한복음신학교를 설립할 때와 마찬가지로, 안서동에 두 학교를 세우면서도 설립자가 가진 '복음에 의한 대학교육'이라는 확신은 굳건했다. 고등교육 기관을 통해 국가와 시대가 필요로 하는 인재를 양성하고 공급하겠다는 의도는 분명했다. 하지만 그게 다가 아니었다. 그가 바라는 대학은 이미 서있던 다른 대학들과 비슷한 또 하나의 대학이 아니었다. 설립자가 꿈꾸는 기독교 대학은 젊은이들에게 복음을 전해 예수 그리스도를 믿어 구원 받도록 돕고, 참다운 삶의 의미와 사명을 깨달아 올바른 가치관을 가지고 교회와 민족을 위해 헌신하도록 양육하는 그런 대학이었다.

서울 캠퍼스의 두 학교에 더하여 천안 캠퍼스에 두 학교가 더 섬으로 인해, 설립자 장종현 박사가 바라는 복음전파의 사역 범위는 급속도로 확대되었다. 백석학원에 속한 각 학교의 발전은 복음전파 어장이 늘어남을 뜻한다. 백석학원에 속한 4개 학교는 하나의 뿌리에서 나와 서로 갈라져 따로 섬으로 서로 독립해 발전하면서도 복음전파의 사명으로 하나로 묶여 있었다.

백석학원 설립자 장종현 박사는 복음전파가 하나님께서 가장 기뻐하시는 하나님의 일이라는 확신을 가지고 있었다. 그래서 학교를 이끌어갈 때 혹시 다른 것들은 양보하거나 포기하더라도 복음전파와 관련된 것은 결코 양보하지 않았다. 천안 캠퍼스가 백석학원의 중심이 되기 시작한 1990년대 후반부터 10년 동안은 천안 캠퍼스의 천안대학교와 백석대학, 그리고 서울 캠퍼스의 백석예술학교 학생들에게 채플과 기독교 교양필수 과목을 통해 복음을 전하는 일에 온 힘을 쏟은 시기였다. 이것은 그 이후는 물론이고, 백석학원이 존재하는 한 앞으로도 반드시 지속할 일인데, '학원 복음화 사역'이라고 흔히 말하는 복음전파를 위한 구조와 체계가 이 때 형성되었다. 세 학교의 채플과 기독교 교양필수 과목을 위해 교목들을 많이 선발해 학부 담임목사로 사역하게 함으로 복음전파 사역에 많은 열매를 맺었다.

교목들이 영적 전쟁터 제일선에서 싸우는 장수들이라면, 2001년에 백석학술원으로 개원해 2005년 명칭을 새롭게 한 백석정신아카데미는 후방의 군수사령부 역할을 감당했다. 백석정신아카데미가 2001년부터 간행하기 시작해서 지금까지 갱신하고 있는 「기독교의 이해」 시리즈는 기독교 교양필수 과목 교재로 사용되고 있는데, 복음의 내용과 성경적 세계관을 쉽게 설명할 뿐 아니라, 기독교 대학으로서 백석학원의 신앙적 정체성을 잘 드러내고 있는 교재다.

　백석대학교 신학대학원과 신학교육원은 백석총회 직영 신학교가 아니라 인준 신학교다. 일반적으로는, 직영 신학교와 총회의 관계가 인준 신학교와 총회의 관계보다 훨씬 긴밀하다. 그런데 백석대학교는 물론이고 백석학원 전체와 백석총회의 유대는 우리나라에 있는 어떤 다른 교단 총회와 직영 신학교 사이 유대보다 훨씬 끈끈하다. 백석총회와 백석학원의 이런 긴밀한 유대는 설립자가 동일하기 때문일 것이다.

　복음전파에 헌신할 역군을 양성하기 위해 신학교를 세웠고, 제자들이 소속되어 일할 교회가 필요해서 총회를 세웠다. 군소교단이라서 당하는 서러움을 풀어주기 위해 합동 비주류와 연합했지만 교회 하나됨에 대한 의지가 없음을 보고 바로 복귀했다. 그 후 '합동'이라는 명칭을 유지해야 소속 목회자들이 총회명칭으로 인한 어려움을 덜 겪으리라 여겨 총회 명칭도 회기도 한국장로교 주류 교단인 합동총회를 기준으로 삼아 사용했다. 하나님이 백석총회에 큰 성장을 허락하셨다. 다른 교단들과 달리 총회와 신학교가 서로 북돋우어 주며 하나가 되어 무럭무럭 성장했다. 이제 다른 총회와 신학교가 '우리 것'을 인정할 뿐 아니라 때로는 부러워하기도 한다. 다른 교단들과 통합하는 과정을 통해 '우리 것'이 무엇인지 깨닫게 되었다. 그 '우리 것'이 바로 '백석'이다. 많은 진통을 겪었지만 그 과정을 통해 백석총회는 '백석'이 바로 우리 것임을 깨달았다. 총회 명칭 변경과 회기 조정은 우리 총회가 '우리 것'을 제자리에 놓은 뜻 깊은 일이었다. 그로 인해 백석총회는, 다른 어떤 교단의 경우에서도 볼 수 없는, 백석학원이라는 친밀한 동반자를 다시금 확인할 수 있었다.

2010년 5월 21일 백석총회 4만 명 성도들이 함께한 백석전진대회에서 선포된 「개혁주의생명신학 선언문」은 백석총회 신학인 개혁주의생명신학의 기틀이다. 2014년 11월 1일 개혁주의생명신학 7대 실천운동을 개정할 때 그 틀은 크게 바꾸지 않으면서 기도성령운동을 강조했다.

백석학원과 백석총회 설립자 장종현 박사가 개혁주의생명신학 정립을 위해 가장 많은 힘을 쏟은 것은 신학교 교과과정 개정이었다. 백석대학교 신학대학원은 2009학년도 2학기부터 교과과정 개정을 통해 기존의 신학 과목들 시수를 대폭 줄이고 그 줄인 만큼을 경건훈련 과목에 배정했다. 교과과정 개정을 통해 '성경 읽기와 필사' 6시수를 확보했다. 신학보다 성경을 가르치고 배우기에 힘써야 한다는 장종현 박사의 믿음이 반영된 결과였다. 이것은 개혁주의신학의 5대 표어 중 하나인 '오직 성경'의 정신을 제대로 계승하는 것이기도 하다.

한때 장종현 박사는 학생들에게 복음을 전하는 일은 교목과 교수들에게 맡기고 자신은 교직원들이 예수 그리스도를 온전히 알고 섬기도록 이끄는 일에 전념해야 하겠다고 생각했다. 하지만 시간이 지나며 그는 깨닫게 되었다. 복음사역을 함께 하고 성령 충만한 목회자후보생을 길러내자고 선발한 신학교수들이 말씀과 기도보다는 신학 연구와 전수에 몰두한다는 사실을 깨닫게 된 것이다. 기회가 주어지는 대로 설교를 통해서나 대화의 자리에서나 말씀 읽기와 기도에 힘쓰며 신학생들을 가르쳐주길 당부했지만 교수들은 쉬이 바뀌지 않았다.

신학대학원 신입생영성수련회 기간을 두 주간으로 확대한 것은 기도하는 신학생들을 만들기 위함이다. 하지만 이 수련회에는 신학대학원 강의를 하는 교수들도 반드시 참석해야 한다. 교수들이 먼저 본을 보여야 학생들이 그 본을 따를 것이기에 당연한 요구라 할 것이다. 설립자 장종현 박사는 이 시간을 통해 학생들과 함께 교수들이 변하기를 기대하고 있음이 분명하다. 기도와 말씀, 이 둘은 신학생들에 앞서 신학을 가르치는 교수들이 먼저 힘 쏟아야 할 과제인 것이다.

여성목사 안수는 찬성하는 이들이나 반대하는 이들 모두 성경의 가르침이 무엇인가 물으며 성경의 가르침을 따르기를 바란다. 헌법에 목사의 자격과 관련한 인용구절인 디모데전서 3장 1-7절 중에서도 2절 "한 아내의 남편이 되며"를, 문자 그대로 보아 여성목사 안수를 반대하든지, 항존직에 대한 성차별 구절로 이해하기보다 건전한 가정생활을 유지하는 자로 이해해야 한다고 보아 여성목사 안수를 찬성하든지, 성경해석에서 입장 차이를 좁히기는 불가능해 보인다.

결국, 여성목사 안수에 대한 찬반의 차이는 '전통적 입장을 따르느냐? 시대의 요청에 부응하느냐?'인 듯하다. 여성목사 안수를 반대하는 이들은 여성신학과 해방신학 같은 사조가 우리 총회에 발붙일 수 없도록 해야 한다고 주장하며, 여성목사 안수를 찬성하는 이들은 우리 총회내 여성 사역자들의 현실과 총회의 미래를 위해 여성안수를 시행해야 한다고 주장한다. 양측 모두 일리 있는 주장이다. 그래서 여성목사 안수 건을 두고 찬반 토론을 하며 오래 고민했다.

마침내 총회는 여성목사 안수 시행을 결의했다. 여성목사 안수를 반대하는 이들의 우려를 무시해서가 아니라, 우리 총회 여성 사역자들이 복음전파 사역에 더 힘을 낼 수 있도록 그리 결정한 것이다.

백석총회가 여성목사 안수를 결의했을 때 개혁주의신학을 공유하는 형제 교단들이 우려의 소리를 내기도 했다. 하지만 그들과 논쟁하기보다는 그들이 우려하는 것들이 기우가 되도록 스스로 더 삼갔다. 그와 동시에 형제 교단들과 함께 하기 위해 더 노력했다.

백석총회가 여성목사 안수를 결의한지 14년이 지났다. 여성안수 때문에 우려했던 안팎의 소리가 더 이상 들리지 않는 듯하다. 신학 면에서 백석총회의 개혁주의생명신학보다 더 성경적인 신학이 없기 때문일 것이다. 앞으로도 백석총회는 개혁주의생명신학을 바탕으로 성경적이면서 오늘날 한국교회에 적절한 결정을 해나갈 것이다. 그리고 이제 조심스럽게 말할 수 있을 것이다. 백석총회는 여성목사 안수 또한 '우리 것'으로 만들었다고.

백석총회와 대신총회의 통합은 오랜 시간이 걸렸다. 2014년 양 총회가 통합을 선언한 뒤에 많은 변화가 있었다. 통합에 반대하는 이들이 대신측에 많았기에, 통합 추진과정에서 대신측 내에서는 법정소송까지 겪으며 많은 고통을 당했다. 대신측과는 또 다른 이유로 백석측도 많은 어려움을 겪었다. 양 측 모두 통합과정에 받은 상처가 상당히 컸기에 치유를 위해서는 아직도 오랜 시간이 필요할 것 같다. 이런 아픔에도 불구하고 백석총회와 대신총회의 통합은 한국교회 특히 한국장로교회의 분열 상황을 고려할 때 매우 뜻 깊고 소중한 일이었다.

백석총회와 대신총회의 통합과정에서 통합이라는 대의(大義)가 흔들리지 않도록 그 중심을 잡았던 사람이 장종현 목사다. 백석측을 대표하는 목회자이지만 백석측 대부분 목회자들의 스승이기도 한 그로서는 통합과정에서 마음 아파하는 이들을 보듬어 안는 일이 결코 쉽지 않았을 것이다. 다 되었다고 예상하다가 뜻밖의 반대나 변수로 인해 어그러진 경우가 무수했다. 실망은 물론이고 그 아픔이나 상처는 매우 컸다. 그런데도 장종현 목사가 하지 않는 것 하나가 있다. 자신과 다른 주장을 하거나 때로는 매우 깊은 상처를 주는 이에 대해 험담하는 일을 하지 않는다. 통합에 반대하며 처음부터 대신 수호를 주장한 이들이나, 통합과정에 갈라져나간 이들 등 여러 가지 이유로 자신과 뜻을 함께 하지 않는 이들에 대해 험담하지 않는 것이다. 그렇게 하는 이유는 언젠가 마음이나 상황이 바뀌어 통합에 대해 마음이 열렸는데, 과거에 겪은 아픔이나 상처로 인해 그 좋은 뜻을 꺾는 일이 없도록 하기 위함인 듯하다. 장종현 목사가 한국교회 연합을 위해 회개용서운동을 그 해법으로 제시하는 것은 나 자신이 하나님께 회개하고 스스로를 돌아볼 때 다른 사람을 용서하고 품을 수 있기 때문이다. 교회연합을 위한 회개용서운동은 다른 누군가가 아니라 바로 나 자신이 먼저 실행해야 할 운동인 것이다.

백석총회와 대신총회의 통합은 아직 미완성이다. 비록 지금 함께하지 않지만 언젠가 함께할 수 있는 이들을 향해 마음을 열고 서로를 위해 기도할 수 있다면 통합이 완성되는 그 날이 속히 올 수 있을 것이다.

백석 총회관 건립과 헌당은 백석총회가 총회 소속 교회들과 성도들의 보금자리를 온전히 가지게 되었음을 의미한다. 이제 총회관은 비약적으로 성장해서 한국교회의 중심에 서게 된 백석총회가 담을 넘은 요셉의 무성한 가지처럼 점점 더 외연을 확대할 수 있도록 항상 넉넉한 수액을 공급하는 샘(창 49:22)이 되어줄 것이다.

무리한 계획이라며 모두가 마음을 닫고 있을 때 총회 구성원들이 안정된 목회를 하기 위해서는 그들이 힘들고 어려울 때라도 언제나 품어줄 든든한 둥지가 있어야 한다는 설립자 장종현 목사의 결단이 총회관 건립의 시작이었다. 그런데 총회관 건립 과정에서 백석총회 구성원들이 함께 헌신하며 체득한 것은 '나를 위해서'가 아니라 '하나님 나라와 주님의 교회를 위해서' 애쓸 때 불가능을 뛰어넘을 수 있다는 믿음이었다. 백석 총회관 건립은 대외적으로는 백석총회의 저력과 구성원들이 가진 결속력을 보여준 쾌거였지만, 우리 자신에게는 비록 우리가 부족하더라도 예수 그리스도의 교회를 위해 전심으로 헌신할 때 주님이 우리를 사용해 '기적'을 이루게 하심을 깨닫게 된 소중한 체험이었다. 백석 총회관은 우리는 물론 앞으로 백석의 미래를 이어갈 다음세대의 든든한 보금자리가 될 뿐 아니라 백석총회 복음전파 사역의 본부가 될 것이다.

총회 45년 역사를 돌아보면 백석총회의 특징은 3가지다.

첫째, 복음전파의 열정이다.

대한예수교장로회 복음총회는 복음전파의 열정으로 태어난 대한복음신학교의 동반자로 설립되었다. 기독교연합신문은 언론을 통해 복음전파 사역을 지원하는 또 다른 동반자였다. 백석총회와 백석학원, 그리고 기독교연합신문은 복음전파를 위해 세 겹줄이 되어 지금까지 달려왔다. 백석학원이 천안 캠퍼스를 가지게 됨으로 백석학원의 복음전파 사역 범위가 크게 넓어진 것은 물론이고 백석총회의 사역 지경도 크게 늘어났다. 충청권에 다른 교단 교회들에 비해 상대적으로 백석총회 교회들이 많은 것은 천안 캠퍼스의 성장 발전과 무관하지 않을 것이다.

역사가 오랜 기독교대학들이 명문 사학을 지향한다는 명목으로 채플과 성경교육을 축소한 것과 달리 백석학원 산하 대학들이 개교부터 지금까지 채플과 기독교 교양필수 과목을 꾸준히 유지하고 개발해 온 것은 백석총회 구성원들이 자긍심을 가질 수 있는 대목이다. 한 걸음 더 나아가, 백석총회 인준 신학교인 백석대학교 신학대학원과 신학교육원이 다음세대 복음전파 사역의 주역이 될 목회자후보생 교육에 매진하고 있을 뿐 아니라, 교과과정 개정을 통해 성경 교육에 더 많을 힘을 쏟고 채플과 수련회를 통해 기도 훈련에 힘 쏟는 것은 백석총회의 밝은 미래를 기대하게 한다.

백석총회가 여성 목사 안수 시행을 결의한 것도 총회 여성 사역자들이 복음전파 사역에 더 힘을 낼 수 있도록 하기 위해서였다. 백석 총회관은 현재 백석총회 구성원들은 물론 앞으로 백석의 미래를 이어갈 다음세대의 든든한 보금자리가 될 뿐 아니라 백석총회 복음전파 사역의 본부가 될 것이다.

둘째, 개혁주의생명신학이다.

백석총회의 신학은 개혁주의생명신학이다. 대한예수교장로회 복음총회의 신학정체성은 성경을 토대로 삼고 있으면서 건전한 신학 전통을 존중하는 개혁주의신학이었다. 대한예수교장로회 합동진리연합총회도 총회 선언문을 통해 올바른 신학 계승과 교회연합운동에 힘쓰겠다는 의지를 천명했다. 문제는 한국장로교회가 개혁주의신학을 주장하기만 할 뿐 실천하지 않는 것이다. 그래서 백석총회와 백석학원 설립자 장종현 박사가 개혁주의생명신학을 주창했다.

개혁주의생명신학은 개혁주의신학에 예수 그리스도께서 주신 영적 생명력을 회복시키기를 도모하는 신앙운동이다. 그래서 개혁주의생명신학은 말씀과 기도를 강조한다. 백석총회 구성원들은 백석총회는 물론 한국교회가 세속화와 교회 분열로 실추된 공신력을 회복하고 다시금 부흥으로 나아갈 수 있는 방법이 바로 개혁주의생명신학 7대 실천운동이라고 믿는다. "개혁주의생명신학으로 민족과 세계를 살리다"라는 슬로건은 총회 설립 45주년 기념대회까지만이 아니라 앞으로도 계속 백석총회 구성원들의 슬로건이 되어야 할 것이다.

셋째, 교회연합운동이다.

짧은 기간이었지만 합동 비주류와 연합했던 경험을 통해 백석총회는 교회연합이 제대로 이루어지려면 회개용서운동이 필요함을 분명히 깨달았다. 백석총회가 다른 교단들과 통합하는 과정을 통해 '우리 것'이 무엇인지 깨달은 것은 역설적 진실이다. 백석총회는 다른 교단들과 통합 논의를 하는 중에 '백석'이 바로 '우리 것'임을 깨달았다.

백석총회는 초기부터 지금까지 연합운동을 통해 크게 성장했다. 교단통합이 여러 차례 이루어졌지만, 매번 통합 후에 백석총회 안에는 중심과 주변이 따로 없었다. 처음부터 있었다고 또는 일찍부터 있었다고 기득권을 주장하지 않는다. 졸업한 신학교가 다르다고 차별하지도 않는다. 그래서 백석총회에 들어오면 '백석인'이 된다. 이것이 백석총회가 가진 가장 큰 장점이다. 그래서 흔히 '군소교단'이라 서러움 당하는 많은 이들이 백석총회의 문을 두드린다.

백석총회와 대신총회의 통합은 한국장로교회사에서 기념비적인 사건이었다. 안타깝게도, 백석총회와 대신총회의 통합은 아직 미완성이다. 하지만 회개용서운동을 통해, 비록 지금 함께하지 않지만 언젠가 함께할 수 있는 이들을 향해 마음을 열고 서로를 위해 기도할 수 있다면 통합이 완성되는 그 날이 속히 오리라 기대한다.

돌아보면, 백석총회가 걸어온 걸음걸음은 모두가 하나님의 은혜였다. 백석학원과 기독교연합신문을 동반자로 허락하신 것이 참 감사하다. 그래서 복음전파를 위해 매진할 때 외롭지 않다. 다른 총회들과 달리 나뉘어 다투지 않는 것도 참 감사하다. 설립자 장종현 목사의 강한 리더십이 있기에 가능한 일일 것이다. 수 년 전 백석총회는 총회 문제를 세상 법정으로 가지고 가는 이들은 제명하기로 결의했다. 평소 백석총회의 온건한 이미지와 상당히 다른 결정이었다. 하지만 교회 문제를 세상 법정에 가지고 가는 그런 일이 성경에 비추어 볼 때 바르지 않기에 그렇게 강력한 결정을 내린 것이다. 백석총회가 성경의 가르침을 온전히 따르고 순종하려는 자세를 잃지 않는다면 지금껏 백석총회를 선히 인도하신 주님께서 앞으로도 선히 인도해 주실 것이다.

개혁주의생명신학은 하나님의 말씀을 따라 예수 그리스도의 생명으로 자신과 교회와 온 세상을 개혁하기를 지향한다. 여기서 개혁의 순서가 매우 중요하다. 교회와 세상을 개혁하기 전에 나 자신이 먼저 예수 그리스도의 생명으로 개혁되어야 한다. 백석총회 구성원 모두가 항상 자기를 먼저 개혁하고(마 16:24) 한국교회와 세상을 향해 나아간다면, 주님은 백석총회와 이 세상 끝날까지 함께 해 주실 것이다(마 28:18-20). 주님이 백석총회를 그렇게 이끌어주시기를 소망하며 삼위일체 하나님께 영광을 돌린다. 오직 하나님께 영광!

부록

역대 총회임원

년 도	회기	회 장	부회장	서 기	부서기	회 록 서 기	부 록 서 기	회 계	부회계	총 무 (사무 총장)	부총무
78~79	1	장종현		이상민						허광재	
79~80	2	허광재		박진규				전순기		박영화	
80~81	3	이상열	서상기	오진성				전순기		서상기	
81~82	4	최순직	이상열	홍찬환	오진성	박성근	최낙중	박완순	조병선	서상기	
			계정남								
82~83	5	이재선	이상열	홍태희	오진성	박성근	최낙중	조남웅	강영희	한용택	
83~84	6	이 영	이상열	박대찬	오진성	서상기	최철종	조남웅	강영희	홍태희	
84~85	7	이 영	이상열	홍찬환	최낙중	박대찬	정장수	서상기	조남웅	홍태희	
85~86	8	이상열	홍찬환	박대찬	서상기	손양도	오진성	조남웅	노영호	한용택	
86~87	9	이상열	홍찬환	박대찬	정장수	최낙중	박성근	조남웅	노영호	한용택	
87~88	10	홍찬환	김준삼	최낙중	강영희	김석한	홍종기	조병선	최경수 ★	홍태희	
88~89	11	홍찬환	김준삼	서상기	박완순	조병선	임칠환	최경수 ★	고관재 ★	홍태희	
89~90	12	김준삼	이종정	최낙중	강영희	손양도	임칠환	고관재 ★	황건흠	홍태희	
90~91	13	김준삼	이종정	손양도	조병선	최철종	장효희	고관재 ★	장동희	서상기	
91~92	14	이종정	장종현	조병선	최철종	박우영	탁기환	고관재 ★	진호재 ★	서상기	
92~93	15	이종정	이 영	조병선	탁기환	박우영	박원용	진호재 ★	김병길 ★	서상기	
93~94	16	이상열	박대찬	손양도	정장수	이경호	김종수	이혜택 ★	박맹조	서상기	
94~95	17	홍찬환	박대찬	최낙중	양병희	김종수	강말웅	이혜택 ★	박맹조	서상기	
95~96	18	박대찬	한용택	정장수	강말웅	이경호	장효희	이혜택 ★	이종철	서상기	
96~97	19	한용택	최낙중	강말웅	박우영	장효희	정영근	이혜택 ★	이석헌	서상기	서정화
97~98	20	최낙중	홍태희	장효희	강덕인	이근범	박성환	안용원	이석헌 ★	서상기	
98~99	21	최낙중	손양도	양병희	이갑재	장효희	백금흥	안용원	이석헌 ★	서상기	

99~00	22	손양도	노영호	강말웅	장원기	이주훈	백금흥	안용원	이석헌★	서상기	
00~01	23	노영호	장효희	장원기	안창기	김진신	이호영	이주훈	송원석★	조병선	
01~02	24	장효희	서상기	안용원	백금흥	이갑재	박재근	이석헌★	진호재★	조병선	
02~03	25	서상기	조광동	이종승	김봉태	이창신	박철규	김창욱★	남일현★	조병선	
03-04	26	조광동	안용원	이근범	임시호	이영주	송정섭	김창욱★	남일현★	전용삼	
04-05	27	안용원	홍태희 / 이석헌★	이영주	유희수	이동현	김원춘	김창욱★	서중강★	전용삼	
05-06	28	홍태희	양병희 / 이석헌★	유희수	유중현	김원춘	조용활	서중강★	최정생★	전용삼	
06-07	29	양병희	백금흥 / 최정생★	이창신	박응순	박철규	한방희	남일현★	정환조★	조병선	
07-08	30	백금흥	장원기 / 최정생★	김득환	김학수	강점석	이규환	남일현★	정환조★	조병선	
08-09	31	장원기	유만석 / 남일현★	이영주	이승수	이종호	배영진	정환조★	유철호★	조병선	
09-10	32	유만석	노문길 / 김기만★	신만섭	김동기	이승수	신청의	유철호★	박창우★	사무총장 이경욱	
10-11	33	노문길	유중현 / 김기만★	박철규	이규환	김동기	이우영	전봉열	안문기★	이경욱	
11-12	34	유중현	정영근 / 고민영★	이병후	차명수	박웅대	박종호	안문기★	정우진★	이경욱	
12~13	35	정영근	이종승 / 유철호★	정병훈	최도경	김종명	박종호	정우진★	이재원★	이경욱	
13~14	36	장종현	이종승 / 이태구★	김진범	임용석	이승수	임근호	이재원★	원형득★	이경욱	

14~15	37	장종현	이종승 이주훈 김용민★	김진범	이창신	김자종	유용원	원형득★	김종태★	이경욱
15-16	38	장종현	이종승 유충국 이주훈 박근상 이정환★	박태현 김자종	박경배	류기성	유용원	최석균★	원형득★	이경욱 홍호수
16-17	39	이종승	유충국 이주훈 박근상 박창우★	안요셉	임요한	김종명	강대석	원형득★	김건곤★	이경욱 홍호수
17-18	40	유충국	이주훈 박경배 이재원★	이승수	박성국	김병덕	임요한	김건곤★	신맹섭★	이경욱 홍호수
18-19	41	이주훈	박경배 류춘배 김우환★	김병덕	이규철	윤양표	김삼용	신맹섭★	정규성★	김종명
19-20	42	장종현	정영근 안문기★	김진범	박종호	임요한	김만열	원형득★	오우종★	김종명
20-21	43	장종현	정영근 김진범 안문기★	이진해	박종호	임요한	남세도	원형득★	최태순★	김종명
21-22	44	장종현	김진범 원형득★	이승수	김강수	김만열	장권순	박장우★	탁홍식★	김종명

★는 장로

교단통합 증경총회장

구 분	년 도	성 명
개 혁	2013	이 선 전하라 호세길
개 혁 광 주	2014	한광식
성 경	2014	곽성현
대 신	2015	최복규 이경성 김재규
합 동 진 리	2017	조성훈 공병철

명예총회장

구 분	년 도	성 명
명예총회장	1993	고현봉 계정남
	1997	고창훈
	2001	최철종 이승일
	2013	장성운 박요일 최현기 이종래
	2016	고기홍
	2020	김한배 강말웅
	2022	김연희 윤호균

노회 설립일

번호	노회명	기록일자	설립일자	변경명	변경일자	기타 비고
1	수도	1981.12.29				
2	서울			서울북노회에서	1986.3	
3	동서울		1987.5.16	서울강남에서		
4	서서울					
5	남서울			해산	2022.12.08	
6	한남					
7	서울강남					
8	경기					
9 9	성남			경성	1983.10.31	
				성남	1999.9.16	

10	인천					
11	수원					
12	충청					
13	경상					
14	전라	전남		전남연합	2022.6.	
15	충남			대전	1990.4	
16	경남		1983.8.25			초대, 이태겸
17	서울강서		1985			초대, 박우영
18	경서	경성에서	1985.12.12	안양	1998.2.2.	
19	울산		1986.5.6			초대, 정운기
20	경기서북		1986.6.24	경기북	1990.4.1	초대, 박영래
21	서울중앙	서울에서	1985.12.21			초대, 박태운
22	부천		1985.12.17			초대, 박우진
23	서울강동	수도에서	1985.12.			초대, 박대찬
24	경동		1986.4.26			초대, 홍종기
25	동서울	서울강남	1987.5.16			초대, 긴석한
26	한동		1987.9.7	서울강동	2000.8.10	초대, 박성근
27	충서	충남에서	1988.10.25	충남노회	1990.10.1	초대, 이강용
28	충북	충남에서	1988.09.19			
29	경기남		1989.4.17			총대, 정인화
30	대구	경북에서	1992.4.23			초대, 최영주
31	제주		1993.2.12			초대, 강원익
32	강원		1993.3.15	강원중부 분리		초대, 신재귀
33	평북		1994.3.29			초대, 김한배
34	함남		1994.4.18			초대, 엄신형
35	평남		1994.4.19			초대, 배양찬
36	황해		1994.7.14			초대, 안창기
37	경기중앙	서울에서	1995.4.26			초대, 강석은
38	미주		1995.6.4			초대, 박형주
39	광주	전남에서	1995.10.17		2018.4.11. 새광주 통합	초대, 주인선
40	함북		1995.10.26			초대, 이성문
41	평안		1996.3.21			초대, 강중희
42	인천중앙	인천에서	1996.4.15			초대, 임현숙
43	광명	경기남에서	1997.6.14			초대, 강말웅
44	함동		1997.10.13			초대, 권오윤
45	동부산	경남에서	1998.3.19			초대, 김장원

46	부산	경남에서 분리	1998.3.19	부산, 서부산, 새부산 통합	2022.7.4. (도명우)	초대. 윤성진
47	미주동부		1999.1.25			초대. 이규석
48	동서		2000.9.22			초대. 박철규
49	남부		2001.10.19			초대. 노상호
50	경안		2001.10.20			초대. 허광재
51	뉴욕		2002.4.17			초대. 노왈수
52	한성		2002.4.22			초대. 윤영대
53	중부		2002.7.29			초대. 이규황
54	한양		2002.10.18			초대. 노상호
55	북서울		2003.3.6			초대. 이종환
56	한남중앙		2003.4.24			초대. 박준배
57	함서	함동에서	2003.6.24			초대. 권오윤
58	중원		2003.7.14			
59	평서		2003.8.25			초대. 이효근
60	여수		2012.3.20			초대. 이하준
61	경서	안양에서	2012.10.18			초대. 김응열
62	카나다		2013.5.30			
63	서서울	서울서에서	2013.6.21			초대. 심하보
64	서울강북	서울서에서	2013.6.27	강북분(21.08)		초대. 하태경
65	중부중앙		2014.4.7			초대. 장기철
66	전라		2014.4.22			초대. 서기성
67	우리	통합	2016.11.16			중경,서경,우리 한미연합 통합
68	중앙	통합	2017.4.6			중앙, 서부 통합
69	경서울	통합	2017.5.10			경서울, 경일, 열방선교 통합
70	새서울	서울남에서	2017.7.18			초대. 백낙천
71	수도제일	중앙에서	2018.2.8			
72	경원		2018.6.22			초대. 정현모
73	한서중앙		2019.10.30			초대. 황종수
74	남부산		2020.6.22			초대. 김용배
75	한강		2020.7.15	강남중앙	2020.7.3	초대. 류성열
76	강남		2022.3.24			초대. 권미선
	강북	서울강북에서	2021.08	서울강북분노회		초대. 이기쁨
77	서북		2021.11.13.	한강 일부		초대. 임영혁
78	세종		2022.9.5			초대. 김만열

	강남수경	강남중앙 + 수경	2022.10.			초대,김자종
79	서울남	해산	2022.11			
80	한길	북서울일부	2022.10.11			초대, 황병문
81	동북	동북연합	명칭변경 2022.12.05	주연합통합 20210524		
82	남서울	서울남	20230313	서울남 해산 후		초대, 권상일
83	충경	연합 분리	20230413			초대, 김만수
84	중서	진리수도 분리	20230413			초대, 박종남
85	대한	독노회에서 분리	20230420			초대, 배대동

강원노회	‒ 구대신 이탈(42회)
강중노회	← 강원중부에서
경기남노회	
경기노회	
경기동노회	← 함서
경기북노회	
경기서노회	
경기중앙노회	
경남노회	구대신구백석통합 ‒ 구대신 이탈(42회)
경동노회	
경부노회	← 경상 / 경상, 상경 통합
경북노회	경기제일,경북통합
경서노회	
경서울노회	경서울,경일,열방선교통합
경서중앙노회	← 경서B
경안노회	
경원노회	
경인서노회	구:한마음
경인선교노회	
경인한남노회	← 한남B
경천노회	강남 ‒ 경천 ‒ 북서울(2022.8.16.)
경충노회	← 함북
광명노회	
광주노회	광주, 새광주통합
남부산노회	200616설립
대구노회	

대전노회	구대신구백석통합 – 구대신 이탈(42회)
독노회	
동남노회	
동부노회	
동북노회	– 동북연합(주연합과 통합/2022.5.24.)
동서노회	
동서울노회	
동인천노회	
미주동부노회	미주동부,BD뉴욕통합
미주동부중앙노회	
미주서부노회	
반석노회	
부산노회	새부산, 서부산노회와 통합(2022.7.4.)
부천노회	
부천중앙노회	← 부천
북서울노회	경천 통합(2022.8.16.)
분당노회	
새경인노회	광명,인천통합
새부산노회	← 부산B – 부산과 통합 후 해산(2022.08.29.)
새서울노회	서울남/새서울
서경노회	← 경동D
서남노회	서남 ← 우리,중남,서경, 한미연합통합/서남, 서울중부 분"노회
서부산노회	부산과 통합(2022.7.4.)
서북노회	2021.11.17. 정치국
서서울노회	
서울강남노회	
서울강동노회	
서울강북노회	서울강북,신정통합
서울강서노회	
서울남노회	
서울남부노회	
서울노회	
서울북노회	
서울서부노회	서울강북/서울서부분립
서울송파노회	
서울중부노회	서남,서울중부 분"노회,서남 ← 우리,중남,서경,한미연합통합
서울중앙노회	

서초노회	
성남노회	
수경노회	← 복지
수도노회	
수도서울노회	서울/수도서울분'노회
수도제일노회	중앙/수도제일
수도중앙노회	← 평북
수원노회	구대신구백석통합
수지노회	2022.8.12. 폐노회
안양노회	← 안양B
여수노회	
연합노회	전남노회와 통합(2022.8.25.)
영남노회	경남과 통합으로 폐노회(2022.8.25.)
울산노회	
인천노회	
인천중앙노회	
전남노회	구대신구백석통합 - 분열 - 연합과 통합(2022.8.25. 전남연합)
전라노회	
전북노회	구대신구백석통합
제주노회	구대신구백석통합
주연합노회	← 연합B - 동북과 통합(2022.5.24.)
중경노회	← 중부
중부노회	2022.8.12. 폐노회
중부수도노회	← 대경
중부중앙노회	
중앙노회	중앙,서부 통합
중원노회	
진리수도노회	
충남노회	구대신구백석통합
충북노회	구대신구백석통합
캐나다노회	
캘리포니아노회	
평남노회	
평서노회	
평안노회	
하나로노회	
한남노회	
한남중앙노회	

한북노회	← 경기북D
한서노회	
한서중앙노회	
한성노회	
한양노회	한양.서해 통합
한중노회	← 경서C

회기별 교회수 변동

년도(기간)	원교회수	가입교회수	설립교회수	폐쇄교회수	탈·제명	차이	통합	실제	이탈	기타	최종교회수
2009 −2010 (32회기)	3,098	76	49	9	13	103					3,201
2010 −2011 (33회기)	3,201	34	22	9	12	35				−118	3,118
2011 −2012 (34회기)	3,118	225	91	11	24	281				−132	3,267
2012 −2013 (35호기)	3,267	101	75	15	23	138	893 (이선, 개혁)			−86	4,212
2013 −2014 (36회기)	4,212	270	88	16	26	316	707 (광주 개혁, 성경)			+41	5,276
2014 −2015 (37회기)	5,276	240	38	17	48	213				+83	5,572
2015 −2016 (38회기)	5,572	313	79	10	55	317	1,244 (대신)			+6	7,139
2016 −2017 (39회기)	7,139	268	79	16	30	301	696 (합동 진리)			+126	8,262
2017 −2018 (40회기)	8,262	184	75	47	77	135			−292 (합동 진리)	−732	7,373

회기										
2018 −2019 (41회기)	7,373	160	50	46	84	80		−225 (합동진리) −450 (대신수호)	−63	6,715
2019 −2020 (42회기)	6,715	215	88	48	58	286		−413 (백석대신)	−111 (백석)	6,170
2020 −2021 (43회기)	6,170	242		47	53	142				6,212
2021 −2022 (44회기)	6,212	203	70	40	101	12				6,221
2022 −2023 (45회기)	6,221	1,317	55	21	59	1,292				23년 4월 현재 7,513
2023.6.27	7,513	2,215								통합 예배 후 9,728
합계										

참고문헌

30주년준비위원회 편. 「복음에 서다: 기독교연합신문 30년 장종현 목사 언론선교 30년」. 서울: 기독교연합신문, 2018.

강경림. "한국교회의 성례 의식(意識)에 대한 유감." 「신학지평」 10 (1999): 41-52.

"개혁주의생명신학회 정관." 「생명과 말씀」 1 (2010): 219-232.

곽안련. "조선예수교장로회신경론." 「신학지남」 2/2 (1919): 71-83.

_____. 「한국교회와 네비우스선교정책」. 박용규 역. 서울: 대한기독교서회, 1994.

곽안련 편. 「장로교회사전휘집(長老敎會史典彙集)」. 조선야소교서회, 1918.

권의석. "차별적인 시선들: 일본의 3·1운동 탄압과 잔학행위에 대한 영국의 반응." 「역사와 실학」 77 (2022): 331-365.

기독지혜사 편. 「교회사대사전」. 전3권. 서울: 기독지혜사, 1994. "교회재건운동" 항.

김경빈. "19세기 서구 기독교 선교에 있어서 국가적인 사업과 복음 전파 사이의 혼동." 「신학논단」 27 (1999): 207-232.

김남식. "신사참배 수난 후 한국교회 재건 양태 연구." 「신학지남」 70/2 (2003): 325-367.

김명구. 「한국 기독교사: 복음주의자의 시각으로 보는 한국의 기
　　　독교 역사. 1, 1945년까지」. 서울: 예영커뮤니케이션,
　　　2018.

김양선. 「한국 기독교 해방 10년사」. 대한예수교장로회총회, 1956.

김영숙. "일본제국주의의 3.1운동 탄압과 제암리사건." 「일본학」
　　　49 (2019): 1-30.

김영재. "개혁신학 전통에서 본 한국교회." 「갱신과 부흥」 11
　　　(2012): 5-36.

_____. 「교회와 신앙고백」. 수원: 합동신학대학원출판부, 2002.

_____. 「한국교회사」. 수원: 합신대학원출판부, 2019.

_____. "한국 교회의 문제점과 그 쇄신에 대한 제언." 김영한 편,
　　　「한국 기독교와 기독 지성인」, 24-33. 서울: 풍만, 1987.

김은수. 「개혁주의 신앙의 기초 2」. 서울: SFC, 2010.

김인수. 「(섭리사관의 입장에서 본) 한국교회의 역사」. 서울: 쿰란출판
　　　사, 2017.

김준삼 박사 추모기념집 출판위원회 편. 「김준삼 박사의 생애와
　　　사상」. 서울: 김준삼 박사 추모기념집 출판위원회, 2009.

김홍만. "한국장로교회의 신학적 뿌리에 대한 논쟁들." 「개혁논총」
　　　22 (2012): 197-232.

내한선교사사전 편찬위원회 편. 「내한선교사사전」. 서울: 한국기
　　　독교역사연구소, 2022.

노영숙. "개화기 선교사들의 기독교 교육이 근대 교육·문화에

기여한 교육적 의의: 부산·경남지역을 중심으로(1884–

　　　1941)." 「기독교교육논총」 34 (2013): 349–388.

"'노회수의'통해 '통합안' 처리: 예장대신 임원·노회장 간담회, 12

　　　월말까지 마무리." 「기독교연합신문」, 1999. 11. 14.

"대신측과 통합 결의·21세기 선진교단 다짐." 「기독교연합신문」,

　　　1999. 9. 19.

"대신·합동정통, 주춤하던 통합논의 '급물살.'" 「기독교연합신문」,

　　　2000. 4. 9.

대한예수교장로회. 「예수교장로회대한로회회록」. 경성: 예수교장

　　　로회, 1908.

대한예수교장로회 대신–백석총회. 〈의사자료〉. 2016. 9. 5–8.

대한예수교장로회 백석총회. 〈제34회 총회 촬요〉. 2011. 9. 19–

　　　22.

_____. 〈제35회 총회 의사자료〉. 2012. 9. 17–20.

_____. 〈제36회 총회 의사자료〉. 2013. 9. 9–10.

_____. 〈제37회 총회 촬요〉. 2014. 9. 22–25.

_____. 〈제95회(백석 33차) 총회 촬요〉. 2010. 9. 13–16.

대한예수교장로회 총회. 〈의사자료〉. 2016. 9. 5–8.

_____. 〈의사자료〉. 2017. 9. 11–14.

_____. 〈의사자료(총회촬요)〉. 2018. 9. 10–13.

_____. 〈의사자료(총회촬요)〉. 2019. 9. 2–4.

_____. 〈의사자료〉. 2020. 9. 22.

대한예수교장로회총회(백석). 「헌법」. 서울: 대한예수교장로회 총
회(백석) 예장백석출판사, 2023.

대한예수교장로회총회 역사편찬위원회. 「대한예수교장로회(합동정
통) 총회역사(1978-2002)」. 서울: 총회출판위원회, 2005.

대한예수교장로회 합동정통총회. 〈제72회 총회 촬요〉. 1987. 9.
22-24.

_____. 〈제73회 총회 촬요〉. 1988. 9. 6-8.

_____. 〈제74회 총회 촬요〉. 1989. 9. 18-21.

_____. 〈제76회 총회 촬요〉. 1991. 9. 9-12.

_____. 〈제81회 총회 촬요〉. 1996. 9. 16-19.

_____. 〈제82회 총회 촬요〉. 1997. 9. 22-25.

_____. 〈제83회 총회 촬요〉. 1998. 9. 21-24.

_____. 〈제84회 총회 의사자료〉. 1999. 9. 13-16.

_____. 〈제86회 총회 촬요〉. 2001. 9. 17-20.

_____. 〈제87회 총회 촬요〉. 2002. 9. 23-26.

_____. 〈제88회 총회 촬요〉. 2003. 9. 22-25.

_____. 〈제89회 총회 촬요〉. 2004. 9. 13-16.

_____. 〈제90회 총회 촬요〉. 2005. 9. 12-15.

_____. 〈제91회 총회 촬요〉. 2006. 9. 18-19.

_____. 〈제93회 총회 촬요〉. 2008. 9. 22-25.

_____. 〈제94회 총회 촬요〉. 2009. 9. 21-24.

류대영. 「한국기독교의 역사」. 서울: 한국기독교역사연구소,

2018.

민경배. 「교회와 민족」. 서울: 연세대학교 출판부, 2007.

_____. 「한국기독교회사: 한국 민족교회 형성과정사」. 서울: 연세
　　　대학교 대학출판문화원, 2017.

_____. 「한국 민족교회 형성사론」. 서울: 연세대학교 출판부,
　　　2008.

박경수. "초기 한국 개신교 부흥운동과 교회연합운동." 「장신논단」
　　　26 (2006): 129-166.

_____. "한국 개신교 초기 교회 연합 운동의 유산." 「장로교회와
　　　신학」 8 (2011): 201-228.

_____. "한국 장로교회가 회복해야 할 장로교의 유산들." 「기독교
　　　사상」 645 (2012): 22-36.

박용규. "개혁주의 역사 신학적 입장에서 본 12신조." 「신학지남」
　　　76/1 (2009): 81-139.

_____. "로버트 토마스(Robert J. Thomas) 선교사, 역사적 평가."
　　　「신학지남」 83/3 (2016): 41-139.

_____. "미국과 한국 개혁주의운동, 그 역사적 개관." 「신학지남」
　　　76/4 (2009): 93-129.

_____. "총신 120년의 역사, 신앙, 평가(1): 평양장로회신학교
　　　설립, 발전, 폐교 (1901-1940)." 「신학지남」 88/2 (2021):
　　　153-235.

_____. "평양대부흥운동과 산정현교회(1901-1910)." 「신학지남」

74/4 (2007): 97-131.

_____. "한국교회사 서술 방법에 대한 소고." 「역사신학 논총」 1 (1999): 339-360.

_____. 「한국기독교회사. 1-2」. 서울: 한국기독교사연구소, 2016.

_____. "평양대부흥운동의 성격과 의의." 「한국기독교신학논총」 46/1 (2006): 277-321.

박형신. "존 로스와 스코틀랜드 연합장로교회 해외선교부의 한국 선교에 대한 갈등." 「한국기독교와 역사」 46 (2017): 35-68.

백낙준. 「한국개신교사 1832-1910」. 서울: 연세대출판부, 1973.

백석대학교회 편. 「백석대학교회 30년사」. 서울: 백석대학교회, 2011.

백석정신아카데미. "기독교대학의 글로벌 리더." 2006년 학교법인 백석대학교 교직원연수회 자료집, 2006. 6. 22.

_____. 「최순직 박사의 신학사상」. 천안: 백석정신아카데미, 2009.

백석정신아카데미 개혁주의생명신학실천원 편. 「김영철 목사의 삶과 설교」. 서울: 기독교연합신문사, 2013.

백석학원 40년사 편찬위원회. 「백석학원 40년사」. 서울: 백석학원 40년사 편찬위원회, 2016.

변창욱. "평양 장로회신학교 초기 역사(1901-1922) 신학교 명칭(校名)의 변경과정을 중심으로." 「장신논단」 53/2 (2021):

155-181.

"비주류측 6개파로 분열: 보수신학, 신앙 자처하면서….""「기독신
　　　보」, 1981. 12. 12.

"새 천년 '교단통합 새 장': 합정-대신 '역사적 요청에 결연히 일어
　　　섰다' 선언.""「기독교연합신문」, 2000. 6. 4.

서정민. "한국교회 초기 대부흥운동에 대한 사회적 반응.""「한국기
　　　독교와 역사」 26 (2007): 81-113.

소기천. "초기 한국교회의 권서인 소요한 장로.""「성경원문연구」
　　　10 (2002): 110-119.

심군식. 「해와 같이 빛나리」. 서울: 교회교육연구원, 1990.

양낙흥. "1960년대 장로교 '승동측'과 '고신측'의 합동이 재분리에
　　　이른 과정.""「한국기독교와 역사」 27 (2007): 139-172.

"예장(합동정통) 교리 같은 교단 합동 추진: 총회장 이종정 목사, 부
　　　총회장 장종현 목사 선임.""「기독교연합신문」, 1991. 9.
　　　15.

오덕교. "구 프린스톤과 총신: 연속성과 불연속성.""「신학지남」
　　　68/2 (2001): 228-237.

오현기. "귀츨라프 선교사와 로드 애머스트호(Lord Amherst): 역사
　　　적 고증과 선교사적 의미에 대한 연구.""「대학과 선교」 23
　　　(2012): 145-173.

옥성득. "로스와 한국 개신교: 1882년 출간된 로스본 첫 한글 복
　　　음서를 중심으로.""「한국기독교와 역사」 57 (2022): 9-52.

_____. 「한반도 대부흥: 사진으로 보는 한국교회, 1900-1910」. 서울: 홍성사, 2009.

용환규. "개혁주의생명신학의 토대인 백석총회의 신앙고백 연구." 「생명과 말씀」 7 (2013): 119-174.

_____. "대한예수교장로회 백석총회 설립 45주년의 역사적 의미: 한국 장로교회의 회복을 위한 제언." 헌정논문집 편집위원회 편, 「개혁주의생명신학 교회를 살리다」, 전2권, 1:1073-1101. 서울: 기독교연합신문사, 2023.

_____. "대한예수교장로회 백석총회의 신앙고백 연구." 헌정논문집 편집위원회 편, 「개혁주의생명신학 교회를 살리다」, 전2권, 1:1001-1040. 서울: 기독교연합신문사, 2023.

_____. "삼일운동과 기독교학교의 역할." 「백석신학저널」 36 (2019): 103-129.

_____. "한국교회 정체성 회복을 위한 목회패러다임의 전환." 「복음과 실천신학」 35 (2015): 225-251.

_____. 「한국 장로교회와 신앙고백」. 서울: 대서, 2013.

윤영호. "교단통합 '유보' 관련 적법성 논란 확산: 직전총회장 등 찬성측 조직적 반발 움직임." 「기독교연합신문」, 2005. 10. 2.

_____. "대신총회, 통합 추진과정 적법성 논란: 법규위 '9월 총회 후 노회 수의 적법.'" 「기독교연합신문」, 2005. 5. 1.

_____. "대신, 합동정통과 통합 만장일치 결의: 28일 오전 실행위

서 전격 경의, 4월 봄노회서 수의키로… 2/3 찬성하면 '급
    물살.'"「기독교연합신문」, 2005. 4. 3.

_____. "대신·합정, 교단통합 원칙적 합의."「기독교연합신문」,
    2005. 4. 10.

_____. "예장대신, 통합안 '수의 중': 41개 노회 '찬반 팽팽.'"「기
    독교연합신문」, 2005. 4. 17

_____. "차분·격앙 '극명대조' 엇갈려: 대신측 봄 정기노회서 교
    단통합 놓고 설전 잇따라."「기독교연합신문」, 2005. 4.
    17.

_____. "총회 숙원인 유지재단 드디어 설립."「기독교연합신문」,
    2007. 6. 3.

윤정현. "영일동맹의 종식과정에 나타난 영 제국의 군사전략적 변
    화와 연속성."「세계정치 12」 30/2 (2010): 225-255.

이만열. "이수정의 성경번역과 한국교회사의 의미."「한국기독교
    와 역사」 43 (2015): 5-21.

이상규. "1950년대 한국장로교회 분열과 연합에 대한 검토."「장
    로교회와 신학」 3 (2006): 47-86.

_____.「부산-경남 지역 기독교의 연원을 추적한 부산 지방 기독
    교 전래사」. 서울: 글마당, 2001.

_____. "삼일운동과 한국기독교: 삼일운동에서 기독교의 참여와
    기여에 대한 고찰."「백석신학저널」 36 (2019): 37-70.

_____. "한국교회사 연구의 반성: 한국교회사 연구와 편찬에 관

한 서론적 고찰." 「성경과 신학」 28 (2000): 127-172.

_____. 「한국교회의 역사와 신학」. 서울: 생명의 양식, 2014.

_____. "한국장로교 100주년, 신학적 고찰." 「개혁논총」 22 (2012): 293-330.

_____. "해방 후의 상황과 고신 교회의 형성." 「고신신학」 10 (2008): 155-201.

이상열. "나의 자부심 백석, 세계 속에서 빛나길." 총회설립45주년 준비위원회 기념문집 편찬위원회 편, 「이기는 자에게 주신 이름, 백석: 백석총회 설립 45주년, 하은 장종현 목사 성역 45주년 기념문집」, 416-421. 서울: 대한예수교장로회총회(백석), 2023.

이석훈. "백석-대신, 통합을 위한 5개항 합의." 「기독교연합신문」, 2011. 8. 21.

_____. "유지재단 허락하신 하나님께 감사." 「기독교연합신문」, 2007. 11. 18.

_____. "전국노회 협력, 교단발전 이루자: 합·정 총회관 이전 및 5·150운동본부 출발예배." 「기독교연합신문」, 2002. 3. 17.

_____. "합동정통, 대신과 통합안 적극지지." 「기독교연합신문」, 2005. 4. 17.

이영식. "3·1독립운동과 한국장로교회: 민족대표 장로교 7인을 중심으로." 「신학지남」 86/1 (2019): 29-112.

_____. 「한국 장로교회와 민족운동」. 서울: 한국기독교사연구소, 2019.

이영헌. 「한국기독교회사」. 서울: 컨콜디아사, 1988.

이은선. "1920년대까지 R. J. 토마스 선교사의 사역에 대한 인식 형성과정 고찰." 「장신논단」 48/4 (2016): 169-197.

_____. "제네바 아카데미와 개혁파 정통주의." 「한국개혁신학」 7 (2000): 317-350.

_____. "한국장로교단들의 웨스트민스터 신앙고백서와 대소요리 문답의 수용." 「한국개혁신학」 51 (2016): 174-213.

이인창. "건립 추진부터 헌당까지 '은혜의 여정 10년'…'하나님 감사합니다.'" 「기독교연합신문」, 2023. 7. 23.

_____. "총회관은 하나님이 세우신 역사적 기념비." 「기독교연합신문」, 2023. 7. 23.

이종성. "개혁신학이 한국교회에 미친 영향." 「장신논단」 3 (1987): 64-85.

_____. "미국연합장로교회의 신앙고백과 한국교회." 「기독교사상」 271 (1981): 30-39.

이현주. "1,500일 만에 새 총회관 입주…'하나님이 기적을 이루셨다.'" 「기독교연합신문」, 2017. 12. 3.

_____. "대신-백석, 신앙고백과 헌법도 통합됐다." 「기독교연합신문」, 2016. 5. 1.

_____. "대신-백석 역사적 통합… '제3의 대형교단' 탄생." 「기독

교연합신문」, 2015. 9. 20.

_____. "대신−백석, '하나의 교단'으로 새출발."「기독교연합신문」, 2014. 12. 21.

_____. "민족복음화·세계선교 중심되는 거룩한 터전: 예장 백석, 지난 8일 회관 매입 및 이전 감사예배."「기독교연합신문」, 2012. 3. 18.

_____. "백석−개혁 합동선언…통합총회장에 장종현 목사."「기독교연합신문」, 2013. 9. 15.

_____. "백석인의 보금자리, 아버지의 마음으로 세우자."「기독교연합신문」, 2013. 11. 17.

_____. "백석 총회관 1단계 매입사업 마무리."「기독교연합신문」, 2015. 5. 17.

_____. "백석 총회관 건립 '만장일치' 통과."「기독교연합신문」, 2014. 1. 12.

_____. "여성목사 안수 논란 '극적 대화합.'"「기독교연합신문」, 2011. 9. 25.

_____. "예장 백석 '여성목사 안수' 전격 시행."「기독교연합신문」, 2011. 9. 4.

_____. "자랑스러운 총회관, 11월 27일 감사예배로 첫 선."「기독교연합신문」, 2017. 11. 19.

_____. "총회관 매입은 '성령에 사로잡힌' 백석인의 결실."「기독교연합신문」, 2015. 7. 12.

_____. "총회관 준공 및 입주감사예배 '11월 27일' 확정." 「기독교 연합신문」, 2017. 10. 29.

_____. "총회 교회수 7,028개… 국내 교단 중 세 번째." 「기독교 연합신문」, 2016. 1. 3.

_____. "통합된 총회의 힘으로 회개와 부흥운동 이끌 것." 「기독 교연합신문」, 2015. 9. 20.

_____. "통합은 결과보다 '과정'이 중요… 하나님 은혜 넘치길." 「기독교연합신문」, 2015. 7. 5.

_____. "헌법 강조하는 '반대 여론' 법의 뒷에 빠져." 「기독교연합 신문」, 2011. 8. 14.

이형기. 「세계개혁교회의 신앙고백서」. 서울: 한국장로교출판사, 2003.

임경근. 「한국교회사 걷기」. 서울: 두란노서원, 2021.

임원택. "대한예수교 장로회의 12신조." 「기독신학저널」 13 (2007): 115-140.

_____. "장종현 박사의 생애와 신학." 안명준 편, 「한국의 신학자 들」, 36-75. 인천: 아벨서원, 2021.

임원택·김용국. "최근 미국 복음주의 운동의 동향: 「복음주의 선 언」 (2008)을 중심으로." 「역사신학 논총」 22 (2011):

임희국. "츠빙글리 종교개혁의 유산과 한국 (평양) '장로회신학교' 신학교육." 「장신논단」 45/1 (2013): 93-117.

_____. "한국 장로교회 분열에 대한 재조명: 한국 장로교회의 분

열의 역사." 「장로교회와 신학」 8 (2011): 39-82.

장동민. "삼일운동에서 기독교와 천도교 연합의 사상적 배경." 「백석신학저널」 36 (2019): 71-101.

장종현. 「개혁주의생명신학 7대 실천운동」. 천안: 백석정신아카데미, 2018.

_____. 「개혁주의생명신학 선언문」. 천안: 백석정신아카데미, 2017.

_____. "나의 영적 아버지, 김영철 목사님." 백석정신아카데미 개혁주의생명신학실천원 편, 「김영철 목사의 삶과 설교」, 77-82. 서울: 기독교연합신문사, 2013.

_____. 「백석학원의 설립정신」. 천안: 백석정신아카데미, 2014.

_____. 「생명을 살리는 교육」. 서울: 백석대학교 백석신학연구소, 2008.

_____. 「진리와 자유」. 백석 장종현 박사 육영25년 기념문집 간행위원회 편. 서울: 기독교연합신문사, 2001.

장형준. "교단명 이견, 합정·대신 교단통합 막판 진통." 「기독교연합신문」, 2000. 9. 10.

_____. "교단통합(합동정통·대신총회) 사실상 '무산.'" 「기독교연합신문」, 2000. 9. 24.

_____. "대신측과 통합 '하나님께 맡긴다.'" 「기독교연합신문」, 2000. 8. 20.

장호광. "개혁주의 신조의 현대적 의의와 적용: 웨스트민스터 신앙고백서의 성경관을 중심으로." 「한국개혁신학」 40 (2013): 83-112.

전준봉. "한국장로교 신학교의 신학과 교육 평양신학교를 중심으로." 「개혁논총」 29 (2014): 213-244.

정광준. "무리한 통합으로 교단 갈라져선 안된다: 예장대신 '노회수의' 거치면서 통합 열기 식어." 「기독교연합신문」, 1999. 12. 12.

정규오. 「한국 장로교 교회사(상)」. 서울: 한국복음문서협회, 1991.

정서영. 「한국교회사」. 고양: 해븐, 2017.

정선이. "1910년대 기독교계 고등교육의 특성." 「교육사학연구」 19/2 (2009): 85-105.

정일웅. "대한예수교장로교회의 조직과 발전." 「신학지남」 79/4 (2012): 172-205.

정중호. "경남 지역 신사참배 거부 운동과 남명학파." 「한국기독교신학논총」 49/1 (2007): 5-25.

조진모. "1950년대 한국 장로교회의 분열 연구." 「장로교회와 신학」 8 (2011): 9-38.

조해룡. "한국 최초 방문 선교사 칼 귀츨라프(Karl F. Gützlaff)의 선교 사상과 조선 선교 연구." 「복음과 선교」 45 (2019):181-216.

주도홍. 「개혁교회 경건주의」. 서울: 대서, 2011.

총회 50년사 편찬위원회 편. 「총회 50년사」. 안양: 대한예수교장로회 총회출판국, 2012.

총회100년사 발간위원회 편. 「미래로 열린 100년의 기억」. 서울:
한국장로교출판사, 2015.

총회설립 100주년 기념 총회 100주년사 발간위원회. 「대한예수교
장로회총회 100주년사」. 서울: 대한예수교장로회총회,
2013.

학교법인 백석대학교 역사편찬위원회. 「학교법인 백석대학교 30
년사」. 천안: 학교법인 백석대학교 역사편찬위원회, 2007.

학교법인 백석대학교 역사편찬위원회 편. 「사진으로 보는 백석 장
종현 박사 육영 30년」. 천안: 학교법인 백석대학교 역사
편찬위원회, 2007.

한국교회백주년준비위원회 사료분과위원회 편. 「대한예수교장
로회 100년사」. 서울: 대한예수교 장로회 총회 교육부,
1984.

한국기독교교회협의회. 「기독교, 한국에 살다: 한국 기독교 역사
100선」. 서울: 한국기독교교회협의회, 2013.

한국기독교역사학회. 「한국 기독교의 역사 Ⅲ」. 서울: 한국기독교
역사연구소, 2014.

"합동정통과 통합·연금제도 실시 '결의.'"「기독교연합신문」,
1999. 10. 3.

홍태희. "연합하여 성장한 총회, 하나님이 택한 장종현 목사." 총
회설립45주년준비위원회 기념문집 편찬위원회 편, 「이기

는 자에게 주신 이름. 백석: 백석총회 설립 45주년, 하은
　　　장종현 목사 성역 45주년 기념문집』, 438-444. 서울: 대
　　　한예수교장로회총회(백석), 2023.

황우선·김권정. "『기독신보』의 창간 과정." 『한국기독교역사연구
　　　소소식』 85 (2009): 4-8.

황재범. "대한 장로교회 신경 혹은 12신조의 작성 및 수용 과정에
　　　대한 연구." 『기독교사상』 573 (2006): 200-224.

황훈식. "3·1운동과 장·감·성: 3·1운동을 통해 드러난 장·감·
　　　성 선교사들의 정교분리원칙." 『신학과 선교』 57 (2019):
　　　351-384.

Bavinck, Herman. 『개혁교의학 개요』. 원광연 역. 고양: 크리스챤
　　　다이제스트, 2004.

Berkhof, Louis. 『조직신학 개론』. 박희석 역. 고양: 크리스챤다이
　　　제스트, 2008.

McGrath, Alister E. 『기독교, 그 위험한 사상의 역사: 개신교의 역
　　　사, 종교·문화적 특질, 그리고 미래에 대해』. 박규태 역.
　　　서울: 국제제자훈련원, 2009.

Parker, Kenneth Lawrence. *The Development of the United
　　　Church of Northern India.* Private edition. Philadelphia,
　　　1936.

Presbyterian Alliance of India. *Proceedings of the Meetings of
　　　the Representative Committee.* Calcutta: The Edinburgh

Press, 1903.

朝鮮總督府 編.「朝鮮に於ける宗教及享祀一覽」. 朝鮮總督府學務局
宗敎課, 1928.

cportal, https://www.cportal.co.kr/bbs/board.php?bo_
table=qt&wr_id=3960 (2023. 7. 15 접근).